Gerhard Lenz (Hrsg.)
Wolfgang Mertens · Hans-Jürgen Lang

Die SEELE
im Unternehmen

Psychoanalytische Aspekte
von Führung und Organisation
im Unternehmen

Springer-Verlag

Berlin Heidelberg New York
London Paris Tokyo
Hong Kong Barcelona
Budapest

Herausgeber:

Gerhard Lenz
Lenz-Management-Services AG
Amberger Str. 19, W-8000 München 80

Autoren:

Prof. Dr. Wolfgang Mertens
Osterwaldstr. 151, W-8000 München 40

Dr. Hans-Jürgen Lang
Mercystr. 34, W-8070 Ingolstadt

ISBN 3-540-54129-2 Springer-Verlag Berlin Heidelberg New York

Die Deutsche Bibliothek – CIP-Einheitsaufnahme
Mertens, Wolfgang: Die Seele im Unternehmen: psychoanalytische Aspekte von Führung und Organisation im Unternehmen / Gerhard Lenz (Hrsg.). Wolfgang Mertens; Hans-Jürgen Lang. – Berlin; Heidelberg; New York; London; Paris; Tokyo; Hong Kong; Barcelona; Budapest: Springer, 1991
ISBN 3-540-54129-2 (Berlin . . .)
ISBN 0-387-54129-2 (New York . . .)
NE: Lang, Hans-Jürgen:

© Springer-Verlag Berlin Heidelberg 1991
Printed in Germany

Satz: Reproduktionsfertige Vorlage durch Karin von Lauchert
Druck: Weihert-Druck, Darmstadt
Bindearbeiten: J. Schäffer, Grünstadt

26/3140 - 5 4 3 2 1 0 – Gedruckt auf säurefreiem Papier

Dr. Dr. h.c. Konrad Henkel gewidmet

Geleitwort

In dem vorliegenden Buch konkretisieren sich Gedanken, die mich auf meinem beruflichen Weg lange schon beschäftigten und während meiner Arbeit in großen Unternehmen wie Volkswagen, Esso, Krupp und in der Leitung eines Instituts für angewandte Psychologie und Soziologie schließlich zum Anliegen wurden.

Es erschien mir dringend notwendig, das traditionelle Rollenverständnis des Managements um einen wesentlichen Aspekt, der die psycho- und soziodynamischen Zusammenhänge und Probleme innerhalb eines Unternehmens berücksichtigt, zu erweitern.

Als Integrationsfigur einer Organisation hat sich ein Manager nicht nur durch technische, wissenschaftliche oder kaufmännische Kompetenzen auszuweisen. Er hat - und das ist ein wesentlicher Bestandteil seines Auftrags als Führungskraft - den mit ihm arbeitenden Menschen gegenüber eine Verantwortung, die über den gemeinsamen Arbeitsgegenstand hinausgeht. Das Wohlbefinden des arbeitenden Menschen als Fundament eines von allen Beteiligten erfolgreich getragenen Arbeitsprozesses wird in entscheidendem Maße vom Verhalten des Führenden beeinflußt.

Dieses Wohlbefinden ist - ebenso wie im privaten Bereich - abhängig von Faktoren, die das jeweilige menschliche Handeln umgeben, durchdringen und zuweilen sogar überlagern: individuelle psychische und soziale Konstellationen und zwischenmenschliche Beziehungen sind von bedeutender Relevanz. Gelingt es, diese Faktoren in die Organisation menschlicher Leistung zu integrieren, so kann brachliegendes kreatives Potential aktiviert und damit die für ein Unternehmen lebenswichtige Innovationskraft entscheidend gesteigert werden.

Die Einbeziehung psychoanalytischen Wissens in die unternehmerische Tätigkeit kann bei dieser anzustrebenden Integration wertvollste Dienste leisten. Ein profundes Verständnis der unbewußten und latent soziodynamischen Zusammenhänge sowie ihrer alle Subsysteme durchdringenden Vernetztheit wird zur wichtigen Ergänzung der bisherigen Führungsfähigkeiten und ist die notwendige Voraussetzung für eine neue Organisation, in der die Menschlichkeit im Unternehmen dessen Wirtschaftlichkeit keinesfalls mindert, sondern entscheidend fördert.

Unter dem von der Lenz-Management-Services AG geschützten Namen *AGORA* haben wir ein Modell entwickelt sowie eine Vorgehensweise konzipiert, mit deren Hilfe die wichtigsten psychoanalytischen Interventionsformen auf ihre Anwendung in Führung und Organisation weiter erforscht und in die Praxis umgesetzt werden können.

Mein Dank gilt im besonderen Professor Dr. Wolfgang Mertens, Psychoanalytiker, unter dessen Leitung diese Ideen ihre wissenschaftliche Fundierung und Systematisierung erfahren haben. Mit Hilfe der Ausführungen von Dr. phil. Dipl.-Psych. Hans-Jürgen Lang sind diese Überlegungen nun zugänglich geworden. Auch ihm danke ich für seine große Arbeit.

Es ist auch heute noch nicht selbstverständlich, daß Psychoanalytiker sich bereit finden, ihre spezifischen und kostbaren Erkenntnismethoden wirtschaftlichen Organisationen und Verwaltungen zur Verfügung zu stellen, obgleich auf diesem Wege der bei weitem größte Personenkreis zu erreichen und Hilfe dringend erforderlich ist. Aber auch die Unternehmen, die sonst allen relevanten Forschungsbereichen gegenüber aufgeschlossen sind, betrachten diese Wissenschaft mit Skepsis. Auf beiden Seiten standen bisher vorgefaßte Meinungen einer tieferen Einsicht im Wege.

Die Unternehmerpersönlichkeit, die mir seit 3 Jahrzehnten ein Beispiel an menschlicher Führungskultur vor Augen führt, ist Dr. Dr. h.c. Konrad Henkel, dem ich in Dankbarkeit dieses Buch widme.

Vor allem danke ich Karin von Lauchert und meiner Nichte Constanze Hafner, die den Text mit Akribie und stilistischem Sachverstand überarbeitet haben; Karin von Lauchert hat das Manuskript in Camera ready-Form zur Imprimatur fertiggestellt.

Professor Dr. Graf-Baumann und dem Springer-Verlag Heidelberg danke ich für die Inverlagnahme dieses Buches.

München, im Dezember 1990

Gerhard Lenz
Herausgeber

Vorwort

Psychoanalyse gilt in den Augen vieler Menschen als eine Psychotherapiemethode, die im Grunde schon reichlich veraltet ist, häufig mit psychiatrischer Behandlung gleichgesetzt wird und ausschließlich für seelisch kranke Menschen angezeigt ist.

Wenige wissen, daß sich die Psychoanalyse in den nahezu 100 Jahren ihres Bestehens als wissenschaftliche Disziplin ständig weiterentwickelt hat, daß sie sich von psychiatrischen Auffassungen und Methoden erheblich unterscheidet und daß die psychoanalytische Therapiemethode nur *eine* Form ihrer Anwendung ist. Psychoanalyse ist nicht veraltet, sondern sie ist notwendiger und zeitgemäßer denn je, nicht nur für die rund 26 % psychisch und psychosomatisch kranken Menschen in der Bundesrepublik Deutschland (ähnliche Zahlen existieren auf Grund epidemiologischer Untersuchungen in den USA), sondern auch für die Selbstreflexion jedes einzelnen Menschen, für das Zusammenleben der Menschen untereinander, für Familien, Gruppen und Organisationen. Psychoanalyse ist nicht nur ein spezielles Behandlungsverfahren (das als einziges psychotherapeutisches Verfahren neben der Verhaltenstherapie von den Krankenkassen in der Bundesrepublik Deutschland bezahlt wird), nicht nur eine Theorie psychischer Prozesse, sondern vor allem auch eine Methode, unbewußte Vorgänge bewußt zu machen. Als solche ist sie zeitlos und kann niemals veralten.

Als derartige Methode, sich selbst zunächst nicht bewußte Handlungsgründe bewußt zu machen, ist die Psychoanalyse keine Geheimwissenschaft, sondern im Grunde nur eine systematisch betriebene Form der Selbstreflexion, wie sie für jedermann sinnvoll und notwendig ist.

Während Schule, Krankenhaus, Familien, Gruppen schon seit geraumer Zeit Gegenstand psychoanalytischen Interesses und Forschung sind, blieben wirtschaftliche Organisationen von einer psychoanalytischen Betrachtung ausgeschlossen. Erst in den letzten 20 Jahren hat sich dies verändert. Vor allem amerikanische Psychoanalytiker haben mit dem Tabu aufgeräumt, daß das Handeln in wirtschaftlichen Organisationen ausschließlich von rationalen und bewußten Motiven bestimmt ist. Zwar lautet so häufig das Selbstverständnis der darin Tätigen, vor allem der Führungspersonen, aber es ist nicht schwer zu erraten, daß diese Einschätzung eine in unserer Zeit fast schon naiv zu nennende Selbstdarstellung verkörpert. Denn nahezu jedermann, der in einer Organisation tätig war oder ist, weiß, daß menschliche Gefühle und Leidenschaften nicht vor dem Firmenportal haltmachen. Hoffnungen, Sehnsüchte, Idealisierungen, Erotik, Neid, Haß, Eifersucht, Rivalität, Machtstreben, aber auch Vertrauen und Zuneigung sind nicht weniger die Grundlage des Handelns in Organisationen als rationale, vernunftbestimmte Entscheidungen, die durch die äußeren Verhaltensanforderungen notwendig werden.

Es sind nicht nur die Mitarbeiter, die von Affekten und leidenschaftlichen Impulsen bewegt werden, sondern auch die Führungspersonen. Natürlich wird jemand nicht allzu häufig eine führende Position erreichen, wenn er manifeste neurotische Symptome und psychosomatische Störungen aufweist. Viel Einsatzbereitschaft, Durchhaltevermögen, Mut, Klugheit, sorgfältige Lebensführung, Verzicht, natürlich auch Ehrgeiz, Durchsetzungsfähigkeit und Aggressivität sind erforderlich, um an die Spitze zu gelangen. Aber diese Rationalität fordert oftmals ihre Opfer, und hinter einer rational und kontrolliert wirkenden Fassade können sich nur mühsam unterdrückte Persönlichkeitsprobleme verbergen. Der Mann an der Spitze hat oft niemanden, mit dem er seine Probleme besprechen kann. Dieses Heroische seines Wesens fordert zwar einerseits zur charismatischen Verehrung heraus, hat aber häufig auch seine Schattenseiten. Nicht nur wird er verehrt und bewundert, gefürchtet oder gehaßt, nicht nur prägt er die Geschicke der Firma und die Firmenkultur, sondern er steht unbewußt - mehr als er ahnt oder ihm vielleicht lieb ist - in einem ganz spezifischen Kontakt. Wie in einer Ehe kann es zu intensiven gefühlsmäßigen Prozessen zwischen ihm und den Mitarbeitern kommen, die sich, wie ein in das Wasser geworfener Stein, bis in die untersten Ebenen der Hierarchie fortsetzen und auswirken - eine unbewußte und unerkannte Vernetzung, die Thema der vorliegenden Einführung in die Erkenntnisse einer psychoanalytisch orientierten Organisationspsychologie ist.

Lange Zeit galt es vielen Psychoanalytikern als ein Tabu, sich mit den psychischen Vorgängen in wirtschaftlichen Organisationen zu beschäftigen. Es bestand die Sorge, daß sich die Außenseiter - Position des Psychoanalytikers, der immer gegen den Strich des Alltäglichen wahrnehmen und erkennen muß - schlecht mit dem gesellschaftlich angepaßten Effizienzdenken des wirtschaftenden Menschen vertrüge. Aber diese gelegentlich immer noch anzutreffende Abwehrhaltung muß selbst auf ihre bewußten und unbewußten Motive hinterfragt werden. Warum sollte sich die Psychoanalyse nicht mit den Tätigkeiten befassen, die Menschen in Industriegesellschaften zu einem Großteil ihres Lebens in Organisationen vollbringen? Viele herkömmliche kulturelle Funktionen werden heute von Organisationen ausgeübt, so daß die Bedeutung, die diese für die hier tätigen Menschen haben, immer größer wird.

Es existieren zwar bislang viele vereinzelte Theorieansätze zur betrieblichen Sozialisation, aber es gibt bislang keine kohärente Theorie, die die bewußten und vor allem unbewußten psycho- und soziodynamischen Vorgänge in einer Organisation zufriedenstellend erklären und z. B. auch die Fragen beantworten kann, wie und auf welche Weise in Organisationen tätige Menschen in ihrer Persönlichkeitsstruktur geformt oder verformt werden. Seit geraumer Zeit haben amerikanische Psychoanalytiker und Organisationswissenschaftler den Versuch unternommen, psychoanalytische Konzepte und Theorieansätze auf das Leben in Organisationen anzuwenden.

Es war mir eine Freude, an der Entstehung dieses Buches von den ersten Ideen im Jahre 1986 bis hin zur endgültigen Realisierung mitgewirkt und in Gerhard Lenz einen von der Psychoanalyse faszinierten und organisationspsychologisch erfahrenen Gesprächspartner gefunden zu haben. Seine ursprüngliche Idee (und Erfahrung), daß Produktivität und Kreativität in Organisationen aus unbewußten Gründen häufig viel zu wenig realisiert werden können und daß die dort tätigen Menschen somit ein ganzes Stück hinter ihren besten Möglichkeiten zurückbleiben, hat mir unmittelbar eingeleuchtet. Und es gibt keinen Grund, die Psychoanalyse als wertvollste und menschlichste aller psychologischen Erkenntnismethoden und Therapieverfahren nur Ärzten, Lehrern oder Künstlern vorzubehalten. Denn die meisten Menschen verbringen den größten Teil ihres berufstätigen Lebens in Organisationen. Eine wirkliche Humanisierung der Arbeitswelt, ein psychologisch befriedigendes Arbeitsleben jenseits aller programmatischen Leerformeln kann sich nur dort entwickeln, wo die grundlegenden Erkenntnisse der Psychoanalyse zumindest ansatzweise berücksichtigt werden.

Es ist die Besonderheit der psychoanalytischen Methode, daß sie ihr Gegenüber nicht zum isolierten Forschungsobjekt macht, sondern daß der Psychoanalytiker sich selbst als Teilnehmer an einem Forschungsprozeß begreift; dementsprechend muß er sich mit der Frage konfrontieren, welche bewußten, aber natürlich auch unbewußten Motive ihn dazu bewegen, sich mit den vielfältigen Vorgängen in einem Unternehmen zu beschäftigen. Ist es ihm wirklich ein Anliegen, den Menschen in seinen organisatorischen Verflochtenheiten und unbewußten Kollusionen zu verstehen, oder will er kraft seiner Verstehensmöglichkeiten noch mächtiger sein als die wirtschaftlich Reichen und Mächtigen?

Der in Institutionen tätige Psychoanalytiker muß sich mit diesem möglichen Beweggrund permanent auseinandersetzen. Vielleicht verhilft ihm dazu auch die Einstellung, daß nicht nur er es ist, der - als Fachmann für die Analyse unbewußter Prozesse - eine Organisation etwas zu lehren hat, sondern daß auch er von ihr und im Umgang mit ihren Mitgliedern eine ganze Menge lernen kann.

Ich wünsche diesem Buch eine möglichst große Verbreitung. In seiner Zusammenschau der verschiedensten Themen einer psychoanalytisch orientierten Organisationspsychologie ist es für deutsche Leser ein Novum. Es ist klar und übersichtlich geschrieben und an vielen Stellen eine Einführung sowohl in grundlegende Erkenntnisse der Psychoanalyse als auch in die einer modernen Organisationspsychologie. Dabei stellt es sicherlich einen allerersten Schritt in die Richtung einer angewandten Psychoanalyse in Organisationen dar, aber auch einen sehr wichtigen.

München, im Dezember 1990   Wolfgang Mertens

Inhaltsverzeichnis

1 Psychoanalyse im Unternehmen - warum eigentlich?

Was hat die Psychoanalyse mit Unternehmen und Organisationen, mit den Beziehungen zwischen Vorgesetzten, Kollegen und Mitarbeitern am Arbeitsplatz zu tun? Gibt es überhaupt irgendwelche Möglichkeiten, psychoanalytisches Wissen auf Unternehmen, Führung und Arbeit anzuwenden? Wie in diesem Buch zu zeigen sein wird, gibt es sehr viele solcher Anknüpfungspunkte; die herkömmliche Organisationspsychologie hingegen hat unbewußte Vorgänge bisher nahezu völlig aus ihrem Forschungsbereich ausgeklammert. Das Versäumte muß nachgeholt werden, wenn die "wirklichen" Menschen mit ihren tatsächlichen Wünschen, Bedürfnissen und Konflikten wieder stärker ins Blickfeld von Forschung und Praxis rücken sollen.

Ein erster Zugang zur Psychoanalyse läßt sich durch ein einfaches Beispiel herstellen: Vermutlich hat sich jeder Unternehmensangehörige schon einmal irritiert gefragt, was eigentlich in seinem Mitarbeiter, Kollegen oder Vorgesetzten vorgeht (z. B.: Warum behandelt mich mein Mitarbeiter wie einen autoritären Chef, obwohl ich mich selbst überhaupt nicht autoritär verhalte? Oder: Warum verhält sich mein Vorgesetzter mir gegenüber so mißtrauisch, obwohl es dafür kaum einen vernünftigen Grund gibt?). Vielleicht hat er sich gewünscht, in den anderen hineinschauen zu können. Diesen Wunsch kann allerdings die Beschäftigung mit der Psychoanalyse nicht erfüllen. Aber sie kann dafür etwas viel Entscheidenderes: nämlich das (nicht nur intellektuelle) Verständnis dafür fördern, welche Bedeutungen hinter irrationalen, irritierenden und schwer zu verstehenden menschlichen Verhaltensweisen verborgen sein können. Sind diese Bedeutungen und Ursachen erst bewußt geworden - einschließlich des eigenen Anteils, den man vielleicht selbst ungewollt und unbewußt dazu beiträgt -, ergeben sich mitunter "von selbst" neue Möglichkeiten, mit Belastungssituationen auf eine Weise umzugehen, die für beide Seiten vorteilhafter ist. Die beste Voraussetzung hierfür ist, mit der Expedition ins Unbewußte bei sich selbst zu beginnen; Anknüpfungspunkte gibt es genügend, denn jeder hat wohl schon einmal die Erfahrung gemacht, daß ihn seine eigenen Gedanken, Handlungsimpulse, Wünsche und Gefühle verwirrt oder erschreckt haben. Genau an dieser Stelle haben sich sehr wahrscheinlich eigene unbewußte Vorgänge bemerkbar gemacht. Es ist die Auseinandersetzung damit, die gleichzeitig auch ein tieferes Verständnis für die unbewußten Bedürfnisse, Wünsche und Konflikte anderer ermöglicht, ebenso wie für die eigenen Reaktionstendenzen darauf.

Viele Unternehmensangehörige (und nicht nur sie) haben auf den ersten Blick vermutlich Schwierigkeiten, sich mit dem Konzept des Unbewußten anzufreunden. Schließlich bleiben unbewußte Phänomene dem eigenen Zugang normalerweise verborgen, sonst wären sie ja nicht unbewußt. Wie kann man sie also "beweisen"? Zudem zeigen sowohl die eigenen Erfahrungen als auch die von Psychoanalytikern sehr deutlich, wie häufig sich Menschen auf eine Art und Weise verhalten, die (oft nur vordergründig) keinen "vernünftigen" Sinn ergibt und die sie sich manchmal sogar selbst nicht erklären können. Wenn man dazu bereit ist, kann man über die Bedeutung des Unbewußten und über seine Auswirkungen auf menschliche Wünsche und Verhaltensweisen so viel lernen, daß zahlreiche verwirrende und scheinbar paradoxe Situationen, mit denen es Menschen in Organisationen zu tun haben, besser verständlich werden. Dieses tiefere Verständnis öffnet in vielen Fällen den Weg zu einem neuen, besseren Umgang mit diesen Situationen oder es hilft zumindest dabei, Entscheidungsalternativen für Probleme zu finden, die sich aller Wahrscheinlichkeit nach kaum lösen lassen (vgl. Levinson 1986, S. 1).

Auf Grund verbesserter Information und Aufklärung haben sich die Erwartungen der Menschen an "ihr" Unternehmen verändert: So haben z. B. die Einfluß- und Mitbestimmungsmöglichkeiten der Belegschaft seit dem Beginn der Industrialisierung immer mehr zugenommen. Darüber hinaus finden in letzter Zeit die Auswirkungen belastender Arbeitsbedingungen zunehmende Beachtung. Man kann wohl davon ausgehen, daß es für immer mehr Menschen nicht nur ausschließlich finanzielle Anreize sind, die sie von ihrer Berufstätigkeit erwarten (so wichtig diese weiterhin sind), sondern vor allem auch befriedigende Arbeitsbedingungen. Für viele von ihnen hat ihre Arbeit auch eine tiefenpsychologische Bedeutung. Das ist ganz natürlich, da Unternehmen und andere Organisationen letztlich auch soziale und psychologische Hilfsmittel sind, die von ihren Mitgliedern dazu verwendet werden, um bestimmte Bedürfnisse zu befriedigen, die durchaus gesund sein können und nicht unbedingt infantil-neurotisch sein müssen (vgl. Kap. 2.2). Auch Führungskräfte sollten sich deshalb darum bemühen, ein vertieftes Verständnis nicht nur für psychologische Prozesse, sondern ganz besonders für die Bedeutung unbewußter Wirkfaktoren, Beziehungskonstellationen und Konflikte zu entwickeln.

Eines der wichtigsten Merkmale seelischer Gesundheit ist die Fähigkeit eines Menschen, sich einerseits an seine Umwelt anpassen, sie andererseits aber auch kreativ verändern zu können, und dabei sowohl mit seinen Interaktionspartnern als auch mit sich selbst zurechtzukommen, im wesentlichen also die Fähigkeit, sein eigenes Leben zu genießen, ohne andere zu manipulieren und zu benutzen (bzw. sich manipulieren zu lassen). Ganz ähnlich könnte man das wesentliche Kriterium für den "Gesundheitszustand" eines Unternehmens definieren: es ist dazu in der Lage, sich an seine Umwelt anzupassen und etwas für sie zu leisten (Arbeit ermöglichen, sinnvolle Produkte entwickeln usw.), ohne daß im Verlauf dieses Prozesses Menschen oder die Umwelt geschädigt oder gar zerstört werden.

Mit steigender Tendenz werden Unternehmen für die Auswirkungen verantwortlich gemacht, die sich aus ihrer Tätigkeit für die Umwelt ergeben. Es ist nur eine Frage der Zeit, daß Unternehmen auch für die Folgen einer psychischen "Innenweltverschmutzung" sehr viel mehr verantwortlich gemacht werden, als das schon heute der Fall ist. Bereits jetzt weisen zahlreiche Untersuchungen und Studien auf den Zusammenhang zwischen negativen, belastenden Arbeitsbedingungen und psychischen (sowie auch körperlichen) Erkrankungen hin; die meisten kennen diesen Zusammenhang ohnehin aus eigener Erfahrung. Mit der zunehmenden Beweiskraft dieser Forschungsergebnisse werden Unternehmen noch sehr viel mehr als heute dazu übergehen müssen, den Konstellationen und Einflüssen entgegenzutreten, die für ihre Mitarbeiter eine Belastung darstellen (vgl. Levinson 1976, S. 142 f.). Dies gilt ganz besonders für destruktive zwischenmenschliche Beziehungen, und gerade hier sind psychoanalytische Erkenntnisse besonders wertvoll.

Die Empfehlung, daß jeder Unternehmensangehörige über die Psychologie unbewußter Prozesse ein möglichst fundiertes Wissen erwerben sollte - und nicht nur in seinem jeweiligen Spezial- und Aufgabengebiet - bedeutet natürlich nicht, daß jeder sich auf dem Gebiet der Psychoanalyse perfekt auskennen muß, denn das ist angesichts des Umfanges ihrer Teilbereiche völlig unmöglich. Aber jeder sollte doch über ein gewisses Grundlagenwissen verfügen, das ihm gestattet, die Menschen, mit denen er es in seinem Berufsleben täglich zu tun hat, besser zu verstehen. In vielen Fällen wird es ihm dann auch möglich, sowohl mit sich selbst als auch mit anderen auf befriedigendere Weise umzugehen.

Spricht aber so vieles für die Anwendung psychoanalytischer Ansätze auf den Unternehmensbereich, warum ist dann bisher so wenig in dieser Richtung geschehen? Zunächst einmal bleibt festzuhalten, daß im Verlauf der letzten 20 Jahre ein zunehmendes Interesse an diesem Gebiet entstanden ist (s. Übersicht S. 4; s. auch Bilitza 1989; Brocher 1989; Gottschall 1988; Ohlmeier 1989; Wagner 1989), das sich sowohl an der Zunahme von Veröffentlichungen über diese Thematik als auch an einigen Versuchen ablesen läßt, Seminare und Weiterbildungsmöglichkeiten für Unternehmensangehörige unter psychoanalytischen Gesichtspunkten zu gestalten (vgl. Kap. 5.4). Dennoch gibt es in diesem Bereich noch viele Ängste und Widerstände.

Eines der größten Hindernisse, das der Anwendung einer psychoanalytischen Haltung auf den Unternehmensbereich entgegensteht, drückt sich nach den Beobachtungen von Levinson (1976, S. 141) in einer Art Vogel-Strauß-Taktik aus, psychoanalytisch gesprochen also im Abwehrmechanismus der Verleugnung (so tun als gäbe es etwas, das eigentlich kaum zu übersehen ist - nämlich die Wirkmächtigkeit des Unbewußten - gar nicht). Die Auseinandersetzung mit psychologischem und psychoanalytischem Gedankengut verursacht manchem eben ein gewisses Unbehagen; ganz besonders ausgeprägt ist dieses Unbehagen, wenn es darum geht, unbewußte Konflikte und intrapsychische Prozesse bewußt werden zu lassen und über ihre Relevanz für die interpersonalen Ereignisse in einem Unternehmen nachzudenken.

4

Fünf Pioniere der psychoanalytischen Organisationspsychologie

Tobias Brocher
ist Psychoanalytiker und leitete 12 Jahre lang (von 1970 bis 1982) das *Center for Applied Behavioral Sciences* an der *Menninger Foundation* in den USA (Topeka, Kansas). Von dieser renommierten Institution gingen in den USA wichtige Impulse für die psychoanalytische Weiterbildung und Beratung von Führungskräften aus. Zur Zeit lebt und arbeitet Brocher wieder in der Bundesrepublik Deutschland.

Manfred F. R. Kets de Vries
studierte u. a. an der *Harvard University* und arbeitete mit Abraham Zaleznik zusammen. Er ist Wirtschaftswissenschaftler, bildete sich zum Psychoanalytiker weiter und arbeitete als Professor of Management Policy and Organizational Behavior an der *McGill University* in Montreal. Anschließend wechselte er an das *Europäische Institut für Unternehmensführung (INSEAD)* in Fontainebleau bei Paris. Die umfangreichen Veröffentlichungen von Kets de Vries beruhen u. a. auf seinen Erfahrungen als Unternehmensberater und thematisieren eine Vielzahl von Fragen und Problemen, z. B. den Umgang mit "neurotischen" Organisationen, irrationalen Arbeitssituationen, destruktiven Beziehungen zwischen Vorgesetzten und Mitarbeitern u. a. m. Zur Zeit interessiert er sich ganz besonders für die Sackgassen, Irrwege, dunklen und tragischen Seiten von Führung.

Harry Levinson
ist klinischer Psychologe, Unternehmensberater und Chef des Levinson Institute. Außerdem ist er Professor an der *Harvard Medical School*. Lange Zeit war er (als Vorgänger von Tobias Brocher) an der *Menninger Foundation* tätig, der bereits erwähnten einflußreichen, amerikanischen Institution, die sich mit Fragen der psychischen Gesundheit auseinandersetzt. Er hat nicht weniger als 11 Bücher geschrieben und zahlreiche Artikel in der angesehenen *Harvard Business Review* veröffentlicht, in denen er psychoanalytisches Gedankengut auf den Unternehmensbereich anwendet und dabei auf seine große praktische Erfahrung zurückgreift. Immer wieder hebt er die Verantwortung hervor, die Unternehmen für die psychische Gesundheit ihrer Mitglieder haben.

Michael Maccoby
war Mitarbeiter von Erich Fromm. Er ist Psychoanalytiker und als Unternehmensberater in den USA und in Europa tätig. Der Name des von ihm in Washington D.C. geleiteten Forschungsprojekts - *Program on Technology, Work and Character* - verrät gleichzeitig seinen Interessenschwerpunkt: der Einfluß von Arbeit, beruflicher Stellung und Führung auf die Persönlichkeitsentwicklung im Erwachsenenalter, die Erforschung der Bedürfnisse unterschiedlicher Persönlichkeitstypen sowie die Suche nach (im psychologischen Sinne) möglichst gesunden Arbeitsbedingungen. Sein Mitarbeiter Douglas LaBier, ebenfalls Organisationsberater und Psychoanalytiker, hat Maccobys Ansatz auf besonders spannende Weise weiterentwickelt.

Abraham Zaleznik
ist Professor of Leadership an der *Harvard University* in Cambridge, USA. Er ist Psychoanalytiker und war einer der ersten, die versucht haben, eine Verbindung zwischen Psychoanalyse und Organisationen herzustellen.
Zaleznik ist davon überzeugt, daß Menschen ihre aktuelle Lebens- und Arbeitssituation immer wieder durch den Filter ihrer eigenen Lebensgeschichte wahrnehmen, erleben und interpretieren. Da die Erfahrungen, die Menschen in ihrer Ursprungsfamilie gemacht haben, von besonderer Bedeutung für ihre psychische Struktur sind, wirken sie sich auch auf die zwischenmenschlichen Beziehungen in Unternehmen aus. Zaleznik hat u. a. untersucht, durch welche unbewußten Prozesse Führung und verschiedene Führungsstile beeinflußt werden.

Der größte Teil der Befürchtungen, die hinter dieser Abwehr stehen, hat vermutlich damit zu tun, daß man sich dadurch möglicherweise mit Gedanken und Phantasien auseinandersetzen müßte, die mit dem eigenen Selbstbild kaum vereinbar sind. Immerhin behauptet die Psychoanalyse, daß kein Mensch sich völlig unter Kontrolle hat. Bedeutet das nicht auch, daß es Probleme und Schwierigkeiten gibt, die nicht mit dem Verstand allein zu lösen sind? Manche befürchten vielleicht, daß ihre Motivation, ihr Einsatz und ihre Bemühungen um beruflichen Erfolg Schaden nehmen könnten, wenn sie sich mit sich selbst (z. B. mit ihren Wünschen, Bedürfnissen, Konflikten, Phantasien usw.) tiefenpsychologisch auseinandersetzen würden. Das kann natürlich (zunächst) geschehen, aber nur dann, wenn ihre bisherigen Einstellungen, Überzeugungen und Verhaltensweisen auf einer (lebensgeschichtlich verständlichen) Deformation und Verzerrung ursprünglicher und gesunder Bedürfnisse beruhen. Dennoch ist dies aber nur der erste Schritt: Der zweite und viel entscheidendere besteht nämlich in der Nutzung der sich jetzt ergebenden Chance, Alternativen zu suchen und zu finden, die Arbeitsfreude, Engagement und persönliche Zufriedenheit annehmbar miteinander verbinden. Letztlich ist es natürlich die Entscheidung jedes einzelnen, ob er diesen schwierigen Weg überhaupt gehen will. Leicht ist er nicht, aber er führt zu mehr psychischer Gesundheit sowie Lebendigkeit und lohnt sich deshalb durchaus.

Wie aber läßt sich ein tieferes Verständnis für unbewußte Vorgänge erreichen? Eine Möglichkeit besteht sicherlich darin, sich mit den wichtigsten Erkenntnissen der Psychoanalyse vertraut zu machen. Es mag vielleicht manchem als zuviel des Guten erscheinen, wenn er hört, daß er sich jetzt auch noch mit den Gedanken Freuds und seiner Nachfolger beschäftigen soll. Warum aber vertreten z. B. manche Führungspersonen, denen die Wichtigkeit komplexer ökonomischer Modelle und Marktprozesse sofort einleuchtet, die Auffassung, eine Auseinandersetzung mit dem Unbewußten sei für sie zu schwierig? Natürlich ist es nicht einfach, eine solche Erweiterung des eigenen Bewußtseins zu erreichen, aber es ist grundsätzlich möglich. Vielleicht steckt hinter der Weigerung, sich mit der Psychoanalyse zu beschäftigen, die Angst davor, die eigene Lebens- und Arbeitssituation einmal etwas genauer anzuschauen (vgl. Levinson 1986, S. 5). Wer weiß schon, was dabei herauskommt? So berechtigt diese Angst sein mag - übersehen wird dabei, was dadurch gewonnen werden könnte: ein veränderter, neuer Zugang zu den eigenen, bisher verschütteten Bedürfnissen und Gefühlen; mehr Verständnis (im Sinne einer verbesserten Empathiefähigkeit) für sich und andere; letztlich (nicht unbedingt sofort) dann auch mehr Zufriedenheit, wenn man gelernt hat, mehr bei sich selbst zu sein, bisher Verdrängtes zuzulassen und toleranter im Umgang mit sich und anderen zu werden.

So mancher würde sich vielleicht am liebsten in einer Welt bewegen, die nur aus "harten" Fakten und Daten, wie z. B. Computerausdrucken und Statistiken, besteht. Aus einer solchen Welt könnte man alle "störenden" Emotionen und Ausdrucksformen menschlicher "Irrationalität" (die manchmal gar nicht so "irrational" ist, sondern oft nur ein Hinweis darauf, daß hier etwas nicht "stimmt" und deshalb verändert werden sollte) ganz einfach eliminieren, und übrigblieben nur mit dem Verstand allein lösbare Probleme. Vermutlich wird der Anwendung psychoanalytischen Wissens auf den Unternehmensbereich häufig gerade diese Einstellung entgegenstehen. Eine "geradlinige" und "logische" Lösungsstrategie scheint viel näher zu liegen. Es wäre natürlich schön, wenn es auf alle Fragen eine klare, eindeutige Antwort gäbe, die sich mit Zahlen belegen läßt - über Tatsachen kann man schließlich nicht streiten. Es ist aber auch eine Tatsache, daß die Ausklammerung und Ignorierung des Unbewußten einer echten Lösung all der Probleme, an denen die "wirklichen" Menschen beteiligt sind, ebenso im Wege steht wie ein fundiertes, selbstreflexives Wissen um die unbewußten Beweggründe und Antriebskräfte menschlicher Handlungsweisen den scheinbar so rationalen und logischen Umgang mit allem Zwischenmenschlichen schnell in Verlegenheit bringt. Eine rasche Antwort auf diese Probleme in Form von "Patentrezepten", vorgefertigten Strickmustern und einfachen Verfahrensregeln ist natürlich eine Illusion (psychoanalytisch gesehen eine Größenphantasie). Wann immer es um Menschen geht, hat man es mit sehr komplizierten Phänomenen zu tun. Das gilt für beinahe jede zwischenmenschliche Situation, also auch für interpersonale Konstellationen in Unternehmen. Wenn es manchem vielleicht auch am liebsten wäre, Emotionen, ganz besonders aber das schwer zu verstehende Unbewußte, aus ihrer Betrachtung des Menschlichen ausklammern zu können, so gibt es im Grunde gar keine Entscheidungsmöglichkeit. Denn jeder, der zu anderen in irgendeiner Form in Beziehung tritt, hat es mit dem ganzen Menschen zu tun (also einschließlich des Unbewußten), ob er es nun will oder nicht. Er kann mit dieser Tatsache entweder besser (d. h. befriedigender) oder schlechter umgehen (vgl. Levinson 1986, S. 4).

Manche fürchten auch (nach Beobachtungen von Levinson 1976, S. 142), daß tiefenpsychologisches Wissen dazu mißbraucht werden könnte, anderen Schaden zuzufügen oder sie zu manipulieren. Das ist natürlich insofern richtig, als es einem Menschen selbstverständlich schadet, wenn sich jemand als Amateurtherapeut aufspielt, der über keine therapeutische Ausbildung verfügt und damit egoistische Eigeninteressen verfolgt. Aber es ist sicher auch richtig, daß jeder Mensch stets auf Grund ganz bestimmter psychologischer Annahmen unterschiedlichster Qualität handelt, nur sind diese Grundannahmen in vielen Fällen eben nicht explizit formuliert. Sie beruhen z. B. auf alltagspsychologischen Theorien, wie etwa der, daß es schon ausreiche, für genügend hohe Belohnungsanreize zu sorgen, um eine hohe Mitarbeitermotivation sicherzustellen. Es soll gar nicht bestritten werden, daß an solchen Theorien meistens "etwas dran" ist (niemand strengt sich an, wenn ihm das Ziel nicht erstrebenswert erscheint): sie sind aber eben nicht die ganze Wahrheit.

Vor allem handelt jeder Mensch auf der Grundlage von lebensgeschichtlichen Erfahrungen und deren Verarbeitung, die seine psychische Struktur geformt haben. Damit sind im wesentlichen Erfahrungen mit den wichtigsten Bezugspersonen der Kindheit sowie - und das ist aus psychoanalytischer Sicht ganz besonders wichtig - deren Weiterverarbeitung, Verzerrung und Umgestaltung durch die eigene, beim Erwachsenen längst unbewußt gewordene Phantasie-tätigkeit gemeint. Auch dadurch entstehen Manipulationen: indem nämlich unbewußt versucht wird, die Beziehungen zu anderen so zu gestalten, daß gegenwärtige Bezugspersonen den verinnerlichten Strukturen und Interaktionsmustern entsprechen. Wäre es nicht viel gesünder, sich eigene Tendenzen in dieser Richtung bewußt zu machen? Gleichzeitig würde man dadurch auch für diejenigen Bereiche sensibilisiert, in denen man selbst manipulierbar ist.

Psychische Phänomene haben in jedem Fall sehr reale Konsequenzen (z. B. zwischenmenschliche Konflikte), ob man nun dazu bereit ist, sich offen mit ihnen auseinanderzusetzen oder nicht, und ob man dabei lieber auf mehr oder weniger eingefahrene Vorannahmen zurückgreift oder auf eine tiefenpsychologische Orientierung. Deshalb hat Levinson (1986, S. 5) auch recht, wenn er behauptet, daß diese Irritationen nicht verschwinden, wenn man die Augen vor ihnen verschließt, genauso wenig wie sich ein drohender Herzinfarkt dadurch vermeiden läßt, daß man die Warnsymptome ignoriert.

Ein hilfreicher Schritt auf dem Weg zu einem verbesserten Verständnis für die unbewußten Beweggründe menschlichen Verhaltens besteht z. B. darin, genau auf die eigenen Gefühle zu achten und sie sich selbst dann einzugestehen, wenn es sich um Gefühle handelt, die in unserer Gesellschaft negativ bewertet werden und die deshalb niemand gern zugibt, wie beispielsweise Verunsicherung, Angst, Wut oder Neid. Vielleicht läßt sich hier ein Vergleich zu der sogenannten Gegenübertragung herstellen, mit der ein Psychoanalytiker auf seinen Patienten reagiert: Indem er dessen Übertragungen (d. h. die unbewußten Wahrnehmungen seiner Person durch den Patienten; vgl. Kap. 3.3.1) zunächst einmal annimmt und darauf achtet, welche Gefühle, Wünsche und Handlungsimpulse sein Analysand in ihm auslöst, ist er bereits in den wichtigsten diagnostischen Prozeß eingetreten, der ihm dabei hilft, die richtige Behandlungsform zu finden. Nun ist die Gegenübertragung in Wirklichkeit ein sehr viel facettenreicheres Phänomen, als es dieser kurze Vergleich darstellen kann, aber eine gewisse Analogie bleibt dennoch bestehen. Auch Unternehmensangehörige sollten nämlich die Gefühle, Wünsche und Handlungsimpulse zulassen und ernst nehmen, die durch den Umgang mit Mitarbeitern, Kollegen und Vorgesetzten bei ihnen entstehen. Das bedeutet nicht unbedingt, die Person, auf die man mit diesen Gefühlen reagiert, auch damit zu konfrontieren; viel wichtiger ist es, sich zunächst einmal selbst mit diesen Gefühlen auseinanderzusetzen, sie nicht als überflüssigen Ballast beiseite zu schieben, sondern sich zu bemühen, ihre Ursachen zu verstehen.

Mittlerweile gibt es sehr viele Psychotechniken, die Eingang in den Unternehmensbereich gefunden haben: Da werden z. B. Sitzungen im Rahmen "psychologischer" Trainingsgruppen durchgeführt, bei denen sich die Gruppenmitglieder alles sagen sollen, was sie am anderen mögen oder nicht mögen. Es ist kein Wunder, daß die Ergebnisse einer solchen Gewaltkur verheerend sein können; Peter Sichrovsky beschreibt sie ausgezeichnet in seinem Buch *Seelentraining* (1988). Ein psychoanalytischer Ansatz ist davon grundsätzlich verschieden: anstatt anderen die Möglichkeit zu nehmen, ihr Gesicht zu wahren, kommt es darauf an, psychoanalytisches Wissen selbstreflexiv auf die eigene Person anzuwenden und sich mit den eigenen Bedürfnissen, Konflikten und Gefühlen auseinanderzusetzen. Bisher unverständliche Gefühle und Handlungsimpulse werden dadurch viel klarer, so daß neue Zusammenhänge und Einsichten möglich werden. Es kann z. B. sein, daß man zum ersten Mal die bisher übersehene "andere Seite" eines Kollegen, Vorgesetzten oder Mitarbeiters erkennt; vielleicht ergeben sich dadurch scheinbar "von selbst" neue Möglichkeiten und Ideen, wie man etwa mit jemandem, über den man soeben noch recht verärgert war, auf befriedigende Art und Weise umgehen kann.

Ganz besonders schwer ist es natürlich, sich Gefühle wie Abneigung, Ärger oder Mißtrauen einzugestehen, wenn man sie gegenüber einem Menschen empfindet, den man gleichzeitig respektiert und schätzt, z. B. gegenüber einem Kollegen oder Vorgesetzten, dem man vielleicht einiges zu verdanken hat. Es scheint so, als dürfe man solche Gefühle nicht haben, aber dieses "moralische" Argument kann sie dennoch nicht vertreiben, in Nichts auflösen oder ungeschehen machen. Das wäre auch gar nicht erstrebenswert. Es kommt vielmehr darauf an, den Ursachen dieser verwirrenden Gefühle nachzuspüren und mit den so gewonnenen neuen Einsichten dann auch umgehen zu können (vgl. Levinson 1986, S. 5). Dabei sind die Erfahrungen der Psychoanalyse von großem Wert.

Bei dem Vergleich mit der Gegenübertragung wurde schon darauf hingewiesen, daß eine Therapiesituation sich in vielen wesentlichen Punkten von den zwischenmenschlichen Situationen unterscheidet, mit denen Unternehmensangehörige es zu tun haben. Dieser Unterschied, so selbstverständlich er auch scheinen mag, darf nie vergessen werden, denn schließlich sollen aus Vorgesetzten keine Therapeuten für ihre Mitarbeiter werden (oder umgekehrt). Das Ziel eines psychoanalytischen Ansatzes besteht zunächst darin, die Einsicht in eigene unbewußte Antriebskräfte zu vertiefen. Daraus ergibt sich gleichzeitig auch ein tieferes Verständnis für andere Menschen, also z. B. für Kollegen, Vorgesetzte und Mitarbeiter (aber auch für andere Bezugspersonen, z. B. für Freunde, Partner usw.). Niemand sollte jedoch versuchen, seine beruflichen Interaktionspartner und deren ein Leben lang gewachsene Persönlichkeitsstruktur durch psychologisches Argumentieren umzukrempeln; das wäre Vermessenheit. Er wird mit Sicherheit Schiffbruch erleiden. Ebenso gehören Menschen, die wirklich therapeutische Hilfe benötigen, in die Hände von qualifizierten Psychotherapeuten.

Abschließend sind hier noch einige Eindrücke referiert, die von einem Symposium 1990 in Montreal stammen: (s. Übersicht S. 9 f.).

Die ISPSO - Motor künftiger Entwicklungen?

Die *ISPSO (International Society for the Psychoanalytic Study of Organizations)* entstand 1986 auf Grund der Initiative einiger Wissenschaftler, die auf diesem Gebiet arbeiten. Zu ihren Mitgliedern zählen so renommierte Autoren wie z. B. Harry Levinson oder Manfred F. R. Kets de Vries. Mittlerweile hat sich die *ISPSO* zu einem wichtigen Diskussionsforum entwickelt; bisher wurden von ihr 4 Symposien durchgeführt, um den gegenseitigen Informationsaustausch und die Weiterentwicklung der vielversprechenden neuen Fachrichtung zu fördern. Das jüngste dieser Symposien fand im Mai 1990 in Montreal zum Thema *Clinical Approaches to the Study of Managerial and Organizational Dynamics* statt. Der Grund für diese Schwerpunktsetzung war die Erkenntnis, daß die Psychoanalyse in ihrer Entwicklung immer wieder von gehaltvollen Fallstudien und den daraus abgeleiteten Schlußfolgerungen profitieren konnte. Warum diese erfolgreiche Methode also nicht auch auf Organisationen übertragen? Auch in Organisationen ist es grundsätzlich möglich, sorgfältige Fallstudien durchzuführen, mit dem Ziel, nicht nur bewußten, sondern vor allem auch unbewußten Inhalten und Strukturen (Phantasien, Vorstellungen, subjektiven inneren Welten usw.) nachzuspüren. Dadurch wird es möglich, Menschen und Organisationen viel umfassender als mit Hilfe eines positivistischen Forschungsansatzes (d. h. allein durch Statistiken, Korrelationen, scheinbar objektive Daten usw.) zu verstehen. Hier eine kurze Zusammenfassung der auf dem Montrealer Symposium diskutierten Beiträge (in der Reihenfolge, in der sie vorgestellt wurden):

Gilles Amado (1990)
Professor an der angesehenen französischen Wirtschaftshochschule *H.E.C.-I.S.A.* in Jouy-en-Josas, schilderte anhand der Behandlung einer Patientin, wie sich individuelle Lebensgeschichte und Unternehmensrealität auf unheilvolle Weise miteinander verbinden können:
Frau B. neigte u. a. auf Grund ihres problematischen inneren Vaterbildes (ihr "realer" Vater - d. h. so wie sie ihn wahrgenommen hatte - wurde von ihr abgewertet; an "Ersatzväter" - z. B. Vorgesetzte - wurden unrealistische Erwartungen herangetragen) anfangs dazu, das Unternehmen, in dem sie arbeitete, übertrieben zu idealisieren; ihre Idealisierungstendenzen wurden nach Auffassung von Amado teilweise aber auch dadurch stimuliert und gefördert, daß viele Unternehmen von sich ein übertriebenes und unrealistisches Ideal errichten. Auf Grund ihrer (lebensgeschichtlich verstehbaren) Anfälligkeit für Perfektionsphantasien glaubte die Patientin zunächst an dieses Ideal. Als sie es angesichts der Unternehmensrealität nicht länger aufrechterhalten konnte, zeigten sich bei ihr Symptome.
Obwohl hier leider nur die Grundzüge der von Amado vorgestellten Fallgeschichte skizziert werden können (die gleiche Einschränkung gilt für die anderen Beispiele), wirft sie dennoch schon einige grundlegende Fragen auf: War ausschließlich die (subjektiv verarbeitete) Lebensgeschichte der Patientin für ihre Symptome verantwortlich oder trug dazu auch die Organisation bei? Wie lassen sich beide Aspekte auseinanderhalten? Geht das überhaupt, bzw. ist es sinnvoll?

Manfred F. R. Kets de Vries (1990 b)
beschrieb am Beispiel von Ernest Saunders, dem ehemaligen Leiter von *Guinness*, wie die persönliche, subjektiv (un)verarbeitete Lebensgeschichte sich auf Politik und Verhalten von Führungspersonen auswirken kann:
Saunders mußte 1938 mit seinen Eltern aus Wien nach England fliehen und hatte dort zunächst große Anpassungsprobleme; diese Erfahrungen und ihre Verarbeitung hatten seine psychische Struktur geprägt; Kets de Vries konnte zeigen, wie dies dazu beitrug, daß Saunders auch vor einer Verwicklung in illegale Aktivitäten nicht zurückschreckte.

Jeffrey Lynn Speller (1990)
von der *Harvard University* beschrieb mit Hilfe eines Fallbeispiels, wie sich gesellschaftliche Vorurteile gegenüber Farbigen auf Probleme in Organisationen (z. B. Abwesenheit vom Arbeitsplatz; hohe Fluktuationsraten) sowie auf den Beratungsprozeß (z. B.: "Was? Ein Schwarzer als Unternehmensberater?!" usw.) auswirken können (Speller ist selbst ein Farbiger).

Larry Hirschhorn (1990)

arbeitet am *Wharton Center for Applied Research*, einem Forschungs- und Beratungsunternehmen in Philadelphia, USA. Er analysierte anhand eines Falles die Dynamik organisationsspezifischer Abwehrmechanismen :

> *Bei den Mitarbeitern einer Ölraffinerie führte (neben anderen Faktoren) die Bedrohlichkeit ihrer Arbeit (so waren z. B. bereits einige Male gefährliche Feuer ausgebrochen) paradoxerweise dazu, daß die realen Gefahrenquellen teilweise ignoriert wurden. Anstatt nach optimalen Möglichkeiten für einen möglichst großen Sicherheitsstandard zu suchen, wurde ein intrapsychischer Abwehrmechanismus aktiviert: Die Leute beschäftigten sich als Folge davon vor allem mit sich selbst, z. B. mit ihrem Feindbild von einer anderen Abteilung. Die durchaus vorhandene reale Gefahr hatte also intrapsychische Prozesse in Gang gesetzt, die wiederum zur Konstruktion von und Beschäftigung mit fiktiven Gefahren (der "feindlichen" Abteilung) führten. Hirschhorn entwickelte auch einige Vorschläge, um dieses Abwehrsystem in Zukunft überflüssig werden zu lassen: die gemeinsame Untersuchung von Unfällen durch die Unternehmensangehörigen (und nicht durch Außenstehende), dabei Verzicht auf Schuldzuweisungen usw.*

Michael Diamond (1990)

Professor an der *University of Missouri*, Columbia, USA, stellte in seinem Beitrag die Vielfalt von Konflikten dar, mit denen Organisationsberater konfrontiert werden: Sowohl intra- und interpersonale Konflikte als auch Konflikte zwischen Gruppen müssen analysiert und verstanden werden. In weiteren Arbeiten hat sich Diamond tiefenpsychologisch mit Bürokratien (1984, 1985), mit regressiven Prozessen in Arbeitsgruppen (Diamond u. Allcorn 1987) und mit der Identität von Organisationen (1988) auseinandergesetzt.

Rina Bar-Lev Elieli (1990)

arbeitet u. a. als psychoanalytische Organisationsberaterin und übt eine Lehrtätigkeit am *Israelic Psychoanalytic Institute* in Tel-Aviv aus. Sie verdeutlichte ihre Gedanken über die Aufgaben eines psychoanalytischen Organisationsberaters anhand ihrer Erfahrungen in einer Klinik (z. B. einen Zwischenraum zwischen "innerer" und "äußerer" Welt zu schaffen; entsprechende Übergänge zu ermöglichen).

Erik L. H. M. van de Loo (1990)

vom niederländischen *Institute for Human Resource Management* stellte in seinem Vortrag Überlegungen darüber an, welche Bedürfnisse der Berater in den Beratungsprozeß mit einbringt (z. B. einen hilfreichen Beitrag leisten können, geschätzt werden usw.) und wie sich das Verständnis der jeweils wichtigsten "unbewußten Szene" aus einem integrativen Prozeß der Verarbeitung zahlreicher Informationen ergibt (u. a. auf bisherigen Erfahrungen basierendem Hintergrundwissen). Fehlschlüsse und unbefriedigende Interventionen entstehen seiner Meinung nach vor allem dann, wenn zu wenig Kontakt zum Klienten bestand, nicht genügend Informationen gesammelt und die vorhandenen Abwehrmechanismen zu wenig berücksichtigt wurden.

Isabel Menzies Lyth (1990)

eine ehemalige Mitarbeiterin des einflußreichen *Londoner Tavistock Institutes*, setzte sich mit den Möglichkeiten der psychoanalytischen Organisationsberatung auseinander. Unter anderem plädierte sie dafür, eine genuin psychoanalytische Vorgehensweise (d. h. die Spurensuche nach unbewußten Prozessen und deren Bewußtmachung) mit nichtanalytischen Ansätzen zu verbinden (also z. B. Arbeitsaufgaben, Rollen und Strukturen auf ihre Funktionalität hin zu untersuchen).

Die auf dem Montrealer Symposium vorgestellten Fallbeispiele decken also ein sehr weites Spektrum ab; sie beziehen sich keineswegs nur auf den Unternehmensbereich, sondern auch auf andere Organisationen und zeigen damit die umfassenden Anwendungsmöglichkeiten einer psychoanalytischen Organisationspsychologie. Es ist deshalb zu erwarten, daß von der *ISPSO* auch in Zukunft wichtige Impulse für die weitere Entwicklung dieser Fachrichtung ausgehen werden.

2 Die psychologische Bedeutung der Arbeit

2.1 Unbewußte Einflüsse auf das Zusammenspiel von Mensch und Arbeit

Ein labiles Gleichgewicht: Die unterschiedliche Eignung der Menschen für verschiedene Tätigkeiten stellt die Personalwirtschaft vor schwierige Probleme. Zur Auslese der geeigneten Bewerber greifen viele Unternehmen auf Assessmentcenter, Streßinterviews oder umstrittene Testverfahren zurück. Hesse u. Schrader (1989, S. 53) sprechen sogar von teilweise sadistischen Ritualen, denen manche Bewerber um knappe Arbeitsplätze unterzogen werden. Die meisten Eignungskriterien sind wegen ihrer ungenügenden Reliabilität und Validität umstritten.

Viele kennen ihre eigenen Stärken und Schwächen, Bedürfnisse und Wünsche selbst nicht genau und haben deshalb Probleme, ein für sie geeignetes Aufgabengebiet zu finden. Aber auch wenn dies gelungen sein sollte, ist der Prozeß der Anpassung von Mensch und Arbeit damit nicht beendet: Arbeitsgebiet und Arbeitsaufgaben sind nicht statisch, sondern einem (immer häufigeren) Wandel ausgesetzt. Wie ausgeprägt dürfen diese Veränderungen sein, wenn das empfindliche Gleichgewicht zwischen Mensch und Arbeit, das sich entwickelt hat, nicht auf Dauer gestört werden soll? Die Arbeitszufriedenheit, die sich aus dem "richtigen" Zusammenpassen von Mensch und Arbeit ergibt, trägt viel zu einer guten gesundheitlichen Verfassung und einer langen Lebenserwartung bei. Auch für das Selbstvertrauen eines Menschen und seine seelische Gesundheit spielt es eine wichtige Rolle, ob er sich in seinem Beruf kompetent fühlt und einen Sinn in seiner Tätigkeit sieht, der über ausschließlich ökonomische Aspekte hinausgeht. Levinson (1986, S. 41) vertritt sogar die Auffassung, daß das richtige Zusammenpassen von Mensch und Arbeit fundamentale und tief verwurzelte Persönlichkeitsbedürfnisse befriedigen kann. Selbst archaische, in der frühen Kindheit entstandene Bedürfnisse, die mit Themen wie Abhängigkeit und Autonomie sowie mit dem Konflikt zwischen Zuneigung und Aggression verbunden sind, können seiner Meinung nach durch Erfahrungen am Arbeitsplatz und durch die damit verbundenen zwischenmenschlichen Beziehungen frustriert oder auch befriedigt werden. Beispielsweise sind Menschen mit starken Abhängigkeitswünschen unter Umständen völlig überfordert, wenn sie ein Aufgabengebiet übernehmen sollen, in dem sie weitgehend auf sich allein gestellt arbeiten müssen.

Das Problem des Zusammenpassens von Mensch und Arbeit spielt natürlich auch im Verhältnis der Vorgesetzten zu ihren Mitarbeitern eine Rolle. Möchte beispielsweise ein Chef das Verhalten eines Mitarbeiters beeinflussen, weil dieser dann bessere Leistungen erbringen könnte, sollte (nach Levinson 1986, S. 42) zuvor sowohl das bisherige Verhalten des Mitarbeiters als auch das Verhalten, das seine Tätigkeit erfordert, wenn sie erfolgreich sein soll, genau geprüft werden. So kann der Gefahr begegnet werden, dem Mitarbeiter etwas abzuverlangen, was ihm im Grunde unmöglich ist. Die Konsequenzen einer solchen Überforderung können tragisch sein. Levinson schildert folgendes Beispiel:

> Ein Mitarbeiter wurde in eine andere Stadt versetzt, weil sein Vorgesetzter hoffte, dadurch werde sich das Verhalten dieses Mannes ändern, der stets darum bemüht war, es allen recht zu machen. Dieses Verhalten war bisher auch mit seiner ursprünglichen Aufgabe recht gut vereinbar gewesen, sein Vorgesetzter erwartete aber von ihm ein aggressiveres Auftreten und besseres Durchsetzungsvermögen. Der Mitarbeiter hatte 20 Jahre in der gleichen Stadt gelebt und wollte nicht umziehen, hatte aber keine andere Wahl. In seinem neuen Aufgabengebiet, das ein aggressiveres Auftreten verlangt hätte, scheiterte er gründlich, obwohl er sich sehr darum bemühte, seinen Vorgesetzten zufriedenzustellen und gute Arbeit zu leisten. Dadurch entstand schließlich eine Situation, in der es nur Verlierer gab: Der Vorgesetzte war unzufrieden, weil der Mitarbeiter seinen Erwartungen nicht entsprach, obwohl er vor dem Wechsel gute Leistungen erzielt hatte, und der Mitarbeiter war unglücklich und litt darunter, daß er mit seiner Arbeit nicht zurechtkam und sein Vorgesetzter nicht mit ihm zufrieden war. Weil seine neue Aufgabe von ihm ein völlig anderes Verhalten erfordert hätte, waren auch die bisher guten Leistungen des Mitarbeiters wenig aussagekräftig für eine Prognose darüber, ob es ihm gelingen würde, auch in seinem neuen Aufgabengebiet erfolgreich zu sein (nach Levinson 1986, S. 43).

Die Annahme, ein Arbeitsgebiet könne leicht gegen ein anderes ausgetauscht werden, sofern nur gewisse konzeptuelle Ähnlichkeiten vorhanden sind, kann also sehr gefährlich sein, weil das für die neue Tätigkeit notwendige Verhalten unter Umständen Fähigkeiten und Eigenschaften erfordert, die die psychischen Möglichkeiten eines Mitarbeiters übersteigen. Menschen können sich zwar innerhalb eines gewissen Spielraumes an veränderte Lebens- und Arbeitsbedingungen anpassen, aber sie können nicht bei Bedarf ihre seelische Struktur tiefgreifend verändern, auch wenn das noch so sehr gefordert wird. Es ist nach Auffassung von Levinson (1986, S. 43) daher auch nicht sinnvoll zu versuchen, die vertrauten Verhaltensweisen eines Menschen gewaltsam zu verändern und ihm neue Verhaltensweisen aufzupfropfen. Bestimmte Einstellungen und Verhaltensmuster sind nämlich Ausdruck des empfindlichen seelischen Gleichgewichtes, das ein Mensch im Laufe seiner Entwicklung gefunden hat. In dieses Gleichgewicht kann man nicht unbedacht eingreifen, ohne daß es zu schwerwiegenden Folgen kommt, ganz abgesehen davon, daß sich die meisten Menschen zurecht gegen Manipulationsversuche wehren, die ihnen manchmal aus ihrer Lebensgeschichte nur allzu vertraut sind. Statt dessen wollen sie als Menschen mit eigenen, berechtigten Bedürfnissen und Wünschen wahrgenommen und behandelt werden (vgl. Ohlmeier 1989, S. 32).

2.1.1 Die Berufswahl - eine "vernünftige" Entscheidung?

Die Frage nach dem Zusammenpassen von Mensch und Arbeit stellt sich bereits bei der Entscheidung für oder gegen einen bestimmten Beruf. Bedauerlicherweise ist sehr wenig über die unbewußten Einflüsse bekannt, die die Berufswahl mitbestimmen. Vielleicht wählt z. B. ein junger Mann den gleichen Beruf wie sein Vater, weil er sich sehr stark mit ihm identifiziert, vielleicht lehnt er diesen Beruf aber auch gerade wegen der Autoritäts- und Rivalitätskonflikte mit seinem Vater ab. Solchen und ähnlichen unmittelbar einleuchtenden Gründen kommt im Einzelfall sicher eine wichtige Bedeutung zu; darüber hinaus gibt es jedoch eine Vielzahl von komplexeren Bedingungsfaktoren.

Eine der wenigen Arbeiten, die sich mit den vielfältigen Wechselwirkungen und Querverbindungen zwischen Berufsentscheidung, Karriere und unbewußten Motiven auseinandersetzt, stammt von dem Psychoanalytiker Lawrence S. Kubie (1984). Kubie interessierte sich vor allem dafür, warum sich jemand für eine wissenschaftliche Laufbahn entscheidet. Er glaubt, daß hierbei insbesondere die folgenden Aspekte Beachtung verdienen (S. 173):

- die spezifischen psychischen und wirtschaftlichen Belastungen im Leben junger Wissenschaftler;
- die Vielzahl bewußter und unbewußter Kräfte, durch die ihre Entscheidung für eine wissenschaftliche Tätigkeit beeinflußt wird;
- das Zusammenspiel dieser Einflußgrößen und Wirkfaktoren in der daran anschließenden Phase der persönlichen und wissenschaftlichen Reifung;
- die Art der Verbindung der spezifischen Konflikte späterer Lebensabschnitte mit den innerseelischen Konstellationen, die dazu geführt haben, daß eine wissenschaftliche Laufbahn überhaupt erst eingeschlagen wurde;
- der Einfluß innerseelischer Prozesse und Strukturen auf die wissenschaftliche Orientierung des Forschers und auf seine theoretische Position im wissenschaftlichen Diskurs;
- die Verzerrungen der Urteilskraft, die sich auch bei sehr begabten Wissenschaftlern einstellen, wenn ihr Forschungsgegenstand für sie eine große unbewußte und symbolische Bedeutung hat.

Kubie arbeitete selbst eine gewisse Zeit in einer wissenschaftlichen Einrichtung. Dort war bekannt, daß er über eine psychiatrische und tiefenpsychologische Ausbildung verfügte; er berichtet, daß er manchmal buchstäblich seine Tür abschließen mußte, um ungestört arbeiten zu können, da es beinahe jeden Nachmittag geschah, daß ein Kollege zur Tür hereinkam und mit ihm über persönliche Schwierigkeiten reden wollte. Diese und weitere unsystematische Beobachtungen, die Kubie im Verlauf von 30 Jahren im Umfeld wissenschaftlicher Einrichtungen gesammelt hat, veranlaßten ihn dazu, eine Reihe von Hypothesen aufzustellen. So geht er beispielsweise nicht nur davon aus, daß die Fähigkeiten eines Wissenschaftlers, ständig drohende Unsicherheiten und Rückschläge in der

Forschung verarbeiten zu können, von seinen eigenen unbewußten Konflikten und Bedürfnissen abhängen, sondern daß es auch bei seelisch "gesunden" Wissenschaftlern vielfältige Verbindungen zwischen unbewußten Einflüssen und bestimmten beruflichen Weichenstellungen gibt (Kubie 1984, S. 173 f.): Die Entscheidung für ein bestimmtes Aufgabengebiet und für die Fragestellungen, die innerhalb dieses Gebietes untersucht werden; die Art und Weise, wie an wissenschaftliche Fragestellungen herangegangen wird; die wissenschaftlichen Streitfälle, in denen der Forscher Partei ergreift; an welchen kontroversen Diskussionen er sich beteiligt und auf welche Weise er seinen Standpunkt vertritt; die Befriedigung oder Freude, die er aus seiner Arbeit ziehen kann; wie er auf Erfolge, aber auch auf Mißerfolge und Fehlschläge reagiert.

Es ist vermutlich auch der Einfluß des Unbewußten, der dazu führt, daß manch überdurchschnittlich kompetenter, gut ausgebildeter und begabter Wissenschaftler sich in seinem Berufsleben dennoch vergeblich abmüht und letztlich unproduktiv bleibt, während andere Wissenschaftler zwar vielleicht weniger begabt sind, aber dennoch freier, kreativer und produktiver arbeiten können.

Welche frühen Kindheitserfahrungen und subjektiven Verarbeitungsformen sind es nun aber, die zu der viel später im Leben getroffenen Entscheidung für eine wissenschaftliche Tätigkeit beitragen können? Kubie (1984, S. 174 f.) vermutet, daß die Kindheitserfahrungen mancher Wissenschaftler und anderer Intellektueller in eine ganz bestimmte Richtung gehen: Typischerweise bildet ein überdurchschnittlich begabtes Kind spezifische Interessen und Bedürfnisse aus. Falls seine wichtigsten Bezugspersonen dann auch noch einseitig nur die "intelligenten" Leistungen des Kindes anerkennen, widmet es sich möglicherweise vorrangig "gelehrten" Beschäftigungen und vernachlässigt körperliche, sportliche oder andere soziale Aktivitäten, wodurch die Verarbeitung der damit verbundenen Konflikte nicht selten auf unbestimmte Zeit verschoben wird. Setzt sich diese Entwicklung fort und ist aus dem Kind schließlich ein junger Erwachsener geworden, dann hat dieser bereits eine lange Geschichte von Erfolgserlebnissen hinter sich, die alle auf intellektuellem Gebiet liegen, während andere, potentiell ebenfalls vorhandene Fähigkeiten weitgehend verkümmert sind. Die vorwiegend intellektuelle Auseinandersetzung mit Problemsituationen und Schwierigkeiten wird zur bevorzugten Lebenstechnik, so daß auch das Selbstwertgefühl und die Identität dieser Menschen sozusagen nur auf einem Bein stehen.

Wird dann schließlich die eigentliche Forschungsarbeit aufgenommen, dann steht sie sofort unter dem Einfluß bisher unterdrückter und unbewußt gewordener Wünsche. Sie wird also ganz unwillkürlich von unbefriedigt gebliebenen und inzwischen irrational gewordenen emotionalen Bedürfnissen überschattet. Aller Wahrscheinlichkeit nach wird der betreffende Mensch deshalb geradezu verzweifelt arbeiten, ob er nun eine wissenschaftliche Entdeckung anstrebt oder einfach nur berühmt werden will. Tragischerweise können aber auch die größten wissenschaftlichen Erfolge keinen unbewußten Konflikt auflösen oder verdrängte Wünsche befriedigen. Wenn der Betreffende keinen

Erfolg hat, kann er seine Unzufriedenheit und das Gefühl innerer Leere und Sinnlosigkeit, unter dem er vermutlich leiden wird, zumindest auf seinen Mißerfolg zurückführen. Irritierenderweise wird er aber feststellen müssen, daß sich Niedergeschlagenheit oder sogar Verzweiflung nach einem Erfolg genauso einstellen können wie nach einem Mißerfolg (Kubie 1984, S. 175). Der Grund dafür ist, daß ein auch noch so großer Erfolg verdrängte Konflikte nicht beseitigen kann. Diese unbewußten Konflikte sind es dann auch, die zu der auf den ersten Blick verwirrenden Allianz von äußerem Erfolg und innerer Unzufriedenheit, Depression oder anderen Ausdrucksformen seelischen Leidens führen.

Kubie (1984, S. 176) führt noch weitere Gründe dafür an, warum unbewußte Prozesse seiner Meinung nach eine so wichtige Rolle bei der Berufswahl spielen können: Wenn ein Jugendlicher sich dafür entscheidet, z. B. Rechtsanwalt, Arzt, Künstler oder Manager zu werden, dann wird diese Entscheidung selten auf Grund realistischer Überlegungen im Hinblick darauf getroffen, welche Vor- und Nachteile eine bestimmte Laufbahn im Vergleich zu einer anderen voraussichtlich hat, noch basiert sie auf einer tiefen, introspektiven Selbstkenntnis und einem sicheren Gespür dafür, wie man sich in diesem Berufsfeld zurechtfinden wird. Selbst wenn der eigene Vater Arzt oder Rechtsanwalt ist, können der Sohn oder die Tochter dennoch im wesentlichen nur die äußeren Aspekte seines Berufslebens wahrnehmen. Was in einem Kind auf dem Weg der Identifikation mit seinen Eltern vorgeht, hängt außerdem nicht nur von realen Ereignissen ab, sondern auch davon, welchen emotionalen Einfluß diese Ereignisse auf sein Phantasieleben haben. Bewußte und unbewußte Phantasien beeinflussen deshalb auch in diesem Sonderfall die Berufswahl ebenso wie die spätere Zufriedenheit in diesem Beruf.

Als Beispiel für eine Berufswahl, die durch unbewußte Phantasien herbeigeführt wurde, berichtet Kubie von einem Röntgenologen; sein Interesse an diesem Beruf war letztlich aus der intensiven Neugier für die innere Struktur des Körpers seiner Mutter entstanden, die er schon als Kind empfunden hatte. Schuldbeladene, ängstigende und deshalb verdrängte Kindheitsphantasien hatten seine Entscheidung für dieses Aufgabengebiet beeinflußt. Natürlich wären hier noch zahlreiche andere Einflüsse zu untersuchen, da sich das komplizierte seelische Geschehen allen monokausalen Erklärungsversuchen entzieht (nach Kubie 1984, S. 180 f.).

Lebensgeschichtlich entstandene und unbewußt gewordene Konflikte beeinflussen nicht nur die Berufswahl, sondern auch wichtige Weichenstellungen während des Berufslebens: Manche Menschen zögern z. B. immer wieder, welche Aufgabe sie nun eigentlich anpacken wollen und wie sie das tun sollen. Andere sind ein Leben lang auf der Jagd nach immer neuen Vaterfiguren.

So erwähnt Kubie einen hochbegabten jungen Wissenschaftler, der laufend sein Aufgabengebiet wechselte, und zwar jedesmal, nachdem er brillante Anfangserfolge erzielt hatte und nun seine eigene, unabhängige Arbeit hätte aufnehmen können. Als er schließlich sogar eine Professur übernehmen sollte, geriet er in eine schwere seelische Krise und zog sich aus der Forschung zurück (nach Kubie 1984, S. 185).

Manche Wissenschaftler mit den entsprechenden Konfliktkonstellationen versuchen, ihre Ängste (z. B. vor dem Erfolg) zu bewältigen, indem sie sich für eine Aufgabe entscheiden, die ein lebenslanges Engagement verlangt, während andere nach einer Tätigkeit suchen, die schnellen Erfolg, viel Geld und jährliche Beförderungen verspricht, weil sie seelische Spannungen und Unsicherheiten nicht länger als allenfalls einige Monate ertragen können. Wieder andere praktizieren eine Mischform aus diesen beiden Extremen. Besonders weit verbreitet ist nach den Beobachtungen von Kubie (1984, S. 185) aber doch der Typus des arbeitssüchtig gewordenen Wissenschaftlers: Dieser hat erlebt, was es bedeuten kann, durch die Anerkennung seiner herausragenden Leistungen eine zeitweilige Entlastung von seinen Konflikten zu erfahren. Von nun an ist er im Grunde nicht mehr so sehr an einem Erkenntnisgewinn interessiert, sondern wird von dem intensiven Wunsch vorangetrieben, eine vergleichbare Leistung zu erbringen, um dadurch scheinbar seine Konflikte zu lösen. Die Wissenschaft wird von diesem Forschertyp also ganz ähnlich funktionalisiert, wie beispielsweise ein Patient mit einem Waschzwang Wasser und Seife benutzt oder wie ein Süchtiger seine Droge braucht.

An dieser Stelle ist es wichtig zu betonen, daß es sicher nicht Kubies Absicht ist, sämtliche Wissenschaftler als neurotisch einzuschätzen. Schließlich ist er selbst Wissenschaftler und setzt als solcher eine bewährte psychoanalytische Tradition fort, indem er den Einfluß des Unbewußten auch dort nachweist, wo ihn kaum jemand vermuten würde (z. B. bei den Erfolgreichen). Seine Ausführungen sind auch für Unternehmensangehörige von Bedeutung, nicht nur für die Mitarbeiter von Forschungsabteilungen oder für diejenigen, die eine Zeitlang an einer Universität gearbeitet haben. Denn selbstverständlich kann jede Berufsentscheidung, nicht nur die von Wissenschaftlern, von unbewußten Bedürfnissen und Konflikten beeinflußt werden. Warum entscheidet sich jemand z. B. für eine bestimmte Karriere, wenn er dadurch gleichzeitig Streß und Zeitdruck in Kauf nehmen muß, kaum noch Zeit für seine Familie hat und deshalb unter einem schlechten Gewissen leidet und in seiner ohnehin knappen Freizeit berufliche Kontakte pflegen muß usw.? In Kap. 4.4.2 soll versucht werden, eine Antwort auf diese und ähnliche Fragen zu finden, die sich aus einer konsequenten Weiterentwicklung der Überlegungen von Kubie ergeben.

2.1.2 Arbeitsbedingungen und unbewußte Konflikte: ein gordischer Knoten?

Zwischen den unbewußten Beweggründen, die zur Entscheidung für ein bestimmtes Aufgabengebiet geführt haben, dem beruflichen Erfolg und dem Gefühl subjektiver Zufriedenheit eines Menschen können also vielfältige Zusammenhänge bestehen. Vorausgesetzt ist dabei allerdings immer, daß der Betreffende auch tatsächlich eine Wahlmöglichkeit hat. Wenn jemand beispielsweise an einer seelischen oder psychosomatischen Erkrankung leidet, für deren Entstehung und Aufrechterhaltung im wesentlichen unbefriedigende Arbeitsbedingungen verantwortlich sind, dann werden seine Symptome wahrscheinlich nicht durch Psychotherapie geheilt werden können, sondern nur dadurch, daß seine Arbeit wieder an seine individuellen Bedürfnisse angepaßt wird.

Ein von Maccoby (1978, S. 113) beschriebenes Forschungsprojekt zur psychotherapeutischen Behandlung von Fabrikarbeitern verdeutlicht, wie leicht die beiden pathogenetischen Faktoren - einerseits unbewußte Konflikte, andererseits unbefriedigende Arbeitsbedingungen - miteinander verwechselt werden können: Maccoby wurde von einem der Projektleiter gebeten, die Interviews durchzusehen, mit deren Hilfe die Persönlichkeitsstrukturen der Arbeiter, die unter seelischen oder psychosomatischen Symptomen litten, untersucht worden waren. Die Interviews erwiesen sich jedoch als kaum brauchbar, weil einerseits versäumt worden war, die Wünsche, Bedürfnisse und Ziele der Arbeiter zu explorieren, andererseits aber auch die aktuellen, situativen Arbeitsbedingungen der Befragten nicht berücksichtigt worden waren. Statt dessen neigten die Interviewer wie selbstverständlich dazu, vom Vorliegen einer seelischen Erkrankung auszugehen, wenn sie Symptome wie z. B. Angst oder ein übertriebenes Mißtrauen beobachten konnten.

Maccoby (1978) hält eine solche Vorgehensweise für nicht zulässig. Er plädiert für eine differenziertere Betrachtung: Jemand, der von diesen oder ähnlichen Symptomen berichtet, kann tatsächlich psychisch krank sein, diese Symptome können aber auch aus dem Versuch heraus entstanden sein, sich an Bedingungen anzupassen, die für die Befriedigung menschlicher Grundbedürfnisse (z. B. Anerkennung, sinnvolle Tätigkeit usw.) von vornherein völlig unzureichend sind. Um herauszufinden, was im jeweiligen Fall zutrifft, muß deshalb die Beziehung zwischen der Arbeitssituation, den individuellen Bedürfnissen und den Symptomen eines Menschen genau untersucht werden, damit Symptome, die eventuell nur situativ bedingt sind, nicht auf scheinbar tief verwurzelte psychopathologische Strukturen zurückgeführt werden. Um diesen Fehlschluß zu vermeiden, sind sorgfältig angewandte psychoanalytische Untersuchungsmethoden erforderlich, bei denen die Diagnose solange nicht gestellt wird, bis die Frage der Verwurzelung einer Symptomatik in der psychischen Struktur eines Menschen wirklich geklärt worden ist.

Welches Erleben und Verhalten ist aber überhaupt als "normal" und welches ist als "krank" zu bezeichnen? Eine eindeutige, für alle Menschen zutreffende und damit normierende Grenzziehung ist im Rahmen eines sozialwissenschaftlichen Krankheitsmodells, an dem sich auch die Psychoanalyse orientiert, nicht möglich. Seelische Gesundheit und Normalität können aber doch mit Hilfe bestimmter Dimensionen beschrieben werden. Maccoby (1978, S. 116) schlägt in Anlehnung an Erich Fromm (1968) deshalb die folgende Differenzierung vor: unabhängiges und bewußtes Handeln kontrastiert mit passiven Abhängigkeitswünschen; Verständnis, Anerkennung und Achtung für andere Menschen stehen im Gegensatz zu einer narzißtischen Grundhaltung und einem egozentrischen Weltbild; Achtung vor Leben und Spontaneität lassen sich von einem rigiden Kontrollbedürfnis abgrenzen (s. Abb. 2.1.2).

18

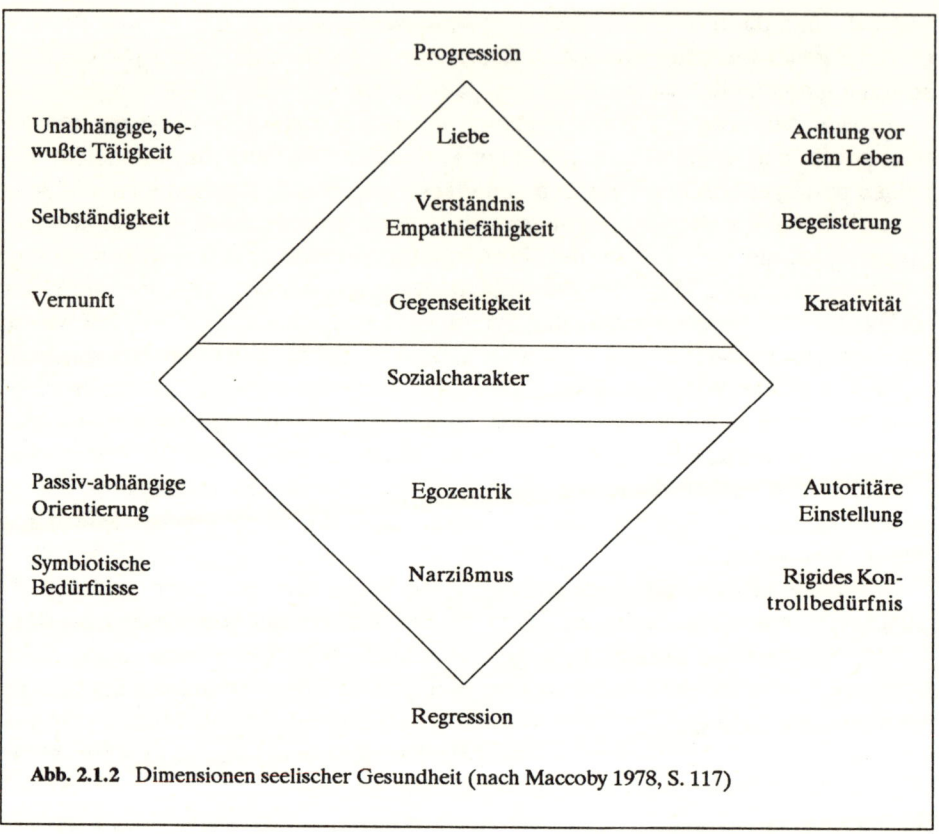

Progression

Unabhängige, be-
wußte Tätigkeit

Liebe

Achtung vor
dem Leben

Selbständigkeit

Verständnis
Empathiefähigkeit

Begeisterung

Vernunft

Gegenseitigkeit

Kreativität

Sozialcharakter

Passiv-abhängige
Orientierung

Egozentrik

Autoritäre
Einstellung

Symbiotische
Bedürfnisse

Narzißmus

Rigides Kon-
trollbedürfnis

Regression

Abb. 2.1.2 Dimensionen seelischer Gesundheit (nach Maccoby 1978, S. 117)

Maccoby (1978, S. 118) hält es darüber hinaus für sinnvoll, "Normalität" in
Abhängigkeit vom "Sozialcharakter" zu begreifen, d. h. als bezogen auf die Teile
der Persönlichkeitsstruktur eines Menschen, die sich durch Anpassung an
bestimmte soziale Gegebenheiten herausgebildet haben. In ländlichen Gebieten
ist der "normale" Mensch nach seiner Auffassung beispielsweise eher vorsichtig,
ordnungsliebend, sparsam, defensiv eingestellt und vertraut am liebsten auf sich
selbst.

Natürlich gibt es innerhalb der Spannweite "normalen" Erlebens und Verhaltens eine nahezu unbegrenzte Vielfalt unterschiedlicher Interessen, Begabungen
und Orientierungen. Entscheidend bleibt aber, daß die seelische Gesundheit
eines Menschen auch davon abhängt, ob er mit den ihn umgebenden sozialen und
gesellschaftlichen Verhältnissen zurechtkommt, d. h. sich einerseits an sie anpassen, sie andererseits aber auch kreativ verbessern kann. Wenn ein Mensch mit
einem "Sozialcharakter", der auf eine bestimmte, tradierte soziale Umgebung
zugeschnitten ist, mit einer völlig veränderten sozialen Realität fertig werden
muß, dann kann seine weitere Persönlichkeitsentwicklung dadurch sehr ungünstig beeinflußt werden. Ebenso paßt sich ein Mensch, der dazu gezwungen ist,
einer Tätigkeit nachzugehen, die sein Selbstvertrauen und seine Selbstachtung

verletzt, zwar möglicherweise oberflächlich an diese Situation an, leidet aber dennoch an dem Konflikt, der für ihn daraus entsteht. Darüber hinaus stimulieren demotivierende und frustrierende Arbeitsbedingungen vor allem die immer auch vorhandenen Negativseiten seines "Sozialcharakters", so daß anstelle von Selbstvertrauen und Toleranz beispielsweise aggressives Verhalten und mangelnde Kooperationsfähigkeit treten.

Die Ausführungen von Maccoby (1978) sind nicht nur für Menschen von Bedeutung, die in den unteren Hierarchieebenen eines Unternehmens arbeiten, sondern auch für Führungskräfte - dies nicht nur, weil es zumeist Arbeiter und untere Angestellte sind, deren Leben von den Entscheidungen des Managements wesentlich beeinflußt werden kann. Auch in den höheren Ebenen einer Organisation können Menschen (vor allem natürlich solche im Grenzbereich von Normalität und Neurose) durch belastende Arbeitsbedingungen, die ihre gesunden, kreativen Impulse einschränken und blockieren, Symptome entwickeln und in psychosomatische oder seelische Krankheiten regelrecht hineingedrängt werden. Äußere Umstände können deshalb auch bei Führungskräften ein scheinbar "neurotisches" Verhalten auslösen, ohne daß eine entsprechende Neurose vorhanden ist. Kernberg (1984, S. 47; s. auch 1988 c, S. 290 f.) meint beispielsweise, daß eine Führungsperson, die sich auffällig autoritär verhält, deshalb nicht unbedingt eine neurotisch-autoritäre Charakterstruktur aufweisen muß. Die Ursachen eines solchen Verhaltens können auch in der Organisationsstruktur begründet sein, die den Betreffenden mit sehr viel mehr Macht ausgestattet hat, als für die Durchführung seiner Arbeitsaufgaben eigentlich notwendig ist. Es mag zwar sein, daß dadurch latent vorhandene autoritäre Tendenzen aktiviert worden sind, aber diese müssen keinesfalls so ausgeprägt sein, daß man sie als "neurotisch" bezeichnen könnte. Eine eindeutige Grenzziehung ist in diesem Zusammenhang ohnehin sehr schwierig, weil die Konflikte und Symptome neurotischer Menschen zumeist nur eine überdimensional vergrößerte Variante derjenigen Konflikte (z. B. zwischen Abhängigkeitswünschen und Selbstbestimmung) verkörpern, die auch bei gesunden Menschen, nur eben in sehr viel schwächerer Ausprägung, vorhanden sind.

2.1.3 Der ganz normale Wahnsinn

Es wäre interessant, nicht nur zu untersuchen, wie sich unterschiedliche Menschen an ihre jeweilige Arbeitssituation anpassen, sondern auch der Frage nachzugehen, wie ihre Arbeit aussehen müßte, damit sie die kreativsten und produktivsten Aspekte ihrer Persönlichkeit zum Ausdruck bringen können. Um diese Frage zu beantworten, muß aber die Wechselwirkung zwischen Mensch und Arbeit noch sehr viel genauer erforscht werden. Der Washingtoner Psychoanalytiker Douglas LaBier (1984, 1986) geht wie sein Lehrer Maccoby davon aus, daß destruktive Arbeitsbedingungen scheinbar irrationale und neurotische Verhaltensweisen aktivieren können. Da LaBier in Washington D.C. arbeitet, befinden sich unter seinen Patienten viele Regierungsangestellte. Es stellt sich allerdings die Frage, ob der hohe Anteil an diesen Patienten darauf zurückzuführen ist, daß in Washington die wichtigsten und größten amerikanischen Bundesbehörden angesiedelt sind oder ob die Arbeit für diese bürokratischen Institutionen generell ein günstiges Klima für den Ausbruch seelischer Erkrankungen schafft.

Eine weitere Gelegenheit für LaBier (1984, S. 7), die Beamten und Angestellten dieser Ämter tiefenpsychologisch zu untersuchen, ergab sich, als er eine große Behörde dabei beraten sollte, wie man diejenigen Mitarbeiter besser verstehen und mit ihnen auf befriedigendere Art und Weise umgehen könne, die offensichtlich unter einer seelischen Störung litten. LaBier konnte daraufhin Angestellte und Beamte aller Ebenen aus 10 verschiedenen amerikanischen Regierungseinrichtungen mit psychoanalytischen Methoden untersuchen. Seine Arbeiten stützen sich also sowohl auf Patienten, die sich bei ihm in psychotherapeutischer Behandlung befanden, als auch auf Nichtpatienten.

Methodisch greift LaBier (1984, S. 4) auf tiefenpsychologische Interviews, auf die Analyse von Traummaterial (vor allem, wenn die Träume mit der Arbeitssituation des Untersuchten zu tun hatten) sowie auf tiefenpsychologische Testverfahren (projektive Tests) zurück. Die Ergebnisse der durchgeführten Untersuchungen veranlassen ihn dazu, die provozierende These aufzustellen, daß scheinbar neurotische Verhaltensweisen den Rollenanforderungen innerhalb einer Regierungsbürokratie durchaus entgegenkommen können. In diesen Fällen zeigt der betreffende Mensch keine offenen Symptome einer seelischen Erkrankung (z. B. Angstanfälle, Depressionen usw.), also auch dann nicht, wenn seine Bedürfnisse und Handlungen eindeutig neurotische Züge aufweisen - er kann seine Neurose in seinem Beruf sozusagen "ausleben".

Andere Menschen konnten sich nur schlecht an die Erfordernisse ihrer Tätigkeit anpassen, gleichgültig ob ihre Bedürfnisse nun neurotische Züge trugen oder nicht. Unter ihnen befanden sich auch diejenigen, die an ihrem Arbeitsplatz offene Symptome einer seelischen Krankheit zeigten. Im einzelnen konnte LaBier (1984, S. 10 ff.) die folgenden 4 Gruppen herausarbeiten:

Kongruente Situationen, d. h. Person und Arbeit passen zusammen:
die *"irrational Angepaßten"*: Bei diesen Menschen war eine von 2 verschiedenen neurotischen Orientierungen vorhanden, und zwar entweder ein extremes Machtstreben, eine krankhafte Sehnsucht nach Ruhm und Ehre und ein starker Wunsch, andere zu beherrschen, oder aber passive Abhängigkeitswünsche sowie der regressive Wunsch, sozusagen in die Geborgenheit der frühen Kindheit zurückzukehren. Dafür waren letztere dann auch bereit, sich Autoritätspersonen beinahe masochistisch unterzuordnen.

Diese Orientierungen waren im Verlauf ihres beruflichen Fortkommens und durch den zunehmenden Einfluß der Organisation auf ihre Persönlichkeitsentwicklung systematisch belohnt, verstärkt und gefördert worden. Obwohl ihre Bedürfnisse eindeutig neurotische Züge trugen, waren diese Mitarbeiter an die Erfordernisse ihrer Tätigkeit gut angepaßt und recht erfolgreich.

Der erste Typus fand sich nach den Beobachtungen von LaBier (1984, S. 11) eher bei denjenigen, die mittlere und hohe Positionen erreicht hatten oder aller Wahrscheinlichkeit nach noch erreichen würden. Er wies in vielerlei Hinsicht Ähnlichkeiten mit dem von Maccoby (1984 a, S. 98) beschriebenen Typ des "Dschungelkämpfers" auf, der vor allem nach Macht und Herrschaft über andere strebt. Er greift dabei gern auf manipulative Tricks, Intrigen und andere unsaubere Methoden zurück. "Dschungelkämpfer" stehen meistens unter dem Einfluß autoritärer, narzißtischer, sadistischer und ausbeuterischer Tendenzen. Allerdings werden sie nach den Beobachtungen von Maccoby früher oder später zu den Opfern der Methoden, die sie anderen gegenüber anwenden (s. Kap. 3.2.4).

LaBier (1984, S. 12) zitiert Untersuchungsergebnisse von Maccoby et al. (1980), um zu belegen, daß die "irrational Angepaßten" - oder die "verrückten Normalen", wie man sie vielleicht auch nennen könnte - häufig von Beauftragten des US-Präsidenten für Positionen im Topmanagement ausgewählt wurden. Diese Beauftragten hatten ihr Amt nur für relativ kurze Perioden inne und standen unter großem politischen Druck. Weil sie schnelle Resultate vorweisen mußten, neigten sie also dazu, sich "Dschungelkämpfer" ins Topmanagement zu holen. Oft entstand dadurch aber nur eine wichtigtuerische Arbeitsatmosphäre, die zwar den Eindruck vermittelte, daß an sehr bedeutsamen Dingen gearbeitet wurde, obwohl in vielen Fällen die damit verbundene Betriebsamkeit ohne jeden praktischen Nutzen war.

Die Fassade aus scheinbarer Gesundheit konnte von diesen Personen aber nur solange aufrechterhalten werden, wie das Gleichgewicht zwischen ihrer innerseelischen Dynamik und ihrer Arbeitstätigkeit - die "Kongruenz" - nicht gestört wurde. LaBier sieht hierin auch den Grund dafür, daß es manchen Menschen, die sich mit einer bestimmten Arbeitssituation arrangiert haben, nicht gelingt, sich in einem anderen, vielleicht sogar gesünderen Arbeitsumfeld zurechtzufinden. Wenn sich die Situation verändert, dann löst die dadurch entstehende Inkongruenz möglicherweise sogar Symptome aus, die zuvor nicht vorhanden waren. Es kann also vorkommen, daß "irrational Angepaßte" zwar deutlich neurotische Persönlichkeitszüge aufweisen, die aber so gut zu ihrer ebenfalls neurotischen Arbeitssituation passen, daß sie erst dann offenkundige Symptome (z. B. starke Ängste, Zwangssymptome usw.) ihrer psychischen Deformation zeigen, wenn sich eine an sich sogar gesunde Veränderung ihrer Arbeitssituation (z. B. durch den Abbau von übertriebenem Leistungsdruck) oder der an sie gestellten Rollenanforderungen abzeichnet.

Der zweite Typus der "irrational Angepaßten" fand sich eher im Mittelbau der von LaBier untersuchten bürokratischen Organisationen. Menschen, die diesem Typ zugeordnet werden konnten, strebten nicht nach Macht oder grandiosen Erfolgen, sondern verhielten sich eher übertrieben abhängig und unterwürfig.

Die "normal Angepaßten": Diese Menschen sind zwar insofern "normal", als bei ihnen keine auffälligen psychopathologischen Symptome vorhanden sind. Dennoch sind sie gemessen an dem bisher nicht entwickelten Potential an

Fähigkeiten, das bei ihnen latent vorhanden ist, nicht wirklich "gesund". Sie könnten zwar im Prinzip Einstellungen und Kompetenzen wie Empathie, wirkliche Lebensfreude, Aufrichtigkeit und Achtung für andere durchaus entwickeln, weil dieses Potential durch ihre Arbeit aber nicht stimuliert wird, sondern weitgehend ungenutzt bleibt, verkümmert es schließlich.

LaBier (1984, S. 18 ff.) schildert diese Menschen als sehr intelligent, fleißig und begabt. Ihre sachlich-intellektuellen Kompetenzen wurden durch ihre Arbeit systematisch gefördert und im Verlauf ihrer Karriere immer wieder belohnt. Auf ihnen beruhte ihr beruflicher Erfolg. Ihre Arbeitserfahrungen hatten es ihnen ermöglicht, bestimmte Kompetenzen zu entfalten, allerdings innerhalb enger Grenzen: Wichtige menschliche Qualitäten, vor allem solche emotionaler Art (z. B. die Fähigkeit, empathisch auf andere einzugehen), waren nämlich kaum gefragt.

Inkongruente Situationen, d. h. Person und Arbeit passen nicht zusammen: *die "irrational Unangepaßten"*: Diese Menschen leiden ganz offensichtlich an einer seelischen Erkrankung und zeigen auch an ihrem Arbeitsplatz Symptome. Eine Untergruppe dieser Kategorie setzt sich aus denjenigen zusammen, die von besonders ernsthaften seelischen Störungen beeinträchtigt werden; ihre Krankheit hat während ihres gesamten Lebens immer wieder auch ihre Arbeits- und Beziehungsfähigkeit in Mitleidenschaft gezogen. Zu dieser Gruppe gehören nach den Beobachtungen von LaBier (1984, S. 24) relativ wenige Personen, die jedoch typischerweise schon ein- oder mehrmals stationär in psychiatrischen oder psychotherapeutischen Kliniken behandelt worden sind und auf Grund ihrer psychischen Behinderung beruflich meistens nicht sehr weit aufsteigen. Manchmal wurde bei ihnen durch extreme Belastungen am Arbeitsplatz, z. B. durch das unempathische Verhalten von Vorgesetzten oder Kollegen, die bereits bestehende Pathologie noch mehr vertieft - bis hin zur Auslösung psychotischer Schübe. LaBier hat sicher recht mit seiner Vermutung, daß mangelndes Wissen über die Dynamik und den Verlauf einer psychischen Krankheit viel zur Entstehung solcher destruktiver Situationen beiträgt. Dieses Unwissen ist oft mit einer völlig unbegründeten Angst vor seelisch kranken Menschen verbunden und führt dazu, daß deren Probleme von ihrer Umgebung nicht verstanden werden. Daraus kann sich dann ein regelrechter Teufelskreis ergeben.

Zu einer zweiten, größeren Gruppe von seelisch kranken, "unangepaßten" Menschen gehören diejenigen, die unter einer weniger schweren seelischen Störung leiden. Im Gegensatz zu den "irrational Angepaßten" paßt ihre Störung, die auch an ihrem Arbeitsplatz deutlich wird, aber nicht zu den Anforderungen ihrer Tätigkeit und zu ihrer Berufsrolle. Deshalb steigen sie in der Regel auch nicht in die Spitzenpositionen einer Organisation auf.

Bei ihnen konnte LaBier (1984, S. 26) vor allem passiv-aggressive und zwanghafte Tendenzen beobachten, während er bei den "irrational Angepaßten" hauptsächlich sadomasochistische Tendenzen feststellte. Manchen von ihnen gelang es allerdings, doch noch eine Nische innerhalb ihrer Organisation zu finden, in der sie ihre Störung im Rahmen ihrer beruflichen Tätigkeit ausleben konnten.

Die "normal Angepaßten": Diese Menschen zeigen an ihrem Arbeitsplatz Symptome, obwohl bei ihnen keine wirklich ernste seelische Störung vorhanden ist. Ihre Symptome entwickeln sich manchmal als Reaktion auf situative Belastungen und Streß, manchmal aber auch als Folge "krankhafter" Aspekte ihrer Karriere und ihrer Arbeitsbedingungen (s. hierzu auch das Fallbeispiel in Kap. 3.6, S. 142), durch die negative und unproduktive Tendenzen gefördert wurden, die bei ihnen nicht mehr als bei anderen Menschen auch vorhanden sind. Viele von ihnen haben in ihrer beruflichen Laufbahn statt der erwarteten Sicherheit und Unterstützung viel Frustration, mangelnde Anerkennung und willkürliche Versetzungen erlebt. Diese Belastungen haben die Schattenseiten ihrer Persönlichkeitsstruktur aktiviert und manchmal sogar bestimmte, wenn auch nur relativ gering ausgeprägte Symptome produziert. Wenn sich die Arbeitsbedingungen verbessern oder die Belastungen, denen sie ausgesetzt waren, wieder wegfallen, verschwinden auch die Symptome dieser Menschen schnell.

Der "ganz normale Wahnsinn" besteht also nach Auffassung von LaBier (1984, 1986) darin, daß manche Personen ihre destruktiven, neurotischen Tendenzen im Rahmen ihrer beruflichen Tätigkeit auf beeindruckende Weise in Szene setzen können (vgl. hierzu auch Kap. 3.3.3). Niemand käme auf die Idee, ihre Handlungen als neurotisch zu bezeichnen - schließlich scheinen sie in ihrem Beruf gute und imponierende Leistungen zu erbringen. Bei genauerer Betrachtung sind aber die Schattenseiten ihres Verhaltens nicht zu übersehen: oft mehr Schein als Sein, Intrigen und Machtkämpfe anstelle von Kooperation und kreativen Leistungen, hohe Fluktuations- und Ausfallraten etc.

Andererseits ergibt sich aus den Ausführungen von LaBier (1984) und Maccoby (1978) aber auch eine Warnung, Menschen nicht leichtfertig als "neurotisch" auszugrenzen, selbst wenn sie sich vielleicht recht bizarr verhalten. Auch aus der Familientherapie ist bekannt, daß der als behandlungsbedürftig präsentierte Symptomträger in vielen Fällen nur auf die umfassendere Störung des Gesamtsystems, d. h. der familiären Beziehungen hinweist. Wenn jemand an seinem Arbeitsplatz Symptome einer vermeintlichen Neurose zeigt, dann sollte ebenfalls zunächst einmal sehr genau untersucht werden, ob sein Verhalten nicht vielleicht doch einen wichtigen Hinweis darauf enthält, was in seiner Arbeitsumgebung oder in seinem Unternehmen nicht "stimmt" und deshalb veränderungsbedürftig ist. Konsequenterweise wäre dann auch bei den "verrückten Normalen" darüber nachzudenken, inwieweit ihre (zweifellos vorhandenen) neurotischen Tendenzen im Verlauf ihrer beruflichen Sozialisation immer wieder stimuliert worden sind, sich aber unter gesünderen Arbeitsbedingungen weit weniger hätten entfalten können (s. hierzu auch das Fallbeispiel in Kap. 4.1, S. 146 f.).

2.2 Bewußte und unbewußte Quellen
von Arbeitsmotivation und -zufriedenheit

Menschen gehen an ihre Arbeit mit all den unterschiedlichen Einstellungen, Erwartungen und Verhaltensweisen heran, die sie im Verlauf ihres Lebens entwickelt haben. Gleichzeitig versuchen sie durch die Arbeit selbst und die Interaktionen am Arbeitsplatz ihr seelisches Gleichgewicht aufrechtzuerhalten. Auf die Frage nach der Bedeutung der Arbeit gibt es keine eindeutige Antwort. Arbeit kann manchmal eine Belastung sein, manchmal aber auch beinahe ein spielerisches Ereignis, das leicht von der Hand geht. Einige Menschen versuchen, Arbeit möglichst zu vermeiden, aber wesentlich mehr flüchten sich geradezu in sie. Leben wir also, um zu arbeiten, oder arbeiten wir, um zu leben?

Die meisten Menschen müssen ihren Lebensunterhalt verdienen, wollen sich finanziell absichern und Vorsorge für eventuelle Notlagen oder den Ruhestand treffen. Materielle Bedürfnisse sind daher selbstverständlich ein wichtiger Grund dafür, daß erwachsene Menschen einen großen Teil ihrer Zeit mit Arbeit verbringen. Sie sind aber nicht die einzigen Bedürfnisse, die durch Arbeit befriedigt werden sollen. Wenn jemand genug verdient, um bestimmte finanzielle Notwendigkeiten abzudecken, dann treten andere Motive in den Vordergrund.

Nach Auffassung des Unternehmensberaters und *Harvard*-Dozenten Harry Levinson (1976, S. 104 f.) ist es verhängnisvoll, finanzielle Anreize (so wichtig sie sind) auf simple Weise als alleinige Motivationsquelle einzusetzen. Dadurch fühlen sich viele Menschen manipuliert und reagieren ihrerseits mit manipulativen Verhaltensweisen, um ihre Selbstachtung aufrechtzuerhalten. Viele innerbetriebliche Auseinandersetzungen, Intrigen und Machtkämpfe dürften darauf zurückzuführen sein: Die tatsächliche Sachlage wird beschönigt, eigene Domänen werden mit allen Mitteln verteidigt usw. Je rigider die Kontrollen und je normierter die Rituale der Leistungsbeurteilung ausfallen, desto mehr werden sich die Mitarbeiter auf solche Aktivitäten konzentrieren, die sie "gut aussehen" lassen. Dadurch entsteht letztlich nur Mißtrauen, die Kooperation wird behindert, und egoistische Eigen- oder Gruppeninteressen treten gegenüber den übergeordneten Unternehmenszielen in den Vordergrund; außerdem werden hauptsächlich kurzfristige Ziele unter Vernachlässigung langfristiger Perspektiven angestrebt. Auf Grund dieser unerwünschten Nebenwirkungen sollten Gehälter und Leistungsbeurteilungen nach Auffassung von Levinson deshalb auch die Fähigkeit zur Kooperation mit Kollegen, Vorgesetzten und Mitarbeitern sowie den Beitrag, den der einzelne für das Unternehmen als Ganzes leistet, berücksichtigen.

Obwohl Geld für viele Menschen nicht das einzige Motiv ihrer Arbeit ist, wäre es andererseits aber auch falsch, die Bedeutung finanzieller Anreize zu unterschätzen. Für viele ist die einzige Befriedigung ihrer Tätigkeit das verdiente Geld, und zwar u. a. deshalb, weil sie wegen ihrer schlechten Ausbildung nicht sehr viel Anerkennung bekommen und weil ihnen ihre manchmal recht monotone Arbeit auch nicht das Gefühl gibt, etwas Sinnvolles zu leisten. Andererseits repräsentiert ein hohes Einkommen für höher qualifizierte Mitarbeiter ebenso wie für viele Führungskräfte Erfolg, Status, Prestige und öffentliche Anerkennung.

Arbeit hat also nicht nur eine finanzielle, sondern auch eine soziale Bedeutung: Wer seinen Beruf ausübt, nimmt dadurch auch einen sozial anerkannten Platz in der Gesellschaft ein. Zu arbeiten bedeutet für viele Menschen, daß sie gebraucht werden und wichtig sind. Gleichzeitig identifizieren sie sich mit ihrem Beruf, ebenso wie sie umgekehrt von Außenstehenden mit ihm identifiziert werden. Nicht zuletzt deshalb sind Selbstachtung und Selbstwertgefühl so schwer bedroht, wenn jemand arbeitslos wird (vgl. Levinson 1981, S. 26 f.).

Welche weiteren, teilweise unbewußten Motive wirken sich neben diesen finanziellen und sozialen Aspekten auf die Arbeitseinstellung eines Menschen aus? Arbeit kann z. B. dabei helfen, bestimmte Über-Ich-Anforderungen zu erfüllen. Die meisten Menschen sind mit sich unzufrieden, wenn sie ihre Sache nicht so gut machen, wie sie sie ihrer Meinung nach machen könnten oder sollten. Eine von Levinson zitierte Untersuchung berichtet von einem fast unglaublichen Beispiel für die Auswirkung des Über-Ichs auf die Arbeitsleistung:

> Durch ein Experiment wurde einigen Mitarbeitern der *General Electric Company* das Gefühl vermittelt, daß sie zuviel verdienten, während andere den Eindruck bekamen, ihre Bezahlung sei angemessen. Diejenigen, die sich für überbezahlt hielten, steigerten daraufhin ihre Produktivität, um ihr höheres Einkommen vor sich selbst rechtfertigen zu können (nach Levinson 1981, S. 28).

Manche Menschen stehen sogar unter einem so starken Rechtfertigungszwang, daß sie auch berechtigte Ansprüche nicht einfordern und z. B. selbst in einer Notlage die ihnen zustehenden Unterstützungen und sozialen Hilfen nicht annehmen können. Allerdings gibt es auch das entgegengesetzte Extrem: Diejenigen, die nie zufrieden sind, sondern immer neue und überzogene Forderungen stellen, oder Menschen, die andere skrupellos ausnützen.

Die Bedeutung des Über-Ichs für die Arbeit ist nur ein Beispiel dafür, wie die berufliche Tätigkeit einerseits durch emotionale und teilweise unbewußte Emotionen beeinflußt wird, andererseits aber auch auf die Zufriedenheit eines Menschen zurückwirkt. Weitere Beispiele, die in späteren Kapiteln in diesem Buch beschrieben werden, sind unbewußte Beziehungsarrangements, Übertragungen, innerseelische Konflikte und regressive Tendenzen. Außer diesen manchmal die Grenze zum Pathologischen überschreitenden Einflüssen gibt es eine Vielzahl von gesunden, häufig aber zu wenig oder auch gar nicht beachteten Bedürfnissen, die im Widerspruch zu einer rein rationalen Arbeitsauffassung stehen können. Einige dieser Wünsche sind im Grunde ganz selbstverständlich. Sind sie den Betreffenden aber nicht bewußt (z. B. weil sie schon früh in ihrem Leben gelernt haben, eigene Wünsche abzuwehren und zu verdrängen), dann werden sie auch nicht ausreichend beachtet. Dabei ist es in vielen Fällen möglich, sie zu verwirklichen. Davon könnten sowohl der einzelne als auch das Unternehmen profitieren:

Das richtige Gleichgewicht zwischen Autonomie und Solidarität
Andere zu unterstützen und ihnen weiterzuhelfen trägt viel zu einem positiven
Selbstbild bei. Freilich sollte diese Hilfe nicht so weit gehen, daß dabei berechtigte eigene Interessen und Ansprüche auf der Strecke bleiben. Die Aufgabe
besteht vielmehr darin, ein angemessenes Gleichgewicht herzustellen: "Werden
Autonomie, Eigenständigkeit, Durchsetzung eigener Interessen einseitig und
systematisch zugunsten einer sozialen Anpassung vernachlässigt, so entstehen In-
suffizienzgefühl, Selbstverachtung und schließlich auch Scham. Werden dagegen
die sozialen Triebe, das Bedürfnis nach aktiver Liebe, nach Solidarität zu Gun-
sten egoistischer Entscheidungen vernachlässigt oder verletzt, so tritt Schuld-
gefühl auf." (Mentzos 1988, S. 124)

Die Regulation von Nähe und Distanz
Es ist ein universelles menschliches Bedürfnis, die psychische Nähe oder Distanz,
die man zu anderen Menschen aufrechterhalten will, selbst regulieren zu können.
Nach Auffassung von Levinson (1981, S. 185) kann sogar die Berufswahl
unbewußt von der Erwartung beeinflußt werden, wie intensiv die zwischenmenschlichen Beziehungen im beruflichen Alltag vermutlich sein werden.

Die Lösung von Abhängigkeitskonflikten
Nicht nur die Abhängigkeit der Mitarbeiter von ihren Vorgesetzten, sondern
auch das umgekehrte Abhängigkeitsverhältnis, das ebenfalls besteht, aber viel
weniger beachtet wird, sind von großer psychologischer Bedeutung, da in einer
Abhängigkeitsbeziehung unweigerlich solche Emotionen, Einstellungen und
Verhaltenstendenzen reaktiviert werden, die sich auf Kindheitserfahrungen
(beispielsweise mit Eltern und Geschwistern) zurückführen lassen.

Vor allem jüngere Mitarbeiter sind häufig noch in Konflikte verstrickt, die
mit der Ablösung vom Elternhaus zu tun haben; diese Verstrickung ist ihnen
möglicherweise aber nicht einmal bewußt (Levinson 1981, S. 1986). Die damit
verbundenen Schwierigkeiten drücken sich jedoch in Autoritätskonflikten aus.

Ideal wäre es, wenn Vorgesetzte ihre eigenen Abhängigkeitskonflikte gut
gelöst hätten. Die meisten Menschen haben diese Schwierigkeiten jedoch nach
wie vor in unterschiedlicher Ausprägung. Führungskräfte und Vorgesetzte
können versuchen, zumindest ein Gespür für ihren eigenen Umgang mit diesen
Konflikten zu entwickeln. Sie werden dann auch besser verstehen, wie ihre
jüngeren Mitarbeiter damit umgehen.

Konstruktiver Umgang mit Rivalität
Rivalität ist dann destruktiv, wenn sie zur Entstehung einer Hackordnung führt
und die Unterlegenen durch ihre Niederlage so schwer angeschlagen oder gar
innerlich zerstört sind, daß sie sich z. B. von nun an als wertlose Versager einschätzen (vgl. Levinson 1981, S. 251).

Ein Wettbewerb um die Verwirklichung von gemeinsamen Zielen hat jedoch
nicht notwendigerweise zerstörerische Auswirkungen auf die Mitarbeiter.

Destruktive Konsequenzen zeigen sich allerdings dann, "wenn das Unternehmen zu einer modernen Gladiatorenarena wird, in der Kollegen, die miteinander um die Macht kämpfen, tagtäglich ihr innerstes Kompetenzgefühl und ihre Selbstachtung aufs Spiel setzen" (Levinson 1981, S. 251, Übers. von uns). Wie läßt sich so etwas vermeiden? Ganz ähnlich wie in Familien (vgl. Bauriedl 1987) geraten auch die zwischenmenschlichen Beziehungen in einem Unternehmen vor allem dann aus den Fugen, wenn der einzelne nicht weiß, wo sein "Platz" ist, d. h. wenn ihm sein Aufgaben- und Kompetenzbereich nicht wirklich deutlich ist. Für Lenz (1990) ist deshalb eine klare "Job description" auch eine unverzichtbare Voraussetzung für ein gutes Betriebsklima.

Der extreme Gegensatz zu destruktiver Rivalität, die völlige Vermeidung rivalisierender Tendenzen, zeigt sich nach den Beobachtungen von Levinson (1981, S. 252) manchmal im Umfeld von charismatischen Führern, die eine Krisensituation bewältigen sollen. Damit niemand den Glanz des eigenen Erfolges beeinträchtigt, bevorzugen sie zuweilen eher weniger begabte Mitarbeiter.

Sowohl die Förderung einer destruktiven Rivalität, die nur Sieger und Verlierer zurückläßt, als auch die ängstliche Vermeidung jeglichen persönlichen Wettbewerbs schaden also einem Unternehmen. Es kommt nach Levinson (1981, S. 252) vielmehr darauf an, rivalisierende Tendenzen immer wieder auf die Bewältigung der realen Arbeitsaufgaben hinzulenken. Das gelingt am besten durch kooperative Beziehungen zwischen Vorgesetzten und Mitarbeitern. Solche Beziehungen bauen nicht nur auf dem gemeinsamen Interesse an der Lösung von Arbeitsproblemen auf, sondern sie werden auch von der Empathiefähigkeit der Beteiligten geprägt. Mit Empathie ist dabei die Fähigkeit gemeint, sich in einen anderen Menschen einzufühlen und zu verstehen, wie es ihm geht und warum er sich in einer bestimmten Situation so und nicht anders verhält. Menschen, denen es gelingt, gegenüber ihren Vorgesetzten, Mitarbeitern oder Kollegen eine solche empathische Haltung einzunehmen, fällt es auch leichter zu erkennen, welche Unterstützung diese benötigen, um ihre Aufgaben sachgerecht erledigen zu können.

Authentische Realitätswahrnehmung

Jeder Mensch ist darum bemüht, die Ereignisse seiner Lebensumwelt mit Hilfe seiner sogenannten "Ich-Funktionen" aufzunehmen, zu verarbeiten und realistisch einzuschätzen (Realitätswahrnehmung). Ob ihm dies gelingt, hängt auch von der Qualität der Informationen ab, auf die er dabei zurückgreifen kann. Mitarbeiter, die nicht über genügend Informationen verfügen, um innerbetriebliche Gerüchte richtig einordnen zu können, konstruieren sich deshalb eine Realität, die zu ihren Informationen paßt. Levinson schildert dazu folgendes Beispiel:

Eine hohe Führungskraft traf beim Einkaufen zufällig einen Mitarbeiter mit dessen Frau. Während der sich ergebenden Unterhaltung über alltägliche Themen wurde der Mitarbeiter für einige Augenblicke durch einen Bekannten abgelenkt, der gerade vorbeikam. Bei dieser Gelegenheit fragte seine Frau den Manager, ob es nicht bald Entlassungen geben werde. Dieser war angesichts solcher Gerüchte ziemlich irritiert, da die Auftragslage des Unternehmens derzeit sehr gut war. Er erkundigte sich bei der Frau, was sie auf diese Idee gebracht habe und erfuhr folgendes: Vor kurzem war der bisherige, eher energische und bestimmende Unternehmensleiter durch einen Nachfolger, der einen nicht-direktiven Führungsstil bevorzugte, abgelöst worden. Die Unternehmensangehörigen waren aber noch auf das alte Muster fixiert und warteten nun darauf, daß ihr oberster Chef an sie die gleichen Anforderungen stellen und den gleichen Druck ausüben würde wie sein Vorgänger. Als das nicht geschah, schlossen sie daraus, daß das Management offensichtlich versuchte, die Arbeit zu strecken. Weil allen klar war, daß ein kleines Unternehmen seine Kapazitäten nicht beliebig lange zurückschrauben konnte, würde es demnächst also wohl Entlassungen geben müssen (nach Levinson 1981, S. 244).

Vielleicht sogar mit den besten Absichten war es in diesem Fall versäumt worden, die Mitarbeiter in Kontakt mit der tatsächlichen Realität zu halten: Die Führungsmannschaft war davon ausgegangen, daß sich die anderen Unternehmensangehörigen über solche Dinge keine Sorgen machen müßten und sich lediglich um ihre eigentlichen Arbeitsaufgaben kümmern sollten. Tatsächlich aber hatte das Management den Mitarbeitern damit keinen Gefallen getan, wie die umlaufenden Gerüchte und dahinterstehenden Ängste bewiesen. Die Mitarbeiter fühlten sich auf Grund ihrer mangelnden Informiertheit verunsichert und als passive Statisten von Vorgängen, auf die sie keinen Einfluß hatten.

Unterstützung und Anerkennung

Unzureichende psychologische Unterstützung ist nach den Beobachtungen von Levinson (1981, S. 187 ff.) eine der häufigsten Unterlassungssünden in vielen Unternehmen. Vielfach unterschätzen Vorgesetzte, wie wichtig es ist, daß sie für ihre Mitarbeiter erreichbar sind. Manche von ihnen sprechen sogar abwertend davon, daß es unnötig oder dumm sei, mit ihren Mitarbeitern "Händchen zu halten". Weil sie wollen, daß diese selbstverantwortlich und unabhängig handeln, verhalten sie sich eher abweisend und unzugänglich. Natürlich darf die Erledigung der Arbeitsaufgaben nicht hinter die Pflege zwischenmenschlicher Beziehungen zurücktreten. Wenn Mitarbeiter allzu häufig den Kontakt zu ihrem Chef suchen, um "die Bestätigung ihrer eigenen Existenz in den Augen ihres Vorgesetzten reflektiert zu sehen" (Levinson 1981, S. 188, Übers. von uns), dürfte sich darin weniger ein gesundes Bedürfnis nach Anerkennung ausdrücken (wie Levinson meint), sondern eher ein Übertragungswunsch. Allzusehr erinnert dieser Vorgang nämlich an die Theorie Kohuts (1973), daß Kleinkinder Selbstvertrauen und Selbstwertgefühl auch durch den "Glanz" entwickeln, den sie in den Augen ihrer (sie betrachtenden) Eltern wahrnehmen. Dennoch brauchen Mitarbeiter den zwischenmenschlichen Kontakt zu ihren Vorgesetzten und die Unterstützung durch sie, wenn auch in unterschiedlichem Maß.

Aber nicht nur Mitarbeiter, auch Führungskräfte benötigen Unterstützung. Sie tatsächlich zu bekommen, fällt ihnen vermutlich um so schwerer, je höher die Position ist, die sie in ihrem Unternehmen einnehmen (vgl. auch Poppe 1989). Als sei es selbstverständlich, scheint man vielfach davon auszugehen, daß jemand, der es so weit gebracht hat, schon von ganz allein mit seinen Schwierigkeiten zurechtkommen wird: "CEO's (Chief Executive Officers, Vorstandsvorsitzende; Anm. von uns) haben nur selten jemanden, dem sie vertrauen, jemanden, der ihre

Leistung bestätigen kann, ihre Ängste versteht und ihnen dabei hilft, über ihre Sorgen zu sprechen." (Levinson 1981, S. 188, Übers. von uns) In vielen Fällen bleibt hohen Führungskräften nichts anderes übrig, als zu versuchen, sich diese Unterstützung außerhalb des Unternehmens zu holen. Das kann jedoch sehr schwierig sein, z. B. weil der Ehepartner auf die Dauer überfordert wird, wenn er immer nur die "Helferrolle" übernehmen soll. Das ist auch einer der Gründe dafür, warum Balint-Gruppen für Manager und Führungskräfte (freilich nicht nur für sie) eine entscheidende Entlastung anbieten können.

Schutz

Führungskräfte sollten darauf achten, daß niemand mehr Belastungen ausgesetzt ist, als er verkraften kann. Diese Aufgabe wird in der Managementliteratur noch zu wenig beachtet. Sie ist aber nicht nur deshalb von Bedeutung, weil sie in einem gewissen Zusammenhang mit der (nicht nur neurotischen) Übertragungsbedeutung von Vorgesetzten (als Elternfiguren) steht, sondern sie hat auch einen sehr realen Hintergrund: Arbeitsgruppen, die von Führungskräften geleitet werden, die auf effiziente Arbeit Wert legen, gleichzeitig aber auch hinter ihren Mitarbeitern stehen, erzielen auch gute Leistungen. Wenn Vorgesetzte sich nicht protektiv verhalten, werden ihre Mitarbeiter darauf häufig mit schlechten Leistungen antworten (vgl. Levinson 1981, S. 196).

Der Wunsch nach einem Mentor

Im Zusammenhang mit den beiden zuletzt genannten Bedürfnissen, Unterstützung und Schutz, ist auch der Wunsch nach einem Mentor zu nennen, d. h. nach einem älteren und erfahreneren Vorgesetzten, der seine Mitarbeiter dabei unterstützt, ihre eigenen Fähigkeiten optimal zu entfalten. Gegenüber Levinson (1976, S. 94) erwähnten viele erfolgreiche Führungskräfte jemanden, der ihnen am Anfang ihrer Laufbahn weitergeholfen hatte, der sie unterstützte und an dem sie sich orientieren konnten. Dieser Vorgesetzte wurde häufig als jemand geschildert, der zu ihnen "wie ein Vater" war, ein kaum übersehbarer Hinweis auf das Vorliegen einer (nicht unbedingt neurotischen) Übertragung. Dieser Mentor hatte ihnen viel von dem beigebracht, was sie als Führungskraft wissen und können mußten, und er hatte sie darüber hinaus auch mit dem informellen Beziehungsnetz ihres Unternehmens vertraut gemacht.

Eine wichtige Aufgabe des Mentors besteht darin, dafür zu sorgen, daß seine jüngeren Mitarbeiter Risiken eingehen und auch Fehler machen dürfen, die dann allerdings auch gemeinsam besprochen werden. Wenn jeder Fehler sofort mit negativen Sanktionen belegt wird, lernt der potentielle Führungskräftenachwuchs allenfalls, in Zukunft kein Risiko mehr einzugehen.

Um Vorgesetzten, die sich in dem für die Übernahme einer Mentorrolle geeigneten Lebensabschnitt befinden, also mindestens etwa Ende 30 sind, dabei zu helfen, ihre Aufgaben bei der Förderung des Führungskräftenachwuchses auch tatsächlich wahrnehmen zu können, brauchen sie aber selbst Unterstützung (vgl. Levinson 1976, S. 97 f.). Es leuchtet ein, daß ein Vorgesetzter, der in bisher nicht gelöste Rivalitätskonflikte verstrickt ist, leicht in Schwierigkeiten gerät, wenn er jüngere Mitarbeiter fördern soll, die er insgeheim vielleicht sogar wegen ihrer vermeintlich besseren Ausgangsposition oder ganz einfach deshalb, weil sie jünger sind, beneidet. Da es auch zu seinen Aufgaben gehört, seinen jüngeren Mitarbeitern dabei zu helfen, die für sie geeignete berufliche Orientierung zu finden, können sich hier neurotische Tendenzen verhängnisvoll auswirken (z. B. indem einem Mitarbeiter eine Aufgabe übertragen wird, deren Scheitern bereits vorprogrammiert ist).

Leistung und Kreativität

Der Wunsch, eigene Fähigkeiten anwenden und sie darüber hinaus auch erweitern und vertiefen zu können, basiert auf einem angeborenen Impuls (zum folgenden vgl. Levinson 1981, S. 207 ff.). Natürlich ist die Leistungsmotivation aus den verschiedensten Gründen nicht bei allen Menschen gleich stark ausgeprägt. Die in Unternehmen üblichen Hierarchiesysteme nützen jedoch besonders weniger kreativen Menschen, weil die Einhaltung bestimmter unternehmensspezifischer Spielregeln oftmals stärker belohnt wird als kreatives Handeln. Einerseits muß jedes Unternehmen seine innere Stabilität bewahren und kann deshalb nur ein begrenztes Ausmaß an kreativer Unordnung ertragen. Andererseits ist aber auch jedes Unternehmen, das im sich verschärfenden Wettbewerb überleben will, auf kreative und innovative Leistungen seiner Mitarbeiter angewiesen.

Ein Hindernis für kreative Leistungen ist sicherlich auch, daß viele neue Ideen auf Grund der durch sie ausgelösten Angst vor Veränderung zunächst eher auf Ablehnung stoßen. Eine neue Idee kann z. B. für die Vertreter der "alten" Richtung schnell zu einer Bedrohung werden. Es wird vielleicht befürchtet, daß die Person, von der die Idee stammt, zu mächtig wird, oder diejenigen, die nicht an diese neue Möglichkeit gedacht haben, fühlen sich eventuell beschämt oder sind neidisch. Deshalb braucht Kreativität Schutz und Unterstützung. Vorgesetzte können ihre Mitarbeiter beispielsweise ermutigen zu improvisieren, unabhängig zu denken, mehr Kreativität zu entwickeln und neue Entdeckungen zu machen. Eine weitere Möglichkeit zur Förderung kreativer Arbeitsleistungen besteht darin, hoch motivierten Mitarbeitern einen größeren Spielraum einzuräumen als weniger engagierten Mitarbeitern.

Grundsätzlich gilt wohl die Feststellung: Je weniger defensiv jemand eingestellt ist, um so offener kann er für neue Ideen und Erfahrungen sein. Er kann sowohl mehr Komplexität als auch Ideen und Gedanken in ihrem häufig recht chaotischen Entstehungszustand ertragen.

Persönliche Weiterentwicklung und sinnvolle Weiterbildung

Weiterbildungsprogramme für Führungskräfte sind vielfach heftig kritisiert worden. Die Zeitschrift *Management Wissen* (Weber 1989) kritisiert beispielsweise, daß die in der Bundesrepublik Deutschland angebotenen Fortbildungen viel zu fachorientiert sind. Nach dem Ergebnis einer in diesem Artikel zitierten

Repräsentativbefragung der *American Society for Training and Development (ASTD)* wird hierzulande zu 85 % "Anpassungsweiterbildung" oder aber die "Verbesserung des Leistungsverhaltens" betrieben (S. 36). Weber faßt seine Kritik wie folgt zusammen: "Zu häufig auch heißt Personalentwicklung nur das Einüben irgendwelcher Techniken und Fertigkeiten, für höhere Chargen auch mal ein Kommunikations-, Rhetorik-, Kreativitäts- oder Teamentwicklungs- seminar, Führungsstilübungen mit Rollenspiel oder Sensitivitytechniken."

Meistens sind mit diesen Seminaren dann auch noch ziemlich unrealistische Erwartungen und Vorstellungen darüber verbunden, was mit ihnen zu erreichen ist. Levinson (1981) spricht gar von kochbuchartigen Patentrezepten: "Management by cookbook" (S. 313). Statt dessen wäre es wünschenswert, wenn Weiter- bildungsprogramme emotionale Inhalte und zwischenmenschliche Konflikte verstärkt aufgreifen und so auch einen langfristigen Lernprozeß ermöglichen würden (s. hierzu die in Kap. 5.4 vorgestellten Ansätze). Ein tieferes Verständnis für die eigenen emotionalen Konflikte, Wünsche und Bedürfnisse könnte dabei helfen, das eigene Handeln in einer veränderten Bewußtseinshaltung zu verankern. Dies würde nicht nur den berechtigten Wunsch nach persönlicher Weiterentwicklung erfüllen, sondern auch günstige Auswirkungen auf Betriebs- klima und Unternehmenskultur haben: Es könnte eine "Kultur" entstehen, in der Konflikte nicht zur Ausgrenzung einzelner oder zur Benachteiligung von Minderheiten führen (vgl. Ohlmeier 1989, S. 33).

Die Bedeutung des Ich-Ideals: Welche Bedeutung hat die Möglichkeit, per- sönliche Ziele und Werte im Arbeitsprozeß zu verwirklichen, für den einzelnen? Mittlerweile nimmt die Diskussion um das sogenannte Ich-Ideal in der modernen Psychoanalyse einen recht breiten Raum ein (vgl. z. B. Schmidbauer 1980). Im Strukturmodell der Psychoanalyse, das sich aus den Bausteinen Es, Ich und Über- Ich zusammensetzt, sind diese Ideale "entweder im Über-Ich lokalisiert oder sie stellen eine eigenständige Instanz dar. Das Ich überprüft nun, ob unsere Ideale realitätsgerecht sind oder nicht: sind sie womöglich zu hoch gegriffen und können deswegen nicht erreicht werden? Ist es besser, sich durch entsprechendes Verhal- ten dem Ideal anzunähern oder das Ideal dem realen Verhalten anzugleichen?" (Kutter 1989, S. 101). Das Ich-Ideal umfaßt also das innere Wunschselbstbild einer Person bzw. diejenigen Aspekte der Selbstrepräsentanz, die angeben, wie man gern sein möchte. Ein Mensch ist unzufrieden mit sich selbst, wenn es ihm nicht gelingt, die Erwartungen und Anforderungen seines Ich-Ideals zu erfüllen. Diese Ideale sind je nach persönlicher Konfliktlage zu einem unterschiedlichen Teil unbewußt; sie lassen sich aber an dem Ehrgeiz und an den Zielen erkennen, die eine Person verfolgt, sowie an den Werten, an denen sie ihre persönliche Lebensgestaltung ausrichtet. Damit ist schon impliziert, daß das Ich-Ideal sowohl die kurzfristigen Ziele als auch die langfristige Orientierung eines Menschen prägt.

Gelingt es nicht, sich den idealisierten Vorstellungen, Phantasien und Erwar- tungen, die mit dem Überbegriff Ich-Ideal gemeint sind, schrittweise anzunähern und sie einigermaßen befriedigend in die Realität umzusetzen, dann sind Selbstwertgefühl und Selbstachtung bedroht. Die Selbstachtung eines Menschen ergibt sich ja gerade aus der Übereinstimmung zwischen seinem Selbstbild und seinem Ich-Ideal oder, anders ausgedrückt, aus der Übereinstimmung zwischen seiner Selbstwahrnehmung und seinen Vorstellungen darüber, wie er eigentlich sein möchte. Dabei sind nicht nur selbstbezogene Ideale und idealisierte Selbstrepräsentanzen (durch Phantasien verzerrte, geronnene Selbstbilder) von Bedeutung, sondern auch idealisierte Objektrepräsentanzen, d. h. Idealvorstellungen davon, wie andere Menschen, beispielsweise Vorgesetzte, Mitarbeiter und Kollegen, sein sollten. Ideale beinhalten also sowohl Vorstellungen vom idealen Selbst (wie man selbst sein möchte), als auch vom idealisierten Objekt (wie andere sein sollten), oder, anders ausgedrückt, Phantasien über ein Selbst (man selbst) und ein Objekt (eine andere Person) in einer idealen, wunscherfüllenden Beziehung (einer idealen Objektbeziehung). Zu der Diskrepanz zwischen der Selbstwahrnehmung eines jeden Menschen und seinen Wunschvorstellungen von sich selbst kommt deshalb zumeist noch die mangelnde Übereinstimmung zwischen seinen Wunschphantasien über andere und deren tatsächlichem Verhalten hinzu. Noch komplizierter werden diese Prozesse dadurch, daß sowohl Selbst- als auch Fremdwahrnehmung durch Erwartungen (z. B. Übertragungen) immer wieder unrealistisch verzerrt werden. Mit zunehmender Entfernung der idealisierten Selbst- und Objektbilder von der Realität steigt jedoch auch die Gefahr irrationaler Verhaltensweisen.

Nach diesem kurzen Exkurs in die psychoanalytische Ich-Idealtheorie zurück zu der Bedeutung von Idealen für den Arbeitsprozeß. Levinson u. Weinbaum (1984, S. 252 ff.) gehen davon aus, daß das Ich-Ideal nicht nur das Selbstwertgefühl und die Selbstachtung der Unternehmensangehörigen beeinflußt, sondern sich auch darauf auswirkt, wie die Mitarbeiter "ihr" Unternehmen erleben und welche Bedeutung dieser Betrieb und damit auch die Arbeit, die sie in ihm leisten, für sie haben. Jemand, der "seinem" Unternehmen gern angehört, hat aller Wahrscheinlichkeit nach die Möglichkeit, durch seine Arbeit einige Inhalte seines Ich-Ideals zumindest ansatzweise umzusetzen. Er kann also bestimmte Normen und Anforderungen, die er an sich selbst stellt, erfüllen. Und weil das Unternehmen ihm dabei hilft, sein innerseelisches Gleichgewicht zu bewahren, wird es als "gutes", unterstützendes Objekt erlebt. Diese Hilfsfunktion kann andererseits aber auch die Tendenz auslösen, das Unternehmen übertrieben zu idealisieren:

> Deshalb erlebt das Individuum die Organisation unbewußt wie ein fürsorgliches Elternsurrogat (Übertragung), von dem es wegen seiner loyalen Dienste immer neue Belohnungen erwartet und an das es immer neue Anforderungen stellen kann. Indem es sich mit dem elterlichen (unternehmensspezifischen) Über-Ich (Ziele und Pflichten) identifiziert, hat es sein eigenes Über-Ich erweitert (die Anforderungen, die es auf Grund der Organisation an sich selbst stellt). Als Reaktion darauf versucht das Individuum den Druck des erweiterten Gewissens zu vermindern, indem es sich um mehr Unterstützung, Achtung, Anerkennung und Verantwortung durch die Organisation bemüht (Levinson u. Weinbaum 1984, S. 254 f., Übers. von uns).

Innerbetriebliche Machtkämpfe, Entlassungen, Firmenfusionen und ähnliche Ereignisse führen über ihren realen Hintergrund hinaus leicht zu Desillusionierung, Verunsicherung und beinahe traumatischen Verlusterlebnissen, weil das bisher idealisierte Unternehmen sich als unzulänglich oder weniger vollkommen als erwartet erweist. Schnell schlägt die Idealisierung deshalb manchmal in Entwertung oder gar Feindseligkeit um.

Unternehmen können durch ihre Politik die Selbstwahrnehmung ihrer Mitarbeiter positiv oder negativ beeinflussen: Ist die Übereinstimmung zwischen dem Ich-Ideal und dem durch die berufliche Tätigkeit beeinflußten Selbstbild groß, dann fällt es auch leichter, ein gesundes Selbstwertgefühl zu bewahren. Ebenso wird auch das Unternehmen positiver wahrgenommen, wenn durch die eigene Arbeit und durch die Unternehmenszugehörigkeit die Kluft zwischen Selbstbild und Ich-Ideal verringert werden kann, wenn Übertragungen nicht verleugnet werden und wenn es gelingt, rivalisierende Tendenzen konstruktiv umzusetzen (vgl. Levinson u. Weinbaum 1984, S. 255, 257).

Andererseits kann eine unüberbrückbare Diskrepanz zwischen Selbstbild und Ich-Ideal für den einzelnen zu einer schweren Belastung werden und im Extremfall sogar eine seelische Erkrankung mitverursachen. Diese Gefahr besteht vor allem dann, wenn die Unternehmenspolitik die Kluft zwischen dem Ideal und der Selbstwahrnehmung erhöht oder den Mitarbeitern sogar die Botschaft vermittelt, daß sie ihre Ideale ohnehin vergessen können. Eine solche Botschaft kann nicht nur eine innere Kündigung nach sich ziehen, sondern auch als so starke Kränkung erlebt werden, daß der Betreffende dadurch in seiner seelischen und körperlichen Gesundheit geschädigt wird (s. Levinson u. Weinbaum 1984, S. 257).

Auf Grund dieser Überlegungen treten die Autoren (S. 257 f.) auch entschieden für einen partizipativen Führungsstil ein: Die Partizipation erlaube es den Mitarbeitern, als verantwortungsvolle Erwachsene zu handeln und dadurch ihrem (gesunden) Ich-Ideal zu entsprechen. Entfremdung entstehe im Gegensatz dazu, wenn die Mitarbeiter an ihren Aufgaben nicht verantwortungsbewußt mitwirken könnten und sich deshalb in ihrer Selbstachtung verletzt fühlten.

Außerdem ist partizipative Führung autoritären Strategien auf lange Sicht gesehen weit überlegen: Die Beteiligung der Mitarbeiter an den Entscheidungsprozessen führt dazu, daß sie sich mit der Realität ihres Unternehmens und seinen Existenzbedingungen intensiver auseinandersetzen müssen. Dadurch können sie auch ihre eigenen Aufgaben besser verstehen und erfüllen.

Realität und Ideal - miteinander unvereinbar? Es ist schon lange kein Geheimnis mehr, daß durch eine hohe Mitarbeitermotivation Erfolge für das Unternehmen möglich werden, die unter anderen Bedingungen unerreichbar bleiben. Das Motivationsbarometer kann aber nur dann auf Hoch stehen, wenn sich die Mitarbeiter auch tatsächlich mit den Zielen ihres Unternehmens identifizieren und sie mit ihren Ich-Idealen zur Deckung bringen können, zumindest im Hinblick auf die allgemeinen Unternehmensziele wie Wachstum, Gewinn usw. Hier scheint derzeit nach dem Ergebnis einer von Rosenstiel u. Stengel (1987) durchgeführten, groß angelegten empirischen Untersuchung zufolge einiges verbesserungsbedürftig zu sein. Von Rosenstiel u. Stengel befragten zwischen 1982 und 1985 zunächst insgesamt 889 Führungskräfte aus großen deutschen Unternehmen sowie 2152 Studenten aus Studiengängen, die sie für Führungspositionen qualifizieren sollen, nach ihrer Einstellung zum wirtschaftlichen Wachstum.

Aus den Ergebnissen dieser Erhebung wird deutlich, daß die Führungskräfte in der Mehrzahl davon ausgehen, wirtschaftliches Wachstum werde die Umweltbelastung nicht vergrößern und den sozialen Frieden sichern, während der potentielle Führungskräftenachwuchs geradezu entgegengesetzte Auffassungen vertritt.

Die Ergebnisse einer weiteren von Rosenstiel u. Stengel durchgeführten Untersuchung weisen zwar darauf hin, daß sich die Identifikationsbereitschaft mit den allgemeinen Unternehmenszielen nach dem Eintritt in ein Unternehmen verändern kann (1987, S. 55). Dennoch fällt es so mancher Führungsperson heute schwer, die Ziele ihrer Organisation aktiv nach innen und außen zu vertreten. Die Wertorientierungen sowie die Ziele, die einzelne für wesentlich halten - psychoanalytisch gesprochen also die (bewußten) Inhalte des Ich-Ideals - haben sich in der Folge des Wertewandels im Verlauf der letzten 20 bis 30 Jahre nachhaltig verändert. Im Gegensatz dazu sind die Strukturen von Organisationen, die man nach Auffassung von Rosenstiel u. Stengel (1987, S. 52) durchaus als geronnene Werte interpretieren kann, vielfach unverändert geblieben. Die beiden Forscher unterscheiden deshalb auch zwischen den Ist-Zielen einer Organisation, d. h. den tatsächlich verfolgten Zielen sowie den Organisationszielen, die nach Meinung der Befragten verfolgt werden sollten und die von ihren Ich-Idealen bestimmt werden (Soll-Ziele). Es ist zu erwarten, daß sich derjenige relativ gut mit seinem Unternehmen identifizieren kann, bei dem die wahrgenommenen Ist-Ziele mit den Soll-Zielen weitgehend übereinstimmen. Die Identifikationsfreudigkeit derer, die eine erhebliche Diskrepanz zwischen den Zielen des Unternehmens und den Zielen, die sie selbst für erstrebenswert halten, wahrnehmen, ist erheblich geringer.

Führungskräfte und Führungsnachwuchs vertreten gemäß den Untersuchungsergebnissen von Rosentiel u. Stengel (1987, S. 53) übereinstimmend die Auffassung, daß es in der Unternehmensrealität in erster Linie um Gewinn, wirtschaftliches Wachstum und technischen Fortschritt geht. Die Soll-Ziele weichen davon deutlich ab: Hier werden vor allem der Umweltschutz und die Erhaltung von Arbeitsplätzen genannt. Es besteht also auch bei Führungskräften eine bedeutsame Diskrepanz zwischen diesen Ist- und Soll-Zielen; sie ist beim Managernachwuchs noch sehr viel stärker ausgeprägt.

Aus diesen Untersuchungsergebnissen läßt sich ableiten, daß Unternehmen für viele ihrer Mitarbeiter - sogar für viele Führungskräfte - derzeit nur unzureichende Möglichkeiten bieten, in Übereinstimmung mit ihren (reifen und keineswegs neurotischen) Ich-Idealen zu handeln. Auswirkungen auf das Selbstwertgefühl, die Selbstachtung, die Einsatzbereitschaft und das Engagement der Mitarbeiter sind damit ebenfalls vorprogrammiert. Von Rosenstiel u. Stengel (1987) fordern deshalb:

> Die Beteiligung der Mitarbeiter an den Entscheidungen sollte auf der Basis gesetzlicher Regelungen und auf Grund neuer Selbstverständlichkeiten steigen. Und auch Unternehmensziele werden sich verschieben - im Sinne erhöhter Sozial- und Umweltverträglichkeit. Nur dadurch läßt sich längerfristig die Akzeptanz der Organisation nach innen (beim Mitarbeiter) und nach außen (in der Gesellschaft) sichern. Entwickeln sich die Unternehmen in diesem Sinne fort, so wird es künftig vielen auch wieder leichter fallen, sich mit der Organisation zu identifizieren, in die sie viel Zeit und Arbeitskraft investieren (S. 55).

Darüber hinaus bleibt zu hoffen, daß Unternehmen einen so wichtigen Bereich wie etwa den Umweltschutz nicht nur deshalb ausbauen, um dadurch die Identifikationsbereitschaft ihrer Mitarbeiter zu fördern, sondern auch, weil sie darin eine ethische Verantwortung erkennen. Bislang wird das Ethikargument noch viel zu oft mit dem Hinweis auf vermeintliche Wettbewerbsnachteile beantwortet, die ein intensiveres Engagement im Umweltschutzbereich mit sich bringen könnte. Aber ist eine solche Argumentation wirklich stichhaltig? Erstens ist die Bundesrepublik Deutschland ein wohlhabendes Land und seine Unternehmen zählen zu den erfolgreichsten und finanzkräftigsten der Welt. Sie sollten dazu in der Lage sein, in diesem Bereich mehr Verantwortung zu übernehmen (analog zu jedem einzelnen, der z. B. umweltbewußt einkaufen und seinen Müll sortieren kann). Zweitens zeichnet sich schon jetzt ab, daß umweltfreundliche Produkte einen deutlichen Wettbewerbsvorteil besitzen; die Werbung etwa hebt die Umweltvorteile der angebotenen Waren besonders hervor. Dank verbesserter Verbraucherinformation wissen die Käufer auch immer besser darüber Bescheid, welche Produkte die Umwelt tatsächlich weniger belasten und welche nur auf der Biowelle reiten. Es ist zu erwarten, daß sich diese Entwicklung in Zukunft fortsetzen wird.

Ebenso wie das Wettbewerbsargument immer mehr an Überzeugungskraft verliert, ist auch der Versuch, die Identifikationsbereitschaft der Mitarbeiter durch "Corporate Identity"-Programme (z. B. durch die Betonung des Firmenprofils) statt durch eine veränderte Unternehmenspolitik aufzubauen, wenig sinnvoll. Angesichts täglich neuer Berichte in den Medien (und keineswegs nur in den besonders industriekritischen) über das globale Umweltdesaster - vom Anstieg der Hautkrebserkrankungen auf Grund der beschädigten Ozonschicht über die Dioxinemissionen von Müllverbrennungsanlagen bis zur toxikologisch bedenklichen Muttermilch - sind auch die hartnäckigsten Abwehrmechanismen mittlerweile völlig überfordert. Die Flut des zu verdrängenden Materials ist zu groß; es ist deshalb nur konsequent, wenn sich die Ich-Ideale als Reaktion auf diese Bedrohungen wieder stärker Gehör verschaffen. Wenn sie von einer echten Veränderungsbereitschaft im Interesse der gemeinsamen Überlebensfrage geleitet werden, ist diese Reaktion nur als gesund zu bezeichnen.

Freud schrieb einmal, die Stimme des Intellekts sei zwar leise, "aber sie ruht nicht, ehe sie sich Gehör verschafft hat" (1927, S. 377). Die Hoffnung ist also begründet, daß sich Unternehmensrealität und (vernünftige) Ich-Ideale in der Zukunft mehr annähern werden.

2.3 Phantasien über das Unternehmen

Die Einstellung der Mitarbeiter zu ihrem Unternehmen wird einerseits davon beeinflußt, inwieweit sie im beruflichen Alltag in Übereinstimmung mit ihren Zielen, Werten und Idealen handeln können, andererseits aber auch von ihren bewußten und unbewußten Phantasien über ihre Organisation. Wodurch werden diese Vorstellungen und Phantasien angeregt und welche Bedeutung können sie für ein Unternehmen haben? Larcon u. Reitter (1984) haben sich mit diesen Fragen auseinandergesetzt. Sie betonen dabei das Identitätserleben der Mitarbeiter und stellen ihr Konzept der "Unternehmensidentität" vor. Der Einfluß des beruflichen Alltags auf das Identitätserleben und die Phantasien der Unternehmensangehörigen hat nach ihrer Auffassung (S. 345) vor allem 3 Quellen: Erstens gehört der einzelne einer Arbeitsgruppe an, die im Laufe der Zeit eine gewisse Gruppenidentität entwickelt. Zweitens muß er sich mit Arbeitsaufgaben und Problemen auseinandersetzen, deren Bewältigung mit mehr oder weniger ausgeprägten Befriedigungserlebnissen einhergeht und das Gespür für die eigene Rollenidentität fördert. Drittens wird er als Mitglied des gesamten Unternehmens auch durch firmenspezifische Spielregeln und Rituale in seinem Identitätsgefühl beeinflußt.

Diese unterschiedlichen Einflüsse und Erfahrungen prägen die mehr oder weniger bewußten Vorstellungen der Unternehmensangehörigen über ihre Organisation und über ihre eigenen Aufgaben. Sie ergeben sich sozusagen als Nebenprodukt unterschiedlichster Erfahrungen und Erlebnisse, die die Mitarbeiter direkt (z. B. im Umgang mit Vorgesetzten, Kollegen und Mitarbeitern) oder indirekt (z. B. durch den Einfluß von Gerüchten, Presse, Medien usw.) im Zusammenhang mit ihrer Tätigkeit machen. Sie entstehen aus vielen subjektiv wahrgenommenen und interpretierten Botschaften und werden sowohl von verbalen als auch von nonverbalen Botschaften beeinflußt. Eine besondere Färbung erhalten diese Botschaften durch die Machtverhältnisse im Unternehmen. Die Durchsichtigkeit, Angemessenheit und Stabilität dieser Machtkonstellationen sind natürlich für jeden Mitarbeiter interessant.

Aber auch die Persönlichkeit des Vorstandsvorsitzenden und anderer Manager sowie deren Meinungen, Stärken und Schwächen können den anderen Unternehmensangehörigen nicht gleichgültig sein. Schließlich trifft diese Führungselite die für das Unternehmen wesentlichen Entscheidungen und steckt die künftigen Unternehmensziele ab (Larcon u. Reitter 1984, S. 346).

Die - teilweise verdeckten - Botschaften über die Identität des Unternehmens, die die Phantasien der Mitarbeiter beeinflussen, sind also sehr vielfältig und können z. B. vom allgemeinen Erscheinungsbild der Organisation ausgehen (vgl. Larcon u. Reitter S. 347 ff.):

- Das Unternehmen kann bei den Mitarbeitern einen zersplitterten, fragmentierten Eindruck hinterlassen oder kohärent und "rund" wirken. Fragmentiert erscheint es vor allem dann, wenn einzelne Abteilungen miteinander regelrecht verfeindet sind, wenn Intrigen gesponnen werden und Geheimniskrämereien oder Ungereimtheiten an der Tagesordnung sind. Dafür kann es unterschiedliche Gründe geben: Heftige Auseinandersetzungen unter den Anteilseignern über den weiteren Kurs des Unternehmens; mehr oder weniger neurotische Verhaltensweisen des Vorstandsvorsitzenden oder anderer Mitglieder des Managements; unklare Unternehmensziele und Zukunftsstrategien; innere Widersprüche, wenn z. B. einerseits die individuelle Verantwortung der Mitarbeiter betont wird, andererseits aber penible Kontrollen stattfinden; Widersprüche zwischen der Selbstdarstellung des Unternehmens und der täglichen Realität im Betrieb (z. B. wenn eine Firma sich nach außen hin als Vorreiter des Umweltschutzgedankens präsentiert, ihre tatsächliche Politik aber ganz anders aussieht). Möglicherweise reagieren die Mitarbeiter auf diese Konflikte mit innerer Kündigung, d. h. mit der Weigerung, sich von nun an sachlich und emotional zu engagieren. Befriedigung und Selbstbestätigung suchen sie statt dessen lieber außerhalb ihres Betriebes;
- das Unternehmen kann gut oder schlecht, unterstützend oder versagend erscheinen. Es kann sich (in der Phantasie der Mitarbeiter) wie ein gutes oder schlechtes elterliches Objekt verhalten und die Erwartungen, die an es herangetragen werden, erfüllen oder enttäuschen;
- eine Organisation kann den Eindruck einer starren und undurchdringlichen Hierarchie vermitteln. Sie kann aber auch im Gegensatz dazu die Botschaft aussenden, daß Statusunterschiede nicht so bedeutsam sind und alle gleich fair behandelt werden;
- ein Unternehmen kann den Mitarbeitern durch seine Politik zu verstehen geben, daß ihre aktive Mitarbeit und ihre Meinung gefragt sind oder daß sowieso niemand auf sie hört;
- die Mitarbeitersupervision kann als Unterstützung oder Bedrohung erlebt werden. Dürfen z. B. persönliche Schwächen zugelassen werden oder müssen sie unterdrückt und verdrängt werden? Ist Hilfe vorhanden, wenn ein Mitarbeiter überfordert ist und Unterstützung benötigt?
- Können unterschiedliche Auffassungen und Meinungen offen diskutiert werden oder werden sie mit bürokratischen Prozeduren zugedeckt?
- Unterscheidet sich das Unternehmen tatsächlich von anderen, vergleichbaren Organisationen oder wird dieser Eindruck lediglich künstlich erzeugt und aufrechterhalten?

Neben objektiven Merkmalen beeinflussen also vor allem subjektiv verarbeitete Eindrücke und Phantasien die Wahrnehmung der Identität eines Unternehmens. Die Unternehmensstrategie, die innerbetriebliche Machtverteilung und die Organisationsstruktur prägen das Unternehmensbild ebenso wie eingespielte Interaktionssysteme, die sich in Ritualen, Symbolen, Mythen oder auch in scheinbar so banalen Manifestationen wie in Firmenwitzen (vgl. Neuberger 1988 b) ausdrücken können. Abb. 2.3 stellt diese Zusammenhänge schematisch dar.

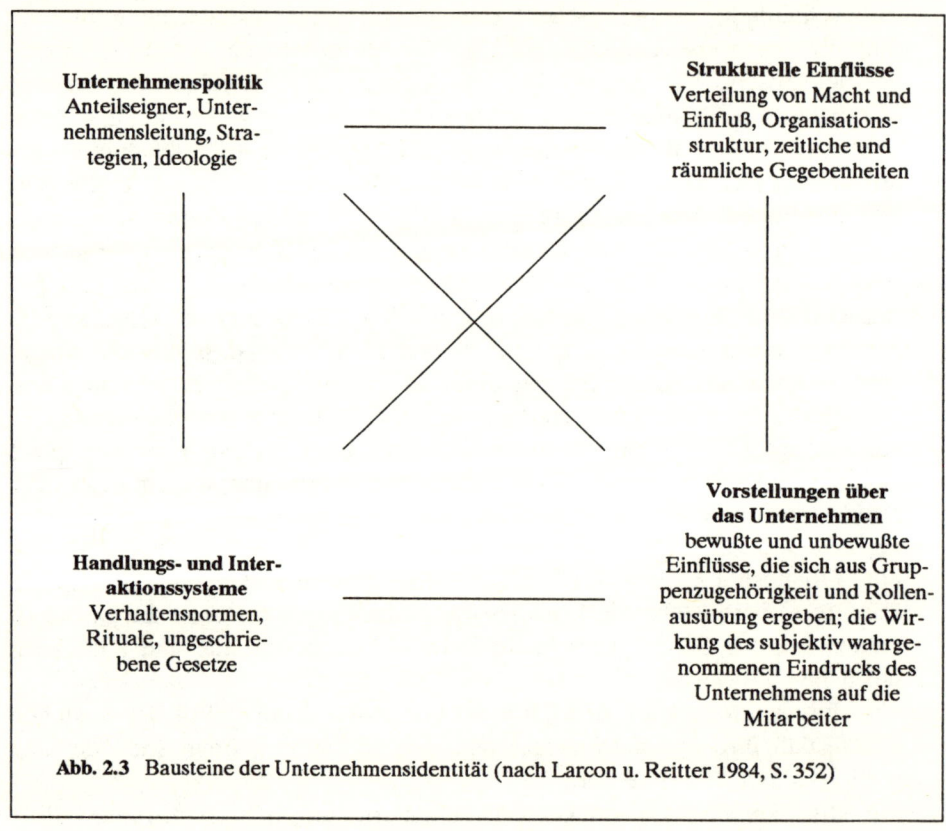

Unternehmenspolitik
Anteilseigner, Unternehmensleitung, Strategien, Ideologie

Strukturelle Einflüsse
Verteilung von Macht und Einfluß, Organisationsstruktur, zeitliche und räumliche Gegebenheiten

Vorstellungen über das Unternehmen
bewußte und unbewußte Einflüsse, die sich aus Gruppenzugehörigkeit und Rollenausübung ergeben; die Wirkung des subjektiv wahrgenommenen Eindrucks des Unternehmens auf die Mitarbeiter

Handlungs- und Interaktionssysteme
Verhaltensnormen, Rituale, ungeschriebene Gesetze

Abb. 2.3 Bausteine der Unternehmensidentität (nach Larcon u. Reitter 1984, S. 352)

Anhand eines Beispiels verdeutlichen Larcon u. Reitter die Konsequenzen, die sich aus den Vorstellungen der Mitarbeiter über "ihr" Unternehmen ergeben können.

Der französische Möbelhersteller Knoll France war ein Teil des amerikanischen Unternehmens Knoll International, das seinerseits von 1967-1975 zu einer noch größeren Firmengruppe gehörte. Zu Beginn der 70er Jahre hatte das französische Tochterunternehmen eigene Traditionen und einen spezifischen Stil entwickelt. Die Mehrzahl der Mitarbeiter von Knoll France sahen sich eher als Künstler und weniger als Techniker, und auch ihr Unternehmen erlebten sie eher als Designerbetrieb, der für gehobene Käuferschichten produzierte. Der Muttergesellschaft ging es dagegen sehr viel mehr um den Verkauf von Massenprodukten. Eine Zeitlang fielen diese Unterschiede nicht besonders ins Gewicht. Das änderte sich, als der Besitzer der Firmengruppe auf eine Steigerung des kurzfristigen Gewinns drängte. Knoll International informierte daraufhin Knoll France, daß das Unternehmen entweder auf Massenproduktion umstellen müsse oder aufgelöst werde.

Die Umstellung auf Massenproduktion wurde dann auch Mitte der 70er Jahre verwirklicht, allerdings unter großen Schwierigkeiten für das neue Management, das sich Tag für Tag mit den alten Traditionen und Vorstellungen, die die Mitarbeiter von ihrem Unternehmen entwickelt hatten, auseinandersetzen mußte. Probleme gab es so z. B. mit dem "Pillorama", einem flexibel kombinierbaren System von Polstermöbeln. Dieses preiswerte Produkt sprach in den USA eine relativ große Käuferschicht an. Die Verkäufer von Knoll France hatten jedoch den Eindruck, daß dieses Möbelsystem nicht zu den Vorstellungen über die Qualität oder den Stil paßte, die sie sich von "ihren" Produkten gemacht hatten. Auch die Produktionsabteilung betrachtete das neue Produkt als unfertig und nachlässig konstruiert, auf jeden Fall aber als nicht zur Tradition von Knoll passend.

Ironischerweise erhielt das Unternehmen schließlich einen bedeutenden Auftrag eines arabischen Staatschefs, der eine individualisierte und luxuriöse Ausführung des Produkts in Auftrag gab. Das bisher so verachtete Massenprodukt verwandelte sich in der Vorstellung der Mitarbeiter dadurch zu einem auch kunsthandwerklich wertvollen Artikel. Endlich hatte das Unternehmen wieder ein Produkt vorzuweisen, das sowohl zu seiner Identität paßte als auch zu seinem wirtschaftlichen Erfolg beitrug (nach Larcon u.Reitter 1984, S. 352 ff.).

Dieses Beispiel ist kein Einzelfall. Die Fähigkeit eines Unternehmens, sich an veränderte Rahmenbedingungen anzupassen und neue Wege zu gehen, wird in hohem Maß von seiner Identität, d. h. vor allem von den Vorstellungen und Phantasien der Mitarbeiter über ihre Organisation, beeinflußt. Diese Vorstellungen wirken sich auf deren Engagement für die Unternehmensziele ebenso wie auf den Verlauf von Entscheidungsprozessen aus. Selbst wichtige Investitionsentscheidungen können also von dem mehr oder weniger zutreffenden Bild, das sich die Mitarbeiter von ihrem Unternehmen machen, beeinflußt werden.

2.4 Die "Guten" und die "Bösen": Abwehrprozesse in Organisationen

Organisationen sind nicht nur Stätten sachorientierter Arbeit, sondern können auch als soziale Systeme zur Abwehr mehr oder minder bewußter Ängste funktionalisiert werden. Eine solche "institutionalisierte Abwehr" richtet sich gegen Gefühle der Bedrohung, die sowohl unverarbeiteten Erfahrungen in der eigenen Lebensgeschichte als auch Belastungen in der Arbeitssituation entstammen können.

Die Psychoanalytikerin Menzies (1984) schildert die psychosoziale Abwehrfunktionen sozialer Systeme anhand ihrer Beobachtungen in einem großen Londoner Allgemeinkrankenhaus:

40

Die Aufgabe, bei deren Lösung Menzies um Hilfe gebeten worden war, bestand darin, Schwesternschülerinnen so einzusetzen, daß einerseits die Krankenpflege sichergestellt war und andererseits die Schwesternschülerinnen genügend Erfahrungen für ihre Berufsausbildung sammeln konnten. Die Mängel der bisherigen Verfahrensweise waren aber nur ein Symptom für das eigentliche Problem: Mit Hilfe ausführlicher tiefenpsychologischer Interviews konnte Menzies bald feststellen, daß es hauptsächlich um die große Anspannung, Belastung und Angst der Schwestern ging. Diese Belastungen waren auch der Grund für den hohen Krankenstand sowie für die beunruhigende Tatsache, daß etwa ein Drittel der Schwesternschülerinnen ihre Ausbildung nicht zu Ende führte.

Menzies legt allerdings Wert auf die Feststellung, daß die Arbeit einer Krankenschwester ohnehin mit einer hohen Angstbelastung und anderen intensiven Emotionen verbunden ist: so kann z. B. der körperliche Kontakt mit den Kranken libidinös gefärbte Bedürfnisse stimulieren; es kommt nicht selten vor, daß ein Patient trotz intensiver und liebevoller Betreuung stirbt. Außerdem treten die Patienten und deren Angehörige der Krankenschwester häufig mit einer Vielzahl widersprüchlicher Emotionen gegenüber, wie z. B. einer Mischung aus Wertschätzung und Anerkennung für ihre Arbeit einerseits, Neid auf ihre Gesundheit und auf ihre Fähigkeiten andererseits. Diese emotionsgeladene Situation kann leicht intensive Ängste reaktivieren, die auf (durch Phantasien verzerrte) Kindheitserfahrungen zurückgehen. Nicht selten projizieren die Krankenschwestern diese Ängste auf ihre Arbeitssituation, in der sie dann auch folgerichtig all die heftigen und belastenden Emotionen wiedererleben, die sich im Grunde auf längst vergangene und scheinbar vergessene, aber unverarbeitet gebliebene Situationen beziehen.

Als Folge dieser Dynamik hatte sich in dem von Menzies beschriebenen Krankenhaus eine Vielzahl von Kollusionen und psychosozialen Abwehrmechanismen entwickelt. Dazu trug bei, daß Entscheidungen, die in einem Krankenhaus getroffen werden, manchmal Entscheidungen über Leben und Tod sind, mit denen von vornherein ein hohes Maß an Angst und Belastung einhergeht. Die Abwehrstrategie gegen diese Angst bezeichnet Menzies als "rituelle Pflichterfüllung": Jede angehende Krankenschwester mußte lernen, sich rigide an eine Liste von Arbeitsaufgaben zu halten. Es wurde so getan, als sei jede noch so banale Aufgabe eine Angelegenheit, bei der es um Leben oder Tod ginge und die man entsprechend ernst nehmen müsse. Verständlicherweise wurde dadurch jeder Ansatz zu Eigeninitiative und Selbstverantwortung untergraben.

Besonders interessant am psychosozialen Abwehrsystem dieses Krankenhauses war auch, wie die Schwestern ihrer Angst vor der eigenen Verantwortung begegneten: Jede von ihnen litt unter einem starken inneren Konflikt zwischen der enormen Verantwortung, die ihre Arbeit zwangsläufig mit sich brachte, und dem Wunsch, diese schwere und ständige Belastung zu vermindern. Dieses Dilemma führte zu Abwehrmechanismen wie Verleugnung, Spaltung und Projektion, so daß der innerseelische Konflikt in einen interpersonalen umgewandelt wurde: Fordernde und unerbittliche Aspekte des eigenen Selbst wurden abgespalten und auf Vorgesetzte projiziert, so daß von ihnen eine harte und autoritäre Behandlung erwartet wurde. Die psychosoziale Rollenverteilung zeigte sich aber auch darin, daß viele Krankenschwestern ihre Kolleginnen als leichtfertig und verantwortungslos wahrnahmen und meinten, diese dringend kontinuierlich überwachen und kontrollieren zu müssen. Gleichzeitig wurden die eigenen Mitarbeiter (auf die ebenfalls "verantwortungslose" Selbstanteile projiziert worden waren) mit einer Härte behandelt, die ihrer psychologischen Funktion als abgespaltene Teile des eigenen Selbst entsprach.

Dem psychosozialen Abwehrsystem des Krankenhauses gelang es aber im Endeffekt nicht, die Ängste des Pflegepersonals aufzufangen, es entstanden sogar noch weitere sekundäre Ängste: Die genauestens geregelten, ritualartigen Arbeitsabläufe machten es den Schwestern z. B. unmöglich, sich unterschiedlichen Arbeitsbelastungen anzupassen, was zu einer permanenten Angst vor Krisensituationen führte; die ständige Versetzung der Krankenschwestern - von Menzies als Abwehrversuch gegen allzu intensive Beziehungen zu den Patienten interpretiert - verursachte wegen der immer wieder neuen und unvertrauten Situationen zusätzliche Ängste. Dazu kam noch, daß die Leitung stets mit Spitzenbelastungen kalkulierte, so daß Schuldgefühle (wegen Unterforderung) gefördert wurden und Unzufriedenheit entstand.

Insgesamt war das Abwehrsystem des Krankenhauses, obwohl aus individuellen Abwehrbedürfnissen heraus entstanden, zunehmend rigide und inflexibel geworden. Jede neue Schwesternschülerin war deshalb gezwungen, sich mit der vorhandenen Situation abzufinden und hatte keine Möglichkeit, ihre eigenen (und an sich gesunden) Abwehrbedürfnisse in das psychosoziale System einzubringen und es dadurch auch schrittweise zu verändern; sie mußte das Abwehrsystem des Krankenhauses übernehmen. So wurden bei jeder neuen Ausbildungskandidatin vermeidbare und unnötige Ängste erzeugt (nach Menzies 1984; s. auch De Board 1985, S. 121 ff.).

Die Bedingungen, unter denen Menschen in Unternehmen arbeiten, sind natürlich von den spezifischen Belastungen, die in einem Krankenhaus auftreten, sehr verschieden. Das obige Beispiel zeigt aber doch sehr eindringlich, wie durch eine Verkettung belastender Arbeitsbedingungen mit individuellen Abwehrbedürfnissen eine dysfunktionale, irrationale und daher zusätzlich belastende Situation entstehen kann.

Ganz ähnlich wie Menzies spricht auch der Psychoanalytiker Mentzos (1988) von psychosozialen Abwehrkonstellationen, "bei denen soziale Rollensysteme und Institutionen maßgebend sind und deren Abwehrfunktion einen wichtigen Bestandteil der Struktur des betreffenden sozialen Systems ausmacht" (S. 79). Daraus läßt sich ableiten, "daß die Struktur und die Prinzipien einer Institution nicht nur zweckrational aufgebaut sind, sondern darüber hinaus sich auf gemeinsame Werte, Einstellungen und gefühlsmäßige, oft nicht klar erkennbare und definierbare Motivationen stützen. Aus eben diesem Grunde sind Institutionen geradezu prädestiniert, neben ihren anderen Funktionen auch psychosoziale Abwehr-'Aufgaben' zu übernehmen" (S. 80).

Allerdings erscheint zweifelhaft, ob (Mentzos S. 79) die Rollenverteilung in Organisationen, wie etwa auch in Unternehmen, im Unterschied zu Institutionen wirklich wesentlich zielgerichteter ist und lediglich der rationalen Sicherstellung und Regulierung von Arbeitsaufgaben und Leistungsanforderungen dient.

Mentzos (1988) jedenfalls schildert die Abwehrfunktion von Institutionen am Beispiel des Sports (S. 83 f.) sowie der Werbung, des Strafrechts und der Gruppenidentität (S. 89 ff.). Greifen wir eines seiner Beispiele heraus: Der Sport, insbesondere der Fußball, bietet seiner Meinung nach einerseits viele Möglichkeiten für Selbstverwirklichung, Bedürfnisbefriedigung und anderes nicht neurotisches Verhalten, und zwar sowohl für die Spieler als auch für die Zuschauer. Andererseits können sportliche Großveranstaltungen bekanntlich auch für politische Zwecke benutzt werden. Die Auseinandersetzungen um die Austragungsorte der Olympischen Spiele und die Teilnahme daran sind z. B. ein Hinweis auf diese politische Funktion des Sports, von innenpolitischen Schwierigkeiten abzulenken, eine möglichst harmlose Entladung aufgestauter Aggressionen zu ermöglichen (was allerdings wegen der steigenden Zahl von Fußballrowdies immer weniger gelingt), dem Staat und bestimmten Interessengruppen finanzielle Vorteile zu sichern, das nationale Ansehen zu erhöhen usw. (auf Unternehmen übertragen gilt ähnliches, beispielsweise für Betriebsfeste und Sponsorentum). Darüber hinaus geht es vor allem auch "um die Wiederherstellung der narzißtischen Homöostase, also um die Pseudoüberwindung von

Minderwertigkeitsgefühlen, narzißtischen Kränkungen und Niederlagen auf dem Wege teilnehmender Identifikationen" (Mentzos 1988, S. 84).

Vermutlich leistet die Identifikation mit einem erfolgreichen Unternehmen, das sich auf dem Markt gegenüber seinen Konkurrenten gut durchsetzen kann und einen hohen Prestigewert besitzt, für Mitarbeiter mit entsprechenden narzißtischen Bedürfnissen etwas sehr Ähnliches, nämlich eine, wenn auch brüchige Pseudostabilisierung ihres fragilen Selbstwertgefühls. Gleichzeitig wird durch die Zugehörigkeit zu einer Arbeitsgruppe oder zu einer bestimmten Abteilung auch das Bedürfnis des einzelnen nach einer scheinbar sicheren Identität befriedigt, wodurch die in der postmodernen Gesellschaft weit verbreitete Angst vor Identitätsverlust abgewehrt werden kann.

Das bedeutet aber auch, daß der einzelne einem starken Gruppendruck ausgesetzt ist, den er besonders dann zu spüren bekommt, wenn er gegen die Prinzipien oder Grundüberzeugungen seiner Gruppe verstößt. Als "Abtrünniger" oder "Verräter" erfährt er deshalb unter Umständen sehr viel heftigere Sanktionen und ist einer sehr viel strengeren Behandlung ausgesetzt als andere Gruppen oder Personen, die von vornherein als Gegner definiert worden sind (eine verfeindete Abteilung). Derjenige, der eine Meinung vertritt, die von der mehr oder weniger ausgesprochenen Grundüberzeugung seiner Bezugsgruppe abweicht, stellt nämlich das von dieser Gruppe verwirklichte Abwehrsystem grundsätzlich in Frage, während ein fremder Gegner dieses System nur von außen bedroht oder sogar zu seiner Stützung benötigt wird, z. B. als Sündenbock (vgl. Mentzos 1988, S. 92).

Auf internationaler Ebene bietet das Todesurteil, das der greise Ayatollah Khomeini zu Beginn des Jahres 1989 gegen den britisch-indischen Schriftsteller Salman Rushdie ausgesprochen hatte, ein Beispiel für den oben beschriebenen Mechanismus. Die extreme Reaktion auf sein Buch *Die satanischen Verse* hing zwar auch mit der damaligen innenpolitischen Situation des Iran zusammen: Ablenkung von inneren Schwierigkeiten und von den verheerenden Folgen eines sinnlosen Krieges; Einschwörung der Iraner auf einen harten Kurs und Abwehr von Reformbemühungen usw. Aber die Reaktion auf das Buch von Rushdie ist wohl auch deshalb so extrem ausgefallen, weil er selbst aus dem islamischen Kulturkreis stammt und somit den ganzen Haß zu spüren bekam, den eine Gruppierung auf einen Abtrünnigen richten kann, der ihre Abwehrstruktur in Frage stellt. Angesichts der zentralen Rolle der Sexualität in der Dynamik des Unbewußten überrascht es nicht, daß sich die Empörung vor allem an den erotischen Passagen in Rushdies Werk entzündete.

Grundsätzlich gilt wohl: Die Reaktion einer Gruppe auf ein Mitglied, das eine abweichende Meinung vertritt, fällt um so heftiger aus, je mehr die Gruppenmitglieder auf eine Erhaltung der bisherigen (institutionalisierten) Abwehrprozesse zur Stabilisierung ihrer (intrapersonalen) Abwehrbedürfnisse angewiesen sind. Dieser Mechanismus findet sich keineswegs nur in fanatischen, politischen oder religiösen Gruppen, sondern in unterschiedlicher Ausprägung auch in vielen Organisationen. Seine Manifestationsweise hängt z. B. davon ab, unter welchem äußeren Druck die Gruppe steht, wie lange sie schon existiert, ob ihre Mitgliederzahl wechselt oder gleich bleibt, welche unbewußten Bedürfnisse die Gruppenmitglieder in den Gruppenprozeß einbringen, und ob sich bereits Kollusionen oder "Grundannahmen" im Sinne von Bion (1959, vgl. Kap. 3.4) herausgebildet haben.

Paranoide Ängste und Abwehrprozesse: Unternehmen werden also von ihren Mitgliedern auch zur Abwehr von unbewußten Konflikten, Widersprüchen, frühen Beziehungserfahrungen und der durch diese unbewußten Korrelate ausgelösten Ängste eingesetzt (vgl. auch De Board 1985, S. 112 ff.). Der britische Psychoanalytiker Elliot Jaques (1984 b) hat sich ebenfalls mit psychosozialen Abwehrsystemen beschäftigt. Seine Konzeption orientiert sich an der Theorie von Melanie Klein (1946), einer einflußreichen britischen Psychoanalytikerin, die davon überzeugt war, daß bereits Kinder auf ihre Ängste (z. B. vor den eigenen "bösen" Impulsen; vor bedrohlichen intrapsychischen Objekten) mit einer Wahrnehmungsverzerrung reagieren, indem sie die (innere) Bedrohung nach außen projizieren und ihre Umgebung feindselig eingestellt ("böse") und gefährlich erleben. Auf Grund neuerer Forschungsergebnisse (vgl. Lang 1988) sollte ergänzt werden, daß es sich dabei weniger um einen quasi "naturgegebenen" Vorgang handelt, sondern vielmehr um das Resultat mehr oder weniger gestörter Familienbeziehungen. Da es die "ideale", völlig "gesunde" Entwicklung jedoch nicht gibt, bleiben die von Klein (1946) erforschten Mechanismen auch im Lichte neuerer Ergebnisse interessant.

Jaques (1984 b) geht davon aus, daß auch Erwachsene bestrebt sind, eine Wiederholung und ein Wiedererleben der von Klein beschriebenen archaischen Ängste zu vermeiden. Um sie abzuwehren, werden u. a. auch Institutionen und Organisationen benützt. Im klinischen Alltag beobachten Psychoanalytiker z. B. häufig, wie die verzerrte Wahrnehmung von Bezugspersonen als "schlechte" oder "böse" Menschen dazu dienen soll, eigene Ängste abzuwehren. Entsprechende Impulse von Unternehmensangehörigen werden unter Umständen ebenfalls auf einen "bösen" Menschen (z. B. den "unfreundlichen" Kollegen, den "autoritären" Chef, den "faulen" Mitarbeiter) oder auf eine entsprechende Gruppe (z. B. eine rivalisierende Abteilung) projiziert.

Jaques (1955; nach De Board 1985, S. 118) erläutert diesen Vorgang am Beispiel der Funktion des ersten Offiziers auf einem Schiff: Häufig ist der erste Offizier die Zielscheibe für alle Kritik und Aggressionen, auch wenn sein Führungsstil dazu wenig Anlaß gibt. Nach Auffassung von Jaques projiziert die Mannschaft ihre "bösen" Impulse und "schlechten" inneren Objekte auf den ersten Offizier. Dadurch kann der Kapitän weiterhin als eine gute und beschützende Figur wahrgenommen werden. Es wäre interessant, der Frage nachzugehen, inwieweit die Inhaber einer Stellvertreterposition in Unternehmen eine ähnliche Blitzableiterfunktion übernehmen (müssen).

Ein anderes Beispiel, anhand dessen Jaques (1955; nach De Board 1985, S. 118) seine Theorie erläutert, ist die seelische Stimmungslage einer Nation, die auf einen Krieg zusteuert (vgl. zu diesem Thema auch Mentzos 1988, S. 141 ff.; Bauriedl 1986, vor allem S. 159 ff.). In diesem Fall können die Bürger dieses Landes bedrohliche innerseelische Impulse auf den Feind projizieren, so daß ihre (intrapsychische) Angst mit Hilfe der Projektion in die Angst vor einer (externen) und "realen" Bedrohung umgewandelt werden kann. Gleichzeitig werden eigene destruktive und feindselige Impulse auf die eigene Armee projiziert, die diese wiederum aufnimmt (introjiziert) und gegen den Feind richtet.

Im Endeffekt können dadurch verdrängte Haßgefühle und destruktive Impulse auf sozial akzeptierte Weise abgelenkt und auf den "Gegner" gerichtet werden. Diese Neigungen dürfen offen ausgelebt werden - schließlich legt man ja nur sozial anerkanntes und erwünschtes patriotisches Verhalten gegenüber dem Feind an den Tag.

Ein weniger extremes Beispiel aus dem Unternehmensbereich wäre ein Konzern, der sich mit einem konkurrierenden Unternehmen in einem außer Kontrolle geratenen Vernichtungswettbewerb befindet: gehässige und abwertende Äußerungen über die Manager der Konkurrenz sind an der Tagesordnung; es kommt zu Handlungen am Rande der Legalität bis hin zur Industriespionage (gerechtfertigt dadurch, daß man selbst auf der "richtigen" Seite steht).

Kinder können der Theorie von Melanie Klein (1946) zufolge erst nach und nach erkennen, daß "gute" und "böse" Anteile zu derselben Person gehören, daß beispielsweise die Mutter also sowohl "gut" (versorgend, gewährend usw.) als auch "böse" (schimpfend, nicht erreichbar, verbietend usw.) sein kann. Gleichzeitig beginnen sie auch wahrzunehmen, daß sie selbst dieselbe Bezugsperson sowohl lieben als auch hassen können. Ihre Wut etwa der Mutter gegenüber, die sie gleichwohl sehr lieben, bereitet ihnen heftige Schuldgefühle, die sie in eine gedrückte bis verzweifelte Stimmung versetzen. Klein spricht deshalb von einer "depressiven Position".

Obwohl nach Klein diese Ambivalenz schon beim kleinen Kind entsteht, ist sie genau genommen eine Haltung, die auch von einem Erwachsenen immer wieder errungen werden muß; freilich geht eine reife Ambivalenz nicht mit verzweifelten Stimmungen und Gefühlen einher, sondern besteht eher in der Fähigkeit, einen anderen Menschen realistisch wahrnehmen zu können, mit positiven und negativen, angenehmen und unangenehmen Seiten, und ebenso erkennen zu könnnen, daß man selbst auch Schattenseiten und Fehler hat, und nicht nur das Gegenüber. Diese Selbsterkenntnis macht freilich nicht immer nur glücklich, sondern auch den Erwachsenen gelegentlich noch bedrückt und traurig.

Bei einer Regression auf die paranoid-schizoide Position wird hingegen die innere Beziehungswelt wieder in "gute" und "böse" Objekte aufgeteilt. Dadurch soll die Angst vermieden werden, die bei der depressiven Position darin besteht, daß die "bösen" Objekterfahrungen die "guten" Erfahrungen mit einem geliebten Objekt zerstören und entsprechend auch die "bösen" Selbstaspekte die "guten" Aspekte des eigenen Selbst auslöschen könnten.

Der daraus resultierende psychosoziale Abwehrmechanismus führt oft zur Verfolgung von Minderheiten. Der verfolgenden Mehrheit gelingt es dadurch, den Glauben an ihre eigene Unbescholtenheit, ihren guten Willen und ihre Unschuld zu bewahren, indem "böse" bzw. "schlechte" (unerträgliche, ängstigende, Schuldgefühle erzeugende usw.) Anteile und Gefühle abgespalten und auf die Minderheit projiziert werden. Das zeigt sich insbesondere an der irrationalen Verachtung der Minderheit und dem Haß auf sie. Dieser Haß wird durch den Zusammenhalt der Mitglieder der Mehrheitsgruppe noch verstärkt, weil diese sich miteinander identifizieren und sich gegenseitig aufstacheln.

In anderen Fällen kann es sogar zu einem regelrechten Zusammenspiel von Minderheit und Mehrheit kommen: Die Minderheit ist dann das Spiegelbild der Mehrheit und haßt sie ebenso sehr, wie sie umgekehrt von dieser abgelehnt und gehaßt wird. Im Grunde scheint jede der beiden Gruppen ihr Feindbild zu brauchen, dessen Auflösung dann verständlicherweise auf heftigen Widerstand stößt.

Die von Klein (1946) beschriebenen Mechanismen sind jedoch keineswegs nur auf die Politik begrenzt. Es folgt ein Beispiel aus dem Unternehmensbereich:

Jaques verdeutlicht seine Überlegungen anhand der Erfahrungen, die er als Berater für eine englische Maschinenfabrik gemacht hat. In dieser Funktion nahm er auch an den Verhandlungen teil, die zwischen Management und Arbeitervertretern stattfanden und in denen es um die Abschaffung der bisherigen Bezahlung nach dem Akkordsystem ging. Diese Verhandlungen erstreckten sich über einen Zeitraum von mehr als einem halben Jahr. Obwohl sie in einer freundlichen Atmosphäre geführt wurden, gab es viele Anzeichen dafür, daß die Arbeiter gegenüber dem Management sehr mißtrauisch eingestellt waren (deshalb dauerten die Verhandlungen auch solange). Gleichzeitig drückte aber das Management immer wieder sein großes Vertrauen in das Verantwortungsgefühl der Arbeiter aus, obwohl einiges dafür sprach, daß dieses Vertrauen übertrieben war.

Jaques versucht, die psychologischen Schwierigkeiten, die im Verlauf der Verhandlungen auftraten, folgendermaßen zu erklären: Unbewußt hatten die Arbeiter das Management in eine "gute" und in eine "böse" Fraktion aufgespalten; die "guten" Führungskräfte waren dabei die Vorgesetzten, mit denen sie täglich zusammenarbeiten mußten, und die "bösen" Manager waren diejenigen, mit denen sie (bzw. ihre Vertreter) verhandelten. Da sie ihre positiven Impulse auf ihre unmittelbaren Vorgesetzten projizierten, konnten sie zu ihnen auch verhältnismäßig gute Arbeitsbeziehungen aufrechterhalten.

Destruktive und feindselige Impulse projizierten die Arbeiter auch auf ihre eigenen Verhandlungsführer (in ambivalenter Weise wollten sie einerseits, daß diese sich für ihre Interessen einsetzten, befürchteten aber gleichzeitig, daß sie mit dem Management unter einer Decke steckten), die diese Impulse aufnahmen und an die scheinbar "bösen" Manager in der Verhandlungssituation weiterleiteten. Dadurch konnten die Arbeitervertreter auch eine soziale Sanktionierung ihres eigenen Mißtrauens und eigener feindseliger Tendenzen erreichen; diese schienen ja nicht von ihnen selbst zu stammen, sondern von den Arbeitern, die sie ja vertraten.

Das sehr positive Bild, das das Management von den Arbeitern hatte, läßt sich durch die Abwehrmechanismen Idealisierung, Spaltung und Verleugnung erklären. Die Manager hatten ihre eigene Kontrollfunktion in "gute" und "schlechte" Anteile aufgespalten und die "guten" Anteile auf die Arbeiter projiziert, die sie deshalb auch als nahezu perfekte und extrem verantwortungsbewußte Mitarbeiter idealisierten. Durch die Verleugnung eher negativer ("böser") Aspekte wehrten sie gleichzeitig auch unerwünschte eigene ("böse") Selbstanteile ab. Sie versuchten also ebenfalls, sich selbst vor bedrohlichen intrapsychischen Impulsen zu schützen. Die Einstellungen und Verhaltensweisen von Management und Arbeitern waren einander somit komplementär - es handelte sich um einen psychosozialen Abwehrmechanismus. Auf Grund der eingespielten Arbeitsteilung von Abwehrfunktionen konnten die sich ergebenden Interaktions-schemata während der Verhandlungsphase lange aufrechterhalten werden (nach Jaques 1955, 1984 b; s. auch De Board 1985, S. 120 ff.).

2.5 Mit Veränderungen leben

Veränderungen im Unternehmen bedeuten meistens auch eine Veränderung der eigenen Arbeitssituation. Sie sind unvermeidbar und notwendig, weil sich jeder Betrieb immer wieder neu an veränderte Existenzbedingungen anpassen muß. Dennoch gehören sie zu den Ereignissen, die Krisensituationen heraufbe-schwören können. Woran liegt das?

Wenn z. B. eine Zentralisierung geplant ist, dann kann dies bedeuten, daß einige Abteilungen zugunsten anderer Macht und Einfluß verlieren. Vielleicht sollen sie durch die Umstrukturierung eine eher beratende Funktion erhalten und die davon betroffenen Mitarbeiter haben möglicherweise das Gefühl, in Zukunft weniger wichtig zu sein - sie erleben also eine narzißtische Kränkung.

Schon bloße räumliche Veränderungen, z. B. der Umzug einer Abteilung, können Probleme mit sich bringen. Das komplizierte Geflecht aus Macht und Übertragungsbeziehungen in Unternehmen führt bei manchen Mitarbeitern nämlich dazu, daß sie ihren "Wert" mehr oder weniger bewußt daran messen, wie weit entfernt ihr eigener Arbeitsplatz vom Büro ihres Vorgesetzten ist. Wenn nun eine Neuverteilung der vorhandenen Räumlichkeiten notwendig wird, kann dies von den Mitarbeitern ebenfalls als narzißtische Kränkung erlebt werden. Es wäre ein Fehler, ihre Gefühle als belanglos abzutun; das hieße nicht nur, den einzelnen als Menschen nicht ernst zu nehmen, sondern auch Symptome wie z. B. ein sich verschlechterndes Betriebsklima oder eine nachlassende Leistungs-bereitschaft zu riskieren (vgl. Levinson 1981, S. 110, 321; 1986, S. 141). Da bereits so geringfügige Anlässe psychische Verwicklungen verursachen können, sollten im Geiste eines partizipativen Führungsstiles die Mitarbeiter bei allen wichtigen Veränderungen mit einbezogen werden.

Selbst so angenehme Veränderungen wie eine Beförderung können eine Verunsicherung bewirken: Der berufliche Aufstieg in das mittlere Management bringt z. B. häufig Probleme mit sich. So sind sich viele der frisch beförderten Manager zunächst nicht darüber im klaren, was nun eigentlich genau von ihnen erwartet wird und wie sie ihre neue Berufsrolle mit Leben füllen können. Vor allem dann, wenn sie in eine Position aufsteigen, in der sie administrative Funktionen ausüben müssen, kann es sein, daß sie die Gelegenheit vermissen, selbst mit "anpacken" zu können und unter der Veränderung ihrer beruflichen Identität leiden (vgl. Levinson 1986, S. 149). Vielleicht kommen sie auch schwer damit zurecht, daß sie nun nicht mehr so viel direktes Feedback auf ihre Leistungen erhalten wie bisher. Die veränderte Arbeitssituation, mit der sie zurechtkommen müssen, ist mehrdeutiger, und sie selbst sind abhängiger von ihren Mitarbeitern geworden. Außerdem müssen sie nun sehr viel mehr Zeit dafür aufwenden zu planen, zukünftige Entwicklungen einzuschätzen und das Unternehmen auch nach außen hin zu vertreten. Allerdings werden ihre Probleme in vielen Fällen überhaupt nicht wahrgenommen, weil die meisten nur ihren beruflichen Erfolg sehen und sie vielleicht sogar beneiden.

Welche weiteren Gründe gibt es dafür, daß Veränderungen für viele Menschen eine große psychologische Bedeutung haben? Wenn man diese Ursachen besser verstehen will, dann ist es aus psychoanalytischer Sicht hilfreich, nach Parallelen im Verlauf der lebensgeschichtlichen Entwicklung zu suchen (und zwar nicht nur nach frühen Verlusterlebnissen, Brüchen in der eigenen Lebensgeschichte, einschneidenden Veränderungen in der Kindheit, wie z. B. Trennung von den Eltern, Geburt der Geschwister usw.). Nach Auffassung der Psychoanalyse wird das Verhalten eines Menschen wesentlich von Erinnerungsspuren an wichtige Bezugspersonen und Erlebnisse mitbestimmt.

Erfahrungen aus der Kindheit, aber auch die subjektiv verzerrte Verarbeitung dieser Erfahrungen, beeinflussen deshalb die zwischenmenschlichen Beziehungen von Erwachsenen zu Freunden und zum Ehepartner sowie auch zu Kollegen, Vorgesetzten und Mitarbeitern. Sie formen auch das Selbstbild eines Menschen und die Art und Weise, wie er seine aktuelle Lebenssituation erlebt. Einschneidende berufliche Veränderungen können dazu führen, daß bewährte psychische Bewältigungsmuster ihre Wirksamkeit einbüßen. Eine Verunsicherung des Identitätsgefühls bis hin zu Orientierungslosigkeit und Angst kann die Folge sein (vgl. Levinson 1976, S. 82 f.).

Vermutlich kennt jeder Unternehmensangehörige, der schon einmal aus beruflichen Gründen umgezogen ist oder seinen Arbeitsplatz gewechselt hat, dieses Gefühl der plötzlichen Infragestellung bisheriger und vertrauter Kontinuitäten. Seltsamerweise stellt sich dieses Gefühl auch dann ein, wenn die Veränderung seit langem herbeigewünscht und ersehnt wurde (vgl. Ohlmeier 1989, S. 30). Veränderungen bedeuten immer auch einen Verlust des bisher Vertrauten.

Psychologische Verträge: Jeder Mensch versucht, ein Unternehmen und einen Arbeitsplatz zu finden, der zu seinen bewußten und unbewußten Wünschen und Bedürfnissen paßt (vgl. Kap. 2.1). Darin eingeschlossen sind auch bestimmte Vorstellungen darüber, wie sich das (oftmals personifizierte) Unternehmen gegenüber den Mitarbeitern verhalten sollte. Das Unternehmen bekräftigt oder enttäuscht diese Erwartungen, indem es beispielsweise bestimmte Leistungen und Einstellungen belohnt, andere aber "übersieht". So kommt es schließlich zu einem vor- oder auch unbewußten "psychologischen Vertrag", der diese wechselseitigen Erwartungen beinhaltet (Levinson 1976, S. 90 ff.; 1986, S. 130 f.). Wenn einer der Vertragspartner die Abmachungen einseitig verletzt, reagiert der andere Teil darauf mit Verärgerung und Enttäuschung, weil er das Gefühl hat, unfair behandelt worden zu sein. Natürlich ist dieser psychologische Vertrag nirgendwo festgeschrieben, sondern stellt eine Metapher dar. Die Beteiligten verhalten sich aber so, als ob er existiere und erwarten vom Vertragspartner seine Einhaltung.

> Ein solcher "Vertrag" bestand auch in einem amerikanischen Energieversorgungsunternehmen, das seinen Mitarbeitern zwar gute, aber keineswegs außergewöhnliche Gehälter bezahlte. Die Mitarbeiter konnten davon ausgehen, daß ihr Arbeitsplatz sehr sicher war. Dafür waren die Karriereaussichten nicht so gut wie in anderen Unternehmen, aber vielen Mitarbeitern war diese Sicherheit wichtiger. Als Gegenleistung erwartete das Unternehmen von ihnen, daß sie im Winter, wenn schwere Schneestürme die Energieversorgung unterbrochen hatten, mitten in der Nacht aufstanden, um die entstandenen Schäden zu beheben. Diese Erwartung war nirgends schriftlich festgehalten, ebensowenig wie die Erwartung der Mitarbeiter, daß das Unternehmen für Kollegen, die einen Arbeitsunfall erlitten hatten und ihre bisherige Tätigkeit nicht mehr ausüben konnten, einen anderen Arbeitsplatz bereitstellen sollte.
> Die Mitarbeiter dieses Unternehmens waren der Tendenz nach eher Menschen, deren Abhängigkeitswünsche (d. h. ihr Bedürfnis nach Sicherheit, Zugehörigkeit, Schutz usw.) dazu führten, daß sie mit einer sicheren Anstellung zufriedener waren als mit einer stärker konkurrenzorientierten Tätigkeit, auch wenn damit bessere Karriereaussichten verbunden wären. Gleichzeitig wollten sie anderen Menschen helfen, indem sie ihre Dienstleistungen anboten. Sie erwarteten deshalb von ihrem Unternehmen, daß es ihnen dabei half, sowohl ihr Bedürfnis nach Abhängigkeit als auch die Forderungen ihres Über-Ichs zu erfüllen, während das Unternehmen im Gegenzug von ihnen zuverlässige und gewissenhafte Arbeit erwartete (nach Levinson 1976, S. 91 f.).

Der "psychologische" Vertrag spielt eine wichtige Rolle, wenn Veränderungen im Unternehmen anstehen: Der "Vertrag" wird gleichsam einseitig gekündigt, wenn Mitarbeiter versetzt werden oder ein neues Aufgabegebiet übernehmen sollen. Ihr "Vertrag" muß deshalb im Verlauf des Veränderungsprozesses neu ausgehandelt werden. Gelingt es nicht, für die Beziehungen zwischen den Mitarbeitern und dem Unternehmen eine neue Grundlage zu finden, so ist damit zu rechnen, daß sich die Verärgerung und Enttäuschung der Mitarbeiter nicht nur auf ihre körperliche oder seelische Gesundheit auswirken, sondern auch die Effizienz des Unternehmens beeinträchtigen. Die Frustration der Mitarbeiter kann sich z. B. in passivem Widerstand, sinkender Leistungsbereitschaft oder auch in Streiks manifestieren. Es ist deshalb wichtig, die Dimensionen des jeweiligen psychologischen Vertrages auszuloten und nach Möglichkeiten für eine Neuanpassung zu suchen, wenn eine größere Veränderung ansteht.

Trauer und Neuanpassung: Das mit einer Veränderung des "psychologischen Vertrages" verbundene Verlusterlebnis wird von vielen Menschen verdrängt; sie verhalten sich so, als wären für sie damit keinerlei schmerzhafte Empfindungen verbunden, und versuchen, ihre wirklichen Gefühle zu unterdrücken. Die meisten Menschen reagieren aber doch mit einer gewissen Trauer. Immerhin muß man (im Falle einer Versetzung z. B.) damit zurechtkommen, daß sich der gewohnte Umgang mit den bisherigen Bezugspersonen (Kollegen, Vorgesetzten, Mitarbeitern) verändert. Darüber hinaus müssen auch all die vertrauten und eingespielten Aktivitäten und Verhaltensweisen verändert werden, die sich im Laufe der Zeit herausgebildet haben und als selbstverständlich angesehen wurden.

Verlust- und Trennungserlebnisse sind natürlich um so schwerer zu bewältigen, je intensiver die Bindung an die Situation oder an die Personen ist, von denen man sich trennen muß. Um damit zurechtzukommen, ist in der Regel ein Trauerprozeß notwendig, in dessen Verlauf die vorhandenen Gefühle durchgearbeitet werden können. Diese Trauerreaktion wird jedoch häufig übersprungen, und zwar zum Schaden des einzelnen sowie der Organisation. Levinson (1976, S. 83) vertritt sogar die Auffassung, daß ein großer Teil der Schwierigkeiten, die in Unternehmen in Folge von Veränderungsprozessen auftreten, darauf zurückzuführen ist und daß die psychische Bedeutung der damit verbundenen Verlust und Trennungserfahrungen nicht genügend berücksichtigt wurde. Die normale Reaktion auf ein Verlusterlebnis (das "Durcharbeiten") läßt sich in Phasen einteilen (vgl. Levinson 1976, S. 83 ff.; Hirschowitz 1973; Tyhurst 1957):

- die Nachricht, daß wichtige Veränderungen bevorstehen, löst zunächst oft heftige Reaktionen aus, z. B. Wut oder depressive Krisen;
- im Anschluß an diese erste Phase wird versucht, sich das Vertraute und Gewohnte, von dem man sich nun ablösen muß, noch einmal zu vergegenwärtigen (z. B.: Was war es für ein Gefühl, hier jeden Tag zu arbeiten? Was hat am meisten Freude gemacht, und was war eher belastend?);
- darauf folgt ein erster Versuch der Neuanpassung, in dessen Verlauf damit begonnen wird, sich auf die veränderte Situation einzustellen (z. B.: Welche neuen Aufgaben kommen auf mich zu? Was wird leichter, was schwieriger zu bewältigen sein?);
- dieser Prozeß kann abgeschlossen werden, wenn das Zurückliegende aufgearbeitet worden ist und deshalb wieder Energien für neue Arbeitsaufgaben zur Verfügung stehen.

Was kann ein Unternehmen tun, um die Verarbeitung von Veränderungen zu erleichtern? Im Falle einer Umstrukturierung sollten genügend Weiterbildungs und Beratungsmöglichkeiten angeboten werden, so daß die betroffenen Mitarbeiter in ihre neuen Aufgaben hineinwachsen können. Der Verlust des Vertrauten wird auf diese Weise durch den Gewinn neuer Fähigkeiten gemildert.

Wenn die Mitarbeiter verstehen, warum Veränderungen notwendig sind und sie sich an der Umgestaltung aktiv beteiligen können, sind sie eher zur Kooperation bereit. Weiterhin sollten sie die Möglichkeit erhalten, den Verlust des Vertrauten und der bisherigen Gewohnheiten angemessen zu betrauern (indem sie z. B. mit Kollegen oder Vorgesetzten noch einmal das Erreichte besprechen). Diese (mehr oder weniger stark ausgeprägte) Trauerreaktion darf in ihrer Bedeutung nicht unterschätzt werden. Auf Grund der bei Veränderungen stets mitschwingenden Ambivalenz ist sie auch dann zu erwarten, wenn die Veränderung gewünscht wird und eine Verbesserung darstellt - etwas Neues dazuzugewinnen, bedeutet schließlich immer auch, etwas Altes aufgeben zu müssen. Deshalb ist es selbst bei einer angenehmen Veränderung wie einer Beförderung wichtig, dem Betroffenen die Möglichkeit zu geben, sich intensiv

mit der Bedeutung dieser Veränderung für seine berufliche Identität auseinanderzusetzen.

2.6 Arbeitszufriedenheit und persönliche Entwicklung im Lebenszyklus

Am Anfang dieses Kapitels wurde beschrieben, wie bereits die Berufswahl durch
unbewußte Motive beeinflußt werden kann. Nicht nur die Berufswahl wird durch
unbewußte Motive beeinflußt, sondern auch die Zufriedenheit mit dem gewählten Beruf wird später von diesen Beweggründen mitbestimmt. Darüber
hinaus gibt es auch typische Veränderungen der Arbeitszufriedenheit im Lebenslauf. Welche lebenslaufspezifischen Konflikte, Probleme und familiären Schwierigkeiten beeinflussen die Arbeitszufriedenheit und die Zufriedenheit mit dem
eigenen Leben insgesamt?

Die organisationspsychologische Forschung sucht vorwiegend nach korre-
lativen Zusammenhängen zwischen Ausbildung, Stellung in der Hierarchie des
Unternehmens und anderen Faktoren einerseits und der Arbeitszufriedenheit
andererseits (vgl. Weinert 1987, S. 285 ff.). Die meisten Organisationspsychologen haben sich auf den Einfluß einzelner Bedingungsfaktoren auf die Arbeitszufriedenheit konzentriert und die Veränderungen im Lebenslauf, ganz besonders aber deren tiefenpsychologische Bedeutung, kaum berücksichtigt. Im
Gegensatz dazu interessiert sich die psychoanalytische Organisationspsychologie
sehr viel mehr für Ereignisse, Konstellationen und Konflikte, die zwar zum Teil
außerhalb der unmittelbaren Arbeitswelt liegen, die Lebens- und Arbeitszufriedenheit aber dennoch wesentlich beeinflussen können. Dadurch wird eine
ganzheitliche Betrachtung der Erlebnisfähigkeit "wirklicher" Menschen möglich,
die sich gegenüber der Reduktion der zugänglichen Information auf Korrela-
tionskoeffizienten durch größere Realitätsnähe auszeichnet. Mit dem Lebensalter verändern sich individuelle Wünsche und Bedürfnisse, familiäre Beziehungen, persönliche Ansichten, Ansprüche und natürlich auch die Arbeitszufriedenheit. Im einzelnen können die im folgenden beschriebenen 5 Stadien
idealtypisch voneinander unterschieden werden; besonders berücksichtigt wird
dabei die Situation von Führungskräften.

2.6.1 Der Realitätsschock

Nach dem Eintritt in ein Unternehmen nimmt die Arbeitszufriedenheit in den
meisten Fällen zunächst einmal stark ab. Dafür gibt es eine Vielzahl von
Gründen (zum folgenden vgl. Kets de Vries u. Miller 1985 a, S. 119 ff.): Der

Führungskräftenachwuchs tritt den Start in das Berufsleben häufig mit unrealistisch hohen Erwartungen an. Viele Berufsanfänger kommen beispielsweise sehr schwer damit zurecht, daß Erfolgserlebnisse im Berufsleben oft länger auf sich warten lassen als in Schule oder Universität. Sie empfinden ihre Tätigkeit als zu eintönig und uninteressant und vermissen Gelegenheiten, ihre Fähigkeiten voll einzusetzen. Oft sinkt die Zufriedenheit, weil das Unternehmen neue Mitarbeiter nicht sorgfältig einarbeitet und ihnen zu wenig Unterstützung in der schwierigen Eingewöhnungsphase gibt.

Die "Initiationsriten", die mit dem Eintritt in das Berufsleben verbunden sein können (wenn etwa von vornherein und ohne entsprechende Notwendigkeit klargestellt wird, "wer hier das Sagen hat"), und die Abhängigkeit von einem älteren Vorgesetzten bereiten vielen Anfängern Schwierigkeiten (z. B. auf Grund von Übertragungen, vgl. Kap. 3.3.1). Häufig ist der potentielle Nachwuchsmanager auch unsicher im Hinblick auf das, was man eigentlich von ihm erwartet. Nicht jeder Berufsanfänger findet einen Mentor, an dem er sich orientieren kann und der seine anfänglichen Frustrationen versteht und auffängt. Mancher Vorgesetzte beneidet seinen jungen Mitarbeiter, weil er selbst keine so qualifizierte Ausbildung hatte wie dieser und schon oft miterleben mußte, wie seine früheren Mitarbeiter im Verlauf ihrer Karriere an ihm vorbeizogen.

Zusätzliche Schwierigkeiten ergeben sich, weil der Eintritt in das Berufsleben oft mit der Zeit der Familiengründung zusammenfällt. In dieser Zeit des Ausprobierens und Zusammenfindens muß versucht werden, ein einigermaßen stabiles Gleichgewicht zwischen Berufs- und Privatleben zu finden. Private Belastungen und Auseinandersetzungen, insbesondere Probleme in der Beziehung zum Partner, erhöhen die Belastung der Berufsanfänger, die sich aus der mangelnden Übereinstimmung zwischen ihren hoffnungsvollen Erwartungen und der nüchternen Unternehmensrealität ergibt; die Ursachen für ihre geringe Arbeitszufriedenheit sind also recht gut nachvollziehbar.

2.6.2 Berufliche Sozialisation und persönliche Reifung

Nachdem die Arbeitszufriedenheit einige Jahre lang mehr oder weniger konstant abgesunken ist, steigt sie jedoch zumeist auch wieder an. Die Erklärung dafür ist, daß berufliches Engagement und betriebliche Sozialisationserfahrungen nun zu ersten Erfolgen führen. Im günstigsten Falle ist es gelungen, sich einerseits an das Unternehmen realitätsgerecht anzupassen, andererseits aber auch eigene Vorstellungen und Ideen so umzusetzen, daß die Kluft zwischen den eigenen Erwartungen und den tatsächlichen Möglichkeiten nach und nach geringer wird. Die jungen Mitarbeiter können nun auch deutlicher erkennen, ob ihr Einsatz und ihre Leistungen angemessen anerkannt werden. Ist dies der Fall, dann stärkt das sowohl ihr Selbstwert- als auch ihr Kompetenzgefühl. Wenn nicht, dann entscheiden sie sich vielleicht für eine geeignetere Stelle.

Gleichzeitig verändert sich auch der Zeithorizont der jungen Nachwuchs-
führungskräfte. Sie entwickeln eine längerfristige Perspektive hinsichtlich ihrer
beruflichen Ziele und fühlen sich ihrem Unternehmen dadurch mehr verbunden.
In dieser Zeit werden sie auch eigenständiger und sind weniger auf einen Mentor
angewiesen. Es gelingt ihnen also, ihren "Platz" im Unternehmen zu finden, weil
sie nun ein ausgeprägtes Gespür für die Unternehmensrealität (z. B. für die vorhandenen Beziehungsstrukturen) entwickelt haben und dadurch immer besser
mit ihren Mitarbeitern, Kollegen und Vorgesetzten zurechtkommen.

Auch im Privatleben sind die Anfangsschwierigkeiten von Ehe bzw. Partnerschaft und Familiengründung oftmals überwunden oder weniger belastend geworden. Die Stabilität der eigenen Familie und die zunehmende Sicherheit bei
der Erziehung der Kinder kann vielen Menschen ebenfalls dabei helfen, ein
sichereres Identitätsgefühl zu entwickeln, das sich auch auf die Zufriedenheit mit
der eigenen Berufssituation günstig auswirkt (vgl. Kets de Vries u. Miller 1985 a,
S. 121 ff.).

2.6.3 Die "Midlife-crisis": Ein Problem auch für Manager?

Das Alter zwischen etwa 35 und 45 Jahren ist für viele Menschen ein kritischer
Zeitabschnitt, in dem auch die Arbeitszufriedenheit absinken kann. Viele von
ihnen erreichen in dieser Zeit den Zenit ihres beruflichen Erfolges und haben
von nun an das Gefühl, irgendwie zu stagnieren. Gleichzeitig verändert sich auch
die Perspektive, aus der sie das bereits Erreichte und die noch offenen Wünsche
betrachten: anstelle der Vergangenheit beschäftigt sie vor allem der Gedanke an
die Zeit, die ihnen bleibt, um einige ihrer wichtigsten beruflichen Ziele doch
noch zu verwirklichen.

Auch im Privatleben, so in der Beziehung zum Partner und zu den Kindern,
die vielleicht schon langsam erwachsen werden, häufen sich dann die Probleme.
Da dieser Lebensabschnitt mit so vielen Problemen und Konflikten behaftet ist,
wird er im folgenden besonders ausführlich behandelt (vgl. Levinson 1976, S. 123
ff.; 1981, S. 272 ff.; 1986, S. 198 ff.; Kets de Vries 1980, S. 133 ff.; Kets de Vries u.
Miller 1985 a, S. 123 ff.).

Die "Midlife-crisis" wurde Mitte der 60er Jahre von dem Psychoanalytiker
Jaques (1984 a) sozusagen tiefenpsychologisch "entdeckt" und der Begriff hat sich
mittlerweile in der Umgangssprache fest eingebürgert. Vielfach vergessen wurde
jedoch, welche tiefenpsychologische Bedeutung und Intention dieser Begriff
ursprünglich hatte. Deshalb sollen hier in groben Zügen die wichtigsten Aspekte
der Theorie von Jaques (1984 a) vorgestellt werden.

Zunächst war Jaques vor allem an den Veränderungen des Arbeitsverhaltens und
der Arbeitseinstellung interessiert, zu denen es nach seinen Beobachtungen
ungefähr in der Mitte des vierten Lebensjahrzehnts kommt. Diese Veränderungen versuchte er dann tiefenpsychologisch zu verstehen: Für ihn ist es die

mehr oder weniger bewußte Auseinandersetzung mit der Tatsache der eigenen Sterblichkeit, die im Mittelpunkt der damit verbundenen Krise steht. Ihre erfolgreiche Bewältigung kann aber schließlich zu neuen Formen kreativer Arbeit überleiten. Jaques (S. 196 ff.) fiel z. B. auf, daß viele Künstler und Schriftsteller in ihren mittleren oder späten Dreißigern eine schwere Krise durchmachen, die sich in der Veränderung ihrer Arbeitsweise und der von ihnen bevorzugten Themen niederschlägt. So findet in dieser Lebensphase häufig eine sehr intensive Auseinandersetzung mit besonders ernsten, zuweilen tragischen Themen statt (S. 201). Außerdem ist die Kreativität in den Zwanzigern und frühen Dreißigern nach den Beobachtungen von Jaques eher spontan und ungebremst, während die Kreativität in den späten Dreißigern und danach modelliertere und sorgfältigere Züge trägt, so daß das Arbeitsprodukt auch langsamer geformt und immer wieder umgearbeitet wird.

Warum aber ist dieser Lebensabschnitt oft so schwierig? Vor allem deshalb, weil es sich bei der "Midlife-crisis" im Grunde um eine depressive Krise handelt, in deren Verlauf unbewältigte Konflikte aus der Kindheit ins Bewußtsein drängen und erneut durchgearbeitet werden müssen. Da in der Lebensmitte die Auseinandersetzung mit der Begrenztheit menschlicher Existenz zu einer sehr persönlichen Angelegenheit wird, die man nicht mehr so leicht wie bisher beiseite schieben kann, muß sich jeder Mensch damit in irgendeiner Form auseinandersetzen. Wie er sich in der Begegnung mit dieser existentiellen Realität verhält, hängt stark von der Bedeutung ab, die der Tod für ihn in seinem Unbewußten einnimmt. Diese Bedeutung wird aber wiederum entscheidend von frühen Kindheitserfahrungen beeinflußt, in deren Mittelpunkt Ohnmachts- und Hilflosigkeitsgefühle, Trennungs- und Verlusterlebnisse, aber auch damit zusammenhängende Wutgefühle stehen (Jaques 1984 a, S. 207 ff.).

Im frühen Erwachsenenalter kann es gelingen, durch rastlose und beinahe manische Aktivität die depressiven Krisen zu vermeiden, die wegen der Reaktivierung einschneidender frühkindlicher Erfahrungen drohen; in der Regel handelt es sich dabei entweder um traumatische Erlebnisse oder aber um kumulierte Ereignisse, die zu intensiven Angst-, Scham- und Schuldgefühlen geführt haben. Aber auch Abwehrmechanismen wie Spaltung und Projektion erleichtern den leidenschaftlichen Einsatz für bestimmte Ziele und Aufgaben. Mit zunehmendem Bewußtsein dafür, daß nun die zweite Lebenshälfte beginnt, werden die solange unbewußt gebliebenen depressiven Ängste und verdrängten Konflikte jedoch wieder neu belebt (vgl. Jaques 1984 a, S. 216 ff.). Wenn es nicht gelingt, sie durchzuarbeiten und in die eigene Persönlichkeit zu integrieren, dann kann sich dieses Scheitern beispielsweise in zwanghaften Versuchen äußern, unbedingt jung zu bleiben oder doch wenigstens so zu erscheinen, möglicherweise auch in hypochondrischen Befürchtungen oder in einer völlig übertriebenen (inneren) Selbstabwertung, die mit arrogantem Verhalten (nach außen) und heftigem Neid einhergeht. Statt einer kreativen Bereicherung der Arbeit droht in diesen Fällen die psychische Selbstzerstörung.

Im günstigen Fall können die aus dem Unbewußten andrängenden Gefühle und Konflikte zugelassen und als zur eigenen Biographie gehörend akzeptiert werden. Das wirkt sich auch auf die Arbeitszufriedenheit aus: Die in der realen Außenwelt geschaffenen Arbeitsobjekte können (wie die bisher verdrängten Gefühle) als Bereicherung des eigenen Selbst erlebt werden. Die Auseinandersetzung mit ihnen bedeutet dann nicht Verausgabung, Verarmung oder innere Entleerung, sondern ihre symbolische Bedeutung kann unbewußt wieder nach innen genommen - in der Sprache der Psychoanalyse: reintrojiziert - werden und so die unbewußten Grundlagen kreativer und produktiver Arbeit stärken (Jaques 1984 a, S. 219). Eigene Schwächen, Konflikte, Ambivalenzen und (manchmal nur scheinbar) destruktive Impulse, wie z. B. Wut oder Neid, können besser akzeptiert werden, und die eigene Arbeit muß auch nicht um jeden Preis perfekt sein. Der reife Arbeitsprozeß kann dadurch sehr sorgfältig und konsequent solange ausgeführt werden, bis das Ergebnis so zufriedenstellend wie möglich ist.

Es ist nach Auffassung von Jaques (1984 a, S. 221) beinahe so etwas wie eine reife Form der Resignation oder besser des sich Abfindens und Akzeptierens, die der eigenen Arbeit eine beeindruckende Ernsthaftigkeit verleihen: Indem ihre der Tendenz nach stets vorhandene Unvollkommenheit akzeptiert wird, bekommt diese Unvollkommenheit auch schon eine tiefere Dimension, die den unausweichlichen Mangel an völliger Perfektion transzendiert. Das liegt vor allem daran, weil neue Ideen und inspirierende Gedanken im Wechselspiel von Innen- und Außenwelt relativ frei fließen können und nicht durch zwanghafte Bemühungen um Perfektion von vornherein blockiert werden.

Die Auseinandersetzung mit der Erkenntnis, daß das eigene Leben nicht unendlich ist, sondern einmalig und unwiederbringlich, kann also zunächst wie ein Schock wirken, später aber neue, produktive Energien freisetzen. Allerdings gibt es noch weitere Belastungen und Veränderungen, die für die zweite Lebenshälfte in mancherlei Hinsicht typisch sind. Sie lassen sich im wesentlichen 3 Bereichen zuordnen, nämlich Ehe (oder Partnerschaft), Gesundheit und Beruf (Kets de Vries 1980, S. 142 ff.; vgl. auch Levinson 1981, S. 272 ff.). Für die Partnerschaftsbeziehungen ergeben sich in der zweiten Lebenshälfte eine Reihe von Belastungen, die zum Teil darauf zurückzuführen sind, daß Menschen sich ein Leben lang weiterentwickeln und sich deshalb möglicherweise auch auseinanderentwickeln können. Infolgedessen kann das ursprünglich vorhandene Gefühl, zusammenzupassen und zusammenzugehören, im Laufe der Zeit abnehmen. Vermutlich ist die Unzufriedenheit mit der Partnerschaft in diesem Lebensabschnitt bei Frauen noch größer als bei Männern: Die sozialen Normen betonen eher ein jugendliches Aussehen, der eigene Mann verhält sich vielleicht immer weniger aufmerksam und bemüht sich nicht mehr so sehr wie früher um eine gute Beziehung zu seiner Frau, und die Möglichkeit, noch ein Kind zu bekommen, wird auf Grund der ablaufenden "biologischen Uhr" immer geringer. Wenn die eigenen Kinder nach und nach immer unabhängiger werden und das Elternhaus schließlich verlassen, stellt sich leicht das Gefühl ein, sozusagen in einem "leeren Nest" zu sitzen. Die Zukunft erscheint dann oft düster, depressive Symptome, psychosomatische Beschwerden und Selbstmordgedanken sind in dieser Zeit keine Seltenheit. Wenn es allerdings gelingt, sich mit dem Partner auf eine neue Definition der gegenseitigen Beziehung zu einigen, dann nimmt die Zufriedenheit mit der Partnerschaft nach der Krise wieder zu. Vielleicht gelingt es auch, die wegen der Kinder lange Zeit vernachlässigten Kontakte zu Freunden und Bekannten wieder zu aktivieren oder Befriedigung daraus zu ziehen, sich gesellschaftspolitisch zu engagieren. Vielleicht will die Frau aber auch ihre beruflichen Ziele wieder aufnehmen, die sie oft über viele Jahre hinweg zurückgestellt hatte.

Führungspersonen macht oft ihre berufliche Laufbahn in der zweiten Lebenshälfte besonders viele Sorgen (vgl. Kets de Vries 1980, S. 145 ff.). Früher oder später erreichen die meisten von ihnen nämlich ein Plateau, auf dem sie sozusagen "hängenbleiben". Einige von ihnen fühlen sich nun ausgebrannt oder meinen, sich mit einer langweiligen und wenig befriedigenden Tätigkeit abplagen zu müssen. Vielleicht kommen sie sich auch regelrecht eingesperrt vor oder fühlen sich wie Sklaven ihrer eigenen, mittlerweile vermutlich recht umfangreichen Verpflichtungen: so müssen sie sich oft um Familienmitglieder kümmern und gleichzeitig Vorsorge für ihren eigenen Ruhestand treffen. Zusätzlich tauchen in vielen Fällen auch schon die ersten schwerwiegenderen gesundheitlichen Probleme auf. Nicht selten sind es Streßsymptome, ausgelöst durch extremes Leistungsstreben, chronische Überarbeitung und berufliche Frustration, die an der Entstehung dieser Krankheiten entscheidend beteiligt sind (vgl. auch Kap. 5.1).

Einige der häufigsten psychosomatischen Beschwerden dieses Lebensabschnitts sind Herzneurosen, Rückenschmerzen (auf Grund von Verspannungen) sowie Schlafstörungen und ständige Müdigkeit. Aber auch gefährliche Herzerkrankungen sind keine Seltenheit, vor allem bei überarbeiteten, sehr ehrgeizigen und überforderten (bzw. sich selbst überfordernden) Führungspersonen. Auch sexuelle Störungen treten häufiger auf. Diese sind in den meisten Fällen keine "Alterserscheinungen", sondern werden durch zu hohen Alkoholkonsum, Medikamentenmißbrauch, chronische Überarbeitung und Ängste verursacht (Kets de Vries 1980, S. 148).

Die bei manchen Menschen dieses Alters zu beobachtende Tendenz, eigene Körperfunktionen ständig auf eventuelle Krankheiten hin zu kontrollieren, kann auch hypochondrischen Symptomen Vorschub leisten. Nach der irrationalen Psychologik des Unbewußten ist es immer noch leichter, sich mit vermeintlichen Gesundheitsproblemen herumzuschlagen, als sich mit den tatsächlichen Konflikten in Familie und Beruf auseinanderzusetzen. Dies könnte zunächst sehr schmerzhaft und kränkend sein und wird deshalb vielfach vermieden - obwohl letztlich nur dadurch mehr Zufriedenheit und damit auch Gesundheit möglich wären.

All diese Schwierigkeiten können natürlich mehr oder weniger stark ausgeprägt sein, aber jeder Mensch muß doch versuchen, auf irgendeine Weise mit den spezifischen Belastungen der beginnenden zweiten Lebenshälfte zurechtzukommen. Kets de Vries (1980, S. 149 ff.) hat die häufigsten Bewältigungsstile von Führungspersonen untersucht und sie 4 Grundmustern zugeordnet, je nachdem, ob es sich um aktive oder passive Bewältigungsversuche handelt und je nach dem Realitätsbezug der gewählten Lösung:

Konstruktive Verarbeitung (realistisch und aktiv)

Diese Führungspersonen gehen flexibel mit den spezifischen Konflikten des neuen Lebensabschnittes um und versuchen, möglichst viel aus ihnen zu lernen. Anstatt z. B. in jüngeren Nachwuchskräften nur die potentiellen Konkurrenten zu sehen, macht es ihnen Freude, der nächsten Managergeneration mit ihrer Erfahrung und durch ihre Unterstützung weiterzuhelfen. Dieses Engagement für die jüngere Generation meint auch der Psychoanalytiker Erik H. Erikson (1982, S. 261), wenn er davon spricht, daß die "zeugende Fähigkeit" eine wichtige Entwicklungsaufgabe des Erwachsenenlebens ist und im Gegensatz zur Stagnation steht, bei der es zu einem letztlich unbefriedigenden Kreisen um das eigene Selbst kommt.

Ein Teil der Führungskräfte aus dieser Gruppe ist mit der eigenen beruflichen Situation zufrieden, weil sie ihren Erwartungen entspricht, während andere zwar eine gewisse Diskrepanz zu ihren ursprünglichen Erwartungen und Hoffnungen zugeben müssen, aber mit dem Erreichten dennoch überwiegend zufrieden sein können. Wieder andere wechseln möglicherweise doch noch ihr berufliches Aufgabenfeld und starten eine zweite Karriere, weil sie zwar erfolgreich, aber dennoch irgendwie unzufrieden sind, oder weil sie darunter leiden, daß ihre ursprünglichen Erwartungen sich nicht voll erfüllt haben. Auch sie überdenken deshalb ihre ursprünglichen beruflichen Weichenstellungen noch einmal.

Akzeptanz (realistische und passive Verarbeitung)

Diese Menschen haben an ihren beruflichen Erfolg und an ihre Tätigkeit nie allzu hohe Ansprüche gestellt und sind deshalb mit dem Erreichten verhältnismäßig zufrieden. Der mittlere Lebensabschnitt und die Mittelphase ihrer Berufslaufbahn verlaufen für sie wenig turbulent oder problematisch. Das liegt einerseits daran, daß sie nicht besonders ehrgeizig sind, aber auch daran, daß sie ihre Stärken und Schwächen realistisch wahrnehmen und akzeptieren können.

Defensive Bewältigungsversuche (unrealistisch und aktiv)

Die Führungspersonen aus dieser Gruppe durchlaufen einen sehr belastenden Lebensabschnitt. Sie leiden unter einer Vielzahl von Symptomen und reagieren beinahe panikartig auf ihre schleichende Befürchtung, daß viele der für ihr Leben wichtigsten Entscheidungen möglicherweise falsch waren. Jüngeren Mitarbeitern gegenüber empfinden sie Neid, ein Gefühl von Bitterkeit und Eifersucht. Einige von ihnen suchen nun nach geeigneten Sündenböcken, denen sie die Schuld dafür geben, daß sie ihre zu hoch gesteckten Ziele nicht erreicht haben. Manche verleugnen auch, wie gering die Wahrscheinlichkeit ist, bestimmte Lebensziele doch noch verwirklichen zu können: Sie flüchten sich statt dessen lieber in

Alkoholabhängigkeit, Medikamentensucht und psychosomatische Krankheiten oder versuchen krampfhaft, ihre sexuelle Leistungsfähigkeit zu beweisen. Vielleicht bemühen sie sich auch fieberhaft und verzweifelt darum, ihre Ziele in einer Art Torschlußpanik doch noch zu erreichen.

Depressive Reaktionen (unrealistisch und passiv)
Menschen, die unter dem Gefühl leiden, daß nun sowieso alles zu spät ist, daß bestimmte Gelegenheiten für immer verpaßt worden sind und die Zukunft kaum noch etwas zu bieten hat, gehören zu dieser Gruppe. Das Leben erscheint ihnen sinnlos, und sie haben (zurecht) das Gefühl, mit ihren Mitmenschen nicht wirklich in Kontakt kommen zu können; ebenso haben sie auch den Kontakt zu ihren eigenen Bedürfnissen verloren, (d. h. den Zugang zu ihrer ursprünglichen Gefühlswelt). Ihr zurückgezogenes, einzelgängerisches Verhalten kann zu so schlechten Arbeitsleistungen führen, daß ihnen schließlich die Entlassung droht. In dieser Gruppe ist auch das Selbstmordrisiko am größten.

Wie kann man Menschen helfen, mit den spezifischen Problemen des mittleren Lebensalters, einschließlich der beruflichen Komplikationen dieses Zeitabschnittes, besser umzugehen? Zunächst ist es natürlich wichtig, das Bewußtsein für die Problematik dieser Lebensphase zu sensibilisieren. Die genannten Schwierigkeiten treffen dann nicht auf völlig unvorbereitete "Opfer" und darüber hinaus kann schon das Sprechen über die eigenen Erwartungen, Frustrationen und Erfahrungen sehr entlastend wirken.

Kets de Vries (1980, S. 160) hat sicher recht, wenn er meint, daß ein ausreichendes Angebot an psychologischen Beratungsmöglichkeiten besonders wichtig ist - allerdings nicht nur für Führungskräfte, sondern für alle Unternehmensangehörigen. Da, wie oben angeführt, die Schwierigkeiten in Beruf, Familie und Gesundheit so eng miteinander verflochten sind und allenfalls künstlich voneinander getrennt werden können, ist es sinnvoll, das Beratungsangebot entsprechend ganzheitlich zu gestalten und dabei auch nach neuen Formen der Zusammenarbeit von Unternehmen mit tiefenpsychologisch ausgebildeten Beratern und Therapeuten zu suchen. Es versteht sich von selbst, daß hierbei absolute Vertraulichkeit im Umgang mit den Klienten oberstes Gebot sein muß, und es kann auch nicht in erster Linie darum gehen, die berufliche Leistungsfähigkeit der Ratsuchenden im Sinne des Unternehmens zu optimieren; es leuchtet allerdings ein, daß ein Mensch, der den Kontakt zu sich selbst (also zu seinen eigenen Wünschen und Bedürfnissen) wiederfindet, grundsätzlich auch über eine verbesserte Arbeitsfähigkeit verfügt. Das bedeutet nicht unbedingt, daß er dann mehr arbeitet; es kann statt dessen z. B. sein, daß er sich von nun an stärker für andere Arbeitsaufgaben interessiert, die ihn persönlich zufriedener machen (was natürlich gleichzeitig die Qualität seiner Arbeit erhöht). Wenn er besser erkennen kann, was an seinem Arbeitsplatz nicht "stimmt", wird er dadurch vielleicht aber auch (auf gesunde Art) unbequemer als zuvor.

Vor allem präventive Formen der Beratungsarbeit werden dringend benötigt, weil psychische Probleme um so schwieriger zu lösen sind, je länger sie bestehen und je mehr sie sich zugespitzt haben. Leider wird die Hilfe von Psychologen und Psychotherapeuten derzeit häufig erst nach einem totalen Zusammenbruch in Anspruch genommen, während die große Zahl der ebenfalls unter diffusen Beschwerden und depressiven Symptomen leidenden Menschen völlig unterversorgt ist. An dieser Situation muß sich dringend etwas ändern, wenn man unter Gesundheitsvorsorge mehr als den regelmäßigen Check-up der (scheinbaren) Körpermaschine beim Arzt versteht.

2.6.4 Die Akzeptanzphase

An die emotionalen Turbulenzen und die von vielen Menschen erlebte Verunsicherung oder gar Verzweiflung der "Midlife-crisis" schließt sich ein Lebensabschnitt an, in dem die eigene Lebens- und Arbeitssituation häufig wieder besser akzeptiert werden kann (zum folgenden vgl. Kets de Vries u. Miller 1985 a, S. 127 f.). Es ist dies eine Periode, die zu neuer Stabilität und Zufriedenheit führt - falls es gelungen ist, konstruktive Möglichkeiten zu finden, um mit den gegebenen Umständen auf befriedigende Weise umzugehen. Nach und nach gelingt es im günstigsten Fall, die Enttäuschung darüber, daß manche Wünsche, Vorstellungen und Berufsziele nicht verwirklicht werden konnten, zu verarbeiten. Dazu gehört auch, daß eigene Schwächen und Grenzen nun gelassener akzeptiert werden können, ebenso wie die möglicherweise begrenzten Zukunftsaussichten.

Einige Vorgesetzte erleben die Übernahme einer Mentorrolle für die nächste Generation von Führungskräften mit besonderer Befriedigung. Dafür zu sorgen, daß sich die eigenen Mitarbeiter weiterentwickeln und ihre Kompetenzen entfalten, ist für sie zu einer lohnenden Aufgabe geworden. Dadurch stellt sich auch das sonst drohende schmerzhafte Gefühl nicht ein, in der eigenen Entwicklung zu stagnieren und letztlich nur um sich selbst zu kreisen: etwas an andere weiterzugeben, heißt ja gleichzeitig, sich selbst weiterzuentwickeln.

Meistens kommt es auch zu Veränderungen außerhalb der Arbeitswelt, die zu einer größeren Ausgeglichenheit beitragen können. In der Partnerschaft gelingt es oft, eine neue Basis für das Miteinander zu finden und dieses wieder mit mehr Befriedigung zu erleben. Vermutlich bewirkt das Zusammenwirken all dieser günstigen Entwicklungen im privaten wie im beruflichen Leben, daß sich - im Idealfall und sicher nicht bei jedem - auch die Zufriedenheit mit der eigenen Arbeit bei vielen Führungskräften wieder erhöht.

2.6.5 Der Vorruhestand

Die "Midlife-crisis" hat viele Menschen schon auf die nun unausweichliche Erkenntnis vorbereitet, daß das Leben einmalig und nicht wiederholbar ist. Die

Aufgabe, diese Tatsache zu verarbeiten, stellt sich nun wieder in neuer Form. Viele von denen, deren Ruhestand immer näherrückt, versuchen daher in dieser Zeit, zu einer akzeptierenden Beurteilung ihrer beruflichen und privaten Vergangenheit zu gelangen, aber auch für die Konflikte, deren Integration noch aussteht, eine möglichst befriedigende Lösung zu finden. Die Gewißheit, bald aus dem Arbeitsleben ausscheiden zu müssen, kann einige von ihnen in eine neue Identitätskrise stürzen und ihre Arbeitszufriedenheit wieder sinken lassen. Vielen Führungskräften, noch mehr aber Unternehmern, die meistens eine ganz besonders enge Bindung an ihren Betrieb entwickelt haben, der sie so viel Energie und Lebenskraft gekostet hat, fällt es sehr schwer, den Gedanken an ein Ausscheiden aus "ihrem" Unternehmen zu ertragen. Gesundheitsprobleme, in seltenen Fällen auch eine Reduzierung des Lebensstandards und die Aussicht, künftig sehr viel mehr Zeit mit dem Partner zu Hause verbringen zu müssen, belasten manche von ihnen zusätzlich.

Nicht nur die "Midlife-crisis", sondern auch der Eintritt ins Rentenalter ist für viele Menschen ein sehr schwieriger und problematischer Zeitabschnitt. Häufig haben z. B. Führungskräfte kurz vor dem oder bereits im Ruhestand das Gefühl, nun weniger "wert" zu sein. Weil sie ihren Einfluß und ihre Macht bald verlieren werden oder schon verloren haben, kommen sie sich manchmal geradezu als Menschen zweiter Klasse vor, obwohl sie finanziell sehr viel besser gestellt sind als die Mehrzahl der Rentner und Pensionäre (zur Problematik dieses Lebensabschnittes vgl. Levinson 1976, S. 128 ff.; 1981, S. 279 ff.; 1986, S. 204 ff.; Kets de Vries 1980, S. 165 ff.; Kets de Vries u. Miller 1985 a, S. 128 ff.).

Der Übergang ins Rentenalter wird oft von bestimmten Riten eingeleitet, die die beginnende Veränderung symbolisch vorwegnehmen und vorbereiten (Kets de Vries 1980, S. 167 ff.). Dabei kann es sich um ein Festessen, ein gemeinsames Geschenk von den Kollegen oder eine Sonderbehandlung des Betreffenden ("jeder ist plötzlich so nett ...") während seiner letzten Arbeitstage handeln. Zweck dieser Riten ist es, den Ausscheidenden dabei zu helfen, in ihre neue Rolle hineinzufinden und die Veränderung auch nach außen hin deutlich zu machen. Aber alle Glückwünsche und Feiern können nicht darüber hinwegtäuschen, daß der Betreffende seine Arbeit aufgeben muß, daß er seine Arbeitswelt, die ihm vielfach zur Lebenswelt geworden ist, verläßt, und daß seine Berufslaufbahn nun endgültig zu Ende ist. Deshalb klingt im Verlauf dieser Übergangsriten häufig auch eine Neuauflage früher Trennungserfahrungen und Verlusterlebnisse an, so daß diese Periode oft von intensiver Trauer überschattet wird. Außerdem ist der Ruhestand einfach nicht mit einer Einstellung vereinbar, in der der Wert eines Menschen mehr oder weniger bewußt vor allem an seiner Arbeitsleistung gemessen wird.

Zusätzlich bringt der Eintritt ins Rentenalter für viele auch noch eine Identitätskrise mit sich (vgl. Kets de Vries 1980, S. 169 ff.): Vielleicht fühlen und handeln sie schließlich so, wie sie glauben, von anderen wahrgenommen zu werden. Sie übernehmen deren (Vor)Urteil und legen das entsprechende angeblich altersangemessene Verhalten an den Tag. Außerdem müssen sie mit vielen Veränderungen zurechtkommen. Ein neuer Tagesrhythmus muß gefunden werden, möglicherweise sinkt der Lebensstandard, soziale Rollen und der soziale Status verändern sich, Verantwortung und Einfluß müssen abgegeben werden, und vielleicht erzwingen gesundheitliche Probleme eine Umstellung der bisherigen Lebensweise.

Vor allem muß gemeinsam mit dem Ehepartner eine neue Beziehungsgrundlage gesucht und gefunden werden. Es ist auch für die Ehefrau nicht leicht, plötzlich mit ihrem Mann, der früher vielleicht 50 bis 70 Stunden pro Woche gearbeitet hat, den ganzen Tag zusammen zu sein. All diese schwierigen Umstellungen und ziemlich radikalen Veränderungen rufen verstärkt die Endlichkeit des eigenen Lebens ins Bewußtsein. Der Psychoanalytiker Erik H. Erikson (1982, S. 262) hat diesem Lebensabschnitt deshalb auch die Polarität Integrität vs. Verzweiflung zugeordnet. Damit ist gemeint, daß die Rückschau auf das eigene Leben und die Fähigkeit, sich selbst und die eigene Vergangenheit so, wie sie war, akzeptieren zu können, nun zu besonders wichtigen Aufgaben werden.

Ungelöste Konflikte werden vor allem dann erneut aktuell, wenn vergangene und bisher verdrängte Erfahrungen noch einer abschließenden Aufarbeitung bedürfen. Im günstigsten Fall gelingt es, diese konflikthaften und bisher unbewältigt gebliebenen Bereiche doch noch auf befriedigende Weise zu integrieren und das eigene Leben neu zu "ordnen" (vgl. Kets de Vries 1980, S. 171 f.). Manche Menschen lösen die Aufgabe, sich noch einmal mit der eigenen Lebensgeschichte auseinanderzusetzen, indem sie ihre Memoiren schreiben.

Da das, was man früher im Leben erreicht oder nicht erreicht hat - wobei es allerdings weniger auf den äußerlich sichtbaren Erfolg als die innere Zufriedenheit ankommt: Hat man in Übereinstimmung mit seinen wirklichen Bedürfnissen gelebt? Durfte man Gefühle zulassen? - das eigene Selbstwertgefühl prägt, ist es tragisch, wenn der Gesamteindruck vorherrscht, das eigene Leben sei mehr oder weniger vergeudet worden oder es wäre besser gewesen, etwas grundsätzlich anderes zu machen. Wenn das Gefühl überwiegt, die Möglichkeiten des eigenen Lebens nicht wirklich sinnvoll genutzt zu haben (psychoanalytisch gesprochen: nicht zu den eigenen Bedürfnissen gefunden zu haben, über sie hinweggegangen zu sein, zugelassen zu haben, daß man von anderen benützt wurde usw.), befällt den Menschen existentielle Verzweiflung.

Die Notwendigkeit einer Neuanpassung: In der Diskussion um die psychosoziale Bedeutung des Ruhestandes werden vor allem 2 Theorien ins Feld geführt (vgl. Kets de Vries 1980, S. 174 f.): Die Aktivitätstheorie geht davon aus, daß für das Wegfallen beruflicher und sozialer Aktivitäten unbedingt ein Ersatz gefunden werden sollte, z. B. in Freizeitaktivitäten oder in einem ehrenamtlichen Engagement. Die Disengagementtheorie (in etwa: Loslösungtheorie; s. auch Kohli 1978, S. 14) behauptet hingegen, daß der Ruhestand Teil eines natürlichen Prozesses ist, in dessen Verlauf sich der ältere Mensch nach und nach aus seinen bisherigen sozialen Beziehungen zurückzieht. Deshalb versuche auf der einen Seite die

Gesellschaft, ihn aus den Institutionen herauszulösen, in die er bisher eingebunden war, auf der anderen Seite entspreche dieser Rückzug aber auch den Bedürfnissen und Wünschen des älteren Menschen.

Was ist nun richtig? Die Wahrheit liegt vermutlich in der Mitte. Beide Theorien berücksichtigen nämlich die individuellen Bedürfnisse und Wünsche der Ruheständler zu wenig. Viele konzentrieren sich z. B. nach ihrer Berentung auf zwar andere, aber für sie wichtige und vielleicht auch neue Aufgabengebiete (z. B. bisher vernachlässigte Hobbys, Beraterrollen usw.). Die Herauslösung aus den bisherigen Funktionen und Arbeitsbereichen kann also durchaus mit der gleichzeitigen Entfaltung neuer Aktivitäten und der Entwicklung veränderter Interessenschwerpunkte einhergehen. Jeder Mensch wird dabei seinen eigenen Weg finden müssen. Insgesamt lassen sich aber doch einige unterschiedliche Bewältigungsversuche voneinander unterscheiden, je nachdem, ob die Neuanpassung glückt oder nicht (Kets de Vries 1980, S. 176 ff.):

Gelungene Neuanpassung

Diese Personen können mit den Schwierigkeiten und Chancen des Ruhestandes konstruktiv umgehen. Als seelisch stabilen, gut integrierten Menschen mit relativ gering ausgeprägten innerseelischen Konflikten gelingt es ihnen, ihr Leben weiterhin zu genießen und interessante Beziehungen zu anderen aufrechtzuerhalten oder neu zu entwickeln. Sie können die Erinnerung an ihre bisherigen Tätigkeiten ebenso wie ihre vielen neuen Aktivitäten mit Befriedigung erleben, mit dem bisher Erreichten relativ zufrieden und auf das gespannt sein, was sie in Zukunft noch alles erleben werden.

Andere entscheiden sich für weniger aktive Verarbeitungsformen. Nicht so sehr Aktivität und (neue) Selbstbestätigung stehen dann im Mittelpunkt, sondern eher eine gewisse Beschaulichkeit und eine geradezu genießerische Passivität. Für manche ehemalige Führungspersonen ist es beispielsweise geradezu eine Wohltat, endlich von den Belastungen des Arbeitslebens befreit zu sein. Dennoch gelingt es auch ihnen, mit ihrer beruflichen Karriere, die nun hinter ihnen liegt, und mit dem, was sie erreicht haben, zufrieden zu sein. Sie waren vielleicht nicht besonders ehrgeizig, aber sie kennen ihre eigenen Stärken und Schwächen. Vermutlich haben sie während ihres Berufslebens ebenfalls eine eher ausgleichende, stabilisierende Rolle gespielt und sich nicht so sehr um ständige Innovation und Veränderung bemüht.

Defensive Bewältigungsversuche

In diese Gruppe gehören einerseits hyperaktive Menschen, die beinahe zwanghaft aktiv sein müssen, um dadurch Angst, Scham, Schuld- und Insuffizienzgefühle (weil sie sich z. B. ein Leben lang um ihre eigenen Bedürfnisse und Gefühle betrogen haben) abzuwehren. Vor allem Verleugnung und überkompensierende Tätigkeiten gehören zu den für sie typischen Versuchen, mit denen sie den Ruhestand bewältigen wollen. In ihrem Beruf waren sie zumeist sehr erfolgreich, vielleicht sogar regelrechte Workaholics (Arbeitssüchtige), aber die

Fassade aus Erfolg, Leistung und Aktivität sollte im Grunde schwere Selbstzweifel verdecken, vielleicht sogar depressive Grundstimmungen und andere Formen seelischer Konflikte.

Bei einer anderen Gruppe von Menschen werden die Abwehrprozesse, auf die sie bei der Bewältigung der Ruhestandsproblematik unbewußt zurückgreifen, vor allem vom Umgang mit ihren eigenen Aggressionen geprägt: Sie zeigen nach außen - und spiegelbildlich dazu natürlich auch gegen sich selbst - ein sehr aggressives Verhalten, das ihre zwischenmenschlichen Beziehungen belastet. Um die eigene Unzufriedenheit mit ihrem ihrer Meinung nach vergeudeten Leben und mit ihrer für sie wenig befriedigenden beruflichen Laufbahn abzuwehren, greifen sie auf Rationalisierungen zurück - d. h. auf scheinbar "vernünftige" Erklärungen - und bemühen sich darum, Sündenböcke zu finden, denen sie die Schuld für ihre mangelnde Zufriedenheit geben können.

Das Gefühl, ihre zumeist überhöhten Ziele nicht erreicht zu haben, hat sie bitter gemacht. Sie sind sehr aggressiv, müssen ständig mit anderen konkurrieren und beklagen sich andauernd. Sie versuchen, ein bestimmtes Bild von sich selbst und ihren Leistungen aufrechtzuerhalten, auch wenn sie die Wirklichkeit dabei krampfhaft verzerren müssen. Ungerechtfertigtes Mißtrauen, extremer Pessimismus, ständige Gereiztheit, das Gefühl, völlig versagt zu haben und diffuse Ängste (letztlich oft nur vor den eigenen Ansprüchen) sind für diese Menschen charakteristisch. Normalerweise versuchen sie, ihren letzten Arbeitstag solange wie möglich hinauszuzögern, weil sie befürchten, von diesem Zeitpunkt an wieder mehr von anderen (z. B. vom Partner) abhängig zu sein. Sie bereiten sich deshalb auch nicht auf ihren Ruhestand vor, der ihnen wie eine schreckliche Bedrohung vorkommt, weil er in ihrer Phantasie gleichbedeutend mit Verzweiflung und sozialem Tod ist: Nichts mehr zu sagen haben bedeutet für sie, als Menschen nichts mehr wert zu sein.

Eine dritte Gruppe reagiert auf den näherrückenden letzten Arbeitstag vor allem mit depressiven Symptomen. Diese Menschen können sich nicht selbst akzeptieren, werten ihre eigenen Leistungen ab und verfügen auch sonst über eine eher geringe Selbstachtung. Von ihrem bisherigen Leben sind sie enttäuscht; sie haben das Gefühl, irgendwie zu kurz gekommen zu sein. Im Gegensatz zu den oben beschriebenen Personen geben sie sich aber selbst die Schuld für den (oft nur aus ihrer subjektiven Sicht heraus) mangelnden Erfolg. Das Altwerden und der Ruhestand belasten ihr brüchiges Selbstwertgefühl verständlicherweise nur noch mehr.

Ist der letzte Lebensabschnitt eine einzige Katastrophe? Nein, das Gegenteil ist der Fall, wenn eine entsprechende Vorbereitung und günstige Lebensumstände (z. B. befriedigende Sozialkontakte, finanzielle Sicherheit usw.) vorhanden sind. Wenn viele Menschen mit dem Ruhestand auch Probleme haben, so bietet dieser Lebensabschnitt doch eine Reihe von neuen Chancen - allein schon auf Grund der nun endlich verfügbaren Zeit, die insbesondere für bisher vernachlässigte oder auch neue Interessen genutzt werden kann. Viele Vorurteile haben sich als unbegründet erwiesen. So kann die früher weit verbreitete Auffassung, höheres Lebensalter sei zwingend verbunden mit einem Abbau geistiger Fähigkeiten, heute nicht länger aufrechterhalten werden; immer mehr zeigt sich der besondere Wert lebenslanger Erfahrung. Es sind vielmehr der Mangel an neuen Herausforderungen und Betätigungsfeldern sowie die damit einhergehende permanente Unterforderung, die zu bestimmten Abbauerscheinungen führen können.

Diese Unterforderung ist vermutlich auch für das "Rentensyndrom" (Kets de Vries 1980, S. 181, Übers. von uns) mitverantwortlich, das auf die besonders hohe Selbstmordrate älterer Männer und auf hypochondrische Symptome abzielt. Das "Rentensyndrom" wird allerdings auch durch gesundheitliche Schwierigkeiten, finanzielle Probleme, unbefriedigende Lebensbedingungen und Persönlichkeitsfaktoren beeinflußt.

Viele gesundheitliche Beschwerden und auch der Anstieg der Sterbehäufigkeit in den ersten Jahren nach der Berentung hängen mit einer unzureichenden Auseinandersetzung mit dem näherkommenden Ruhestand zusammen. Das plötzliche, übergangslose Ausscheiden aus dem Berufsleben - vielfach eher als "Ausgrenzen" erlebt - ohne ausreichende Vorbereitung bringt für viele Menschen unnötige Belastungen mit sich. Ein "sanfter" Übergang in Form einer vorbereitenden, antizipierenden Sozialisation kann viele dieser Belastungen verringern (Kets de Vries 1980, S. 183 ff.; vgl. auch Levinson 1981, S. 280 f.). Durch eine frühe und intensive Auseinandersetzung mit den neuen Rollen, Möglichkeiten und Erwartungen, die mit der Berentung zusammenhängen, wird die Härte des Übergangs gemildert, so daß traumatische Effekte vermieden und realistische neue Ziele gefunden werden können. Wenn die eigenen Erwartungen geklärt sind, neue Pläne geschmiedet werden und die aus dem Unternehmen ausscheidenden Menschen genügend emotionale und finanzielle Unterstützung erhalten, dann kann es auch gelingen, eine drohende Krise zu vermeiden. Die Auseinandersetzung mit dem Ruhestand sowie die Entwicklung neuer Interessen und Erschließung neuer Aufgabengebiete sollte deshalb schon sehr früh (je nach Persönlichkeitsstruktur einige Jahre zuvor) beginnen, nicht erst am letzten Arbeitstag.

Obwohl Führungskräfte über mehr finanziellen Spielraum verfügen als die meisten anderen Menschen, um mit ihrer künftigen freien Zeit etwas Sinnvolles anzufangen, fällt es manchmal gerade ihnen besonders schwer, sich anderen Gebieten zuzuwenden - vor allem dann, wenn sie sich mit ihrem Unternehmen und ihrer Tätigkeit sehr stark identifiziert haben. Eine gründliche, sozusagen "vorwegnehmende Sozialisation" im Hinblick auf den neuen Lebensabschnitt ist für sie deshalb ganz besonders wichtig. Es ist natürlich empfehlenswert, den eigenen Bekanntenkreis rechtzeitig zu erweitern, um den Wegfall von beruflichen Sozialkontakten auszugleichen.

Vielleicht ist für den einen oder anderen aber auch die nochmalige Übernahme einer Mentorrolle eine geeignete Möglichkeit, um den bevorstehenden Eintritt in den Ruhestand gelassener akzeptieren zu können. Die Förderung und Unterstützung jüngerer Mitarbeiter und Kollegen kann nämlich das (berechtigte)

Gefühl vermitteln, etwas Positives zurückzulassen, für Kontinuität gesorgt zu haben und vielleicht auch ein wenig vermißt zu werden.

Aber nicht nur der einzelne kann etwas dafür tun, um mit der Ruhestandsproblematik besser zurechtzukommen, sondern auch die Unternehmen sollten hierfür die entsprechenden Rahmenbedingungen schaffen, also Beratungsmöglichkeiten anbieten, entsprechende Seminare finanzieren usw. Kets de Vries (1980, S. 187) tritt darüber hinaus dafür ein, den Zeitpunkt des Ausscheidens aus dem Berufsleben nicht zu sehr von einem relativ willkürlich festgelegten Lebensalter abhängig zu machen. Flexible Ruhestandsregelungen sind seiner Meinung nach vorteilhafter. Levinson (1981 S. 280 f.) plädiert ebenfalls dafür, die tatsächliche Leistungsfähigkeit des Betreffenden sowie die möglichen Auswirkungen eines erzwungenen frühen Ausscheidens aus dem Unternehmen auf seine Gesundheit stärker zu berücksichtigen. Flexible Ruhestandsregelungen seien deshalb zu bevorzugen. Dies wirft jedoch zahlreiche Probleme auf: Wie kann z. B. verhindert werden, daß die Betreffenden sich aus reinem Machtinteresse an ihre Position klammern, auch wenn sie ihr nicht mehr gewachsen sind? Ist die Hoffnung nicht naiv, daß das "Loslassen" leichter fällt, wenn der Bruch zur bisherigen Lebens- und Arbeitssituation nicht so radikal vollzogen werden muß? Werden nicht gerade die Workaholics und diejenigen, die ohnehin Probleme mit dem Altwerden haben, unzählige Gründe dafür finden, warum sie unbedingt weiterarbeiten müssen? Die von Kets de Vries und Levinson vorgeschlagene Alternative setzt wohl eher den Idealfall eines äußerst einsichtigen, selbstkritischen und seine wirklichen Bedürfnisse voll erkennenden Menschens voraus. Außerdem existiert dabei die Gefahr der Entstehung neuer Zwänge - etwa unbedingt länger arbeiten zu müssen, um genauso viel "wert" zu sein wie andere, die das ja auch tun. Wenn jemand den traditionellen Weg gehen will, weil ihm z. B. seine Arbeit keine Freude mehr macht, weil er den ewigen Konkurrenzkampf leid ist oder sich ganz einfach auf den Ruhestand freut, dann sollte es ihm auch möglich sein, sich ohne Hindernisse aus dem Erwerbsleben zurückzuziehen. Darüber hinaus versteht es sich von selbst, daß es aus Gründen der sozialen Gerechtigkeit notwendig ist, nicht nur für Manager und Führungspersonen, sondern für alle Menschen nach neuen Lösungsmöglichkeiten zu suchen, die Lebensqualität und finanzielle Sicherheit auch im Rentenalter möglichst optimal miteinander verbinden.

3 Führung aus psychoanalytischer Sicht

3.1 Funktionen und Merkmale von Führung

Wo immer Menschen zusammenkommen, um gemeinsam an der Erledigung einer Aufgabe zu arbeiten, taucht das Problem der Koordinierung ihrer Einzelbeiträge und der Bewältigung zwischenmenschlicher Spannungen auf. Führung als kulturelle Antwort auf dieses Problem ist so alt wie die Menschheit. Jeder hat eine ungefähre Vorstellung davon, was mit Führung gemeint ist. Wie aber kann man den Begriff genauer charakterisieren? Welcher Art sind die spezifischen Anforderungen an Führungskräfte? Und last but not least: Wie steht es um die Rationalität und Bewußtheit des Führungsgeschehens?

Der Begriff Führung umfaßt viele unterschiedliche Aspekte. Führung ist ein sozialer Austausch- und Beeinflussungsprozeß, der sich in Verhaltensweisen äußert, die zu bestimmten Kombinationen, den Führungsstilen, zusammengefaßt werden können. Von der Qualität der Führung geht ein entscheidender Einfluß auf das Betriebsklima, die Arbeitsleistung und -zufriedenheit, die Motivation der Mitarbeiter, ihr Verantwortungsgefühl sowie die Fluktuations- und Absentismusrate aus.

Führung ist also ein Prozeß innerhalb eines dynamischen Systems, das durch die komplexe Interaktion einer Vielzahl von Variablen gekennzeichnet ist. Die Anforderungen an Führung variieren mit dem Aufgabengebiet und der Organisationsebene: Die von einem Meister in der Montagehalle eines Automobilunternehmens praktizierte Führung unterscheidet sich z. B. von den Führungsprozessen im mittleren und höheren Management. Weitere Faktoren, die einen Einfluß auf das Führungsgeschehen ausüben, sind die Größe der Arbeitsgruppe, die Positionsmacht des Führers in dieser Gruppe (z. B. seine Akzeptanz), die Homogenität der geleiteten Gruppe, die Arbeits- und Lebenswerte der Mitarbeiter (z. B. Leistungs- oder Freizeitorientierung), der Einfluß, der dem Führer nach "oben" tatsächlich zur Verfügung steht, die Belohnungssysteme, die eingesetzt werden können, die Persönlichkeit der Führungskraft u. a. m. (vgl. Weinert 1987, S. 342).

Die herkömmliche Organisationspsychologie hebt folgende Funktionen von Führung hervor: Eine Führungskraft muß aufgabenrelevante Tätigkeiten initiieren, kontrollieren, planen, leiten, koordinieren und sie auf das Erreichen eines bestimmten Organisationszieles hinlenken (vgl. Weinert 1987, S. 344). Der

Führungsprozeß vollzieht sich dabei in Interaktionen, die durch ihre Asymmetrie charakterisiert sind, weil Macht und Einfluß ungleich verteilt sind. Führung ist demnach ein Austauschprozeß, an dem sowohl psychologische als auch wirtschaftliche Faktoren maßgeblich beteiligt sind.

Diese Aufstellung der Funktionen erfaßt zweifellos viele wichtige Aspekte des Führungsgeschehens, weist aber auch bestimmte Lücken und Mängel auf. Vor allem den bahnbrechenden Entdeckungen von Freud verdanken wir das Wissen um die Bedeutung des Unbewußten für alles zwischenmenschliche Geschehen, zu dem auch das Führungsgeschehen zählt. Die Psychoanalyse geht deshalb einen Schritt weiter als die herkömmliche Bewußtseinspsychologie und bleibt nicht bei den Oberflächenphänomenen stehen. Sie hinterfragt die scheinbare Rationalität von Verhalten und versucht unbewußte Motivationsquellen aufzudecken. Der psychoanalytische Ansatz ermöglicht dadurch auch ein umfassenderes Verständnis der Funktionen einer Führungsperson; dazu einige Beispiele (vgl. auch Levinson 1976, 1981, 1986):

Diagnostische Kompetenzen für unbewußte Prozesse

Immer wieder werden in der Führungsforschung die integrierenden und synthetisierenden Funktionen von Führungspersonen betont. Im Sinne einer ganzheitlichen Betrachtung des arbeitenden Menschen ist es das Anliegen der Psychoanalyse, bei den mit Führungsaufgaben betrauten Mitarbeitern ein tieferes Verständnis für die Dynamik des Unbewußten und die Bedeutung der persönlichen Lebensgeschichte zu fördern. Wenn es z. B. mit einem Mitarbeiter immer wieder zu Schwierigkeiten kommt, ist es wichtig, seine Beweggründe richtig zu verstehen. Es könnte etwa sein, daß bestimmte Aspekte seiner Arbeitsaufgaben mit seinem Selbstverständnis und mit seinem Selbstwertgefühl kollidieren.

Ein solches vertieftes Verständnis für die unbewußten Hintergründe menschlichen Verhaltens ist keineswegs ein überflüssiger "Luxus", sondern beinhaltet die Chance, Energien, die bisher in zwischenmenschlichen Konflikten gebunden waren, wieder für kreative Arbeitsleistungen freizusetzen. Die wichtigste Voraussetzung hierfür ist allerdings die Bereitschaft, sich zunächst einmal selbst auf die Auseinandersetzung mit dem eigenen Unbewußten einzulassen.

Übertragungen verstehen

Eine Führungsperson sollte die unbewußten Anteile in den Beziehungsangeboten ihrer Mitarbeiter zumindest ansatzweise aufspüren und verstehen können. Dazu gehört insbesondere die Fähigkeit, die von den Mitarbeitern ausgehenden Übertragungen, Projektionen und kollusiven Aspekte zunächst einmal anzunehmen. Dieses Akzeptieren bedeutet nicht, sich stets gemäß den Übertragungswünschen der Mitarbeiter und Kollegen zu verhalten. Die Fähigkeit, Übertragungsprozesse der Mitarbeiter anhand der eigenen emotionalen Reaktionen besser zu verstehen, setzt voraus, daß man Übertragungsphänomene bei ihrem Auftreten nicht sofort abblockt, um objektivierend auf die sachliche Ebene zurückzukehren. Vielmehr sollte der Vorgesetzte versuchen, sich in den betreffenden Mitarbeiter einzufühlen und seine Übertragungswünsche zu explorieren, um besser verstehen zu können, was der Kollege oder Mitarbeiter eigentlich will, aber nicht bewußt ausdrücken kann.

Nehmen wir den Fall eines freundlichen und wohlwollenden Vorgesetzten, der großen Wert auf die Meinung seiner Mitarbeiter und auf deren Partizipation legt. Er wird immer wieder durch das Verhalten eines seiner Mitarbeiter irritiert, der ihn behandelt, als sei er ein übermäßig autoritärer Chef, ihm gegenüber sehr zurückhaltend ist und jede Anregung als ungerechtfertigte Kritik mißversteht. Hier könnte es sein, daß dieser Mitarbeiter in seiner Kindheit unter einem sehr strengen und autoritären Vater zu leiden hatte. Unbewußt erwartet er auf Grund seiner Vaterübertragung die gleichen autoritären Verhaltensmuster von seinem Vorgesetzten. Gelingt es dem Vorgesetzten nicht, die hinter dieser Übertragung verborgene Dynamik zu verstehen, dann läßt er sich durch das irritierende Verhalten seines Mitarbeiters vielleicht dazu provozieren, sich wirklich so autoritär zu verhalten, wie es dessen Vater einst getan hatte. Dadurch wäre es dem Mitarbeiter gelungen, die Beziehung zu seinem Vorgesetzten unbewußt so zu konstellieren, daß sie dem aus seiner persönlichen Lebensgeschichte vertrauten Beziehungsmuster entspricht, das in der Realität seiner beruflichen Situation aber völlig unangemessen ist.

Ambivalenzen erkennen

Die grundsätzliche Ambivalenz aller zwischenmenschlichen Beziehungen (vgl. Freud 1912 b; Bauriedl 1980), also auch der Beziehungen zwischen Vorgesetzten und Mitarbeitern, sollte von Führungspersonen richtig verstanden und auch ertragen werden. Mitarbeiter, die sich über orientierungslose Vorgesetzte beschweren und ihrem Wunsch nach besserer Führung Ausdruck verleihen, reagieren paradoxerweise nicht immer mit Unterstützung oder Zustimmung, wenn sich der Führungsstil ändert. Ein ähnliches Phänomen ist Familientherapeuten, Psychologen und Sozialarbeitern vertraut: Kinder mit Verhaltensstörungen und hyperaggressivem Verhalten drücken durch ihre Handlungen insbesondere ihren Wunsch aus, von ihren Eltern endlich Anleitung und Autorität (nicht zu verwechseln mit autoritärem Verhalten) entgegengesetzt zu bekommen, sich bei ihren Eltern verläßlich anlehnen zu können, ohne immer weiter ins Leere und in die Orientierungslosigkeit zu stürzen. Wenn ihnen die Eltern dann aber tatsächlich diesen Halt und diesen (positiven) Widerstand bieten, kämpfen die Kinder zunächst einmal dagegen an.

Ähnliches kann sich auch in Unternehmen ereignen. Die Mitarbeiter zeigen möglicherweise deutlich, wie sehr sie sich nach einer engagierten Führungskraft sehnen. Symptome, an denen sich dieser Wunsch erkennen läßt, sind u. a. interne Auseinandersetzungen, Eifersüchteleien, Kleinkriege und kleinliche Streitereien, Inaktivität, Passivität und Trägheit, Phantasien über einen omnipotenten und großartigen Führer, der das Unternehmen retten wird. Versucht endlich eine engagierte Führungskraft, die Situation in den Griff zu bekommen, sieht sie sich vielleicht einem frustrierenden passiv-aggressiven Verhalten gegenüber, weil die

Mitarbeiter nach einer kurzen Phase der idealisierenden Verklärung ihrer neuen Führungskraft rasch erkennen, daß diese weder perfekt ist, noch wunderbare Sofortlösungen für alle vorhandenen Probleme anbieten kann. Sie müssen zunächst auch mit ihren intensiveren Abhängigkeitsgefühlen zurechtkommen, die sie bei einer engagierten Führungskraft natürlich sehr viel mehr verspüren als das Gefühl von Ungebundenheit, das angesichts einer weniger engagierten Führungskraft entstehen kann (vgl. Levinson 1986, S. 88).

Rivalität in konstruktive Bahnen lenken

Eine Führungskraft sollte verstehen und akzeptieren können, daß die Rivalität ein beinahe unvermeidliches zwischenmenschliches Phänomen darstellt, das sich jedoch konstruktiv handhaben läßt.

Eine gute Führungskraft kann es ihren Mitarbeitern gestatten, mit ihr zu rivalisieren. Ihre Kunst besteht darin, die Energien, die für Aggressivität und Rivalität eingesetzt werden, nicht in unproduktive Feindseligkeit einmünden zu lassen, sondern dieses Potential für die Lösung von Arbeitsaufgaben nutzbar zu machen. Diese Einstellung bedeutet nicht, daß die Führungskraft auf ihren Einfluß verzichten oder sich gar für ihren Machtvorsprung, der ja real vorhanden ist, indirekt entschuldigen und so tun sollte, als hätten alle gleich viel zu sagen. Führungskräfte, die so handeln, als seien Einfluß und Entscheidungsmacht gleich verteilt, erscheinen ihren Mitarbeitern wie der sprichwörtliche Wolf im Schafspelz. Solche Vorgesetzten werden bei ihren Mitarbeitern nur Mißtrauen und Angst auslösen (vgl. Levinson 1981, S. 251 ff., 1986, S. 94 u. S. 114).

Ideale erkennen und verbinden

Führungskräfte sollten dazu in der Lage sein, die Wünsche und Ziele der Mitarbeiter mit denen des Unternehmens zu verbinden (vgl. Levinson 1981; vgl. auch Kap. 2.2).

Wie auch immer der persönliche Stil einer Führungskraft aussieht - sie muß dafür sorgen, daß das Unternehmen nicht in unüberschaubare Einheiten zerfällt und die Aufgaben des Unternehmens adäquat erfüllt werden können. Zu diesem Zweck sollten Führungskräfte versuchen, eine Beziehung zwischen ihrem eigenen Ich-Ideal - d. h. ihren Vorstellungen darüber, wie sie selbst gern sein möchten - und den Ich-Idealen des Unternehmens und seiner Mitarbeiter herzustellen. Jeder Vorgesetzte kann sich z. B. die folgenden Fragen stellen: Was will ich in meinem Aufgabengebiet erreichen? Worauf könnte ich einmal mit berechtigtem Stolz zurückblicken? Wie kann ich ethische Werte in meiner Tätigkeit verwirklichen (Unternehmensethik)? Insbesondere Führungskräfte des Topmanagements sollten sich auch stets vor Augen führen, daß ihre schriftlichen oder mündlichen Stellungnahmen nicht nur ihr eigenes Ich-Ideal widerspiegeln, sondern einen wichtigen Beitrag zum kollektiven Ich-Ideal einer Gruppe leisten.

In einem großen Unternehmen sorgte z. B. der Präsident dafür, daß bei Besprechungen, Diskussionen und Stellungnahmen der Qualitätsanspruch des Unternehmens deutlich unterstrichen wurde. Jeder andere war mit seinem speziellen Aufgabengebiet beschäftigt, und nur der Präsident konnte den Gesamtzusammenhang überblicken. Es gelang ihm, dem Unternehmensziel - der Produktion eines qualitativen Spitzenprodukts - eine wichtige psychologische Bedeutung zu verleihen, so daß sich die Mitarbeiter mit diesem Ziel im Laufe der Zeit immer besser identifizieren konnten (nach Levinson 1976, S. 73).

Vorgesetzte sollten dabei stets im Auge behalten, daß die Ansprüche des Ich-Ideals der Mitarbeiter nur dann wirklich befriedigt werden können, wenn die Ziele zwar relativ schwer, aber doch in kleinen Schritten erreichbar sind, so daß jeder Mitarbeiter immer wieder das Gefühl hat, daß er sich sowohl seinem eigenen als auch dem Ich-Ideal des Unternehmens immer weiter annähert.

Idealisierungen abbauen
Mitarbeiter tragen an ihre Vorgesetzten insbesondere auch solche idealisierenden Wünsche heran, die dem Bedürfnis nach einem idealen Vater (oder einer idealen Mutter) entsprechen. Diese Idealisierungen müssen schrittweise auf ein realistisches Maß reduziert werden. Eine Führungsperson kann z. B. versuchen, nach und nach viele der Aufgaben, die ihr im Zuge einer übertriebenen Idealisierung aufgebürdet wurden und die sie unmöglich alle erfüllen kann, wieder ihren Mitarbeitern zu übertragen. Delegation und Partizipation können den Mitarbeitern dabei helfen, unkritische Idealisierungen und ihre langfristig schädlichen Konsequenzen realitätsgerecht zu modifizieren, so daß sie schließlich immer mehr von den Aufgaben übernehmen können, die bisher der Vorgesetzte erledigen mußte. Dieser Prozeß ähnelt der "umwandelnden Verinnerlichung" (Tolpin 1978), in deren Verlauf ein Kind immer mehr von den psychischen Funktionen übernimmt, die zunächst noch von seinen Eltern ausgeübt werden mußten. Der Abbau von Idealisierungen und die intensive Unterstützung der Mitarbeiter bei dem Versuch, viele der Kompetenzen zu erwerben, die im Gefolge dieser Idealisierungen allein der Führungsperson zugeschrieben wurden, stellen somit eine wichtige Funktion des Führers dar. Ein Beispiel kann die dahinterstehende Problematik vielleicht verdeutlichen: Bei vielen Besprechungen auf höchster Unternehmensebene läßt sich das eigenartige Phänomen beobachten, daß die Teilnehmer mit einem Schlag all ihr Vertrauen und ihre Verantwortung an ihren Vorgesetzten abzugeben scheinen, sobald er auch nur den Raum betritt. Das führt natürlich auch dazu, daß eigene kritische Stellungnahmen unterbleiben und das Unternehmen den Kurs beibehält, den die Führungsperson festgelegt hat, selbst wenn sie damit das Unternehmen in ernste Schwierigkeiten bringt. Durch die Idealisierung des Spitzenmannes kann sehr leicht eine Situation entstehen, in der konstruktive Kritik nahezu unmöglich geworden ist.

Die oben angeführten Anforderungen, denen eine Führungsperson aus psychoanalytischer Sicht gerecht werden sollte, lassen sich vielleicht zu *einer* wesentlichen Forderung zusammenfassen: Führungskräfte sollten mit den wesentlichen Erkenntnissen der Psychoanalyse vertraut sein.

Bei der Anwendung der Psychoanalyse auf das Gebiet der Führung ist es wichtig zu zeigen, an welchen Stellen sich überhaupt eine Verbindung herstellen läßt und wie durch diese neue Perspektive ein verändertes Verständnis von Führung möglich wird. Deshalb wird im folgenden die Rolle der introjektiven Identifikation im Führungsprozeß als Beispiel für einen solchen Brückenschlag beschrieben.

Exkurs - Führung als introjektive Identifikation: Weil unbewußte Phänomene an nahezu allen zwischenmenschlichen Beziehungen beteiligt sind, kommt ihnen auch im Führungsgeschehen eine wesentliche Bedeutung zu. Jede Beschreibung der Aufgaben einer Führungskraft ist unvollständig, wenn diese Phänomene ausgeklammert werden, weil es gerade unbewußte Motivationen und Konstellationen sind, die Führung zu einer so schwierigen Aufgabe machen und häufig auch zu Komplikationen führen, die rein rational nicht mehr ausreichend verstehbar sind.

Der in der psychoanalytischen Literatur beschriebene Prozeß der introjektiven Identifikation kann dabei helfen, den Einfluß des Unbewußten auf den Führungsprozeß zu verdeutlichen (vgl. zum folgenden De Board 1985, vor allem S. 28 ff.). Der Schwerpunkt liegt dabei auf solchen Prozessen, die sehr schnell zu destruktiven Entwicklungen führen können und die daher von jeder Führungskraft beachtet werden sollten.

Freud versuchte 1921, das menschliche Verhalten in Gruppen unter Heranziehung des Libidokonzepts zu erklären. Unter dem Begriff "Libido" verstand er die Triebenergie, die sich auf all das bezieht, was mit dem Wort "Liebe" im weitesten Sinne gemeint ist. Freud argumentierte, daß der Zusammenhalt einer Gruppe erst durch die emotionalen Bindungen zwischen ihren Mitgliedern möglich wird, wobei diese Bindungen libidinöser Natur sind. Jedes Gruppenmitglied entwickelt sowohl zum Gruppenleiter als auch zu jedem anderen Mitglied seiner Gruppe eine solche emotionale Bindung. An diesem Prozeß ist ein Vorgang beteiligt, der sich als Identifikation bezeichnen läßt und dem der Wunsch zugrunde liegt, wie jemand anderer zu sein - ganz ähnlich dem kleinen Jungen, der sich wünscht, so zu sein wie sein Vater.

Im Verlauf einer Identifizierung nimmt derjenige, der wie jemand anderer sein möchte, diese Person sozusagen in sein Selbst auf. Psychoanalytiker bezeichnen diesen Vorgang als Introjektion. Der Begriff wurde zuerst von Ferenczi (1909), einem der frühesten Mitarbeiter von Freud, verwendet. Ferenczi beschrieb die schon bei Säuglingen zu beobachtende Tendenz, angenehme Erlebnisse zum Bestandteil des eigenen Selbst zu machen (Introjektion), während die schmerzhaften Erlebnisse gewissermaßen "hinausgewünscht" werden (Projektion). Die dabei ablaufenden psychischen Prozesse sind natürlich sehr viel komplexer, als es im Rahmen dieser kurzen Zusammenfassung dargestellt werden kann.

Eine wichtige Frage stellt sich an dieser Stelle: Was macht das Ich mit dem introjizierten Anderen, in der Gruppensituation also mit dem Gruppenleiter? Freud ging davon aus, daß der andere im Verlauf der Identifikation ins Ich-Ideal introjiziert wird - er ersetzt also entweder das Ich-Ideal oder fügt ihm etwas hinzu. Wenn sich nun in einer Gruppe jedes Mitglied mit dem Leiter identifiziert, dann haben alle die gleiche Person in ihr Ich-Ideal aufgenommen, so daß auch gegenseitige Identifikationen erleichtert werden. Der Leiter kann diesem Modell zufolge seine Autorität und seinen Einfluß deshalb ausüben, weil er durch diese Prozesse zum Repräsentanten des Gruppenideals geworden ist.

Im Mittelpunkt der Überlegungen, die Freud zum Führungsverhalten in Gruppen anstellte, stand also das Konzept der Identifikation durch Introjektion. Dabei handelt es sich allerdings um einen einseitigen Prozeß: Die Gruppenmitglieder introjizieren den Leiter in ihr eigenes Ich-Ideal. Was aber geschieht in Situationen, in denen die umgekehrte Einflußrichtung zu beobachten ist, d. h. vom Gruppenmitglied zum Leiter? An diesem Punkt werden die Überlegungen Freuds (1912 b) zur Übertragung und zur Projektion wichtig. Für Freud war es offensichtlich, daß Übertragungen nicht nur im Verlauf einer psychoanalytischen Therapie stattfinden, sondern daß es sich bei ihnen um auch im Alltag auftretende, ubiquitäre Phänomene handelt (vgl. dazu auch Kap. 3.3.1). Mit anderen Worten: Jeder Mensch überträgt kontinuierlich seine eigenen unbewußten Gefühle und Beziehungswünsche, die er in der Vergangenheit mit wichtigen Bezugspersonen, vor allem mit seinen Eltern und Geschwistern erlebt hat, auf andere Menschen. Religiöse oder politische Bewegungen sind für diese Prozesse besonders prädestiniert, weil sie wichtige psychische Bedürfnisse erfüllen. Darüber hinaus ist bei vielen Menschen (wenn auch in unterschiedlichem Ausmaß) die Tendenz beobachtbar, eigene Gefühle anderen zuzuschreiben, anstatt sie wie zum eigenen Selbst gehörend erleben zu können, was einer Projektion entspricht.

Auf den ersten Blick sieht es möglicherweise so aus, als hätten die komplexen Gedanken von Ferenczi und Freud, die hier nur verkürzt wiedergegeben werden können, wenig mit dem Versuch zu tun, Führungsprozesse in Gruppen und Organisationen besser zu verstehen. Die Konzepte der Identifikation durch Projektion und Introjektion können jedoch auch hier einen wichtigen Beitrag leisten.

Der Psychoanalytikerin Melanie Klein (1946, 1962) gelang es, in ihren Studien zur frühen psychischen Entwicklung von Kindern den Ursprung der oben beschriebenen Mechanismen herauszuarbeiten und diese Prozesse auch für das Verständnis des Verhaltens von Erwachsenen fruchtbar zu machen. Sie konnte zeigen, daß die Entstehung frühester Beziehungen projektive und introjektive Identifikationen beinhaltet, begleitet von Spaltungen (d. h. jemand ist entweder nur böse oder nur gut, nie aber eine Mischung von beidem) und Verleugnungen (d. h. eigene Gefühle und Wünsche werden als so unerträglich erlebt, daß sie abgestritten werden müssen).

Auch Erwachsene können zu diesen archaischen Verhaltensmustern zurückkehren, wenn sie sich verfolgt oder bedroht fühlen: Projektive und introjektive Identifikationen werden dann zur Abwehr von Angst eingesetzt.

Ein Beispiel dafür ist die Art, in der manche Mitarbeiter höhere Vorgesetzte verehren. Weil sie wie diese sein wollen, identifizieren sie sich mit ihnen und introjizieren bestimmte Verhaltensweisen und Einstellungen, wobei negative ("böse") Anteile abgespalten und völlig verleugnet werden, während positive ("gute") Aspekte der Führungskraft idealisiert werden. Konsequenterweise wird der Mitarbeiter eine Haltung einnehmen, die jegliche Kritik an den Handlungen seines Idols, z. B. eines Mitglieds des Vorstandes, unterdrückt und verleugnet. Dies kann zu einem Verlust an Kreativität und anderen ungünstigen Folgen für das Unternehmen führen. Der gleiche Prozeß läßt sich auch in dem blinden Vertrauen nachweisen, das manchen politischen Führern entgegengebracht wird.

Introjektive und projektive Identifikation sind aber nur 2 Beispiele unter vielen dafür, wie sich unbewußte Wünsche, Abwehrprozesse und aus der eigenen Lebensgeschichte stammende Beziehungserfahrungen auch in einer Führungsbeziehung rekonstituieren können (vgl. hierzu vor allem Kap. 3.3).

3.2 Führungspersönlichkeit und Führungsstil

Die Frage, ob bestimmte Persönlichkeitseigenschaften über die Eignung für Führungsaufgaben entscheiden, hat die Forschung lange Zeit beschäftigt. Der Anteil unbewußter Erwartungen und Idealisierungen an der Zuschreibung von Führungsqualitäten wurde dabei nicht in die Betrachtung einbezogen, obwohl gerade auch durch solche Prozesse zusätzliche Belastungen für Führungskräfte entstehen, die weitgehend vermeidbar wären.

Die sogenannte Eigenschaftstheorie der Führung, die die Fähigkeit zur Führung ausschließlich auf bestimmte Eigenschaften eines bestimmten Individuums zurückführt, ist vor allem daran interessiert, bestimmte personale Eigenschaften herauszuarbeiten, durch die eine potentielle Führungspersönlichkeit identifiziert werden kann. Man hatte gehofft, den Personalabteilungen der großen Unternehmen auf diese Weise ein Werkzeug in die Hand geben zu können, das die Auswahl des Führungsnachwuchses erleichtern sollte. Diese Hoffnung konnte aber trotz intensiver Forschungsbemühungen nicht erfüllt werden: Die Streubreite der Korrelationen zwischen Persönlichkeitsmerkmalen und Führungserfolg war in den zahlreichen Studien zu dieser Fragestellung zum Teil so erheblich, daß für die gleiche Eigenschaft sowohl positive als auch negative Korrelationen gefunden wurden. Es ist also mit diesem statistischen Forschungsansatz nicht gelungen nachzuweisen, daß es gerade diese oder jene Persönlichkeitseigenschaft ist, die den Erfolg einer Führungsperson ausmacht. Dies war auch nicht anders zu erwarten, denn schließlich sind die Anforderungen an Vorgesetzte, je nach dem Aufgabengebiet, in dem sie arbeiten, und der besonderen Situation im innerbetrieblichen Beziehungsgefüge, in der sie sich befinden, sehr unterschiedlich. Trotz aller stichhaltigen Kritik am Eigenschaftsansatz in der

Führungsforschung erfreut sich diese Anschauung außerhalb der wissenschaftlichen Organisationspsychologie aber immer noch großer Beliebtheit - wahrscheinlich deshalb, weil die Theorie sehr einfach und leicht verständlich ist, den herkömmlichen Denkgewohnheiten entspricht und bestehende hierarchische Organisations- und Gesellschaftsstrukturen rechtfertigt, wie von Rosenstiel et al. (1986, S. 137) vermuten.

3.2.1 Eigenschaften oder Erwartungen?

Die Bemühungen des eigenschaftstheoretischen Ansatzes, mit Hilfe empirischer Forschungen eine zu verallgemeinernde Liste der herausragenden Eigenschaften von Führungspersonen zu erstellen, sind also gescheitert. Warum aber hat sich die Führungsforschung solange darum bemüht, bei Führungspersonen solche besonderen Eigenschaften nachzuweisen? Eine Antwort auf diese Frage könnte sein, daß man solche Eigenschaften von ihnen erwartet. Diese Erwartung entspringt einer bei vielen Menschen zu beobachtenden Tendenz zur Idealisierung, d. h. dem Bedürfnis, bestimmten Menschen besondere Persönlichkeitsmerkmale zuzuschreiben, die als Beweis für ihre Überlegenheit und großartigen Fähigkeiten herangezogen werden können. Der Wunsch nach einer idealen, beinahe omnipotenten Führungspersönlichkeit dürfte das Forschungsinteresse am Eigenschaftsansatz zu einem nicht geringen Anteil motiviert haben.

Paradoxerweise kann gerade in der übertriebenen Idealisierung von Vorgesetzten, die mehr der inneren, lebensgeschichtlich determinierten Phantasiewelt und den Wünschen der Mitarbeiter entstammt als einer realistischen Wahrnehmung, eine besondere Bedrohung der produktiven und kreativen Arbeit liegen. Sehr schnell kann die Idealisierung nämlich in ihr Gegenteil umkippen, wenn die Mitarbeiter feststellen, daß ihr Vorgesetzter ihren übertrieben hohen Ansprüchen und Erwartungen nicht genügen kann. Feindschaft und Abwertung können die Folge sein: Anstatt der Stärken werden jetzt nur noch die Schwächen des Vorgesetzten gesehen, überdimensional verzerrt und besonders hervorgehoben.

Führungskräfte sollten also damit rechnen, daß immer ein Teil ihrer Mitarbeiter sie mehr oder weniger idealisieren wird (und möglicherweise später wieder abwertet). Probleme entstehen daraus erst, wenn der Mitarbeiter nicht mehr in der Lage ist, die Vorstellung, die er von seinen Vorgesetzten hat, immer wieder an der Realität zu messen und entsprechend zu korrigieren, oder aber der Vorgesetzte selbst auf Grund eigener psychischer Dispositionen übermäßig auf die Bewunderung seiner Mitarbeiter angewiesen ist.

Wie in dem Kapitel über die Aufgaben von Führungspersonen bereits geschildert, sollte ein Führer die Übertragungen, Projektionen, Delegationen und Erwartungswünsche seiner Mitarbeiter aber zunächst einmal annehmen können und sich streckenweise auch so verhalten, wie es diesen Erwartungen entspricht. Ein Führer, der sich gegen alle Übertragungen und unbewußten

Beziehungswünsche seiner Mitarbeiter sperrt, würde kalt, unnahbar und wie abwesend wirken. Dagegen wäre bei einer Führungsperson, die unter Verzicht auf eigene Impulse, Ideen und Handlungswünsche nur noch auf die Zuschreibungen und Erwartungen ihrer Umgebung reagiert, eine psychische Fehlentwicklung zu vermuten, die als "falsches Selbst" (Winnicott 1965; Miller 1979) bezeichnet wird. Sie wäre letztlich völlig fremdgesteuert und bestünde quasi nur noch aus den Erwartungen anderer Menschen.

Jede Führungsperson reagiert auf die teilweise unbewußten Erwartungen und Zuschreibungen ihrer Kollegen und Mitarbeiter natürlich so, wie es ihrer eigenen lebensgeschichtlich geformten Persönlichkeit entspricht, so daß sich sehr leicht ein Zusammenwirken unbewußter Persönlichkeitsanteile ergibt, das in der psychoanalytischen Literatur als Kollusion (Willi 1975) bezeichnet wird. Die Führungspersonen zugeschriebenen Eigenschaften wären demnach nicht der genuine Ausdruck ihrer Persönlichkeit, sondern das Resultat komplexer Interaktionen zwischen ihrer eigenen Lebensgeschichte und den an sie herangetragenen Erwartungen.

Auch das Charisma mancher Führungspersonen läßt sich auf das Zusammenwirken unbewußter Erwartungen und Projektionen von Mitarbeitern und Kollegen sowie einer Bereitschaft des Führers, auf diese Erwartungen entsprechend zu reagieren, zurückführen. Viele Führungskräfte in Politik und Wirtschaft verfügen bekanntlich über eine charismatische Ausstrahlung, der man sich nur schwer entziehen kann. Schiffer (1973) ist z. B. der Meinung, daß "charismatische Phänomene auf der Persönlichkeitsdynamik all der Bürger beruhen, die als scheinbar passive Zuschauer im leidenschaftlichen Spiel der Politik doch zu einem wesentlichen Anteil die Erfinder oder Urheber der Vorstellung eines idealisierten Menschen sind..." (S. 19; zit. nach Kets de Vries 1987 a, S. 17 f., Übers. von uns).

Ein Führender bezieht seine Legitimation nicht selten aus den subjektiven Wahrnehmungen seiner Anhänger, und projektive Prozesse haben einen wichtigen Anteil an den symbolischen und mythenbildenden Vorgängen, die diesen Wahrnehmungen zugrunde liegen.

Vielleicht liegt es in der Vieldeutigkeit und Komplexität der um uns herum stattfindenden Ereignisse begründet, daß Menschen Führer suchen, deren ordnende Kraft zur Orientierungshilfe wird, ja, daß sie Führungspersonen geradezu "erfinden", wenn niemand, der über die geeigneten Fähigkeiten verfügt, zur Stelle ist. Bereits durch die Bereitschaft zur Übernahme einer Führungsaufgabe entsteht ein Gefühl von Ordnung und Kontrolle über die Umgebung.

Durch die damit verbundenen attributiven und projektiven Prozesse können Führungspersonen zu den Empfängern all der Ideale, Wünsche, Sehnsüchte und Phantasien werden, die die Menschen in ihrer Umgebung in sich tragen - innerhalb gewisser Grenzen:

Sie werden mit mystischen und charismatischen Qualitäten versehen, ob sie sie nun besitzen oder nicht. Und indem sie diese Rolle akzeptieren, werden sie vielleicht zu wahren Meistern der

Illusion, die diese Phantasien am Leben erhalten und Hoffnungen oder Rettungsvorstellungen heraufbeschwören, die schließlich an die Stelle der Wirklichkeit treten können. Natürlich setzen bei diesen zuschreibenden Prozessen der Projektion der eigenen Innenwelt auf den Führer die Rollenerwartungen seiner Anhänger über das angemessene Verhalten eines Führers - oder über das, was man als die Spielregeln bezeichnen könnte - bestimmte Grenzen hinsichtlich des Zulässigen. Auf die eine oder andere Weise wird von den Führern erwartet, daß sie diese Grenzen anerkennen und sie zu einer wichtigen Leitlinie machen, an der sie ihr Verhalten orientieren (Kets de Vries 1987 a, S. 18 f., Übers. von uns).

Attributiv-projektive Prozesse, die in die an Führungspersonen herangetragenen Rollenerwartungen einfließen, werden durch belastende oder bedrohliche äußere Umstände noch gefördert. Krisen oder plötzliche Umwälzungen erzeugen Gefühle der Hilflosigkeit, Angst und Anonymität, die zu Erscheinungen führen, die sich am besten als kollektive Regression verstehen lassen. Diese Ereignisse, deren intrapsychische und interpersonale Dynamik hier nur in den Grundzügen wiedergegeben wird - die Komplexität der daran beteiligten Prozesse dabei notwendig vereinfachend -, können auch für den Führer destruktive Konsequenzen nach sich ziehen. Er fördert und induziert nämlich nicht nur regressive Prozesse bei anderen Menschen, sondern er wird auch leicht deren Opfer.

Als Autoritätspersonen werden Führungskräfte leicht zum Zielobjekt bestimmter emotionaler Reaktionen, wie Projektionen, Übertragungen und Idealisierungen, weil durch den Umgang mit ihnen häufig ungelöste Konflikte wiederbelebt werden, die ein Mensch mit anderen für ihn in seiner Vergangenheit bedeutsamen Personen hatte. In solchen Situationen kann es dann schnell zu regressiven Tendenzen kommen: Die Anhänger statten ihren Führer mit der gleichen magischen Macht und Allwissenheit aus, die sie in ihrer Kindheit ihren Eltern oder anderen für sie wichtigen Menschen zugeschrieben haben. Die Übertragungsbeziehungen, die sich daraus ergeben, können unterschiedliche Formen annehmen, je nachdem, ob die Führungsperson aus einer eigenen narzißtischen Grundhaltung heraus dazu bereit ist, sich diesen grandiosen Erwartungen gemäß zu verhalten. Führungspersonen sehen sich angesichts solch überhöhter Erwartungen natürlich mit einem enormen Erwartungsdruck konfrontiert, der sich manchmal in psychosomatischen Symptomen ein Ventil schafft. Daher kann es auch nicht überraschen, daß alle 6 Unternehmensleiter, die von Levinson u. Rosenthal (1984) mit Hilfe tiefenpsychologischer Interviews untersucht worden sind, über solche Beschwerden klagten:

Arthur O. Sulzberger von der *New York Times* erzählte von seinem schmerzhaft verkrampften Rücken, Walter B. Wriston *(Citicorp)* reagierte auf Streß mit einem mimischen Tick, Reginald H. Jones *(General Electric Company)* hatte mit einem Magengeschwür zu kämpfen, John W. Hanley *(Monsanto Company)* litt unter Magenkrämpfen sowie arthritischen Rückenschmerzen und Thomas J. Watson jr. *(IBM)* hatte einen Herzinfarkt hinter sich, den er auf Überarbeitung zurückführte.

Um nicht schließlich das Opfer der überzogenen Erwartungen zu werden, die von Vorgesetzten, Mitarbeitern und Kollegen an Führungspersonen herangetragen werden, ist es wichtig, diese Erwartungen schrittweise abzubauen und auf ein realistisches Maß zurückzuführen. Ein überlasteter Vorgesetzter kann z. B. versuchen, nach und nach immer mehr von denjenigen Arbeitsaufgaben an seine Mitarbeiter zu delegieren, deren Erledigung diese bisher nur dem idealisierten Chef zugetraut hatten.

Zusammenfassend läßt sich feststellen, daß es in der Führungsforschung nicht gelungen ist, eine spezifische Kombination von Persönlichkeitseigenschaften nachzuweisen, die als Kriterium für eine Führungeignung tauglich wäre. Das hinter diesem Ansatz stehende Forschungsinteresse scheint partiell von unbewußten Idealisierungswünschen bestimmt zu sein. Es ist aber eine wichtige Aufgabe gerade von Führungspersonen, unrealistische Erwartungen, mit denen sie in ihrem beruflichen Alltag konfrontiert werden, nach und nach zu reduzieren und dadurch Schaden sowohl vom Unternehmen als auch von ihrer eigenen Gesundheit abzuwenden.

Führungsstile: Wenn es schon nicht möglich war, universelle Persönlichkeitseigenschaften bei Führungspersonen nachzuweisen, läßt sich dann wenigstens das zu beobachtende Verhalten von Führungspersonen - d. h. wie sie mit ihren Mitarbeitern, Kollegen und Vorgesetzten in der alltäglichen Realität umgehen - mit Hilfe bestimmter Kategorien oder Gesetzmäßigkeiten erfassen? Mit dieser Fragestellung hat sich vor allem die verhaltenstheoretische Richtung innerhalb der traditionellen Organisationspsychologie auseinandergesetzt. Im Gegensatz zum eigenschaftstheoretischen Ansatz geht es ihr nicht darum, die Persönlichkeitsmerkmale von Führungspersonen möglichst genau zu untersuchen, sondern vielmehr wird eine genaue Analyse des Führungsverhaltens angestrebt. Die Frage, auf die der verhaltenstheoretische Ansatz eine Antwort sucht, lautet also: Wie verhalten sich effektive Führungspersonen tatsächlich?

Die Fülle beobachteter Verhaltenselemente hat man zu besser überschaubaren Verhaltensmustern, den Führungsstilen, zusammengefaßt. Unter Führungsstil versteht man also ein konsistentes, durch die spezifische Ausprägung einer Anzahl von einzelnen Faktoren beschreibbares Führungsverhalten. Lewin et al. (1939) unterschieden beispielsweise 3 verschiedene Führungsstile (demokratisch, autoritär und laissez-faire), während die sogenannten *Ohio-Führungsstudien* (z. B. Hemphill 1950, Hemphill u. Coons 1957) nach einzelnen Dimensionen des beobachtbaren Führungsverhaltens suchten. Man fand die beiden Dimensionen "Mitarbeiterorientierung" (z. B. Rücksichtnahme, Empathie, Besorgnis) und "Aufgabenorientierung" (z. B. Lenkung, Aktivität, Dominanz), die sich nicht gegenseitig ausschließen. Abschließend seien noch einige besondere "Führungsstile" erwähnt, die von Levinson (1986, S. 92 ff.) beschrieben werden:

Impulsive Führung

Führungskräfte, denen es stets in erster Linie um die Resultate geht, die unter dem Strich übrigbleiben, und die über alle Entscheidungen die alleinige Kontrolle haben wollen, neigen zu ungerechtfertigter Kritik. Sie üben auf ihre Mitarbeiter ständigen Druck aus, treiben sie an und verlangen sofort Ergebnisse. Wenn sie auch nur eine geringfügige Bedrohung ihrer Kompetenzen wittern oder das Erreichen ihrer Leistungsvorgaben gefährdet sehen, verlieren sie leicht die Beherrschung. Die Fluktuation unter ihren Mitarbeitern ist hoch.

Führung durch Vertagung

Solchen Managern fällt es schwer, sich zu einer bestimmten Entscheidung durchzuringen. Sie schieben notwendige Initiativen auf die lange Bank und scheinen am Wettbewerb beinahe uninteressiert. Vielleicht verfügen sie nicht über genügend Informationen oder sie bekommen keine klaren Anweisungen von ihren eigenen Vorgesetzten. Vielleicht haben sie aber auch Angst davor, Fehler zu machen und eine falsche Entscheidung zu treffen. Die Konsequenzen dieser Einstellung laufen darauf hinaus, daß ihre Mitarbeiter nicht effektiv arbeiten können und ihre Frustrationen deshalb in internen Auseinandersetzungen ableiten.

Führung durch Humor

Manche Manager haben einen ausgesprochenen Sinn für Humor. Mit ihrer Lockerheit entlasten sie ihre Mitarbeiter, indem sie z. B. auch einmal einen Scherz über unrealistische Anforderungen "von oben" machen. Humorvolle Manager sind keine Firmenclowns, sondern verantwortungsbewußte Menschen, die intuitiv die seelische Last verringern, an der gerade besonders gewissenhafte Mitarbeiter oft schwer tragen.

Führung durch Berührung

Diese Manager bleiben mit ihren Mitarbeitern "in Berührung". Sie "machen die Runde" in ihrer Abteilung, sehen ihre Mitarbeiter regelmäßig oder halten zumindest telefonisch Kontakt. Sie zeigen damit ihren Mitarbeitern, daß ihr Chef sie beachtet und sich um sie kümmert. Diese Art der Führung ist besonders wichtig, wenn die einzelnen Arbeitsplätze räumlich weit verstreut liegen und die dort Tätigen sich daher leichter isoliert fühlen können.

Führung in kleinen Schritten

Dieses Führungsmuster findet sich oft in Situationen, in denen Führungspersonen sich mit unklaren und vielleicht sogar verwirrenden Situationen konfrontiert sehen. Sie können dann entweder weiter abwarten oder die Initiative ergreifen. Falls es wegen ungünstiger Umstände nicht möglich ist, eine eindeutige Entscheidung zu treffen, ist es nach Auffassung von Levinson allerdings sinnvoller, kleine Schritte in die vermutlich bessere Richtung zu wagen.

Obwohl für manche Führungskräfte der eine oder andere Stil sehr typisch sein kann, sollte man nicht vergessen, daß gute Manager in der Lage sein müssen, ihr Führungsverhalten flexibel der jeweiligen Situation anzupassen, denn es ist nicht bei jeder Gruppengröße, bei jeder Arbeitsaufgabe und bei allen Mitarbeitern das gleiche Führungsverhalten angebracht. Aber die meisten Menschen zeigen in verschiedenen Situationen immer wieder ähnliche Verhaltensmuster. Aus psychoanalytischer Sicht ist deshalb an der Führungsstilforschung in erster Linie zu kritisieren, daß sie sich ausschließlich auf das Verhalten konzentriert und die Erlebnisebene vernachlässigt. Unbewußte Prozesse und Motive als wesentliche Verhaltensdeterminanten werden nicht thematisiert. Wenn jedoch die unbewußten Grundlagen menschlicher Interaktion nicht angemessen berücksichtigt werden, können sie ihren Einfluß um so mehr im Verborgenen entfalten. Warum zeigt ein Manager z. B. einen bestimmten Führungsstil, und warum ist es so schwierig, diesen Führungsstil zu ändern? In den folgenden Kapiteln soll gezeigt werden, wie unbewußte Motive und Führungsstil wechselseitig aufeinander bezogen sind, d. h. wie ein Führer aus unbewußten Motiven heraus einen bestimmten Führungsstil entwickelt, der sich wiederum auf seine weitere Persönlichkeitsentwicklung auswirkt.

3.2.2 Charismatische Führung vs. Führung durch Konsens

Im vorhergehenden Kapitel wurde die These aufgestellt, daß das Charisma mancher Führungspersonen auch auf die Übertragungen, Zuschreibungen, Erwartungen und Idealisierungswünsche ihrer Mitarbeiter zurückzuführen ist. Muß darüber hinaus nicht auch eine ganz besondere Bereitschaft der Führungsperson vorhanden sein, auf diese Zuschreibungen entsprechend zu reagieren? Im folgenden soll ein Führungsstil erörtert werden, der hauptsächlich vom Charisma der Führungskraft lebt.

Die Suche nach den Ursprüngen charismatischer Führung sollte nach Auffassung von Zaleznik (1984 a) bei den seelischen Strukturen und Konflikten ansetzen, die auf frühe Eltern-Kind-Beziehungen zurückgehen. In diesem Zusammenhang ist auch die Unterscheidung wichtig, die der Soziologe David Riesman (1950) zwischen dem innengeleiteten und dem außengeleiteten Menschen traf: Der innengeleitete Mensch verläßt sich überwiegend auf seine eigenen Überzeugungen und Ideen, während der außengeleitete Mensch seine Entscheidungen vor allem an den Meinungen anderer Menschen ausrichtet.

Charismatische Führer verfügen über ein intensives Innenleben, das aus den Introjektionen und späteren Identifikationen mit wichtigen Bezugspersonen, Symbolen und Idealen, die auf diese Personen bezogen sind, entstanden ist. Diese *Imagines* - man könnte auch von einem "inneren Publikum" sprechen - beherrschen ihre Innenwelt und sind die Grundlage für ihren Einfluß auf die Geführten (Zaleznik 1984 a, S. 116). Wenn charismatische Führer sich etwa mit einer Rede an ein Publikum wenden, dann liegt ihrem Auftreten eine Dramaturgie zugrunde, die stets das gleiche Muster offenbart: Für kurze Augenblicke verschmelzen die internalisierten Objekte des Redners mit der realen Zuhörerschaft.

Charismatische Führer übertragen also unbewußt ihren kontinuierlichen Dialog mit inneren Objekten auf ihr externes Publikum. Aus diesem Grund vermitteln sie ihren Anhängern unwillkürlich das Gefühl, Zeugen eines dramatischen Ereignisses zu sein. Dieses Erlebnis trägt voyeuristische Züge; die von ihm ausgehende Faszination läßt sich vielleicht damit erklären, daß die Zuschauer meinen, einer geradezu dramatisch inszenierten Persönlichkeitsdarstellung beizuwohnen, die den Eindruck erweckt, der "Hauptdarsteller" fühle sich unbeobachtet. Der Eindruck, sozusagen "von außen" zuzusehen, erlaubt es sowohl dem Führer als auch seinen Anhängern, ihre Abwehr teilweise auszublenden, Zweifel abzulegen und ihre Gefühle aufeinander einzustellen. Diese Synchronisierung führt dazu, daß die seelische Distanz zwischen Führer und Geführten plötzlich zu schwinden scheint. Die Zuhörer einer Rede werden sozusagen nach innen genommen, wodurch die intrapsychische Differenzierung zwischen dem Selbst und den anderen aufgehoben wird, die für das rationale Denken charakteristisch ist. Durch den vorübergehenden Zusammenbruch dieser Schranke werden die Zuhörer mit den beschützenden Eltern und Liebesobjekten der Führungsperson identisch - Vergangenheit und Gegenwart verschmelzen in einem intrapsychischen Zeitsprung miteinander. Zu diesem Zeitpunkt hat der Redner seine Zuhörer normalerweise sozusagen "fest im Griff". Wenn er ein Demagoge ist, dann kann er sie dazu verführen, die Realität weitgehend zu ignorieren, wie z. B. Hitler das mit verheerenden Folgen bei seinen willigen Anhängern getan hat. In beängstigender Form kann er seine eigene Vergangenheit wieder aufleben lassen, indem er seinen Anhängern ganz bestimmte Sündenböcke als Zielscheibe seines eigenen archaischen Hasses präsentiert. Wenn die Führungsperson aber mit wohlwollenden ("guten") inneren Bezugspersonen in Kontakt ist, können neue Zukunftsperspektiven erschlossen werden, und es kann die Vision einer neuen Wirklichkeit entstehen, die als eigentümliche Kombination von Verstand und Gefühl die Grenzen des bewußten Denkens transzendiert.

Zusammenfassend kann man festhalten, daß das Charisma eines Führers einerseits in den Übertragungen, Erwartungen und Projektionen seiner Mitarbeiter und Kollegen, zum anderen aber auch in seinen eigenen intrapsychischen Strukturen verwurzelt ist. Sind diese Bedingungen allein aber schon ausreichend, um einem Führer Charisma zu verleihen oder müssen dazu noch bestimmte situative Besonderheiten hinzukommen? Eine Antwort auf diese Frage kann das Studium historischer Führungspersonen geben, die über ein besonderes Charisma verfügten. Um ihr Erscheinen und ihren Erfolg zu verstehen, muß das Zusammenwirken von psychologischen und historischen Bedingungen untersucht werden. Der Psychoanalytiker Erik H. Erikson (1969, 1975; vgl. Zaleznik 1984 a, S. 115) kann mit seiner Arbeit über die spätdoleszente Identitätskrise von Martin Luther und seiner Studie über das von Gandhi entwickelte Prinzip des *Satyagraha* (des passiven Widerstandes) als Pionier auf dem Gebiet der

Grenzüberschreitung zwischen Psychologie und Geschichte gelten. Bei beiden großen Führern konnte Erikson eine Verbindung von persönlichen und historischen Konflikten nachweisen. Für Martin Luther ergaben sich aus einem ungelösten Loyalitätskonflikt mit seinem Vater allgemeine Probleme im Umgang mit Autoritätspersonen. Sein Vater wollte, daß er den weltlichen Beruf eines Rechtsanwaltes wählt, der damals gute Chancen für einen sozialen Aufstieg versprach. Auf Grund seiner tief verwurzelten ödipalen Konflikte konnte der junge Luther den Wunsch seines Vaters nicht erfüllen, sich aber auch nicht offen dagegen auflehnen. Die Rebellion gegen seinen Vater wurde für ihn erst dadurch möglich, daß er in ein Kloster eintrat, um Priester zu werden, da er sich nun dem alles beherrschenden Gebot des Gehorsams gegenüber einer anderen Autoritätsinstanz unterordnen konnte. Dieser Kompromiß vermochte aber den Konflikt Luthers nicht lange zu stabilisieren, und die Themen der Unterwerfung und der Rebellion eskalierten von seinen Auseinandersetzungen mit den Autoritätspersonen des Klosters bis hin zum Bruch mit dem Papst. Der Veränderungsprozeß, den Luther im Verlauf dieser Ereignisse durchlebte, wird also auch aus seiner persönlichen Lebensgeschichte heraus verständlich. Natürlich verband diese sich mit den historischen Veränderungen seiner Zeit, so daß seine persönlichen Konflikte zum Kristallisationspunkt der Verständigung zwischen ihm und seinen Anhängern wurden: Luther stand mit seinem Anliegen und vor allem seiner Auffassung über die Rolle der Kirche und die Beziehung des Menschen zu Gott nicht allein. Das erstarkende Fürstentum jener Zeit und die sich daraus ergebenden Konflikte zwischen weltlichen und religiösen Herrschaftsansprüchen unterstützten Luther in seinem Kampf, für den er durch seine Beredsamkeit und durch die Botschaft, daß Arbeitserfolg ein Zeichen für die verheißene Erlösung sei, viele Anhänger gewinnen konnte.

Charismatische Führer wie Luther sind Menschen, die bei ihren Anhängern intensive Emotionen auslösen und als starke Persönlichkeiten imponieren. Zwar handelt es sich bei ihnen um besonders exponierte Beispiele, aber der Tendenz nach gelten viele der oben angeführten Charakteristiken auch für Führungspersonen aus der Wirtschaft, selbst wenn deren Charisma nicht so stark ausgeprägt ist.

Andererseits läßt sich auch das Gegenstück des charismatischen Führungsstils beschreiben: Im Verlauf der Industrialisierung und der Entwicklung von großen, bürokratischen Organisationen ist ein Führungsstil entstanden, der in oftmals übertriebener Weise Kompromisse sucht und auf Konsens setzt. Leider ist über die psychologischen Hintergründe dieses Führungsstiles nur sehr wenig bekannt. Die entsprechenden Führungspersonen sind für Biographen auf Grund der für sie charakteristischen Anonymität, die zu einem bedeutenden Anteil ihren Erfolg begründet, nicht attraktiv (vgl. Zaleznik 1984 a, S. 121).

Die typische Taktik dieser Führungspersonen besteht darin, sich eine Position in der politischen Mitte des Meinungsspektrums zu verschaffen und ihre Machtbasis schrittweise zu erweitern, wobei sie darauf bedacht sind, oppositionelle Kräfte außerhalb der entstehenden konsensuellen Strukturen zu isolieren. Durch die Fixierung auf den Mittelweg treten diese Führungspersonen im Grunde weniger als Meinungsführer auf, sondern erscheinen eher als Mitläufer. Solange wie möglich vermeiden sie es, sich festzulegen, und konzentrieren statt dessen ihre Energie lieber auf Verfahrensfragen und auf formale Abläufe.

Ein wichtiges Merkmal dieses Führungsstils ist das Fehlen einer intensiven emotionalen Verbindung zwischen Führer und Geführten. Der Führer ist primus inter pares - kalkulierte Eigen- und Gruppeninteressen sorgen für den gegenseitigen Zusammenhalt. Konsensorientierte Führungspersonen stellen mit großem Geschick zunächst eine Allianz mit einer relativ kleinen Anzahl von Anhängern her und sorgen dann für zunehmende Partizipation, indem sie Macht in der Hierarchie verteilen und Initiativen von unten ermutigen. Die Gefahr besteht darin, daß die Akkumulation individueller Kompromisse letztlich zu starren Positionen führen kann.

Während auf charismatische Führer eher solche Erwartungen und Beziehungswünsche übertragen werden, die sich an Elternfiguren richten, geraten Führungspersonen, die den Mittelweg und den Konsens suchen, eher in die Rolle eines älteren Bruders hinein. Ihre Aggressivität ist nicht sehr ausgeprägt und wird, sofern sie überhaupt spürbar ist, außerhalb ihrer Bezugsgruppe abgeleitet. Im allgemeinen erleben deshalb sowohl diese Führer als auch ihre Anhänger wenig Aggressionen. Zaleznik (1984 a, S. 125) stellt die Hypothese auf, daß diese Führungspersonen aus ihrem ödipalen Erleben heraus Schuldgefühle entwickelt haben, wodurch eine Reaktionsbildung zur Abwehr aggressiver Impulse und der durch sie bedingten Schuldgefühle notwendig wurde. Darüber hinaus vertritt Zaleznik (1984 a, S. 126) die Auffassung, daß die innerseelische Welt von Konsensführern ihnen nur wenig Stabilität, Halt und Unterstützung vermitteln kann. Eine Erklärung für diese defizitäre Ausprägung psychischer Strukturen könnte sein, daß der betreffende Mensch schon früh in seiner Entwicklung eine schwere Beeinträchtigung von Vertrauen und Bindungserfahrungen erlebt hat, besonders auf Grund unbewältigter Trennungserlebnisse und durch seine Reaktion auf die Geburt jüngerer Geschwister. In diesem Fall kann es zu einer abrupten und beinahe panikartigen Suche nach neuen Bezugspersonen kommen, wodurch die Auseinandersetzung mit und die Verarbeitung von bedrohlichen inneren Phantasien vermieden werden. Die halt- und schutzgebenden elterlichen Funktionen können deshalb mit Hilfe von Internalisierungen und Identifikationen nicht wieder völlig hergestellt werden. "Die Folgen eines solchen Entwicklungsmusters lassen sich in einem bestimmten kognitiven und affektiven Modus aufspüren - dem 'Radareffekt' der Orientierung nach außen oder einer Feldabhängigkeit." (S. 126, Übers. von uns)

Im Gegensatz zu charismatischen Führern stehen diese beinahe schizoiden Führungspersonen ihrem Auditorium mit einem gewissen Mißtrauen gegenüber, einem Gefühl, das sich aus ihren wenig stabilen intrapsychischen Strukturen ableiten läßt. Diese Strukturen sind nämlich nur vage ausgeprägt und weisen viele Widersprüche auf, weshalb sie nur wenig zur Selbstachtung der Führungspersonen beitragen. Deshalb fällt es ihnen schwer, ihren Anhängern ihre Überzeugungen und Ideen zu vermitteln. Sie neigen daher auch nicht zu dramatisch inszenierten Auftritten, sondern spielen mit ihrem "falschen Selbst" (Winnicott 1965; Miller 1979) eher eine Rolle, durch die sie den Geführten ihre Vorstellungen auf eine kalkulierte und berechnende Art und Weise vermitteln können, ohne daß eine intensive Gefühlsbeteiligung spürbar wird.

Zusammenfassend läßt sich also festhalten: Ob ein Führer zu einem charismatischen Führungsstil tendiert oder ob er unter Verzicht auf eigene Meinungen den Konsens sucht, hängt nach Auffassung von Zaleznik (1984 a) weitgehend von seinen eigenen internalisierten Dispositionen ab, die sich im Verlauf seines Lebens herausgebildet haben. Charisma beruht aber nicht nur auf bestimmten Persönlichkeitseigenschaften des Führers, sondern auch auf den Erwartungen seiner Mitarbeiter, Vorgesetzten und Kollegen. Es ist als Fortschritt in der Führungsforschung zu bewerten, wenn die Bedeutung unbewußter Motive für die Bevorzugung eines bestimmten Führungsstils herausgearbeitet wird. Dieser Zusammenhang wird auch im folgenden immer wieder deutlich werden.

3.2.3 Menschen, Taktiken, Ideen

Welche weiteren Wege zu einem besseren Verständnis der teilweise unbewußten Grundlagen des Führungsverhaltens gibt es? In welchem Verhältnis stehen diese unbewußten Motive zu den Zielen des gesamten Unternehmens? Warum verhalten sich manche Führungspersonen eher distanziert und zurückhaltend, während andere gerade den Umgang mit anderen Menschen besonders schätzen? Gibt es überhaupt einen "richtigen" Führungsstil?

Eine Führungsperson kann sich im Prinzip zwischen 2 verschiedenen Strategien entscheiden: Sie kann versuchen, das Bestehende zu bewahren, oder sie kann versuchen, wichtige Veränderungen herbeizuführen. Ebenso wie der Führungsstil eines charismatischen Führers und eines Konsensführers von ganz bestimmten innerseelischen Dispositionen beeinflußt wird, so sind es auch hier unbewußte Motive und Persönlichkeitsmerkmale, die sich auf die Entscheidung für oder gegen einen bestimmten Führungsstil auswirken.

Nicht immer passen persönlicher Stil und Organisationsstrukturen nahtlos zusammen. Zaleznik u. Kets de Vries (1984, S. 306) bezeichnen den Versuch, individuelle Persönlichkeit und unternehmerische Strategieentscheidungen miteinander zu vereinbaren, als ein "psychopolitisches" Problem, da sowohl unternehmenspolitische Vorgaben als auch persönliche Bedürfnisse berücksichtigt werden müssen. Im Prinzip lassen sich hierbei 3 grundlegende Unternehmensstrategien unterscheiden, nämlich homöostatische, mediative und proaktive Strategien: "Homöostatische" Strategien sorgen dafür, daß das Unternehmen überleben kann, indem seine innere Stabilität und Kontinuität gegen alle Schwierigkeiten verteidigt wird; "mediative" Strategien versuchen, Veränderungen im Unternehmen durchzusetzen, die unter dem Einfluß externer Zwänge notwendig geworden sind; "proaktive" Strategien schließlich begnügen sich nicht damit, auf den von der Umwelt ausgehenden Anpassungsdruck zu reagieren, sondern sorgen für eine Veränderung eben dieser externen Bedingungen, indem die Ressourcen des Unternehmens kreativ genutzt und beispielsweise neue Märkte erschlossen werden. Proaktive Strategien sind Strategien der Innovation, die zu Widerstand, Konflikten und in manchen Fällen sogar zu offenen Feindseligkeiten im Unternehmen führen, weil die angestrebte Einflußnahme auf externe Faktoren häufig auch etablierte interne Strukturen in Frage stellt; historisch betrachtet durchlaufen Unternehmen oft mehrere Phasen, in denen diese 3 Strategien abwechselnd dominieren. Die funktionalen Aufgaben eines Unternehmens, die sich in ökonomischen, sozialen und politischen Dimensionen beschreiben lassen, wirken nun aber mit den Vorlieben einer Führungsperson für oder gegen die Übernahme bestimmter Aufgaben zusammen. Diese Rollenübernahme wird durch ihre Persönlichkeitsstruktur beeinflußt, d. h. durch die habituellen Gewohnheiten, mit denen sie auf ihre inneren und äußeren Existenzbedingungen reagiert. Die individuelle Entscheidung für oder gegen einen bestimmten Führungsstil dient deshalb sowohl adaptiven Zwecken wie auch den persönlichen Abwehrbedürfnissen einer Führungsperson. Unbewußte Motive beeinflussen also die persönliche Rollenentscheidung, wobei diese Motive sich im Verlauf von entwicklungsbedingten Konflikten und Reifungsprozessen herauskristallisiert haben. Diese individuellen Prädispositionen unterscheiden sich vor allem darin, ob sie auf Menschen, Taktiken oder Ideen ausgerichtet sind. Daraus läßt sich ableiten, daß es bestimmte Kombinationen ("best fit") gibt, bei denen die Strategie eines Unternehmens optimal mit der individuellen Orientierung einer Führungsperson zusammenpaßt (Zaleznik u. Kets de Vries 1984, S. 309 ff.):

- Einige Führungspersonen konzentrieren ihre psychische Energie vor allem auf Sachprobleme. Ihre Aufmerksamkeit und Leistungsbereitschaft gilt der Entwicklung neuer Ideen und produktiver Arbeitssysteme. Sie vermeiden intensive zwischenmenschliche Beziehungen, durch die bei ihnen bestimmte Ängste (z. B. vor Nähe, Verschmelzung, Vereinnahmung) ausgelöst würden. Ihre Leistungen sind unter den Bedingungen einer proaktiven Strategie am besten und im Rahmen einer homöostatischen Strategie am schlechtesten.
- Das Gegenstück zu dieser Orientierung ist eine emotionale Vorliebe für die zwischenmenschliche Beziehungsebene. Die Auseinandersetzung mit Sachproblemen nimmt im Rahmen der seelischen Bedürfnisse und Wünsche dieser Führungspersonen eine vergleichsweise geringe Bedeutung ein, und die kognitiv-technischen Aspekte ihrer Arbeitsaufgaben setzen bei ihnen vielleicht sogar Ängste frei, weil durch die damit verbundenen Arbeitsbedingungen scheinbar eine Barriere zwischen Führer und Geführten entstehen könnte. Proaktive Strategien sind für diese Führungspersonen am ungünstigsten, während sie unter den Bedingungen einer homöostatischen Strategie am besten arbeiten können.

- Die dritte Orientierung drückt sich in einer Vorliebe für taktische Probleme aus, d. h. für die Lösung von Aufgaben durch Menschen. In diesem Fall sind für die Führungsperson auf Grund ihrer psychischen Veranlagung sowohl Menschen als auch Ideen emotional bedeutsam, weshalb sie versucht, beide Aspekte miteinander zu verbinden, um dadurch die realen Arbeitsprobleme lösen zu können. Mediative Strategiebedingungen geben den fruchtbarsten Boden für diese Orientierung ab.

Jede Führungsperson versucht natürlich, ihre Verhaltensweisen und Reaktionen an die jeweiligen situativen Bedingungen anzupassen, aber in einer bestimmten Situation werden unbewußt dennoch bestimmte Vorlieben und Tendenzen aktiviert.

Personenorientierte Führungskräfte fühlen sich am wohlsten und können am besten arbeiten, wenn sie das zwischenmenschliche Beziehungsgefüge ihres Unternehmens steuern und zu einem stabilen Zustand beitragen können. Solche Führungspersonen entwickeln meistens aber nur wenig Eigeninitiative, weil sie aggressives Verhalten (aggressiv im Sinne von "an eine Sache herangehen, aktiv werden, etwas anpacken") in ihren Beziehungen zu Vorgesetzten, Kollegen und Mitarbeitern unbewußt vermeiden wollen, z. B. auf Grund bestimmter ödipaler Ängste. Eigeninitiative zeigen heißt für das Unbewußte dieser Führungspersonen, mit dem Vater in Konkurrenz zu treten, und dies löst Schuldgefühle aus. Ideenorientierten Führern fällt es andererseits sehr leicht, Veränderungen einzuleiten, d. h. mit Begleitumständen fertig zu werden, in denen Aktivität und Durchsetzungsvermögen gefragt sind. Durch die Entwicklung intensiver Bindungen an Mitarbeiter, Kollegen oder Vorgesetzte werden bei ihnen allerdings die genannten Ängste frei, weshalb sie homöostatische Funktionen am liebsten vermeiden.

Um die Funktionsfähigkeit eines Unternehmens langfristig sicherzustellen, scheint eine bestimmte Mischung aus den 3 verschiedenen Orientierungen notwendig zu sein, so daß Veränderungen vorgenommen werden können, gleichzeitig aber auch die internen Kapazitäten des Unternehmens mit ausreichender Stabilität erhalten bleiben. Die Führungsmannschaft eines Unternehmens besteht im allgemeinen aus einer relativ kleinen Zahl von Personen. Im Sinne der Hypothese von Zaleznik u. Kets de Vries (1984) käme es also darauf an, daß die Bedürfnisse dieser Personen sich gegenseitig so ergänzen, daß die Ziele des Unternehmens optimal verwirklicht werden können. Aus ihren Überlegungen geht somit auch hervor, daß es keinen Führungsstil gibt, der für alle Situationen gleichermaßen geeignet ist.

3.2.4 Gewinner um jeden Preis?

Wie läßt sich die Motivation von Führungspersonen verstehen? Existieren überhaupt gemeinsame, für alle Führungspersonen zutreffende Motivationsquellen? Gibt es Erkenntnisse darüber, wie sich die spezifische Motivation einer Führungsperson auf ihre weitere Persönlichkeitsentwicklung auswirkt?

Dem Psychoanalytiker Michael Maccoby (1977, 1984 a) ging es bei seinen Untersuchungen nicht nur um bestimmte Führungsstile oder Dimensionen der Führung. Er wollte vor allem etwas über die Motivation von Managern erfahren, über ihre Arbeitseinstellung sowie über die Auswirkungen ihrer Arbeit auf ihre Persönlichkeit und auf ihr Privatleben. In den Beschreibungen Maccobys mischen sich Verhaltensbeobachtungen mit der Analyse von Persönlichkeitseigenschaften; er stützt seine Aussagen auf Interviews und tiefenpsychologisch fundierte Testverfahren, die er mit 250 Managern aus 12 prosperierenden amerikanischen Unternehmen durchführte. Sehr schnell wurde ihm deutlich, daß in den modernen Unternehmen 4 verschiedene Typen von Managern unterschieden werden können. Bei diesen Typen handelt es sich um Idealtypen im Sinne von Max Weber (1921), d. h. nur wenige Menschen passen ganz genau in dieses Schema hinein. Idealtypen dienen vielmehr dazu, das Typische abstrahierend hervorzuheben und zu verdeutlichen. Bei den meisten Führungskräften war deshalb auch eine Mischung mehrerer unterschiedlicher Merkmale vorhanden, aber in jedem einzelnen Fall war es Maccoby (1984 a, S. 97 ff.) und seinen Mitarbeitern möglich, zu einer Übereinstimmung darüber zu kommen, welcher Typus eine Person am besten beschrieb. Der betreffende Manager und seine Kollegen stimmten beinahe immer mit dieser Einschätzung überein.

Der Handwerker (Craftsman)
vertritt auch in seiner Arbeitseinstellung traditionelle Werte, hat große Achtung vor seinen Mitmenschen und bemüht sich um Qualität und Wirtschaftlichkeit. Wenn er über seine Arbeit spricht, dann zeigt sich sein Interesse für den Entwurf und die Umsetzung einer Aufgabe; es macht ihm Freude, etwas aufzubauen. Seine Mitarbeiter und Kollegen beurteilt er danach, ob sie ihn bei dieser Aufgabe unterstützen oder behindern.

Der Dschungelkämpfer (Jungle fighter)
strebt vor allem nach Macht. Das Leben kommt ihm wie ein Dschungel vor, in dem es um Fressen oder Gefressenwerden geht. Es ist deshalb nicht verwunderlich, daß ein großer Teil seiner seelischen Energien für Abwehrprozesse, die im Umkreis von Kampf und Macht entstehen, verwendet wird. Dschungelkämpfer erleben ihre Kollegen entweder als Verbündete oder als Feinde, und ihre Mitarbeiter behandeln sie beinahe wie Objekte, die man beliebig benutzen kann. Maccoby unterscheidet 2 verschiedene Typen von Dschungelkämpfern, die "Löwen" und die "Füchse". Die "Löwen" sind Eroberernaturen, die sich ihr eigenes Reich aufbauen wollen. In der modernen Wirtschaft ist nach seiner

Auffassung die Zeit der "Löwen", z. B. der *Fords*, vorbei. Die "Füchse" hingegen gehen ihren Weg durch die Hierarchie des Unternehmens. Nicht zuletzt auch durch Intrigen gelangen sie in Spitzenpositionen. Den begabtesten "Füchsen", denen Maccoby begegnete, gelang eine steile Karriere aber auch deshalb, weil sie über gute unternehmerische Fähigkeiten verfügten. Früher oder später wurden sie jedoch selbst zum Opfer der Menschen, die sie benutzt oder betrogen hatten.

Der Firmenmensch (Companyman)

baut seine Identität darauf auf, daß er sich als Teil einer beschützenden Organisation erlebt. Seine Schwäche besteht darin, daß er manchmal übertrieben ängstlich und nachgiebig ist, weil ihm seine Sicherheit wichtiger ist als der Erfolg. Seine Stärken kommen in der Rücksichtnahme auf die menschliche Seite des Unternehmens zum Ausdruck. Er interessiert sich dafür, wie es den Menschen geht, mit denen er zusammenarbeitet, bemüht sich aber gleichzeitig darum, "sein" Unternehmen gegen alle Bedrohungen zu verteidigen. Den kreativen Firmenmenschen gelingt es, eine stimulierende und kooperative Arbeitsatmosphäre zu schaffen. Sie haben aber nicht den erforderlichen Ehrgeiz, um besonders wettbewerbsintensive und innovative Unternehmen zu leiten.

Der Spielmacher (Gamesman)

betrachtet das Arbeitsleben im allgemeinen und seine eigene Karriere im besonderen unter dem Gesichtspunkt von Chancen und Möglichkeiten, beinahe so, als ob er ein Spiel spielen würde. Er geht gerne kalkulierte Risiken ein und ist von Hochtechnologie und neuen Produktionsmethoden fasziniert. Der Wettbewerb bringt ihn in Fahrt, und sein Enthusiasmus überträgt sich auch auf seine Kollegen und Mitarbeiter. Während der Dschungelkämpfer sich ein eigenes Reich aufbauen oder Reichtümer anhäufen will, geht es dem Gamesman vor allem um Ansehen und Berühmtheit - um den Rausch des Sieges. Er will als Siegertyp bewundert werden, und er fürchtet nichts mehr, als ein Versager zu sein oder auch nur als solcher angesehen zu werden (s. Übersicht S. 87 f.).

In einer neueren Veröffentlichung hat Maccoby (1989) seine Vorstellungen weiter differenziert: Den Handwerkertypus versteht er jetzt als Sonderform des Experten, dem es vor allem um Werte wie Meisterschaft, Kontrolle und Autonomie geht; der Firmenmensch erscheint ihm passender als Unterkategorie des weiter gefaßten Helfertyps, der Werte wie Verbundenheit und Fürsorglichkeit favorisiert; der Dschungelkämpfer taucht als Untergruppe des Verteidigers wieder auf, für den Würde und Obhut als Werte im Vordergrund stehen; den Gamesman schließlich ordnet er dem umfassenderen Typus des Innovators mit seiner Vorliebe für Kreativität und Experimentierfreude zu. Darüber hinaus beschreibt Maccoby den Selbststarter als einen Menschentyp, der nach einem Gleichgewicht zwischen Disziplin und Spiel sowie zwischen Wissen und Lebensfreude strebt.

Fegefeuer der Eitelkeiten

In seinem Buch *Fegefeuer der Eitelkeiten* (1988), das unmittelbar nach dem Erscheinen sowohl in den USA als auch in der Bundesrepublik Deutschland zum Bestseller wurde, schildert der New Yorker Schriftsteller Tom Wolfe den sehr erfolgreichen, 38 Jahre alten Wallstreet-Broker Sherman McCoy, auf den viele Negativmerkmale des Gamesman zutreffen. Ausführlich beschreibt Wolfe die überreizte Arbeitsatmosphäre des Börsensaals, in dem McCoy arbeitet. Hier ein kurzer Auszug:

"War man an dem falschen Kamin vorbei, so hörte man ein wahnsinniges Gebrüll - wie das Toben einer wilden Menge. Es kam irgendwoher um die Ecke. Man konnte es nicht verfehlen. Sherman McCoy steuerte schnurstracks und voll Wonne darauf zu. An diesem Morgen schwang sich, wie an jedem Morgen, sein Magen voll darauf ein.
Er bog um die Ecke, und da war er: der Börsensaal von Pierce & Pierce. Es war ein riesiger Raum, vielleicht achtzehn mal vierundzwanzig Meter, aber mit der gleichen Zwei-Meter-vierzig-Decke, die einem auf den Kopf fiel. Es war ein bedrückender Raum mit aggressivem Licht, sich windenden Silhouetten und diesem Gebrüll. Das grelle Licht drang durch eine Glaswand, die nach Süden ging und auf den New Yorker Hafen, die Freiheitsstatue, Staten Island und die Ufer von Brooklyn und New Jersey blickte. Die sich windenden Silhouetten waren die Arme und Oberkörper junger Männer, von denen wenige älter als 40 waren. Sie hatten ihre Jackets abgelegt. Sie fuchtelten erregt herum, schwitzten bereits früh am Morgen und schrien, was dieses Gebrüll verursachte. Es war das Geräusch, das wohlerzogene junge Weiße erzeugen, die auf dem Rentenmarkt nach Geld brüllen.
'Nimm doch bitte das Scheißtelefon ab!' kreischte ein rundlicher, rosagesichtiger *Harvard*-Absolvent des Jahrganges 1976 jemanden an, der zwei Schreibtischreihen weiter saß."(S. 76 f.)

Von dem nervenaufreibenden Spiel um Millionen und von seinem eigenen Ehrgeiz energetisiert, betrachtet McCoy sich schließlich als "Master of the Universe", dem es selbstverständlich zusteht, sich außer seiner Frau Judy noch eine jüngere Geliebte zu halten:

" 'Masters of the Universe!' Das Gebrüll erfüllte Shermans Seele mit Hoffnung, Vertrauen, Korpsgeist und aufrechter Selbstachtung. 'Jawohl, aufrechter Selbstachtung! Judy verstand doch von all dem hier nichts. Absolut nichts.' Oh, er bemerkte genau, wie ihre Augen jedes Mal glasig wurden, wenn er darüber redete. Am Hebel drehen, der die Welt bewegt: Das tat er - und sie wollte lediglich wissen, warum er es nie rechtzeitig zum Abendessen nach Hause schaffte." (S. 81)

Als McCoy in einen Unfall mit Fahrerflucht verwickelt wird und sich deshalb Sorgen macht, fürchtet er vor allem, sich nicht mehr genügend auf seine Börsengeschäfte konzentrieren zu können. Als Folge davon würde er möglicherweise nicht mehr ganz so viel verdienen und könnte deshalb den Kredit für seine Eigentumswohnung in der noblen Park Avenue nicht mehr bezahlen:

"Es gab keine Möglichkeit, dem 1,8-Millionen-Dollar-Kredit zu entkommen, dem drückenden monatlichen 21.000-Dollar-Mühlstein, ohne ihn abzubezahlen oder die Wohnung zu verkaufen und in eine viel kleinere und bescheidenere umzuziehen - *eine Unmöglichkeit*! Es gab keinen Weg zurück! Wenn man einmal in einer 2,6-Millionen-Dollar-Wohnung in der Park Avenue gewohnt hatte, war es unmöglich, in einer Wohnung für 1 Million Dollar zu wohnen! Natürlich gab es keine Möglichkeit, das einer lebenden Seele zu erklären. Wenn man kein kompletter Idiot war, brachte man die Worte nicht einmal aus dem Mund. Trotzdem - es war so! *Es war ...eine Unmöglichkeit!*" (S. 180)

Die fiktive Gestalt des Sherman McCoy ist ein besonders extremes Beispiel eines Yuppie-Gamesman. Aber so wenig Wolfe ein "wirtschaftsfeindlicher" Autor ist, so sehr legt auch Maccoby (1981; vgl. auch 1989) Wert darauf, die positiven Merkmale der neuen Generation von Nachwuchsführungskräften hervorzuheben, wie zum Beispiel Toleranz, Kreativität, Neugier und Flexibilität. Seiner Meinung nach erfährt dieses positive Potential in der Realität des beruflichen Alltags derzeit aber noch zu wenig Unterstützung, so daß die Schattenseiten um so stärker hervortreten können.

Maccoby ist davon überzeugt, daß gerade "die Wertvorstellungen unter den Karriereorientierten der neuen Generation stärker auf Selbstverwirklichung abzielen als auf das bloße Erklimmen der Karriereleiter" (1989, S. 16). Seine Auffassung deckt sich mit den Untersuchungsergebnissen von LaBier (1986), der einen Konflikt zwischen übertriebenem Karrierestreben und verdrängten Selbst- verwirklichungstendenzen als Ursache für die seelischen Probleme vieler seiner im Beruf äußerst erfolgreichen Patienten annimmt. Da gerade der Gamesman ein Paradebeispiel dafür ist, welche Schwierigkeiten und Konflikte auftreten, wenn ursprünglichere Bedürfnisse zugunsten einer beinahe ausschließlichen Karriere- orientierung verdrängt werden, wird auf diesen Typus im folgenden besonders ausführlich eingegangen.

Je höher die Führungsposition in einem Unternehmen war, desto häufiger begegnete Maccoby (1977, 1984 a) dem Gamesman. Er konnte feststellen, daß der Gamesman zwar über ausgezeichnete intellektuelle Qualitäten verfügt, daß sich aber all die empathischen Fähigkeiten, Werte und Gefühle bei ihm nicht weiter entwickeln konnten, die in der jüdisch-christlichen und islamischen Tradition dem "Herzen" zugeschrieben werden. Ein Manager äußerte z. B. die Befürchtung, daß nicht mehr gearbeitet würde, wenn er sich auf die Probleme seiner Mitarbeiter einließe. Andere Manager sagten Maccoby, daß sie, wenn sie ihre Gefühle nicht verdrängten, keine Betriebe auflösen oder neue Technologien einführen könnten, durch die Menschen arbeitslos werden. Auf lange Sicht gesehen erwiesen sich solche Entscheidungen zwar auch als sozial vorteilhaft, aber um sie ausführen zu können, dürfe man sich nicht mit dem dadurch ausgelösten Leid beschäftigen.

Maccoby vertritt die Auffassung, daß diese Haltung ein "schwaches Herz" widerspiegelt:

> Eine Person mit einem starken Herzen wägt das Leid ab, das eine Entscheidung nach sich zieht, bringt Empathie für diejenigen auf, die durch sie verletzt werden, aber sie schreckt nicht vor ihr zurück, wenn sie von ihrer Richtigkeit überzeugt ist. Der Unterschied besteht darin, daß ihre Entscheidung eine größere Bedeutung innehat, weil sie mit Mitgefühl getroffen wird und weil versucht wird, alle möglichen Konsequenzen zu berücksichtigen. Wenn eine Führungskraft mit einem starken Herzen Mittel und Wege findet, um Leid zu lindern, dann wird sie auch so handeln (Maccoby 1984 a, S. 102, Übers. von uns).

Der Gamesman, sofern es ihm ausschließlich um seine Karriere geht, betrügt sich selbst, da er zu viele von seinen immer auch vorhandenen idealistischen und wertorientierten Wünschen beiseite schiebt und verdrängt, durch die seine beruf- liche Zukunft gefährdet werden könnte. Die Entstehung einer solchen Haltung läßt sich bis in die frühe Kindheit zurückverfolgen. Sie beginnt damit, daß die El- tern ihr Kind immer wieder nach seinem Marktwert einschätzen: Hat es die "richtige" Persönlichkeit? Kann es sich gut verkaufen? Die Folge dieser Orien- tierung ist, daß sich kein unabhängiges und stabiles Selbst entwickeln kann und der Kontakt zu den eigenen Wünschen verlorengeht. Sehr viele Manager erzähl- ten Maccoby z. B. von ihrer Unzufriedenheit, die sie u. a. darauf zurückführten, daß sie anderen Menschen zu leicht nachgeben würden und oft nicht wüßten, was ihnen im Leben wirklich wichtig sei.

Der Psychoanalytiker Erich Fromm (1976) hat die übermäßige Ausrichtung der eigenen Wertvorstellungen und des eigenen Verhaltens an den Erwartungen der Gesellschaft als "Marketingcharakter" bezeichnet und darauf hingewiesen, daß das Gefühl für die eigene Identität, Integrität und Selbstbestimmung verlorengeht, wenn ein Mensch sich selbst wie ein Objekt behandelt, dessen Selbstwert von seinem wechselnden Marktwert bestimmt wird. Maccoby berichtet, daß etwa die Hälfte der von ihm interviewten Manager ein sehr negatives Selbstbild hatte. Darin drückte sich nicht so sehr ein allzu unerbittliches und forderndes Gewissen aus, vielmehr waren ihre Selbstvorwürfe vor allem Ausdruck all der anderen Entwicklungsmöglichkeiten, um die sie sich selbst gebracht hatten: Ihre Karriere war ihnen wichtiger als die Verwirklichung grundlegender Bedürfnisse, als ihre Familie und als das Eintreten für bestimmte Werte.

Zusammenfassend hält Maccoby fest, daß viele der von ihm untersuchten hochrangigen Manager zwar ausgezeichnete intellektuelle Qualitäten entwickelt hatten, aber ihre emotionalen Fähigkeiten nicht genügend entfalten konnten. Emotionales Engagement und persönliches Überzeugtsein von ihrer Tätigkeit waren nur selten erkennbar; sie wirkten entweder kühl oder lauwarm. Durch diese Einschränkungen gingen ihnen auch viele Möglichkeiten verloren, die gerade für den Umgang mit kreativen Menschen und schwierigen Arbeitsaufgaben sehr hilfreich sein können, wie z. B. die Fähigkeit zur Empathie.

Maccoby (1984 a) ist davon überzeugt, daß der Gamesman im Berufsleben nicht ein beinahe ausschließlich karriereorientierter Manager und gleichzeitig in seinem Privatleben ein liebevoller, warmherziger Mensch sein kann. Etwa 80 % der von Maccoby interviewten Manager sagten zwar, daß sie sich für ihre Arbeit sehr interessierten, aber nur 45 % zeigten wirklich Interesse und Empathie für andere Menschen. Sie konnten längst nicht mehr wählen, wann sie eine intensive Beziehung eingehen und wann sie eine solche Beziehung vermeiden und sich distanzieren wollten. Der Präsident eines Unternehmens gestand Maccoby beispielsweise, daß ihn seine Kinder ablehnten, obwohl er sich, wie er sagte, darum bemühte, ein guter Vater zu sein: "Ich gebe ihnen nicht die Schuld dafür, obwohl ich locker und offen wirke, wissen sie doch, daß ein Panzer um mein Herz liegt, so daß sie mir nicht wirklich nahe sein können!" (Maccoby 1984 a, S. 105, Übers. von uns)

Wenn die Frau des Gamesman seinen Karrieredrang nicht teilt, fällt es ihm sehr schwer, zu ihr eine emotionale Bindung aufrechtzuerhalten; häufig distanziert er sich dann innerlich von ihr und entwickelt sich zu einem Workaholic. Die meisten Gamesmen in Spitzenpositionen haben allerdings Frauen geheiratet, die ihnen sehr ähnlich sind. Ihre Ehefrauen verbringen typischerweise einen großen Teil ihrer Zeit mit Vereinsaktivitäten und engagieren sich für wohltätige Zwecke, was sowohl ihr Ansehen steigert als auch das der Unternehmen, für die ihre Männer arbeiten. In der Kindererziehung versuchen sie, die Entwicklung solcher Eigenschaften zu fördern, die ihre Kinder vermeintlich zu ähnlichen Siegertypen wie ihre Eltern werden lassen. Die Frau eines Gamesman erzählte Maccoby z. B., ihr wichtigstes Ziel sei es, für ein Heim zu sorgen, das ihrem Mann und ihren Kindern als Sprungbrett zum Erfolg dienen könne.

Immer wieder kommt es zu Krisensituationen, in denen der Gamesman sich leer und unzufrieden fühlt und unter einem Mangel an echter Befriedigung leidet. Ein sehr erfolgreicher Topmanager, der mit 40 Jahren bereits für die Produktentwicklung in einem großen Unternehmen verantwortlich war, erzählte Maccoby z. B. von seinen Zweifeln: "Ich frage mich, ob es das alles wert ist ... ich habe vor 4 oder 5 Jahren begonnen, darüber nachzudenken. Mir fehlt die Lebensfreude. Ich frage mich, wozu das alles gut sein soll ... es ist, als ob man mit Höchstgeschwindigkeit fährt, ohne die Richtung zu kennen." (Maccoby 1984 a, S. 107, Übers. von uns)

Maccoby schildert den alternden und ausgebrannten Gamesman als tragische Figur, vor allem, wenn er einige Niederlagen einstecken mußte und dadurch sein Selbstvertrauen verloren hat. Wenn seine Jugend, seine Vitalität und schließlich die Lust am Siegen abnehmen, dann wird er nicht selten regelrecht depressiv und stellt den Sinn seines Lebens grundsätzlich in Frage. Da er nicht länger durch Konkurrenz und Machtkämpfe energetisiert wird und sich nicht mehr durch seine Arbeit betäuben kann, die ihm letztlich wichtiger als er selbst ist, fühlt er sich bald völlig isoliert. Seine Orientierung hat ihm auch keine tief verwurzelten Freundschaften und nur wenig menschliche Nähe ermöglicht, was nicht weiter verwundert: Die meisten Gamesmen verbanden mit der Vorstellung eines guten Freundes die Erinnerung an einen Menschen, der sie bei ihrem beruflichen Aufstieg unterstützt hatte. Aber obwohl sie sich nach Hilfe und Unterstützung sehnten, sagte doch kein einziger Gamesman, daß er es in seinem Leben für eine wichtige Aufgabe hält, anderen Menschen weiterzuhelfen.

Während sich der alternde Manager vom Typus des Handwerkers, dessen Lebensziel nicht das Siegen, sondern Veränderungen und Verbesserungen sind, aus seinem Unternehmen zurückziehen kann und dennoch offen für neue Ideen und voller Energie bleibt, hat der Gamesman sein Selbst nicht so weit entwickelt, um beispielsweise Kunst oder Wissenschaft als etwas in sich Wertvolles schätzen zu können. Ohne die Spannung des Wettbewerbs verliert er leicht seinen Halt. Maccoby (1984 a) schildert ein Beispiel:

> Ein Gamesman, der einmal auf dem Weg an die Spitze war, sagte: "Mir ging es nie um Sicherheit - ich hatte das Gefühl, daß wir alle gute Rennpferde waren und daß wir laufen durften. Ich wollte zum Siegerteam gehören. Das Unternehmen hatte zu expandieren begonnen. Alles war offen." Jetzt, nachdem 2 seiner Projekte hintereinander fehlgeschlagen sind, hat man ihm eine Stabsposition mit vagen Zuständigkeiten übertragen. Seine Vorgesetzten fragen sich, was sie mit ihm anfangen sollen. Er ist zum Alkoholiker geworden. Seine Stimme klang depressiv. "Ich fürchte mich nicht vor dem Tod," sagte er, "aber ich fürchte mich vor dem Leiden. Harte Schläge setzen deinem Ego zu, und das tut ziemlich weh!" (S. 109, Übers. von uns)

Die Untersuchung von Maccoby zählt zu den Studien, die darauf aufmerksam machen, wie wichtig es ist, auch im Unternehmen den ganzen Menschen mit seinen emotionalen Bedürfnissen und nicht nur seine intellektuelle Leistungsfähigkeit zu sehen. Sie weist darauf hin, wie sich die Vernachlässigung und Verdrängung gesunder, ursprünglicher Bedürfnisse und persönlicher Werte zugunsten einer beinahe ausschließlichen Karriereorientierung in ihrer Konflikthaftigkeit letztlich zum Schaden des betreffenden Menschen auswirken (vgl. hierzu auch Mentzos 1988, S. 124). Es wird deutlich, wie wichtig es ist, nach Möglichkeiten zu suchen, wie man günstige Bedingungen für eine umfassendere, ganzheitliche Persönlichkeitsentwicklung der in einem Unternehmen arbeitenden Menschen schaffen kann. Anknüpfungspunkte hierfür sind durchaus vorhanden; so beschreibt Maccoby (1981, S. 39 ff.; vgl. auch LaBier 1986) das latent vorhandene positive Potential einer neuen Generation von Nachwuchsführungskräften, das sich allerdings häufig nicht genügend entwickeln kann, wie folgt: Toleranz, Fairness und Flexibilität; eine große Bereitschaft zum Experimentieren und zur Partizipation; eine spielerisch-kreative Grundhaltung; ein intensives Bemühen um Selbstentfaltung. Allerdings haben nicht alle Menschen die gleichen Bedürfnisse und nicht alle vertreten die gleichen Werte. Da aber keine Wissenschaft die Bedürfnisse, Antriebe, Motive und Konflikte des Menschen umfassender erforscht hat als die Psychoanalyse, kann sie auch einen wesentlichen Beitrag leisten, wenn es darum geht, nach Möglichkeiten für eine umfassendere Persönlichkeitsentwicklung des berufstätigen Menschen zu suchen.

Nach Auffassung von Psychoanalytikern und Organisationsberatern wie Maccoby und LaBier ist hierbei allerdings eine Akzentverschiebung erforderlich: Seelisches Leid und psychische Symptome sind nach ihren Erfahrungen keineswegs immer nur auf traumatische oder defizitäre frühkindliche Entwicklungsprozesse zurückzuführen, sondern können auch aus der Vernachlässigung und Verdrängung erwachsener Werte und Bedürfnisse entstehen. Maccoby und LaBier stehen damit in der Tradition von Psychoanalytikern wie Erikson, der bereits 1950 gezeigt hat, daß Entwicklung ein lebenslanger Prozeß ist, der keineswegs mit dem Durchlaufen der ödipalen Phase abgeschlossen ist, wenn er auch von frühen, lebensgeschichtlich bedeutsamen Erfahrungen in starkem Maße beeinflußt ist.

3.3 Regressive Prozesse im Umfeld von Führung

3.3.1 Irritierende Beziehungsmuster

Bringen Menschen in ihre beruflichen Beziehungen nicht auch viele Erfahrungen mit ein, die sie im Verlauf ihres bisherigen Lebens mit ihren wichtigsten Bezugspersonen gesammelt haben? Lassen sich dabei unterschiedliche Muster herausarbeiten? Solche und ähnliche Fragen berühren ein für die Psychoanalyse zentrales Gebiet: die Übertragung.

Freud sah zunächst in der Tatsache, daß "die persönliche Beziehung zum Arzt sich ... ungebührlich in den Vordergrund drängt", einen Nachteil der psychoanalytischen Therapie (Freud 1894, S. 286). Im Verlauf seiner weiteren Forschungs- und Behandlungstätigkeit, vor allem aber durch den Fall *Dora* (1905), lernte er jedoch die zentrale Bedeutung der sogenannten Übertragung für den psychoanalytischen Prozeß immer besser kennen. 7 Jahre später schrieb Freud (1912 b) die Abhandlung *Zur Dynamik der Übertragung* und seit dieser Zeit "gelten die Übertragung und die Analyse der Übertragung als die wichtigsten und unverzichtbaren Bestandteile der psychoanalytischen Therapie" (Mertens 1990 a, S. 170). Die Analyse von Übertragungen ist von zentraler Bedeutung für das Verständnis der Beziehung zwischen einem Psychoanalytiker und seinem Patienten sowie für den Behandlungserfolg einer psychoanalytischen Therapie. Übertragungen treten aber nicht nur in der besonderen Situation einer psychoanalytischen Therapiesitzung auf. Zwar schafft das psychoanalytische Setting mit dem Ruhen auf einer Couch und der analytischen Grundregel - der Patient soll in "freier Assoziation" alles erzählen, was ihm in den Sinn kommt, auch wenn es ihm unwichtig, banal oder peinlich erscheint, während der Analytiker diesen Ausführungen mit "gleichschwebender Aufmerksamkeit" folgt - einen Rahmen, der für die Entfaltung, Diagnose und Deutung von Übertragungen besonders günstig ist, aber Übertragungen sind nicht auf die geschützte Situation einer Therapie begrenzt: sie sind ubiquitäre Phänomene, deren Einfluß auch in vielen anderen zwischenmenschlichen Beziehungen und damit auch in Arbeitsbeziehungen nachweisbar ist. Wichtigstes Merkmal von Übertragungen (vgl. Mertens 1990 a, S. 171) ist das Erleben von bestimmten Gefühlen, Phantasien, Einstellungen und Abwehrhaltungen gegenüber einem anderen Menschen, z. B. gegenüber einem Vorgesetzten oder Mitarbeiter, das auf Grund der unbewußten Aktualisierung einer früheren Beziehung zu einer verzerrten Fremdwahrnehmung führt und deshalb der Gegenwart nicht angemessen ist:

> Übertragung ist eine Wiederholung, eine Neuauflage einer alten Objektbeziehung. Sie ist ein Anachronismus, ein Irrtum in der Zeit. Eine Verschiebung hat stattgefunden; Triebimpulse, Gefühle und Abwehrhaltungen, die sich auf eine Person in der Vergangenheit beziehen, sind auf eine Person in der Gegenwart verschoben worden. Dies ist in erster Linie ein unbewußtes Phänomen, und die Person, die mit Übertragungsgefühlen reagiert, ist sich weitgehend der Verzerrung nicht bewußt (Greenson 1973, S. 163 f.).

Greenson verweist darauf, daß die an diesem Prozeß beteiligten Personen den Wiederholungscharakter ihrer Handlungen zunächst nicht erkennen: statt sich an die Vergangenheit zu erinnern, wird die Gegenwart als Vergangenheit mißverstanden. Der Versuch, konflikthafte Beziehungen der eigenen Vergangenheit auf diese Weise zu verarbeiten, führt zu stereotypen Verhaltensmustern, in denen irrationale und archaische Persönlichkeitsanteile wiederbelebt werden. Übertragungsreaktionen treten deshalb häufig in Form von Über- oder Untertreibungen oder bizarren Reaktionen auf. Ein sorgfältiger Beobachter könnte beispielsweise feststellen, daß ein Mitarbeiter auf einen Vorgesetzten oder Kollegen so reagiert, als wäre dieser Mutter, Vater, ein Geschwister oder ein anderer wichtiger Mensch aus seiner Vergangenheit (Kets de Vries u. Miller 1985 a, S. 75). Kets de Vries u. Miller geben dazu folgendes Fallbeispiel:

Das Verhalten von Brian P. war für viele seiner Kollegen, Mitarbeiter und Vorgesetzten manchmal recht irritierend. Zwar war an den Arbeitsleistungen des Managers nichts auszusetzen, dennoch konnten sie sich viele seiner Verhaltensweisen nicht richtig erklären. Besonders kränkend war für sie sein unnötiges und übertriebenes Mißtrauen. P. schloß z. B. jedesmal seinen Schreibtisch und seine Zimmertür ab, wenn er fortging. Von allen wichtigen Briefen und firmeninternen Mitteilungen nahm er sich Kopien mit nach Hause, damit er etwas in der Hand hatte, falls er sich einmal rechtfertigen müßte. Für die anderen Führungskräfte war dieses Verhalten vor allem deshalb schwer nachvollziehbar, weil in diesem Unternehmen ein gutes Betriebsklima herrschte. Besonders unangenehm für seine Mitarbeiter war seine Angewohnheit, ihre Arbeit immer und immer wieder zu überprüfen, obwohl es dafür eigentlich keinen vernünftigen Grund gab.

Als P. sich weigerte, wichtige Informationen an andere Führungskräfte weiterzugeben, wurde schließlich auch der Präsident des Unternehmens auf sein mißtrauisches Verhalten aufmerksam. Außerdem irritierte es ihn, daß P. sich ihm gegenüber außerordentlich zurückhaltend und defensiv verhielt, obwohl er selbst keineswegs besonders autoritär auftrat. Der Präsident war ganz im Gegenteil stolz auf seine Fairness, seine Freundlichkeit und sein Gespür für komplizierte zwischenmenschliche Situationen. Dennoch schien P. ihn ständig im Verdacht zu haben, ihn in ungerechtfertigter Weise kritisieren und zurechtweisen zu wollen.

Der Firmenpräsident wandte sich schließlich an einen Unternehmensberater (einen der beiden Autoren, von denen das Beispiel stammt). Dieser kannte P. bereits und nahm sich nun mehr Zeit für ihn, so daß es ihm nach und nach gelang, sein Vertrauen zu gewinnen. Mit der Zeit erfuhr er deshalb auch mehr über die Ursachen und Hintergründe seines merkwürdigen Verhaltens: P. war nämlich als jüngstes Kind in einer recht großen Familie aufgewachsen. Offensichtlich waren seine Geschwister auf ihren kleinen Bruder eifersüchtig, weil er als der Kleinste ihrer Meinung nach von den Eltern bevorzugt behandelt wurde. Aus ihrer Eifersucht heraus gingen sie mit ihm oft ziemlich hinterhältig um, wenn die berufstätigen Eltern nicht zu Hause waren. Sie machten z. B. sein Spielzeug mutwillig kaputt oder gaben ihm die Schuld für Dinge, mit denen er im Grunde nichts zu tun hatte. Es half ihm auch überhaupt nicht, sich bei seinen Eltern darüber zu beklagen, weil seine Geschwister dann alles abstritten und er nur um so blamierter dastand. Verständlicherweise wurde er daraufhin sehr vorsichtig und mißtrauisch, so daß er z. B. sein Spielzeug versteckte oder die Tür zu seinem Kinderzimmer abschloß.

Im Verlauf der Gespräche mit dem Berater konnte P. die für einen Außenstehenden offensichtlichen Parallelen zwischen diesen Kindheitserlebnissen und seinem jetzigen Verhalten besser verstehen. Es wurde ihm auch deutlich, daß dieses Verhalten in seiner damaligen Situation zwar durchaus sinnvoll und notwendig gewesen war, aber in seiner derzeitigen beruflichen Situation völlig deplaciert wirkte. Daraufhin konnte P. auch sein Verhalten schrittweise verändern. Als er sein übertriebenes Mißtrauen eine Zeitlang etwas reduziert hatte, stellte er bald fest, daß nichts Schreckliches oder für ihn Bedrohliches geschah, wenn er sich weniger defensiv verhielt. Dieser Erfolg verstärkte natürlich seine Veränderungsbereitschaft, und so verbesserte sich im Laufe der Zeit auch das Betriebsklima seiner Abteilung und deren Beziehung zu den anderen Unternehmensbereichen.

Diese Fallgeschichte veranschaulicht eine der vielfältigen Möglichkeiten, wie Übertragungen zu Störungen der Zusammenarbeit führen können. Im folgenden sollen kurz einige der wichtigsten Übertragungsmuster beschrieben werden, die zu dysfunktionalen Beziehungen zwischen Vorgesetzten und Mitarbeitern führen können (vgl. hierzu vor allem Kets de Vries u. Miller 1985 a, S. 79 ff.).

Die idealisierende Übertragung: Diese Übertragungsform läßt sich als Regression auf eine frühe Entwicklungsphase (vgl. Mahler et al. 1978; Kohut 1973, 1979) verstehen. Sie stellt den Versuch dar, einen ursprünglichen, glücklichen Zustand wiederherzustellen, indem versucht wird, mit einem als vollkommen und omnipotent erlebten anderen Menschen eine Zweieinheit zu bilden. Die idealisierte Person wird z. B. auf Grund ihrer Intelligenz, ihrer Macht, ihres Aussehens oder ihrer moralischen Überlegenheit bewundert. Diese Idealisierung bringt es mit sich, daß die Schattenseiten dieses Menschen ignoriert und seine guten Seiten übertrieben wahrgenommen werden. Ausgelöst wird die Idealisierung dadurch, daß manche Menschen sich hilflos und wertlos fühlen, wenn ihnen nicht jemand zur Verfügung steht, den sie bewundern können. Sie werden von dem idealisierten Menschen natürlich sehr schnell in hohem Maße abhängig. Äußerungen über Vorgesetzte, die auf eine solche Einstellung hinweisen, könnten z. B. lauten: "Unser Abteilungsleiter ist schon ein phantastischer Mensch - über seine unglaubliche Begabung kann man nur staunen. Ohne ihn wären wir hier alle völlig aufgeschmissen. Ich glaube nicht, daß es viele gibt, die ihm das Wasser reichen können."

Eine solche Idealisierung bringt jedoch viele Nachteile mit sich: Im Extremfall verlieren die Mitarbeiter jede Fähigkeit, sich ein eigenes Urteil zu bilden. Mitarbeiter, die ihre Vorgesetzten idealisieren, lassen sich natürlich leicht manipulieren und kontrollieren, weil das kleinste Lob ihres Führers sie glücklich macht, während die leiseste Andeutung einer Kritik sie in einen nahezu bodenlosen Abgrund stürzen läßt. Die Erwartungen, die diese Mitarbeiter an ihre Vorgesetzten herantragen, sind viel zu hoch angesetzt, weshalb Enttäuschungen unausweichlich sind. Wenn der idealisierte Führer auch nur eine einzige menschliche Schwäche zeigt, bricht das idealisierte Bild, das sein Mitarbeiter von ihm hat, leicht zusammen. Unsachliche Auseinandersetzungen oder sogar offene Feindschaft können die Folge sein. Wenn es darum geht, eine wichtige Entscheidung zu treffen, dann können diese idealisierenden Mitarbeiter kaum hilfreich sein. Sie zögern solange, eine eigene Meinung zu äußern, bis sie die Auffassung ihres Vorgesetzten herausgefunden haben. Persönliche Initiative oder gar innovative Aktivitäten darf man von ihnen nicht erwarten. Selbst wenn es immer deutlicher wird, daß der vom Führer eingeschlagene Weg nicht gründlich genug durchdacht und mit vielen unvorhergesehenen Risiken befrachtet ist, werden idealisierende Mitarbeiter wahrscheinlich keine Einwände vorbringen.

Manchmal idealisiert auch eine Führungsperson ihre Mitarbeiter durch unrealistische und überzogene Erwartungen. Sie verlangt dann z. B. von ihnen im Grunde völlig unmögliche Leistungen, wie etwa die Entwicklung eines komplexen Projektes in kürzester Zeit oder die Sanierung einer abgewirtschafteten Abteilung von heute auf morgen.

Natürlich gibt es auch so etwas wie eine "normale Idealisierung" von Vorgesetzten: der Mitarbeiter respektiert seinen Vorgesetzten und versucht, seine eigene Kompetenz der des Vorgesetzten anzunähern. Er zeigt aber trotz dieser

Idealisierung noch genügend Eigeninitiative. Extreme Idealisierungen führen dagegen zur Vergötzung des Vorgesetzten, und übende Nachahmung wird durch sklavische Unterwürfigkeit und ritualartige Imitation ersetzt. Solche Mitarbeiter sind nur noch für Routineaufgaben einzusetzen, weil sie die Fähigkeit zur selbständigen Entscheidung verloren haben.

Die Spiegelübertragung: Eine Spiegelübertragung (Kets de Vries u. Miller 1985 a, S. 84 ff.) hat die Funktion, einen ursprünglichen, frühen Glückszustand dadurch wiederherzustellen, daß der betreffende Mensch sich selbst als vollkommen und allmächtig wahrzunehmen versucht. Sein "grandioses Selbst" (Kohut 1973) zeigt wenig Interesse und Empathie für andere Menschen. Trotzdem braucht dieser Mensch die Bewunderung anderer wie das tägliche Brot. Er muß sich zur Schau stellen, um die Aufmerksamkeit anderer zu erregen und sein tief verwurzeltes Gefühl der eigenen Wertlosigkeit sowie seinen Mangel an Selbstachtung zu kompensieren.

Spiegelübertragungen sind den idealisierenden Übertragungen komplementär: Führungspersonen mit einer Spiegelübertragung suchen sich idealisierende Mitarbeiter aus. Sie sind narzißtisch und von ihrer grandiosen Bedeutung und Einzigartigkeit überzeugt; auf der anderen Seite hat ihre niemals endende Suche nach Bewunderung etwas Tragisches an sich. Auf der unbewußten Ebene suchen sie in ihren Interaktionspartnern nämlich die spiegelnden Eltern, weil die wirklichen Eltern ihrer Kindheit nicht genügend Empathie besaßen, um die Bedürfnisse ihres Kindes altersgerecht zu erkennen.

Ihr nie ganz zufriedenzustellendes Bedürfnis nach Bewunderung ist auch der Grund dafür, daß man unter ihren Mitarbeitern sehr viele Jasager findet, die eine komplementäre idealisierende Übertragung entwickelt haben. Andere Mitarbeiter nutzen die Schwäche ihres Vorgesetzten geschickt für ihre Karriere aus und machen sich "lieb Kind" bei ihm, so daß er sogar schlechte Leistungen durchgehen läßt. Integre und einsichtige Mitarbeiter aber können ein solches Führungsklima nicht lange ertragen. Von ihnen wird man Äußerungen zu hören bekommen wie die folgende: "Es kommt mir so vor, als ob mein Vorgesetzter seine Mitarbeiter nicht als Personen mit eigenen Bedürfnissen und Ideen wahrnimmt. Wenn er sich danach erkundigt, wie es uns geht und ob wir mit unserer Arbeit vorankommen, oder wenn er nach eigenen Ideen und Verbesserungsvorschlägen fragt, dann spürt man an der Art, wie er das macht und wie er auf unsere Vorschläge reagiert, ziemlich genau, daß er sich nicht wirklich dafür interessiert. Auch wenn er einmal sehr freundlich ist und z. B. sagt, wie zufrieden er mit unseren Leistungen ist, kommt man sich irgendwie gebauchpinselt und manipuliert vor. Man wird einfach das Gefühl nicht los, daß man benutzt wird und daß es ihm letztlich nur um seine eigene Großartigkeit geht."

Ein solcher Führer will jeden Erfolg für sich reklamieren, ob er ihn nun verdient oder nicht. Er tendiert dazu, andere Menschen zu benutzen und ihre Rechte zu mißachten. Weil er das Gefühl hat, ein ganz besonderer Mensch zu sein und eine Sonderbehandlung erwartet, kann er auf Kritik oder Fehlschläge, durch die seine Größenphantasien bedroht werden, nur mit Wutausbrüchen reagieren. Auf Grund dieser Tendenz zu starken Stimmungsschwankungen ändert er leicht seine Meinung bezüglich seiner Untergebenen. Abrupte Schwankungen zwischen Idealisierung und Entwertung sind deshalb an der Tagesordnung, und man kann sich die Auswirkung eines solchen Verhaltens auf die Arbeitsmoral seiner Mitarbeiter leicht vorstellen.

Narzißtische Führungspersonen haben eine Vorliebe für großartige und riskante Projekte, weil sie hoffen, dadurch vielleicht zu "Helden" zu werden. Auf Grund ihrer Persönlichkeit bringen ihre Initiativen aber oft ein zu großes Risiko mit sich: Ressourcen werden verschleudert und andere Topmanager werden vor wichtigen Entscheidungen nicht konsultiert, weil "grandiose" Führer normalerweise nur sehr selten um Rat fragen.

In der Geschichte vieler Unternehmen läßt sich das Wirken solch "grandioser" Führer rekonstruieren: Es werden neue Märkte erobert und neue Industrien erschlossen, das Unternehmen wächst - aber zu wenige Führungspersonen haben zu viel Einfluß. Es werden zu hohe Risiken eingegangen, die Projekte sind zu ehrgeizig, und schließlich bricht alles beinahe - wenn das Unternehmen Glück hat und sich z. B. rechtzeitig von seinem narzißtischen Führer befreit - oder völlig zusammen.

Natürlich gibt es auch Mitarbeiter, die eine Spiegelübertragung auf ihren Vorgesetzten entwickeln. Solche Mitarbeiter versuchen, sich über ihre Kollegen zu stellen und in den Augen ihres Vorgesetzten als besonders unentbehrlich und bewunderungswürdig zu erscheinen. Es geht ihnen nicht darum, gute Leistungen zu erbringen oder gute Arbeit für ein wichtiges Ziel zu leisten, denn sie wollen vor allem vorzeigbare Belohnungen ernten. Im Extremfall scheuen sie nicht davor zurück, die Ideen eines Kollegen zu stehlen und sich mit diesen Vorschlägen unter Umgehung ihres unmittelbaren Vorgesetzten direkt an höhere Ebenen des Managements zu wenden. Sie weisen viele Gemeinsamkeiten mit den von Maccoby (1984 a) beschriebenen Managern vom Typus des Gamesman auf.

Die paranoide Übertragung: Der für die paranoide Übertragung (Kets de Vries u. Miller 1985 a, S. 88 ff.) charakteristische Mechanismus zur Abwehr unbewußter Konflikte (vgl. das Beispiel am Anfang dieses Kapitels) ist die Spaltung, die dazu führt, daß die Umwelt ausschließlich entlang der Dimensionen "gut" (ideal, perfekt, vollkommen etc.) oder "schlecht" (voller Gefahren und Hindernisse, überall lauern Feinde etc.) erlebt wird. Wie die anderen Abwehrmechanismen, so hat auch die Spaltung ihre Ursachen in der frühen Kindheitsentwicklung. Extreme Versagungen haben zu einem hohen Maß an unkontrollierbarer Wut geführt, die die Spaltung zur Abwehr der durch diese alles überflutende Wut ausgelösten Angst nötig machte. Die Spaltung und der zusätzliche Abwehrvorgang der Projektion sorgen dafür, daß man zumindest sich selbst als guten Menschen erleben kann; Schuldgefühle über die eigene Wut werden verdrängt, indem alle unangenehmen und bedrohlichen Emotionen und Gedanken anderer Menschen projektiv zugeschrieben werden.

Als wichtigstes Interaktionsmuster läßt sich bei paranoiden Übertragungen die Tendenz feststellen, einen anderen Menschen anzugreifen, um ein Ventil für das Gefühl der eigenen Bedrohung zu finden. Feindseligkeit, Neid, aber auch ein eigentümlicher "moralischer Masochismus" (Kets de Vries u. Miller 1985 a, S. 91) sind für paranoide Übertragungen charakteristisch. Die Feindseligkeit kann von einer Führungsperson oder von einem Untergebenen ausgehen, sie kann aber auch die Beziehungen zwischen Gleichrangigen vergiften. Wenn ein Vorgesetzter seine Mitarbeiter als Menschen erlebt, die es nur darauf abgesehen haben, ihn zu ruinieren, dann entsteht dadurch eine der destruktivsten Führungssituationen überhaupt. Sein Mißtrauen kann z. B. dazu führen, daß er ein übertriebenes Kontrollbedürfnis entwickelt. Dadurch verlieren seine Mitarbeiter schnell die Fähigkeit zur Eigeninitiative; die vielversprechendsten Mitarbeiter werden eine Abteilung mit einem solchen Klima früher oder später verlassen, weil sie die vorherrschende Arbeitsatmosphäre nicht mit ihrem Selbstverständnis in Einklang bringen können. Eine andere feindselige Verhaltensweise des Vorgesetzten könnte z. B. sein, daß er seinen Mitarbeitern angemessene Gehaltserhöhungen verweigert, Vorschläge für Beförderungen zurückhält und sich nicht genügend um Weiterbildungsmöglichkeiten kümmert. Ein solches Verhalten wirkt sich auch auf die Arbeitsmoral der Mitarbeiter aus, deren Reaktion entsprechend feindselig ausfallen wird: Dienst nach Vorschrift, Sabotageakte oder künstlich aufgebauschte Probleme sollen ihnen dabei helfen, sich vor weiterer Ausbeutung zu schützen und ihre Selbstachtung zu bewahren. Sehr schnell kann dadurch ein Teufelskreis entstehen, der nur sehr schwer wieder zu durchbrechen ist. Charakteristisch für paranoide Übertragungen sind weiterhin intensive Neidgefühle, die eine kollegiale Zusammenarbeit sehr erschweren. Neidische Mitarbeiter nehmen ihren Vorgesetzten als einen Menschen wahr, der über alle Macht, Entscheidungsmöglichkeiten und Ressourcen verfügt. Sie haben zu unrecht das Gefühl, daß man in ihrem Unternehmen andauernd unfair behandelt wird.

Seltener läßt sich auch beobachten, daß Vorgesetzte auf ihre Mitarbeiter neidisch sind, weil sie z. B. glauben, daß sie alles selbst machen müssen und der Arbeitseinsatz ihrer Mitarbeiter zu gering ist. Es kann auch sein, daß ein älterer Vorgesetzter jüngere Mitarbeiter ihrer Jugend wegen beneidet. Er wird dann mit Lob und Anerkennung sehr sparsam umgehen und die Arbeit seiner Mitarbeiter überkritisch unter die Lupe nehmen. Dieses Gegenstück zum Ödipuskomplex (unbewußte Rivalität, Haß und Vernichtungswünsche des Vaters richten sich gegen den Sohn, nicht umgekehrt) wird als Laioskomplex bezeichnet. Immerhin wollte zuerst Laios, der König von Theben, seinen Sohn Ödipus aus Furcht vor den Weissagungen eines Orakels töten, wurde dann aber infolge der schicksalhaften Ereignisse von seinem eigenen Sohn erschlagen (s. Übersicht S. 99). Das typische Verhalten eines Vorgesetzten mit einem Laioskomplex könnte z. B. darin bestehen, daß er seinem jüngeren Mitarbeiter stets mehr Arbeit zuteilt, als dieser bewältigen kann, so daß dessen Scheitern von vornherein abzusehen ist.

Der Mythos von Ödipus

Die uralte griechische Sage berichtet von Laios, dem König von Theben, dem ein Orakel prophezeit, daß sein eigener Sohn ihn töten und König von Theben sein wird. Um dieses Schicksal abzuwenden, läßt König Laios seinem neugeborenen Sohn Ödipus die Füße mit einem Nagel durchbohren und ihn in der Wildnis aussetzen, wo ihn der sichere Tod erwartet. Ein Hirte findet jedoch das kleine Kind und nimmt es aus Mitleid zu sich. Er bringt es an einen Königshof, wo es wie der eigene Sohn des Fürstenpaares erzogen wird. Ödipus erfährt nie, wer seine wirklichen Eltern sind.

Als er als junger Mann nach Theben reist, begegnet ihm an einer besonders schmalen Stelle des Weges ein Wagen. König Laios, der in diesem Wagen sitzt, befiehlt seinem Diener, den Weg freizumachen und Ödipus von der Straße zu jagen. Im daraufhin entstehenden Streit tötet Ödipus den Reisenden, ohne zu wissen, daß er damit seinen eigenen Vater ermordet hat. Er gelangt schließlich nach Theben und löst das Rätsel der Sphinx, bevor er die Stadt betreten kann. Zum Dank dafür wird er zum König ernannt und heiratet Königin Iokaste, seine Mutter.

Durch die schicksalhafte Verkettung der Ereignisse hat Ödipus unwissentlich Inzest begangen, und die Götter rächen sich grausam für dieses Verbrechen, indem sie Theben mit schrecklichen Katastrophen heimsuchen. Als König der Stadt muß Ödipus den Grund für den Zorn der Götter herausfinden, und er entdeckt schließlich seine furchtbare Sünde. Um seine Schuld zu sühnen, sticht Ödipus sich die Augen aus und zieht von nun an als heimatloser und blinder Bettler durch die Welt. Nach langer Wanderung findet er schließlich auf Kolonos Erlösung von seinem Leid (vgl. Schwab 1975, S. 231 ff.).

"Masochistische" Übertragungsformen sind das Spiegelbild offen feindseliger paranoider Übertragungsformen. Bei den ersteren fühlt sich eine Führungsperson von anderen Menschen bedroht oder verfolgt, leidet jedoch gleichzeitig auf Grund ihrer eigenen feindseligen Impulse und Verfolgungswünsche unter Schuldgefühlen. Sie tendiert deshalb unbewußt dazu, Situationen so zu konstellieren, daß sie irgendeine Form von Bestrafung provozieren. Es kann sich bei diesen Managern z. B. um scheinbar inkompetente Pechvögel handeln, denen einfach nichts gelingen will. Viele von ihnen fürchten sich vor dem Erfolg, weil sie unbewußt davon ausgehen, daß andere dadurch auf sie neidisch werden und sich ihnen gegenüber feindselig verhalten. Manager mit stärker ausgeprägten masochistischen Zügen versuchen auch, ihre Schuldgefühle dadurch zu beschwichtigen, daß sie unbewußt Mißerfolge herbeiführen, indem sie z. B. viel zu hohe Risiken eingehen und sich so den Zorn ihrer Vorgesetzten zuziehen.

Ödipale Übertragungsmuster: Die ödipale Phase in der kindlichen Entwicklung ist ein Lebensabschnitt, der auf die inhaltliche Ausgestaltung von unbewußten Phantasien und Übertragungsbeziehungen einen großen Einfluß ausübt. Ausgehend von Rekonstruktionen, die Freud anhand der psychoanalytischen Behandlung erwachsener Patienten vornahm, erkannte er schließlich, daß alle Kinder im Alter zwischen etwa 4 und 6 Jahren eine Entwicklungsphase durchlaufen, in der die triangulären Beziehungen zu Vater und Mutter von besonderer Bedeutung für das psychische Erleben des Kindes werden. Neuere psychoanalytische Forschungsergebnisse (Abelin 1971) haben den Zeitpunkt, zu dem trianguläre Beziehungen für die weitere Entwicklung eines Kindes wichtig werden, immer weiter zurückverlegt. So nehmen Kinder schon sehr bald nach der Geburt eine Beziehung zu ihrem Vater auf, der ihnen hilft, sich aus der sehr engen Mutter-Kind-Bindung abzulösen und schrittweise zu einem von der Mutterpersönlichkeit losgelösten Menschen mit einer eigenen, individuellen Identität zu werden (vgl. Mertens 1990 a, S. 58 ff.). Dennoch ist das Alter zwischen etwa 4 und 6 Jahren als ein Lebensabschnitt anzusehen, in dem das Erleben von Eifersucht und Rivalität mit dem gegengeschlechtlichen Elternteil ein besonders kritisches Stadium durchläuft, das die Persönlichkeit eines Menschen prägen kann. Für eine gesunde psychische Entwicklung wäre es wichtig, daß das Kind zu *beiden* Eltern eine befriedigende Beziehung aufrechterhalten kann. Dies setzt voraus, daß die Eltern selbst wieder zueinander in einer guten Beziehung stehen. Die ödipale Entwicklung beginnt zu entgleisen, wenn die Beziehungen im Dreieck sich auf eine Dualbeziehung verkürzen, von denen sich jeweils einer ausgeschlossen fühlt (vgl. Bauriedl 1987).

So kann etwa die Mutter von ihrem Mann aus irgendwelchen Gründen enttäuscht sein und sich deshalb an ihren Sohn als eine Art Ersatzpartner klammern, von dem sie sich die Erfüllung ihrer Wünsche erhofft, und der deshalb in ihren unbewußten Phantasien die Rolle eines idealisierten erwachsenen Mannes spielt. Natürlich durchläuft nicht nur der kleine Junge eine Phase ödipalen Erlebens, sondern auch das kleine Mädchen, bei dem sich deshalb analoge rivalisierende Tendenzen und Phantasien nachweisen lassen, die bei ihm allerdings darum kreisen, den Vater für sich allein zu haben.

Eine gescheiterte und entgleisende Entwicklung in diesem Lebensabschnitt führt zur Entwicklung einer Vielfalt von unbewußten Phantasien, Wünschen und Handlungsimpulsen, in deren Zentrum stets die ödipale Thematik mit Ausgeschlossensein, Rivalität, Einzigartigkeit, Fixierung an einen Elternteil und massiven Schuldgefühlen steht.

Die Spuren der ödipalen Entwicklung finden sich nicht nur in der psychoanalytischen Behandlung erwachsener Patienten, in der durch die Dynamik der Übertragung sehr bald ödipale Erlebnis- und Verhaltensmuster in der Beziehung zum Analytiker reaktiviert werden, sondern direkter auch in der Kinderpsychotherapie und in der Beobachtung normaler Kinder. Viele Eltern berichten irgendwann lächelnd davon, daß ihr kleiner Sohn gesagt habe, der Vater solle weggehen, damit er an seine Stelle treten und die Mutter heiraten könne. Die wichtigsten Merkmale des ödipalen Erlebens bleiben jedoch vielen Eltern verborgen, weil sie in die Phantasiewelt des Kindes gehören, die sich vielleicht im Spiel zeigt, aber nur sehr selten in Worte gekleidet wird.

Der kindliche Ödipuskomplex löst sich normalerweise dann auf, wenn das Kind seinen Wunsch, den Vater zu verdrängen und die Mutter nur für sich allein zu haben, aufgeben kann. Genau betrachtet löst sich der Ödipuskomplex allerdings nie vollkommen auf, sondern bleibt bei jedem Menschen in der einen oder anderen Weise in Spuren weiterhin vorhanden. Der kleine Junge akzeptiert dann als unabänderliche Realität, daß Vater und Mutter als Elternpaar zusammengehören und stellt sich darauf ein. Es ist aber nicht nur die Realität, die zur Lösung der ödipalen Konflikte führt. Das Kind erkennt nämlich nicht nur, daß der Vater sehr viel größer und mächtiger ist als es selbst - der Vater ist ihm ja praktisch in nahezu allen Dingen überlegen.

In seiner Phantasiewelt hat der kleine Junge auch Angst davor, vom Vater für seine kindliche Rivalität bestraft zu werden. Der Vater wird also gleichzeitig bewundert, geliebt und gefürchtet, und der kleine Junge sucht einen Ausweg aus diesem Konflikt, indem er sich mit seinem mächtigen Vater identifiziert, etwa in der Annahme: "Wenn ich seinen Platz schon nicht einnehmen kann, dann muß ich mich eben anstrengen, um eines Tages so zu werden wie er."

Es wirkt sich sehr ungünstig aus, wenn in der Vaterbeziehung des kleinen Jungen die Furcht überwiegt. Das Kind wird dann unfähig, zu Autoritätspersonen eine positive Beziehung einzugehen. Bereitwillig ordnet es sich den Menschen unter, die mächtiger als es selbst sind, während es sich gleichzeitig gegenüber schwächeren und von ihm abhängigen Menschen wie ein Tyrann benimmt. Eine günstigere und gesunde Lösung der ödipalen Entwicklung führt hingegen dazu, daß der Vater respektiert und geachtet wird, anstatt übermäßig gefürchtet zu werden.

Menschen, die die Entwicklungsaufgaben der ödipalen Phase nicht befriedigend lösen konnten, bringen in ihr späteres Leben viele Konflikte und Probleme mit. Als Erwachsene geraten sie nicht selten fortgesetzt in

Autoritätskonflikte mit Vorgesetzten, und es fällt ihnen wegen der damit verbundenen Angst und Schuldgefühle sehr schwer, ihren eigenen Einfluß auszuüben. Sie tendieren übermäßig dazu, alle Ereignisse und Situationen unter den Gesichtspunkten von Wettbewerb, Konkurrenz und Rivalität wahrzunehmen und einzuschätzen, wozu natürlich die Realitäten der Leistungsgesellschaft ganz erheblich beitragen. Dennoch sind es Menschen mit unbewußten ödipalen Konflikten, die auf Wettbewerb und Konkurrenz ganz besonders empfindlich reagieren, und durch diese spezifische Sensibilität unterscheiden sie sich qualitativ von den Menschen mit einer befriedigenden Vater- bzw. Mutterbeziehung.

Selbstverständlich können auch alle ödipalen Übertragungsmuster (s. Tabelle 3.3.1 S. 103) in sehr vielfältigen Formen und Ausprägungen in Erscheinung treten. Gemeinsames Merkmal dieser Übertragungsformen ist aber, daß auf einen Vorgesetzten oder auf eine Vorgesetzte die Erfahrungen, Wünsche und Ängste übertragen werden, die ein Mitarbeiter oder eine Mitarbeiterin in seiner bzw. ihrer ödipalen Vater- bzw. Mutterbeziehung erlebt hat. Darin sind immer auch verdeckte oder offene Rivalitäten enthalten.

Libidinös gefärbte Übertragungen können z. B. dazu führen, daß ein Mitarbeiter seinen Vorgesetzten als eine Art Wunschvater phantasiert, dem er sich bereitwillig unterordnet und zu dem er eine intensive Zuneigung empfindet, ganz ähnlich wie er in der Kindheit seinen geliebten Vater idealisiert hat. Wenn der Mitarbeiter in seiner Kindheit alle rivalisierenden Tendenzen seinem Vater gegenüber abwehren und verdrängen mußte, dann fällt es ihm möglicherweise auch sehr schwer, seine eigenen Interessen gegenüber einem Vorgesetzten angemessen zu vertreten und seine eigenen Fähigkeiten voll zu entfalten. Das Ausweichen vor der ödipalen Rivalität, das vielleicht deshalb notwendig wurde, weil der wirkliche Vater auf die rivalisierenden Bestrebungen seines Sohnes nicht mit Gelassenheit reagieren konnte, sondern sie auf Grund eigener ungelöster Konflikte unterdrücken mußte, kann sich beispielsweise darin zeigen, daß der Mitarbeiter sich kleiner macht, als er wirklich ist, seine eigene Kompetenz herunterspielt und seine eigenen Leistungen abwertet. Solche Mitarbeiter wirken übertrieben bescheiden und können auf ihre Leistungen nicht wirklich stolz sein. Es kann auch sein, daß sie vor ihrem beruflichen Erfolg unbewußt Angst haben: Wegen ihrer Tendenz, zwischenmenschliche Beziehungen vor allem unter dem Aspekt von Wettbewerb und Rivalität zu sehen, würde ein solcher Erfolg für sie gleichbedeutend sein mit einem Sieg über den Rivalen, z. B. über einen Kollegen oder Vorgesetzten. Da das innerseelische Bild dieses Rivalen unwillkürlich mit der eigenen Vaterbeziehung assoziiert ist, kommt es zu unbewußten Phantasien, die darum kreisen, dem eigenen Vaterrivalen überlegen zu sein. Mit dieser Vorstellung gehen, bedingt durch die Konflikthaftigkeit des ödipalen Erlebens, starke Schuldgefühle einher.

Tabelle 3.3.1 Ödipale Übertragungsmuster

Erscheinungs-formen:	Unbewußte Dynamik:	Merkmale:
Libidinöse Idealisierung	Idealisierung unter Verdrängung aller rivalisierenden Tendenzen	Der Vorgesetzte wird wie ein Wunschvater behandelt
Selbst-abwertung	Unterordnung aus Angst vor der Rache des mächtigen Vater-Rivalen	Übertriebene Bescheidenheit und Zurückhaltung des Mitarbeiters
Angst vor dem Erfolg	Schuldgefühle, weil Erfolg den Sieg über den Vater-Rivalen bedeuten würde	Unerklärbares Scheitern, plötzliche Fehlschläge, "Leichtsinnsfehler", "Pechvogelsyndrom"
Pseudo-unterordnung	Angst vor Vergeltung und indirekten Racheakten	Kleine Nadelstiche, Intrigen, Zurückhalten von Informationen, Sabotageakte

Als Ausweg aus diesem Dilemma wird dann manchmal der eigene Erfolg unbewußt sabotiert: Oberflächliche und scheinbar unerklärbare Fehler schleichen sich ein, auf einmal scheint alles schief zu gehen, und der Mitarbeiter scheint plötzlich wie vom Pech verfolgt zu sein. Die eintretenden Mißerfolge werden paradoxerweise sogar beinahe mit Erleichterung aufgenommen, was auf Vorgesetzte verständlicherweise sehr befremdend wirkt: Ihr Mitarbeiter scheint sich nicht allzuviel aus seinen Fehlschlägen zu machen. Der Grund dafür ist aber nicht in mangelnder Ernsthaftigkeit zu suchen, mit der der Mitarbeiter sich um die Erledigung seiner Arbeitsaufgaben bemüht, sondern vielmehr werden Fehlschläge von ihm unbewußt als gerechte Strafe für seine Rivalität erlebt. Sie sind unbewußte Selbstbestrafungen, mit deren Hilfe Schuldgefühle beschwichtigt und abgewehrt werden sollen. Unterdrückt ein Mitarbeiter seine Rivalität aus Angst vor den Konsequenzen einer offenen Äußerung seiner Impulse, so kann dies Haß und Wut auf seinen Vorgesetzten in ihm auslösen. Unbewußt beschuldigt er dann seinen Vorgesetzten, ihn zu dieser angespannten und quälenden Selbstbeherrschung gezwungen zu haben.

Autoritäre Vorgesetzte geben oft sehr reale Gründe für solche Wutgefühle an. Da es zu gefährlich wäre, diese aggressiven Impulse offen auszudrücken, müssen bestimmte Umwege eingeschlagen werden. In zahlreichen Vorkommnissen und einer "Nadelstich-Taktik" zeigen sich dann die Ergebnisse der verdrängten Rivalitätstendenzen: Für den Vorgesetzten wichtige Informationen werden unter irgendwelchen Vorwänden zurückgehalten, der Mitarbeiter kommt häufig zu spät, er baut in seine Arbeit verdeckte Sabotageakte ein etc. Das folgende Beispiel verdeutlicht die weitreichenden Konsequenzen, die ödipale Ereignisse und Konstellationen für die berufliche Situation eines Menschen haben können:

> Ein junger Mann unterzog sich einer psychoanalytischen Behandlung, weil er immer wieder in heftige Auseinandersetzungen mit seinen Vorgesetzten geriet und sich deshalb ernsthafte Sorgen um seine weitere berufliche Karriere machte. Gegenüber seinen Vorgesetzten empfand er eine solche Abneigung, daß er versuchte, möglichst jeden Kontakt zu ihnen zu vermeiden. Die Kommunikation zwischen ihm und seinen Vorgesetzten war deshalb natürlich sehr schlecht, so daß Spannungen nicht ausbleiben konnten. Außerdem berichtete der Patient noch von seinen depressiven Verstimmungen: er litt unter dem Gefühl der Leere und Erschöpfung, fühlte sich irgendwie aber auch gelangweilt. Darüber hinaus war er mit seiner Ehe nicht zufrieden.
>
> Im Verlauf der psychoanalytischen Behandlung kam seine sehr enge und intensive Beziehung zu seiner Mutter zur Sprache. Der Vater des Patienten mußte während des Zweiten Weltkrieges seinen Militärdienst ableisten, und als er nach dem Krieg schließlich nach Hause kam, hatten er und sein Sohn sich einander entfremdet. Es gelang dem Patienten nicht, eine vertrauensvolle Beziehung zu seinem Vater aufzubauen. Vielmehr erlebte er ihn wie einen Eindringling, der ihm die Mutter wegnahm. Beinahe noch schlimmer war für ihn die Geburt seiner kleinen Schwester, weil dadurch endgültig deutlich wurde, daß er nun nicht mehr die wichtigste Person für seine Mutter war.
>
> Zaleznik u. Kets de Vries gehen davon aus, daß die seelischen Probleme des Patienten vor allem darauf zurückzuführen sind, daß er seinen Ärger und seine Wut über diese Situation zu sehr unterdrückte. Er hatte große Angst vor der Reaktion des Vaters auf seine feindseligen Gefühle und fühlte sich gleichzeitig auch noch von seiner Mutter verraten und enttäuscht. Um seinen Ärger und seine Wut abzuwehren, setzte eine seelische Überreaktion ein: Er konnte nicht nur nicht zulassen, Wut und Ärger bewußt zu erleben, sondern verdrängte darüber hinaus auch gleich alle anderen Gefühle. Seinen Ärger erlebte er offensichtlich als so überwältigend, daß er geradezu Angst davor hatte, er könnte jemanden umbringen, wenn er diese Gefühle wirklich einmal zuließe. Dann erlitte er tatsächlich ein ähnliches Schicksal wie Ödipus, der von allen verstoßen und gehaßt wurde (nach Zaleznik u. Kets de Vries 1985, S. 63 f.).

Zusammenfassend läßt sich festhalten: Die idealisierende Übertragung, die Spiegelübertragung, die paranoide und die ödipale Übertragung sind 4 spezifische Übertragungsformen, die durch die unbewußte Wiederholung alter Beziehungsmuster in der Gegenwart entstehen. Sie haben ihren Ursprung in den Erfahrungen, die ein Mensch im Verlauf seiner Kindheit mit den Personen gemacht hat, die für ihn am wichtigsten waren. Diese Personen waren natürlich vor allem seine Eltern und Geschwister. Die durch Übertragungen ausgelösten Schwierigkeiten kommen dadurch zustande, daß ein Vorgesetzter von seinem Mitarbeiter z. B. so erlebt und behandelt wird, wie der Mitarbeiter einmal eine für ihn emotional bedeutsame Bezugsperson erlebt hat. Familiäre Erlebnisse und Erfahrungen werfen ihre Schatten also auch auf die Beziehungen zwischen Kollegen, Vorgesetzten und Mitarbeitern. Im nächsten Abschnitt werden deshalb weitere familiäre Beziehungsmuster beschrieben, die in ähnlicher Form auch auf zwischenmenschliche Beziehungen in einem Unternehmen zutreffen können.

3.3.2 "Family Life" im Unternehmen?

Double-binds: Die vor allem aus der praktischen Arbeit von Familientherapeuten gewonnenen Erkenntnisse über gestörte Kommunikations- und Interaktionsmuster in Familien können auch zu einem besseren Verständnis problematischer zwischenmenschlicher Beziehungen am Arbeitsplatz beitragen (vgl. zum folgenden Kets de Vries u. Miller 1985 a, S. 95 ff.).

In sogenannten Double-binds (Bateson et al. 1969) z. B. erhält jemand in einer für ihn sehr wichtigen Beziehung von seinem Partner 2 einander widersprechende Botschaften und gerät dadurch in eine "Zwickmühle": Die Erfüllung der einen Botschaft bedeutet immer die Mißachtung der anderen. Wenn er weder die Situation verlassen, noch den Widerspruch in der Kommunikation offen ansprechen (metakommunizieren) kann, hat er sich in der pathologischen Beziehung einer "Doppelbindung" verfangen. "Familienmythen" (Stierlin 1975, S. 150 ff.) wie z. B. der Mythos "alles ist in Ordnung", obwohl in Wirklichkeit das Familienleben ernsthaft gestört ist, stellen einen Versuch dar, durch Verleugnung pathologischer Verhaltensweisen unbewußte Konflikte nicht bewußt werden zu lassen.

Familienmythen werden von manchen Eltern unbewußt dazu benützt, eigene Wünsche stellvertretend durch ihre Kinder erfüllen zu lassen. Daneben gibt es noch verschiedene andere Strategien der Verleugnung und Verdrängung familiärer Konflikte, die den Kindern die Entwicklung einer individuellen und von den Eltern losgelösten Identität erschweren. Auch in Unternehmen entstehen immer wieder Situationen, die den Charakter von Double-binds tragen (Kets de Vries u. Miller 1985 a, S. 99 ff.), wenn inadäquate oder sich widersprechende Botschaften ausgesendet werden, die den Empfänger dieser Botschaften verwirren und verunsichern, wobei das Ausmaß der Abhängigkeit eines Mitarbeiters nicht mit dem eines Kindes vergleichbar ist. Ein Vorgesetzter kann z. B. einem Mitarbeiter verbal seine Anerkennung aussprechen, während er durch den Ton seiner Stimme und durch seinen Gesichtsausdruck gleichzeitig Unzufriedenheit oder Enttäuschung signalisiert.

Solch irritierende Botschaften lösen natürlich Unsicherheit oder Verärgerung aus. Manche Vorgesetzte, die zur Schaffung von Double-binds neigen, halten ihre Mitarbeiter für inkompetent und hilflos. Dadurch können sie ihre häufigen Interventionen rechtfertigen, die im Grunde eher auf ihr eigenes unbewußtes Kontrollbedürfnis zurückgehen. Mitarbeitern mit stark ausgeprägten Abhängigkeitswünschen kommt ein solches Verhalten ihres Vorgesetzten zunächst vielleicht sogar gelegen, während selbständige und kreative Mitarbeiter eine solche Beziehungsform nicht lange ertragen können.

Der Heidelberger Psychoanalytiker und Familientherapeut Helm Stierlin (1978, 1980) hat eine Reihe von Interaktionsmodi herausgearbeitet, die er "als verdeckte organisierende Grundmuster für die offener zutage liegenden spezifischen Eltern-Kind-Interaktionen" (1980, S. 48) bezeichnet. Ganz ähnlich äußert sich auch der Gießener Psychoanalytiker Horst-Eberhard Richter: "Als kindliche Rolle sei ... das strukturierte Gesamt der unbewußten elterlichen Erwartungsphantasien gemeint, insofern diese dem Kind die Erfüllung einer bestimmten Funktion zuweisen" (1984, S. 73). Im folgenden sollen einzelne familiäre Beziehungsmuster und ihre möglichen Auswirkungen auf die Interaktionen in Unternehmen dargestellt werden.

Bindung: Der Bindungsmodus dient in einer Familie dazu, die Ablösung und autonome Entwicklung des Kindes zu verhindern. Stierlin (1980) unterscheidet zwischen einer kognitiven Bindung (z. B. durch falsche Benennung von Gefühlen und Haltungen des Kindes) und einer Loyalitätsbindung (durch Erzeugen von Schuldgefühlen).

Vorgesetzte, die den Bindungsmodus in den Beziehungen zu ihren Mitarbeitern praktizieren (Kets de Vries u. Miller 1985 a, S. 101 ff.), erleben ihre Umgebung sehr häufig als bedrohlich und feindselig. Lediglich einigen wenigen Mitarbeitern bringen sie ein vorsichtiges Vertrauen entgegen. Sie versuchen, ihre Mitarbeiter davon abzuhalten, sich auf "fremdes" oder "gefährliches" Gebiet innerhalb oder außerhalb des Unternehmens vorzuwagen, weil sie dadurch dem Einfluß ihres Vorgesetzten entzogen wären. Nach und nach entsteht so eine Clique favorisierter Mitarbeiter. Um deren Unterstützung sicherzustellen, geht ihr Vorgesetzter allzu bereitwillig auf ihre Forderungen ein. Die Mitarbeiter zahlen für diese Vergünstigungen jedoch einen hohen Preis, da ihr Vorgesetzter von ihnen äußerste Loyalität erwartet. Sie müssen seine Projekte bedingungslos unterstützen und dürfen keine Kritik oder gar Widerspruch äußern.

Manche Vorgesetzte fürchten sich unbewußt vor der Autonomie ihrer Mitarbeiter. Sie stellt für sie eine Bedrohung dar, weil sie längst vergessene und verdrängte Erinnerungen an verlorene Auseinandersetzungen, Feindseligkeiten und Rivalitäten heraufbeschwört. Um diese Bedrohung abzuwenden, verstärken sie die Abhängigkeit ihrer Mitarbeiter und gewähren ihnen z. B. besondere Vergünstigungen; gleichzeitig unterbinden sie jedoch deren Eigeninitiative. Einem solchen Vorgesetzten gelingt es vielleicht zunächst, seine Mitarbeiter zu manipulieren, aber deren Forderungen werden im Laufe der Zeit immer unersättlicher. Sie verlangen von ihrem Chef immer mehr Aufmerksamkeit oder Vergünstigungen und reagieren mit Verärgerung und Enttäuschung, wenn ihre Forderungen nicht erfüllt werden. Auf den Außenstehenden machen diese Mitarbeiter dann einen verwöhnten und beinahe kindlichen Eindruck.

Delegation: Als zweiten wichtigen Modus, dessen unbewußte Dynamik die Interaktionen zwischen Eltern und Kindern steuern kann, beschreibt Stierlin (1978, 1980) die Delegation. Vereinfacht ausgedrückt handelt es sich bei diesen

Delegationen um bestimmte Aufträge, deren Erfüllung die Eltern von ihren Kindern erwarten. Sie sind an sich nichts Negatives, können die Entwicklung und Reifung eines Kindes sogar fördern. Gefährlich werden sie erst im Extrem. Die Eltern können diese Aufträge aus ganz bestimmten Gründen nicht selbst verwirklichen, weil sie sich vor den damit verbundenen Konflikten zu sehr fürchten. Manche Delegationen haben eine Nachhol- oder Ersatzfunktion: Stellvertretend sollen die Kinder vieles von dem nachholen, worauf die Eltern in ihrer Jugend verzichten mußten. Bei den "Kampfaufträgen" wird der Delegierte als Bundesgenosse für Auseinandersetzungen benötigt; wenn er als Versuchsperson gebraucht wird, dann soll er stellvertretend für die Eltern Lösungsmöglichkeiten ihrer Probleme ausprobieren; im Falle einer "Ich-Ideal-Delegation" wird vom Kind erwartet, daß es bestimmte Lebensziele verwirklicht, die die Eltern selbst nicht erreichen konnten; bei Delegationen, die der Selbstwahrnehmung der Eltern dienen, soll das Kind einen Kontrast zu den Eltern herstellen, indem es z. B. durch Projektion als besonders böse erlebt wird, und bei "Über-Ich-Delegationen" soll es die Schuldgefühle eines Elternteils erleichtern (z. B. kann ein Vater, der in seiner Jugend wegen eines relativ harmlosen Delikts verurteilt wurde, endlich sein Gewissen beruhigen, wenn sein Sohn "zufällig" zur gleichen Zeit wie er mit dem Gesetz in Konflikt kommt). Neben diesen einfachen Delegationsformen gibt es noch eine Reihe komplexerer Mischaufträge.

In manchen Beziehungen zwischen Vorgesetzten und Mitarbeitern ist das für Delegationen und Loyalitätskonflikte typische Phänomen der "unsichtbaren Leine" zu beobachten (vgl. Kets de Vries u. Miller 1985 a, S. 105 ff.): Einerseits soll der Mitarbeiter eigenständige Entscheidungen treffen, aber andererseits soll er auch die Wünsche seines Vorgesetzten mit sklavischer Genauigkeit erfüllen. Auch sonst weisen viele Erwartungen, die von Vorgesetzten an ihre Mitarbeiter herangetragen werden, große Ähnlichkeiten mit den von Stierlin beschriebenen familiären Interaktionsformen auf. Manchmal soll ein Mitarbeiter seinen Chef im Rahmen einer Nachhol- oder Ersatzfunktion mit "Aufregung" versorgen, etwa durch provozierende und normalerweise kaum noch akzeptable Aktionen, z. B. Handlungen, die an der Grenze zur Legalität liegen. Er wird von seinem Vorgesetzten zu diesen Handlungen, die dieser im Grunde selbst gern ausführen würde, wäre er risikobereit genug, auf subtile, verdeckte Art und Weise ermutigt. Wenn der Mitarbeiter Erfolg hat, wird er mit Lob überschüttet. Wenn er aber scheitert, wird er von seinem Vorgesetzten vielleicht sogar noch bestraft.

Wird ein Mitarbeiter für die übertrieben ehrgeizigen Karrierepläne seines Vorgesetzten eingespannt, dann kann ebenfalls eine Delegation vorliegen. Der Vorgesetzte ermuntert seinen Mitarbeiter vielleicht dazu, unrealistische und großartige Projekte zu initiieren, deren Glanz auch das Prestige des Vorgesetzten sichtbar erhöhen würde.

In anderen Situationen mit Delegationscharakter wird der Mitarbeiter im Extremfall zu einem bloßen Handlanger degradiert, der seinen Vorgesetzten fortwährend auch bei banalen Arbeiten und Aufgaben unterstützen soll. Kets de Vries u. Miller (1985 a, S. 108) beschreiben eine entsprechende Beziehungskonstellation, die sie durch ihre Tätigkeit als Unternehmensberater kennengelernt haben:

> Der für die Verwaltung verantwortliche Vizepräsident eines mittelgroßen Chemieunternehmens hatte seine derzeitige Stellung vor allem durch die langjährige treue Unterstützung des Firmenpräsidenten erreicht. Seine eigene Karriere war eng mit dem Aufstieg des Präsidenten verbunden: Der Vizepräsident arbeitete zuerst als dessen Assistent, später war er sein Projektmanager, und schließlich stieg er zum Direktor auf. Typisch für Delegationen war an der Beziehung zwischen Präsident und Vizepräsident, daß er sich sogar auch in seiner gehobenen Position persönlich um die banalsten Wünsche seines Chefs kümmern sollte, woraus sich eine Reihe erniedrigender Situationen ergab (nach Kets de Vries u. Miller 1985 a, S. 108).

Ausstoßung: Das wichtigste Merkmal des von Stierlin (1978, 1980) beschriebenen Ausstoßungsmodus besteht darin, daß Eltern ihrem Kind das Gefühl vermitteln, überflüssig und ungeliebt zu sein. Dieser Modus findet sich z. B. in manchen Scheidungsfamilien, wenn das Kind als lästige Erinnerung an einen verhaßten Partner und als Hindernis für eine neue Partnerschaft erlebt wird. Vorgesetzte, die auf diese Interaktionsform zurückgreifen (vgl. Kets de Vries u. Miller 1985 a, S. 108 ff.), erleben ihre Mitarbeiter beinahe als überflüssigen Ballast. Auch für diese Einstellung kann es sehr unterschiedliche Gründe geben. Manchmal tendieren Vorgesetzte auf Grund ihrer Persönlichkeit dazu, für ihre Mitarbeiter oder ganz allgemein für Menschen nur ein sehr geringes Interesse aufzubringen. Diese "schizoiden" Führungspersonen, die sich in die Isolation ihrer eigenen Welt zurückgezogen haben, kümmern sich natürlich auch nicht besonders um ihre Mitarbeiter. Schon häufiger findet man den Ausstoßungsmodus als Kipp-Phänomen bei bindenden oder delegierenden Führungspersonen, die sich dadurch von den emotionalen Verstrickungen befreien wollen, in die sie durch ihr Bindungs- bzw. Delegationsverhalten geraten sind. Nach Jahren eng vertrauter Arbeitsbeziehungen kommen plötzlich bisher verdrängte negative und feindselige Gefühle an die Oberfläche. Die bisherigen Interaktionsmodi, die durch Bindungen und Delegationen gekennzeichnet waren, schlagen plötzlich in ein distanzierendes Verhalten um, wenn z. B. die Führungsperson sich wegen ihrer eigenen Abhängigkeitswünsche und der sich daraus ergebenden Verwundbarkeit zunehmend unbehaglich fühlt. In dem Maße, wie sie diese Abhängigkeit bei anderen Menschen sieht, taucht bei ihr nämlich wieder die alte Angst vor ihren eigenen entsprechenden Wünschen auf, die dann zur Ausgrenzung und Zurückweisung der Mitarbeiter führen kann. Die abrupten Veränderungen und die Gefühlskälte von Vorgesetzten, die zum Ausstoßungsmodus übergehen, wirken sich bei ihren Mitarbeitern ganz analog aus: Diese verlieren zunehmend ihre Fähigkeit, auf die Wünsche anderer Menschen empathisch zu reagieren. Sie werden wie ihr Vorgesetzter und zeigen in ihren Beziehungen zu anderen die gleiche Gefühlskälte. Die Geschehnisse im

Unternehmen kommen ihnen dann ganz folgerichtig wie ein Dschungel vor (vgl. Maccoby 1984 a), in dem die Menschen einander gleichgültig sind und sich gegenseitig belauern und bekämpfen.

Kollusionen und psychosoziale Kompromißbildungen: Im Rahmen der bisher erörterten Beziehungsformen übernimmt in der Regel der Vorgesetzte die Rolle eines Elternteils und der Mitarbeiter den Part, den in einer wirklichen Familie das Kind spielen würde. Diese Rollenzuweisung ergibt sich aus der ungleichen Verteilung von Erfahrung, Macht und Einfluß. Vielleicht eignen sich aber auch bestimmte Mitarbeiter für bestimmte Bindungs-, Delegations- und Ausstoßungs-modi ihrer Vorgesetzten besonders gut, so daß es hierbei zu einem "unbewußten Zusammenpassen" kommt. Neben den Erkenntnissen über gestörte Familien-strukturen läßt sich daher auch das Wissen über die unbewußte Dynamik von Zweierbeziehungen zur Analyse von Beziehungen zwischen Mitarbeitern und Vorgesetzten heranziehen.

Der Schweizer Psychoanalytiker Jürg Willi (1975) hat mit seinem Begriff der Kollusion ein Modell entwickelt, das zum Verständnis der unbewußten Grund-lagen von Konflikten in einer Zweierbeziehung beitragen kann. Unter Kollusion versteht Willi das unbewußte Zusammenspiel zweier Partner. Analog zur Bezie-hung eines (Ehe)Paares kommt es manchmal auch in den Beziehungen zwischen Vorgesetzten und ihren Mitarbeitern zu der "Verbindung eines Partners, der das Bedürfnis nach überkompensierender Progression hat, mit einem Partner, der das Bedürfnis nach regressiver Befriedigung hat. Sie verstärken und fixieren sich gegenseitig in diesem einseitigen Verhalten, weil sie sich wechselseitig in diesen Funktionen benötigen" (S. 24). Normalerweise übernimmt der Vorgesetzte in einer Kollusion den progressiven und der Mitarbeiter den regressiven Part. Das dadurch entstehende Gleichgewicht ist aber sehr labil und führt spätestens dann zu schweren Konflikten, wenn einer der beiden Partner mit seiner komple-mentären Beziehungsposition nicht länger einverstanden ist. Im einzelnen lassen sich die folgenden Kollusionsformen voneinander unterscheiden:

Die narzißtische Kollusion
In diesem Fall sucht der "Komplementärnarzißt" (Willi 1975, S. 83), d. h. der Partner, der die regressive Position übernommen hat - in einem Unternehmen also aller Wahrscheinlichkeit nach der Mitarbeiter - im Partner, d. h. im Vorge-setzten, ideale Anteile des eigenen Selbst. Umgekehrt will der Narzißt als Ver-treter der progressiven Position seinem Mitarbeiter dieses (Ideal)Selbst er-setzen. Diese Kollusionsform kann sich beispielsweise durch die Kombination einer idealisierenden Übertragung, die vom Mitarbeiter ausgeht, mit einer Spie-gelübertragung des Vorgesetzten ergeben (s. Kap. 3.3.1): Ein als grandios wahr-genommener Vorgesetzter wird von seinen Mitarbeitern übertrieben bewundert und verehrt. Der Komplementärnarzißt verdrängt und delegiert an seinen Part-ner also den Anspruch auf ein eigenes (Ideal)Selbst, und der Narzißt verdrängt und delegiert an den Partner seine als minderwertig erlebten Selbstanteile.

Die orale Kollusion

Der Partner in der regressiven Position (der "Pflegling") erwartet vom Partner in der progressiven Position (der "Mutter"; Willi 1975, S. 101) die Befriedigung oraler Bedürfnisse (Schutz, Zuwendung, Unterstützung, Versorgung usw.), auf die dieser prompt mit der Ausübung von entsprechenden "Mutterfunktionen" reagiert.

Die anal-sadistische Kollusion

Im Mittelpunkt dieser Kollusionsform stehen Machtkämpfe. Der regressive Partner (der "heteronome Untertan"), in der Regel der Untergebene, strebt vordergründig den Zustand passiver Abhängigkeit von seinem mächtigen und autonomen Vorgesetzten als progressivem Partner (der "autonome Herrscher"; Willi 1975, S. 115) an. Er verdrängt dabei allerdings seine eigenen Wünsche nach persönlicher Autonomie, während der scheinbar so mächtige Vorgesetzte seine eigenen Trennungsängste und Abhängigkeitswünsche verdrängen muß. Schließlich läßt sich dieses labile Gleichgewicht nicht länger aufrechterhalten, und der Machtkampf beginnt.

Die phallische Kollusion

Das Ziel des Partners in der progressiven Position ist die "männliche Bewährung" (Willi 1975, S. 154), während der regressive Partner sich zunächst mit einer eher passiv-rezeptiven Position zufriedengibt. Er verdrängt dabei allerdings eigene "männliche" Rollenansprüche, komplementär zu der Verdrängung passiv-rezeptiver Tendenzen beim progressiven Partner. Hier könnte man z. B. an manche Vorgesetzte denken, die zu überzogener Rivalität neigen und immer wieder vor aller Welt beweisen müssen, daß sie echte Männer sind, weshalb sie sich deshalb bevorzugt mit eher farblos wirkenden Mitarbeitern umgeben, von denen sie sich in ihrer überkompensierten Männlichkeit um so besser abheben können.

Die beschriebenen Kollusionsformen sollten nicht als scharf voneinander trennbare Kategorien zur vollständigen Typisierung der Beziehungen zwischen Mitarbeitern und Vorgesetzten mißverstanden werden. In der komplexen Realität zwischenmenschlicher Beziehungen trifft man in der Regel auf eine Mischung verschiedener Kollusionsformen. Kollusionen sind ein Beispiel für psychosoziale Kompromißbildungen (Heigl-Evers u. Heigl 1972; vgl. Mentzos 1988), d. h. für eine bestimmte Art des Umgangs zwischen Menschen, durch die die unbewußten Beziehungswünsche der Partner sowie auch ihr Bedürfnis, sich vor unangenehmen oder bedrohlichen Gefühlen zu schützen, wenigstens zum Teil befriedigt werden. Ihre Stabilität hängt von einer Reihe von Faktoren ab. Stabile Formen psychosozialer Kompromißbildungen entstehen vor allem dann, wenn sich die Bedürfnisse von Vorgesetzten und Mitarbeitern im Laufe der Zeit nicht wesentlich verändern, wenn das Beziehungsfeld außerhalb dieser Führungsbeziehung - z. B. die Beziehungen zu Kollegen und anderen Vorgesetzten -

relativ konstant bleibt, und wenn es gelingt, einen für beide Seiten zufriedenstellenden Kompromiß zu finden. Letztlich lassen sich alle Abwehrmechanismen, die den Rahmen des rein Intrapsychischen überschreiten, als psychosoziale Kompromißbildungen begreifen.

Die an einem solchen Kompromiß beteiligten Partner gestalten unbewußt ihre Beziehungen immer wieder nach einem Muster, das in der Vergangenheit für sie prägend gewesen ist. Begriffe wie Bindung, Ausstoßung, Delegation und Kollusion beschreiben neurotische Beziehungsmuster. Ein anderer Ansatz konzentriert sich auf neurotische Persönlichkeitsanteile bei Einzelpersonen und deren Konsequenzen für ein Unternehmen. Im Mittelpunkt der Betrachtung steht die Frage, wie sich problematische Persönlichkeitsstrukturen einzelner Organisationsmitglieder auf die Beziehungen zu den Mitarbeitern und das Funktionieren der Organisation auswirken.

3.3.3 Die Neurosen der Chefs

Kaum ein Mensch ist in seiner Persönlichkeitsstruktur frei von neurotischen, also auf unbewältigten, unbewußten Konflikten beruhenden Elementen. Zwischen den voll ausgebildeten Symptomneurosen, die auch dem Laien den Eindruck einer ernsthaften Erkrankung vermitteln, und dem hypothetischen Zustand völliger seelischer Gesundheit liegt das weite Feld mehr oder weniger neurotisch verzerrter Persönlichkeitsstrukturen, die zwar keine auffälligen Symptome produzieren und die Fähigkeit zur Lebensbewältigung nicht wesentlich einschränken, aber das Erleben und Verhalten eines Menschen aus dem Unbewußten heraus in irrationaler Weise beeinflussen können.

Da auch Führungskräfte sich in diesem Spannungsfeld zwischen Gesundheit und Krankheit bewegen, stellt sich die Frage, wie sich die möglichen "Neurosen der Chefs" (s. auch Neuberger u. Kompa 1986 c) im Unternehmen auswirken (vgl. hierzu auch Kap. 5.3.4).

Obwohl sich individuelle Charakterstrukturen nicht nahtlos in ein Kategorienschema fügen, hat es sich im Sinne größerer Klarheit und schnellerer Verständigung als sinnvoll erwiesen, idealtypisch verschiedene, besonders prägnante und häufig vorkommende Formen neurotischer Persönlichkeitsstrukturen voneinander abzugrenzen. Tabelle 3.3.3 a auf S. 112 gibt einen Überblick über die im folgenden gewählte Einteilung (vgl. z. B. Kernberg 1984, 1988 b, 1988 c; Kets de Vries u. Miller 1985 a, S. 15 ff.). Es sollte dabei allerdings nicht vergessen werden, daß regressive Prozesse in einer Arbeitsgruppe oder Abteilung auch durch besonders belastende Situationen ausgelöst werden können und nicht immer Ausdruck neurotischer Fehlentwicklungen sein müssen.

Tabelle 3.3.3 a Neurotische Persönlichkeitsstrukturen (nach Kets de Vries u. Miller 1985 a, S. 24 f.)

	Persönlichkeitsstruktur				
	depressiv	distanziert	mißtrauisch	zwanghaft	narzißtisch/egozentrisch
Merkmale	Gefühle von Schuld, Hilf- und Hoffnungslosigkeit, dem Schicksal passiv ausgeliefert zu sein; verlangsamtes Denken; Interessenlosigkeit; freudlose Existenz	Isoliert, unbeteiligt, zurückgezogen; Gefühl der Entfremdung; Mangel an Begeisterung; Gleichgültigkeit gegenüber Lob oder Kritik; mangelndes Interesse an Vergangenheit oder Zukunft; wirkt kalt und ohne Emotionen	Sehr argwöhnisch gegenüber anderen Menschen; Überempfindlichkeit und äußerste Wachsamkeit; stets bereit, eingebildete Bedrohungen abzuwehren; übertriebene Beschäftigung mit verborgenen Motiven und Bedeutungen; rational, kühl, wenig Emotionen	Perfektionismus; Vorliebe für unwichtige Details; Mangel an Spontaneität; kann sich schlecht entspannen; peinliche Genauigkeit; dogmatisch, verbohrt; beurteilt Beziehungen nach dem Grad an Dominanz und Unterlegenheit; besteht darauf, daß andere sich seiner Verfahrensweise anpassen	Ichbezogenheit; lenkt die Aufmerksamkeit stets auf die eigene Person; will bewundert werden; verträgt keine Kritik; rascher Wechsel zwischen Idealisierung und Abwertung anderer Menschen; manipuliert andere und nutzt sie für seine Zwecke aus; dramatisches In-Szene-Setzen der eigenen Person
Phantasie	"Der Versuch, mein Leben aktiv selbst zu bestimmen, ist sowieso aussichtslos; ich bin einfach nicht gut genug"	"Die Realität ist für mich völlig unbefriedigend; meine Beziehungen zu anderen Menschen würden ohnehin scheitern - um nicht verletzt zu werden, ist es besser, von vornherein auf Distanz zu gehen"	"Im Grunde kann man niemandem wirklich vertrauen; es gibt immer jemanden, der mich vernichten will; ich sollte besser aufpassen"	"Ich will auf keinen Fall dem Zufall ausgeliefert sein; deshalb versuche ich, alles zu kontrollieren und zu beherrschen, was mich beeinflussen könnte"	"Ich will von meinen Mitmenschen bewundert werden; die Kritik anderer ist immer eine Anmaßung"
Gefahr	Übertriebener Pessimismus; hat Schwierigkeiten sich zu konzentrieren und zu arbeiten; gehemmte Aktivität und Unentschlossenheit	Emotionale Isolation frustriert die Beziehungswünsche anderer Menschen; daraus können Irritationen und aggressives Verhalten entstehen	Verzerrte Wahrnehmung der Realität, weil immer irgendein Verdacht überprüft wird; die defensive Einstellung führt zum Verlust der Fähigkeit, spontan zu handeln	Unentschlossenheit und Aufschub wichtiger Entscheidungen; Unfähigkeit, flexibel von festgelegten Aktivitäten abzuweichen; extremes Vertrauen in Regeln und Vorschriften; hat Schwierigkeiten, das Gesamtbild zu sehen	Oberflächlichkeit; andere Menschen fühlen sich manipuliert und benutzt; Überreaktion auf verhältnismäßig nebensächliche Ereignisse

Die depressive Persönlichkeitsstruktur: Führungspersonen mit einer depressiven Persönlichkeitsstruktur (vgl. Kets de Vries u. Miller 1985 a, S. 34 ff.) leiden unter dem Gefühl, auf den Gang der Ereignisse letztlich keinerlei Einfluß ausüben zu können. Sie fühlen sich unsicher und glauben, nichts zu bewirken. In ihrem Einflußbereich herrscht deshalb ein Führungsvakuum - ihre Abteilung oder ihr Unternehmen treibt mehr oder weniger ziel- und planlos dahin. Innerlich haben sie resigniert und den Versuch aufgegeben, ihr Unternehmen wirklich zu leiten. Auf Grund ihrer Passivität und niedrigen Leistungsbereitschaft ist es ihnen am liebsten, wenn sich möglichst wenig verändert. Das durch diese Führungspersonen entstehende politische Vakuum ermuntert die Mitarbeiter der nächstniedrigen Hierarchieebene nicht selten zu Intrigen und Machtkämpfen.

Die Karrieren depressiver Führungspersonen sind in der Regel von Stagnation und Rückschritt gekennzeichnet; wenn sie überhaupt trotz ihrer Passivität Spitzenpositionen erreichen, können sie sich dort normalerweise nicht lange halten.

Die distanzierte Persönlichkeitsstruktur: Übertrieben distanzierte, auf Abstand bedachte und zurückgezogene Führungspersonen frustrieren durch ihre unzugängliche Wesensart die angemessenen Beziehungswünsche und Unterstützungsbedürfnisse ihrer Mitarbeiter.

> In einer von Kernberg beschriebenen Abteilung mit einem sehr distanzierten Leiter herrschte beispielsweise der Eindruck vor, daß eigentlich niemand die Fäden in der Hand hält. Die Bedürfnisse der Mitarbeiter nach Unterstützung und Verständnis wurden übergangen, und die ganze Abteilung war von der Atmosphäre geprägt, im Grunde sei jeder auf sich allein gestellt. Viele Mitarbeiter konnten in dieser menschlich isolierten Situation nicht zufriedenstellend arbeiten, so daß sich eine recht hohe Fluktuation ergab (nach Kernberg 1984, S. 49 f.).

Eine distanzierte - in psychoanalytischer Terminologie schizoide - Persönlichkeitsstruktur kann auch die Ursache dafür sein, daß eine Führungsperson in ihrer Tätigkeit keine Befriedigung findet. Manche Führungspersonen klagen z. B. über Gefühle der Langeweile und der Entfremdung und verbinden damit Beschwerden über die Qualität ihrer beruflichen Tätigkeit. Vor allem die Langeweile bezieht sich dabei auf ein diffuses Gefühl der Sinnlosigkeit, Absurdität und Oberflächlichkeit. Unzufriedenheit und Langeweile können natürlich durch unbefriedigende und monotone Arbeit entstehen. Chronische Langeweile kann aber auch das Ergebnis einer seelischen Verarmung sein, wie sie für distanziert-schizoide Menschen charakteristisch ist. Diesen Personen fällt es sehr schwer, sich mit intensiver emotionaler Anteilnahme auf das Leben einzulassen (vgl. hierzu und zum folgenden Kets de Vries 1980, S. 28 ff.).

Eine wichtige Funktion der Arbeit besteht darin, das menschliche Leben zu strukturieren und ihm einen Sinn zu geben; Arbeit kann andererseits aber auch eine vielleicht schon vorhandene grundsätzliche Unzufriedenheit noch vertiefen und die Frage nach dem Sinn der eigenen Existenz weiter in den Vordergrund drängen. Das damit häufig verbundene Gefühl der Entfremdung kann dann zwar auf eine unbefriedigende Arbeitssituation zurückzuführen sein, es kann aber auch durch eine zur Persönlichkeitsstruktur verfestigte unbewußte Dynamik bewirkt werden. Menschen mit schizoiden Persönlichkeitsmerkmalen sind für das Gefühl der Entfremdung nämlich sehr viel empfänglicher als andere Menschen und neigen dazu, die weniger befriedigenden Aspekte ihrer Arbeit in den Vordergrund zu stellen. Wenn sie ihre Aufgaben mechanisch erledigen, zu ihrer Tätigkeit keinen persönlichen Bezug herstellen und sich über ihre Leistungen nicht wirklich freuen können, dann kommt es natürlich zu Sinnlosigkeitsgefühlen und Entfremdung. Paradoxerweise sind es aber häufig gerade schizoide Menschen, die inhumane und unbefriedigende Arbeitsbedingungen erst entstehen lassen, um die von ihnen benötigte emotionale Distanz herzustellen.

Zahlreiche Psychoanalytiker haben die Ursachen und die unbewußte Dynamik schizoiden Verhaltens beschrieben (vgl. Riemann 1988): Diese Menschen wirken eher gehemmt oder auch gefühlskalt und arrogant; vor allem versuchen sie, intensive zwischenmenschliche Beziehungen zu vermeiden. Das Gefühl der Sinnlosigkeit, unter dem sie häufig leiden, ist bei ihnen letztlich auf die Entfremdung vom eigenen Selbst sowie auf ihre tief verwurzelte Beziehungslosigkeit zurückzuführen. Die Psychoanalytikerin Karin Horney (1950) verglich diese Entfremdung vom eigenen Selbst mit "der Kluft, die einen Neurotiker von seinen eigenen Gefühlen, Wünschen, Überzeugungen und Energien trennt. Es ist der Verlust des Gefühls, die aktive und bestimmende Kraft des eigenen Lebens zu sein. Es ist der Verlust des Gefühls, ... eine organische Ganzheit zu sein" (S. 157, Übers. von uns; zitiert nach Kets de Vries 1980, S. 34). Erich Fromm (1960) hob hervor, daß ein Mensch, der unter dieser Beziehungslosigkeit leidet, sich selbst fremd geworden ist und sowohl den Kontakt zu seinen eigenen Wünschen und Gefühlen als auch zu denen anderer Menschen verloren hat. Bei schizoiden Personen finden sich deshalb auch viele Merkmale eines "falschen Selbst" (Miller 1979) und der "Als-ob-Persönlichkeit" (Deutsch 1942): Diese Personen machen auf den ersten Blick einen völlig normalen Eindruck, aber ihr Verhalten wirkt dennoch unecht und aufgesetzt. Sie leiden auch selbst unter dem Gefühl der Unwirklichkeit sowie unter der depersonalisierten Qualität ihrer Erlebniswelt, da ihr Verhalten aus einem Konglomerat unterschiedlicher Rollen besteht, die sie ohne innere Überzeugung spielen. Nach außen hin scheint es beinahe so, als ob sie zu differenzierten Gefühlen fähig wären, aber in Wirklichkeit sind ihre Emotionen nur gespielt. Es fehlt ihnen an Wärme, und ihre zwischenmenschlichen Beziehungen bleiben oberflächlich und leer (vgl. Mertens 1990 a, S. 164 ff.).

Kets de Vries (1980, S. 40 ff.) arbeitete 2 verschiedene Formen heraus, in denen schizoide Persönlichkeitsmerkmale bei Führungspersonen auftreten können. Gemeinsam ist beiden Formen die mechanische Art des Umgangs mit Mitarbeitern, Kollegen und Vorgesetzten:

Der soziale Sensor (Social sensor)
zeigt eine schon beinahe zwanghafte Soziabilität. Dieser Pseudokontakt zu anderen Menschen dient ihm dazu, sein Gefühl des Kontaktverlustes zu verbergen und zu verdrängen. Diese Führungspersonen reagieren sofort auf subtile Signale und können ihr Verhalten beinahe so rasch wie ein Chamäleon verändern. Weil sie den Kontakt zu ihrem Selbst verloren haben und über keine fest verankerte Identität verfügen, gelingt es ihnen, ihre Rollen, je nach den situativen Erfordernissen, äußerst flexibel zu wechseln. Nach außen versuchen sie, die Gefühle zu produzieren, die zu ihrer jeweiligen Rolle passen, wirken dabei aber wenig authentisch und überzeugend. Die für sie charakteristischen, automatenhaften Identifikationen und pseudoaffektiven Verhaltensmuster finden sich bei vielen Personen, die sich möglichst gut verkaufen wollen, ohne von einer Idee oder Aufgabe wirklich überzeugt zu sein. Menschen mit dieser Einstellung scheinen auf den ersten Blick gut in ein großes Unternehmen zu passen: Sie sind auf Grund ihrer Fähigkeit, die von ihnen erwarteten Rollen zu spielen, sehr anpassungsbereit und stellen ihre Vorgesetzten meistens zufrieden. Hinter der Mühelosigkeit, Erfolg und Betriebsamkeit vortäuschenden Fassade sind jedoch Sinnlosigkeitsgefühle und das Gefühl der Leere verborgen, so daß diese Menschen in ihrem Privatleben häufig unter depressiven Verstimmungen leiden.

Der Systemmensch (Systems man)
versucht, seinen Schwierigkeiten bei der Gestaltung zwischenmenschlicher Beziehungen dadurch auszuweichen, daß er persönlichen Kontakten möglichst aus dem Weg geht. Er versenkt sich völlig in abstrakte Aufgaben, Pflichten und Ideen. Gefühle erscheinen ihm überflüssig zu sein, und seine Kontakte zu anderen Menschen sind von einer depersonalisierten, mechanischen und rein intellektuellen Natur. Indem diese Führungspersonen sich auf wichtige Arbeitsaufgaben konzentrieren, versuchen sie letztlich, das sie bedrohende Gefühl innerer Leere abzuwehren. Ihre Aktivitäten weisen jedoch eine hektische und gezwungene Qualität auf.

Die mißtrauische Persönlichkeitsstruktur: In großen Unternehmen mit zahlreichen hierarchischen Ebenen ist fast immer ein latentes Potential für ein gewisses Mißtrauen vorhanden. Interne Auseinandersetzungen und Querelen sorgen für eine Situation, in der eigene feindselige Impulse besonders leicht auf andere Menschen projiziert werden. Wenn eine Führungsperson zusätzlich auch noch einen sehr mißtrauischen, in psychoanalytischer Terminologie paranoiden, Charakter hat, erlebt sie vielleicht bereits eine alltägliche Diskussion oder geringfügige Kritik als persönliche Bedrohung oder intrigante Provokation. Das Bestreben, jede Opposition zu unterdrücken und zu kontrollieren, das ja auch bei zwanghaften Menschen vorhanden ist, wird von mißtrauischen Führungspersonen auf die Spitze getrieben. Kernberg schildert folgendes Beispiel:

116

Der Direktor einer psychiatrischen Einrichtung, die eng mit mehreren anderen psychiatrischen Institutionen zusammenarbeitete, hatte stets das Gefühl, daß die Leiter der anderen Einrichtungen gegen ihn irgendwelche Intrigen angezettelt hätten. Er forderte daher von seinen Mitarbeitern viel Unterstützung, wodurch sich das Arbeitsklima zunächst sogar verbesserte, weil alle gegen den gemeinsamen "Feind" zusammenhalten konnten. Auf Grund seiner anhaltenden Auseinandersetzungen mit den Leitern der anderen Einrichtungen konnte der Direktor aber die Belange seiner eigenen Institution bald nicht mehr angemessen vertreten. Er begann daraufhin, seine eigenen Mitarbeiter für die damit verbundenen Schwierigkeiten verantwortlich zu machen. Einige Mitarbeiter hatte er sogar im Verdacht, sich an den "Feind" verkauft zu haben. Die Situation stabilisierte sich erst wieder, als es der Institution gelungen war, sich zunehmend von den vermeintlich bedrohlichen Außeneinflüssen abzugrenzen (nach Kernberg 1984, S. 53 f.).

Vor allem Krisensituationen beinhalten ein großes Risiko für übertrieben mißtrauische Reaktionen (vgl. Kets de Vries u. Miller 1980, S. 72 ff.). Wenn die Realitätswahrnehmung der häufig charismatischen Führungspersonen, deren Aufgabe in der Bewältigung der Krise besteht, beeinträchtigt ist, dann kann es leicht zu paranoiden Entwicklungen kommen, bei denen sich Größenphantasien mit Verfolgungsideen vermischen. Gemeinsam regredieren die Führungspersonen und ihre Mitarbeiter dann nicht selten auf die Ebene eines kindlichen Beziehungsmusters mit Allmachtphantasien und bestärken sich gegenseitig in ihren Überzeugungen.

Wenn ein Manager, der kritische Bemerkungen schlecht verträgt, einmal eine gehobene Führungsposition erreicht hat, dann finden sich unter seinen Mitarbeitern in der Regel stets auch einige Personen, die ihm immer nur ein positives Feedback vermitteln. Für den Zusammenhalt einer solchen Gruppe sorgt der von Psychoanalytikern als "Identifikaton mit dem Aggressor" bezeichnete Abwehrmechanismus: Intrapsychisch verwandelt sich der nicht nur bewunderte, sondern auch gefürchtete Führer in eine Elternfigur, mit der sich manche Mitarbeiter auf Grund analoger Kindheitserlebnisse leicht identifizieren können. Ihre Selbstachtung steigt beträchtlich, indem sie durch diese Identifikation an der am Führer wahrgenommenen Omnipotenz teilhaben können. Manche Führungspersonen nutzen diese Konstellation unbewußt geschickt aus, indem sie stets für ein gewisses Maß an Konflikten zwischen ihren Mitarbeitern sorgen. Gleichzeitig entsteht dadurch natürlich ein Klima des Mißtrauens: Überall werden Bedrohungen wahrgenommen, und jeder ist auf der Hut, als ob andauernd eine Katastrophe bevorstünde.

Henry Ford ist ein Beispiel für eine Führungsperson, die sich mit "Jasagern" umgab. Seine Assistenten erkannten bald, daß der als "Model T" bezeichnete Autotyp für Ford eine Art Heiligtum darstellte und waren nur allzusehr dazu bereit, alle möglichen Gründe für den Rückgang der Marktanteile der Ford Company herauszufinden, mit Ausnahme der wirklichen Ursache: Das "Model T" war schlicht und einfach veraltet (nach Kets de Vries 1980, S. 78).

Die Manifestation eines paranoiden Potentials bei Führungspersonen in Spitzenpositionen wird natürlich durch die Isolation begünstigt, die ihre berufliche Stellung mit sich bringt - die Auffassung, daß niemand so einsam ist wie der Mann an der Spitze, ist wohl zurecht weit verbreitet. Es kann aber auch sein, daß paranoide Symptome plötzlich bei Führungspersonen auftreten, deren Aufgabe es war, ihre Abteilung oder ihr Unternehmen aus einer Krise herauszumanövrieren. Wenn sie das geschafft haben, versuchen sie manchmal, ihre bewunderte und charismatische Stellung zu bewahren, indem sie unbewußt eine Krise nach der anderen provozieren. Kurzfristig bringen eine solche Konstellation und das mit ihr verbundene Gefühl der Bedrohung durchaus einige Vorteile mit sich: die Gruppenkohäsion ist zunächst hoch, die Umwelt (Markt, Kunden usw.) wird umfassend analysiert sowie konzentriert beobachtet, und die festgesetzten Ziele werden mit großer Entschlossenheit verfolgt. Auf lange Sicht überwiegen jedoch eindeutig die Nachteile. Die Umgebung wird in "gute" und "böse" Anteile aufgespalten, Wahrnehmungsprozesse werden entsprechend selektiv verzerrt, und ständig besteht ein intensives Bedürfnis nach positivem Feedback. Es kommt zu Größenideen mit einer noch einseitigeren Realitätswahrnehmung und zu einer rigiden Fixierung auf bestimmte Objekte, wie z. B. auf das "Model T" bei Henry Ford. Weiterhin zeigen sich Verfolgungsideen, die zu einer mißtrauischen Grundhaltung und permanenten Suche nach Sündenböcken führen.

Henry Ford glaubte z. B., seinen Feind in den Gewerkschaften gefunden zu haben; aus dieser Überzeugung heraus ergaben sich zahlreiche kriminelle Aktivitäten, in die sogar die Unternehmensleitung verwickelt war. Ein ehemaliger Boxer mit guten Verbindungen zur Unterwelt von Detroit wurde beispielsweise zum Leiter einer Abteilung ernannt, deren Hauptaufgabe offensichtlich darin bestand, Spitzeldienste zu leisten und die Gewerkschaftsarbeit durch Terror zu unterminieren (nach Kets de Vries 1980, S. 79).

Die Suche nach Sündenböcken innerhalb des Unternehmens oder außerhalb, beispielsweise bei der Regierung, bei der Konkurrenz, bei den Kunden, in anderen Abteilungen oder eben bei den Gewerkschaften, wird auch sehr leicht zur vorherrschenden Aktivität von Vorgesetzten und Mitarbeitern, zwischen denen sich schon beinahe eine *Folie à deux* (Kets de Vries 1978, 1984 b, 1990 a, S. 105 ff.) entwickelt hat. Eine *Folie à deux* ist ein irrationales Interaktionsmuster, das durch das Abhängigkeitsverhältnis zwischen Vorgesetzten und Mitarbeitern sowie durch paranoide Charakterzüge begünstigt wird. Sie kann entstehen, wenn ein mißtrauischer Vorgesetzter zu unrecht glaubt, daß seine Mitarbeiter ihn ausnutzen. Der Vorgesetzte, der seine eigenen Abhängigkeitswünsche übermäßig verdrängt hat, entwickelt gegenüber seinen Mitarbeitern eine gewisse Feindseligkeit, leidet aber gleichzeitig unter Schuldgefühlen, und zwar vor allem dann, wenn seine Mitarbeiter ihm ihre Sympathie und Unterstützung signalisieren. Um diesen unbewußten Konflikt zu lösen, externalisiert er seine Aggressionen und projiziert sie auf andere Personen, Gruppen oder Institutionen. Nun braucht er aber seine Mitarbeiter, damit sie seine paranoiden Ideen und Handlungen unterstützen. Wenn sie sich weigern, dann wird der Vorgesetzte offen feindselig und nimmt sie in seine Phantasie vom "feindlichen Lager" auf. Die Mitarbeiter können dann ihrerseits zwischen den folgenden Reaktionen wählen (Kets de Vries 1978, S. 913 ff.):

Nichtbeteiligung: Die Mitarbeiter ziehen sich in Routineaktivitäten zurück und versuchen, sich zu distanzieren, wodurch ihre Karriere stagniert, oder sie verlassen schließlich ihre Abteilung bzw. ihr Unternehmen, weil sie den Sanktionen ihres Vorgesetzten entgehen wollen.

Pseudobeteiligung: Aus opportunistischen Gründen und ohne innere Überzeugung partizipieren die Mitarbeiter an den irrationalen Verhaltensmustern ihres Vorgesetzten.

Identifikation: Das paranoide Bezugssystem wird von den Mitarbeitern aus eigener Überzeugung übernommen.

Internalisierung: Das irrationale Glaubenssystem ist bei den Mitarbeitern so tief verankert, daß sie an ihm auch dann noch festhalten, wenn die Beziehung zu ihrem Vorgesetzten abbricht, z. B. weil dieser das Unternehmen verläßt.

Derartige paranoide Manifestationen sorgen natürlich für ein denkbar schlechtes Betriebsklima und eine hohe Fluktuation. Letztlich ist diese Konstellation sowohl für das Unternehmen als auch für die davon betroffenen Menschen äußerst destruktiv.

Die zwanghafte Persönlichkeitsstruktur: Die Vorliebe von Führungspersonen mit einer zwanghaften Persönlichkeitsstruktur (Kernberg 1984, S. 50 ff.) für Ordnung, Präzision, Klarheit und Kontrolle fördert einerseits eine präzise Aufgabenteilung und bringt Transparenz in den Entscheidungsprozeß. Andererseits geht das Ordnungsbedürfnis zwanghafter Menschen häufig mit einem sehr ausgeprägten Kontrollbedürfnis einher, so daß eventuell bereits vorhandene bürokratische Tendenzen in einem Unternehmen noch verstärkt werden. Alle wichtigen Entscheidungen werden auf der Grundlage von Regeln, Vorschriften und eher mechanistischen Prozeduren getroffen. Darunter leiden die Kreativität der Mitarbeiter und ihre Selbständigkeit, und zwar vor allem dann, wenn beispielsweise in Krisensituationen oder bei plötzlichen Veränderungen rasche Entscheidungen getroffen werden müssen. Aber auch das auffällige Kontrollbedürfnis zwanghafter Führungspersonen kann schwerwiegende Konsequenzen für ein Unternehmen nach sich ziehen, weil das damit verbundene Verhalten leicht zu einer übertriebenen Unterwürfigkeit der Mitarbeiter führt und kreative Partizipation sowie wertvolle Rückmeldungen verhindert. Das Endergebnis kann eine passive Haltung der Mitarbeiter sowie eine Pseudoabhängigkeit sein, die aus der Angst vor dem autoritären Vorgesetzten entsteht. Das folgende Beispiel ist typisch für die Auswirkungen zwanghafter Tendenzen bei Führungskräften:

Innerhalb eines Jahres nach der Ernennung einer zwanghaften Führungsperson zum Leiter einer psychiatrischen Abteilung verließen die kreativsten und erfahrensten Mitarbeiter diese Abteilung. Anschließend konstellierte sich um den Abteilungsleiter herum eine Gruppe relativ wenig begabter und willfähriger Mitarbeiter, die dazu bereit waren, ihre Unabhängigkeit aufzugeben, wenn sie von ihrem Vorgesetzten dafür entsprechend belohnt würden. Nachdem ein weiteres Jahr vergangen war, wiederholten sich die gleichen Konflikte auf der nächstniedrigen hierarchischen Ebene. Die Lösung der eigentlichen Arbeitsaufgaben geriet nach und nach so sehr in den Hintergrund, daß der Abteilungsleiter letztendlich abgelöst werden mußte (nach Kernberg 1984, S. 52).

Die narzißtische Persönlichkeitsstruktur: Narzißtische Persönlichkeitsstrukturen von Führungspersonen können die gefährlichsten Folgen für eine Organisation mit sich bringen (Kernberg 1984, S. 55 ff.), weshalb auf diese im folgenden besonders ausführlich eingegangen wird.

Narzißtische Menschen (s. Übersicht S. 120) sind stark selbstbezogen. Neben der Tendenz, ihre eigene Bedeutung völlig überzubewerten, sind bei ihnen stets auch Minderwertigkeitsgefühle vorhanden. Sie sind übermäßig von Bewunderung abhängig und reagieren sehr neidisch auf die Leistungen anderer Menschen, wobei ihre emotionale Erlebnisfähigkeit ansonsten eher eingeschränkt ist. Die Menschen, mit denen sie zusammenarbeiten, werden von ihnen mit Geringschätzung behandelt und häufig sogar ausgenutzt.

Narzißten sind in der Regel intelligent, talentiert und fleißig. Eine Führungsposition streben sie deshalb an, weil sie ihnen Macht und Prestige einbringt, und nicht, weil sie von einer Aufgabe oder von einem Ideal wirklich überzeugt wären. Von diesen eher pathologisch narzißtischen Charakterzügen sollte ein gesunder Narzißmus deutlich unterschieden werden. Führungspersonen mit gesundem Narzißmus können die angenehmen Seiten ihrer verantwortungsvollen Position als Ausgleich für die Frustrationen genießen, die mit jeder Führungsfunktion einhergehen. Normale narzißtische Befriedigungsformen haben deshalb auch eine reife Qualität: Eine gesunde Selbstliebe läßt sich z. B. von einer kindlichen und flachen Selbstverherrlichung unterscheiden. Diese gesunde Selbstliebe geht Hand in Hand mit dem persönlichen Überzeugtsein von bestimmten Idealen und Werten sowie mit der Fähigkeit, auch die Bedürfnisse und Wünsche anderer Menschen empathisch zu verstehen. Führer mit gesundem Narzißmus reagieren auf die Erfolge ihrer Mitarbeiter mit Stolz und Befriedigung statt mit Eifersucht oder Neid: "Der Ehrgeiz einer Führungsperson mit pathologischem Narzißmus kreist im Gegensatz dazu um primitive Macht über andere, um den unersättlichen Wunsch, ihnen zu imponieren, und um den Wunsch, wegen persönlicher Attraktivität, Charme und Brillanz bewundert zu werden, nicht etwa wegen reifer menschlicher Qualitäten, moralischer Integrität und Kreativität bei der Wahrnehmung der ... Führungsaufgaben." (Kernberg 1984, S. 57, Übers. von uns)

Ein gesunder, konstruktiver Narzißmus (Kets de Vries u. Miller 1985 b, S. 588 ff.; vgl. auch Kets de Vries 1990 a, S. 98 f.) läßt sich also deutlich von pathologisch narzißtischen Charakterzügen unterscheiden. Menschen mit einem relativ gesunden, konstruktiven Narzißmus waren in ihrer Kindheit nicht dazu gezwungen, bestimmte Teile ihres Selbst abzuspalten und zu verdrängen (Miller 1979), weil die Eltern ihre selbständigen Handlungsimpulse akzeptierten und förderten. Als Kinder konnten sie ihre Gefühle erleben und ausdrücken, also auch Wut und Eifersucht, weil von ihnen nicht verlangt wurde, sie zu unterdrücken.

Spaltung:
die zweigeteilte Welt narzißtischer Menschen

Im Mittelpunkt der Abwehrstruktur narzißtischer Führungspersonen steht ein als Spaltung (Kernberg 1975) bezeichneter innerseelischer Prozeß. Damit ist in erster Linie die Tendenz gemeint, alle Ereignisse oder Personen entweder als ideal (nur gut) oder bedrohlich (nur schlecht oder böse) wahrzunehmen. Wenn es einem Menschen in seiner Kindheit nicht gelingt, gegensätzliche Qualitäten seiner Bezugspersonen zu synthetisieren oder zu integrieren, dann bleiben die entsprechenden innerseelischen Repräsentanzen dieser Bezugspersonen voneinander getrennt, um eine gegenseitige Kontaminierung zu vermeiden. Die Selbstrepräsentation und die Repräsentanzen anderer Menschen werden dadurch auf drastische Weise vereinfacht und können die wirkliche Komplexität und Vieldeutigkeit zwischenmenschlicher Beziehungen nicht mehr erfassen. Deshalb sind die zwischenmenschlichen Beziehungen narzißtischer Menschen sehr stark polarisiert: einerseits erleben sie viel ungezügelten Haß, Angst oder Wut, aber andererseits werden ihre Mitmenschen von ihnen auch übertrieben idealisiert. Die Spaltung dient dazu, Konflikte zu vermeiden, und sorgt dafür, daß man sich selbst als völlig in Ordnung erleben kann, während alles Negative und Schlechte anderen Menschen zugeschrieben wird. Der Preis, der für diese Selbsttäuschung zu zahlen ist, besteht natürlich in einem Mangel an Realitätssinn.

Eng verwandt mit der Spaltung sind primitive Idealisierungen und Abwertungen. Zunächst steht das Bedürfnis nach einer wenig realistischen, nur guten und übermächtigen Repräsentanz anderer Menschen im Vordergrund, die Schutz vor bedrohlichen seelischen Prozessen bieten soll. Angst, das Gefühl der eigenen Unzulänglichkeit und intensive Hilflosigkeitsgefühle führen zu diesem Wunsch nach mächtigen Schutzfiguren. Diese weit überhöhten Erwartungen lassen sich auf lange Sicht jedoch von keinem Menschen zufriedenstellen, und die zuvor idealisierten Personen werden deshalb über kurz oder lang rachsüchtig entwertet. Auch die projektive Identifikation (vgl. Kap. 3.1) beruht auf Spaltungsprozessen.

Auch aggressive Impulse, mit denen sie sich von den Eltern abgrenzen wollten, mußten von ihnen nicht verdrängt werden, weil sie die Selbstachtung und das Selbstvertrauen der Eltern vielleicht zu sehr erschüttert hätten. Es war diesen Kindern möglich, ambivalente Gefühle auszudrücken, wodurch sie sich selbst und andere Menschen als gleichzeitig mit guten und weniger guten Eigenschaften und Fähigkeiten ausgestattet erleben konnten, ohne die "guten" Anteile von den "bösen" Anteilen abspalten zu müssen. Zwar können auch Führungspersonen mit konstruktivem Narzißmus sehr ehrgeizig sein und manchmal auf Kritik überempfindlich reagieren. Aber sie verfügen doch über genügend Selbstvertrauen, Selbstachtung, Anpassungsfähigkeit und Humor, um aufgabenorientiert arbeiten zu können. Ihre Mitarbeiter werden von ihnen fair behandelt. Natürlich freuen auch sie sich über Anerkennung und Bewunderung, aber dennoch können sie ihre Kompetenzen und Grenzen realistisch einschätzen und auch die Leistungen anderer Menschen respektieren. Wenn ihre narzißtischen Tendenzen stärker ausgeprägt sind, dann wirken auch sie wegen der damit verbundenen Ichbezogenheit manchmal arrogant und kühl; im allgemeinen verfügen sie aber über genügend Kreativität, Ideenreichtum und Überzeugungskraft, um ihre Mitarbeiter für ein Ziel begeistern zu können. Entscheidungen werden von ihnen je nach der Situation ihrer Abteilung oder ihres Unternehmens sehr flexibel getroffen, wobei sie ihre Projekte weder mit zu hohem Risiko noch mit zu großer Vorsicht angehen. Von diesem verhältnismäßig gesunden Narzißmus können 2 Formen narzißtischer Störungen unterschieden werden (Kets de Vries u. Miller 1985 b, S. 588 ff.; vgl. auch Kets de Vries 1990 a, S. 94 ff.); vor allem die zweite zieht schwerwiegende Konsequenzen nach sich:

Illusionärer Narzißmus
Diesen Menschen wurde von ihren Eltern bzw. von einem Elternteil in der Kindheit das Gefühl vermittelt, unabhängig von ihren Handlungen bewunderungswürdig und geradezu vollkommen zu sein. Als Folge davon entwickelten sie ein grandioses Selbst (Kohut 1973). Grandiose Narzißten sind nicht unbedingt tyrannisch; es kommt ihnen vor allem auf Bewunderung an, und sie wollen darüber hinaus von ihren Mitmenschen geliebt werden. Es fehlt ihnen aber an Einfühlungsvermögen, und im Grunde geht es ihnen in erster Linie um die Befriedigung ihrer eigenen Wünsche und Interessen. In ihrem Verhalten schwingt ganz ähnlich wie bei manchen schizoiden Menschen eine eigentümliche "Als-ob-Qualität" mit, da sie über keine stabile Identität mit festen Überzeugungen verfügen. Weil sie bereits auf geringfügige Kritik verletzt reagieren, bevorzugen sie unkritische Mitarbeiter. Zwar zeigen sie gelegentlich Interesse für die Sorgen und Wünsche anderer Menschen, aber eher um ihnen sympathisch zu sein als aus echter Anteilnahme. Manchmal werden einzelne Mitarbeiter von ihnen idealisiert und so sehr vereinnahmt, daß sie so gut wie keine selbständigen Initiativen mehr zeigen dürfen.

Bevor diese Führungspersonen eine wichtige Entscheidung treffen, sorgen sie für eine genaue Analyse. Ihr Streben nach Perfektion und ihr zögerliches Verhalten - sie wollen um keinen Preis einen Fehler machen - können eine Abteilung oder ein Unternehmen jedoch stagnieren lassen.

Reaktiver Narzißmus

Hierbei handelt es sich um die schwerwiegendste narzißtische Charakterstörung, deren Ursachen ebenfalls in der Kindheit liegen. Elterliche Verhaltensweisen, die vom Kind als abweisend, kalt oder extrem unempathisch erlebt wurden, stehen am Anfang einer Fragmentierung des sich entwickelnden Selbst. Menschen mit reaktivem Narzißmus wirken kalt, ohne Mitleid, grandios und exhibitionistisch, sie stellen sich betont zur Schau, um bewundert zu werden. Als Mitarbeiter bevorzugen sie "Jasager", und auf Kritik reagieren sie mit heftiger Wut. Da ihnen jede Fähigkeit zur Empathie fehlt, herrscht in ihrem Einflußbereich eine hohe Fluktuation. Teamarbeit oder Projekte, die eigene Initiativen der Mitarbeiter erfordern, können unter ihrer Leitung kaum verwirklicht werden. Als Führungspersonen werden von ihnen besonders riskante Vorhaben mit Aussicht auf einen strahlenden Erfolg bevorzugt, und zwar ohne vorhergehende gründliche Planung. Mißrät dabei etwas, werden dafür stets andere Menschen verantwortlich gemacht.

Abb. 3.3.3 b auf S. 123 (nach Kets de Vries u. Miller 1985 b, S. 589) faßt die wichtigsten Merkmale der 3 oben beschriebenen Erscheinungsvarianten des Narzißmus zusammen.

Tabelle 3.3.3 b Narzißtische Persönlichkeitsmerkmale
(nach Kets de Vries u. Miller 1985 b, S. 589)

reaktiv	illusionär	konstruktiv
Frühe Beziehungsformen (Ätiologie)		
Abweisende, unempathische Eltern; keine sichere Bindung	Überfordernde Eltern; keine sichere Bindung	Ausreichend gute Beziehungs- struktur; Gefühl der Akzep- tanz
Abwehrmechanismen (Spaltung, projektive Identifikation, Idealisierung, Abwertung)		
Vorherrschend, ernst, häufig	Variierende Häufigkeit, Intensität und Erschei- nungsform	Selten, schwach ausgeprägt
Symptome		
Grandiosität, Exhibitionis- mus, Mitleidslosigkeit, Kälte, Anspruchsdenken (strebt nach Dominanz)	Mangel an Empathie, ma- chiavellistische Einstellung, Angst vor Mißerfolg, Jagd nach dem Ideal, Ich- Bezogenheit (strebt nach Anerkennung)	Humor, Kreativität, Selbst- vertrauen, gesunder Ehrgeiz, Energie, Beharrlichkeit, strebt nach Leistung
Auswirkungen auf das Unternehmen		
1. Führung		
Ausstoßungsmodus, Toleranz nur für Jasager, rücksichtslo- ser Gesprächspartner, Wünsche der Mitarbeiter werden ignoriert, wütende Reaktion auf Kritik	Bindungsmodus, Bevorzu- gung unkritischer Mitarbeiter, diplomatisch, instrumentelle Berücksichtigung der Mitar- beiterinteressen, verletzte Reaktion auf Kritik	Reziproke Beziehungen, Beurteilung der Mitarbeiter auf Grund ihrer Leistung, kreativ, Mentorrolle, lernt aus Kritik
2. Entscheidungsprozeß		
Große, riskante und spekta- kuläre Projekte, niemand wird um Rat gefragt, Opposition wird unterdrückt, Suche nach Sündenböcken, Fehlschläge werden niemals zugegeben	Konservativ, vorsichtige Projekte, zu viele werden um Rat gefragt, mangelnde Entschlußfreudigkeit (Angst vor Fehlschlägen)	Ausreichende Konsultatio- nen, Sammeln von Informa- tionen, selbständige Entscheidungen

3.4 Regressive Prozesse in Arbeitsgruppen

Im vorhergehenden Kapitel wurden regressive Phänomene beschrieben, die durch die Persönlichkeitsstruktur einer Führungsperson ausgelöst und gefördert werden können, während in den Kapiteln 3.3.1 und 3.3.2 Übertragungen und neurotische Beziehungsmuster zwischen Vorgesetzten und Mitarbeitern dargestellt worden sind. Im folgenden sollen noch 3 regressive Erscheinungsformen von Gruppen skizziert werden, die auch in Arbeitsgruppen auftreten können. Sie wurden zuerst von Bion (1959) erforscht und beruhen auf bestimmten unbewußten Phantasien, durch die die Mitglieder einer solchen Gruppe in ihrem Denken und Handeln stark beeinflußt werden. Tabelle 3.4. gibt einen Überblick über die wichtigsten Merkmale dieser Gruppen.

Tabelle 3.4 Grundformen unbewußter Gruppenphantasien
(nach Kets de Vries u. Miller 1985 a, S. 53)

Unbewußte Gruppen-phantasie	Merkmale		
	Grundannahme	Wesentliche Dynamik	Wichtigste Emotionen
Kampf/Flucht	Es gibt einen inneren oder äußeren Feind, gegen den man sich verteidigen oder den man angreifen muß	Feindselige Impulse werden auf andere Menschen projiziert; Aufspaltung der Lebens- und Arbeitswelt in gut und böse	Wut, Haß, Angst, Mißtrauen
Abhängigkeit	Der Wunsch, von einem mächtigen Führer unterstützt und beschützt zu werden	Idealisierung (manchmal auch Abwertung) des Führers oder seines Kodex	Depression, Neid, Schuldgefühle, ehrfurchtsvolle Verehrung
Utopie	Es gibt einen Menschen oder eine Idee, der bzw. die die Gruppe von ihrem Haß, ihren destruktiven Impulsen und ihrer Verzweiflung befreien wird; man muß ihn bzw. sie nur finden	Phantasien und Erwartungen, die um unrealistische und utopische Ideale kreisen	Utopische Hoffnung, Glaube, enthusiastische Begeisterung, Verzweiflung, Desillusionierung

Auch bei regressiven Entwicklungen in Arbeitsgruppen ist es die Führungsperson, die durch die Qualität ihrer Führung einen wichtigen Einfluß auf diese Prozesse ausübt. Einer Führungsperson, die über ein kritisches Urteilsvermögen, Selbsterkenntnis und psychoanalytisches Wissen verfügt, fällt es deshalb aller Wahrscheinlichkeit nach auch leichter, die Regression von Arbeitsgruppen zu begrenzen.

Das Ausmaß, in dem Arbeitsgruppen ihre eigentlichen Aufgaben vernachlässigen und von kollektiven Phantasien beherrscht werden, hängt insgesamt somit von der Anfälligkeit einer Führungsperson und ihrer Mitarbeiter für diese dysfunktionalen und nur schwer veränderbaren Phantasien ab. Im einzelnen lassen sich nach Bion (1959) die 3 folgenden Formen unbewußter Grundannahmen unterscheiden, die die Interaktionen einer Arbeitsgruppe oder Abteilung ganz entscheidend beeinflussen können (s. Kets de Vries u. Miller 1985 a, S. 47 ff.):

Kampf/Flucht

Im Mittelpunkt der unbewußten Phantasien einer Kampf/Fluchtgruppe steht die Befürchtung, daß es irgendwo einen gefährlichen Feind gibt, vor dem man sich schützen muß. Die Mitglieder einer solchen Gruppe erleben ihre Umgebung deshalb als extrem bedrohlich. Sie spalten ihre Kollegen, Vorgesetzten und Mitarbeiter in "gute" und "böse" Teilgruppen auf und verleugnen den Gedanken, daß ein Mißerfolg auch auf ihre eigenen Handlungen zurückzuführen sein könnte. Weil alle feindseligen Impulse externalisiert und auf andere Menschen projiziert werden, scheint die wichtigste Aufgabe des Gruppenleiters darin zu bestehen, das Handlungspotential der Gruppe zu mobilisieren, und hier gibt es nur 2 Alternativen: Angriff oder Verteidigung. Aus dieser unbewußten Phantasie heraus kann sich ein regelrecht paranoides Szenario entwickeln; allerdings ist es hierbei nicht nur die Führungsperson, die auf Grund ihrer Persönlichkeitsstruktur ein übertriebenes Mißtrauen an den Tag legt, sondern jedes Mitglied der Gruppe partizipiert an diesen unbewußten Grundannahmen. Abteilungen, in denen ein solches Klima herrscht, sind sehr aktiv: Mit großem Erfolg werden "Feinde" aufgespürt und bekämpft.

Es kann aber auch sein, daß sich statt dessen ein anderes Szenario entwickelt, das auf die Vermeidung von Konflikten abzielt. In diesem Fall führt die Angst vor dem "Feind" zu dem Versuch, sich vor der vermuteten Bedrohung abzuschotten, Schutzwälle zu errichten und die eigene Sicherheit zu erhöhen. Man wendet sich dann beispielsweise bevorzugt internen Prozeduren zu, arbeitet Regeln aus und führt komplizierte Kontrollsysteme ein, um der vermeintlichen Bedrohung - etwa durch die Konkurrenz - zu entgehen.

Kets de Vries u. Miller beschreiben eine Firma, in der eine Kampf/Fluchtatmosphäre herrschte: Nahezu alle Aktivitäten bezüglich der Produktentwicklung, Werbung und Preisbildung zielten darauf ab, den Maßnahmen und Initiativen konkurrierender Firmen defensiv entgegenzuwirken. Die wirklichen Kundenwünsche wurden dagegen so gut wie nicht analysiert. Man war davon überzeugt, daß das eigene Unternehmen zur bevorzugten Zielscheibe der Konkurrenz geworden war und sich entsprechend dagegen verteidigen mußte (nach Kets de Vries u. Miller 1985 a, S. 57 ff.).

Abhängigkeit

In Gruppen mit dieser unbewußten Grundannahme steht der Wunsch im Vordergrund, von einem mächtigen Führer beschützt und angeleitet zu werden. Die Gruppenmitglieder suchen unbewußt nach einem ganz besonderen, omnipotenten Führer, auf den sie sich bis zur Selbstaufgabe verlassen können. Die hinter solchen Gruppen stehende Dynamik wird durch starke Idealisierungswünsche angetrieben; die Mitglieder wollen mit dem als allmächtig phantasierten Führer verschmelzen und dadurch an seiner Macht teilhaben. Alle Handlungen des Gruppenführers werden zunächst als gut erlebt, und alles, was diese Sichtweise in Frage stellen könnte, wird verleugnet. Zunächst macht sich ein gewisses Hochgefühl breit, das aus der Überzeugung heraus entsteht, mit dem guten und beschützenden Führer eins und daher von allen Sorgen frei zu sein. Dieses Hochgefühl liegt aber nur wie eine dünne Schicht über einer depressiven Grundstimmung: Letztendlich fühlen sich die Gruppenmitglieder nämlich schwach und unfähig, beneiden den Führer um seine Vorrechte und leiden deswegen zusätzlich unter Schuldgefühlen. Im Laufe der Zeit erkennen in der Regel einige Gruppenmitglieder, daß der Gruppenleiter ihre übertrieben hohen Erwartungen nicht erfüllen kann. Sehr schnell findet dann eine radikale Einstellungsänderung statt, und die Idealisierung kippt in Abwertung um. Entweder trennt man sich von diesen "Rebellen", indem man sie z. B. versetzt oder entläßt, oder der Gruppenleiter wird tatsächlich abgelöst.

Übertrieben abhängige Gruppen werden häufig von charismatischen oder narzißtischen Führern geleitet. Charismatische Topmanager, die ihren Einflußbereich als Erweiterung ihres eigenen Selbst erleben, ihren Mitarbeitern nur geringe Entscheidungsbefugnisse zugestehen und sich vor allem auf Mitarbeiter stützen, die in ihnen so etwas wie eine idealisierte Vaterfigur sehen, schaffen natürlich Voraussetzungen, unter denen ein solches Klima der Abhängigkeit besonders gut gedeihen kann.

Utopie

Im Mittelpunkt der unbewußten Phantasien "utopischer" Gruppen steht die messianische Hoffnung, daß sich künftig alles zum Guten wenden wird, und daß die Gruppenmitglieder von ihren Konflikten und Ängsten völlig befreit werden. Diese Gruppen leben von der illusionären Überzeugung, daß ein neuer Führer oder eine neue Idee in der Zukunft all ihre Probleme lösen werden. Da die Erwartungen einer solchen Gruppe viel zu hoch angesetzt sind und von keiner Person erfüllt werden können, sind Enttäuschungen vorprogrammiert. Der hoffnungsvolle Glaube der Gruppenmitglieder zerrinnt und läßt Desillusionierung und Verzweiflung zurück.

Gruppen mit einem Arbeitsklima, das durch unbewußte utopische Phantasien geprägt wird, konzentrieren sich vor allem auf phantastische und großartige Zukunftsprojekte. Im Gegensatz dazu werden die drängenden Probleme der Gegenwart vernachlässigt, und wichtige Erfahrungen aus der Vergangenheit werden oft ignoriert.

Utopische Arbeitsgruppen oder Unternehmensbereiche finden sich nach den Erfahrungen von Kets de Vries u. Miller (1985 a) gehäuft in den Forschungs- und Entwicklungsabteilungen großer Unternehmen oder in zukunftsorientierten High-Tech-Bereichen: Innovation ist dann zum Selbstzweck geworden, und großartige Produkte werden mit großem Nachdruck entwickelt, ohne daß auf Absatzchancen, auf den möglichen Gewinn oder auf die Initiativen der Konkurrenz Rücksicht genommen wird. Darüber hinaus werden die Fortschritte bei der Entwicklung des hoffnungsträchtigen Produkts von utopischen Gruppen häufig unrealistisch überbewertet.

Es kann aber auch sein, daß utopische Gruppen erst durch übertriebene Bemühungen um eine ideale Unternehmensstruktur und ein ideales Betriebsklima entstehen. Beratungsfirmen mit einem breiten Angebot an vorgefertigten Patentrezepten und Ad-hoc-Techniken finden in diesen Unternehmen dankbare Abnehmer. Im Gegensatz zu Unternehmen, die darauf achten, daß strukturelle Veränderungen zu ihren Verwaltungs- und Arbeitsaufgaben auch wirklich passen, besteht für solche Betriebe die große Gefahr, ungeeignete Techniken oder Verfahrensweisen auf eine gewachsene Struktur aufzupfropfen.

Alle 3 Grundformen unbewußter Gruppenphantasien können also nicht nur die sachgerechte Erledigung der Arbeitsaufgaben beeinträchtigen, sondern darüber hinaus auch intensive irrationale Emotionen freisetzen.

3.5 Schwierige Führungsprobleme

3.5.1 Arbeitsstörungen

Welche unbewußten Ursachen können dazu führen, daß ein Mitarbeiter eine sogenannte "Arbeitsstörung" entwickelt, also seine Arbeitsaufgaben nicht mehr angemessen erledigen oder keine Befriedigung mehr aus seiner Tätigkeit ziehen kann? Kets de Vries (1984 a, S. 71 ff.) schlägt folgendes Klassifikationsschema vor:

Narzißmus
Arbeitsstörungen, hinter denen sich eine narzißtische Problematik verbirgt, können in sehr unterschiedlichen Formen auftreten, denen die zugrundeliegende Störung in der Entwicklung des Selbstwertgefühls, der Selbstachtung und der Selbstliebe gemeinsam ist (vgl. auch Mertens 1990 a, S. 67 ff.). Wenn die Entwicklung des Selbstwertgefühls in der Kindheit beeinträchtigt wurde, entwickelt der betreffende Mensch unrealistische Phantasien und Erwartungen, sowohl über sich selbst als auch über seine Bezugspersonen. Diese Phantasien kreisen vor allem um Vollkommenheit und Allmacht. Vielleicht waren sie in der Kindheit

zur Aufrechterhaltung eines Mindestmaßes an psychischer Stabilität notwendig, um beispielsweise traumatische Verlusterlebnisse, Hilflosigkeitsgefühle oder schwere Kränkungen zu bewältigen. Wenn sie jedoch nicht realitätsgerecht modifiziert und umgewandelt werden, dann können auch noch dem Erwachsenen Grandiosität und Omnipotenz als die einzig erstrebenswerten und befriedigenden Zustände menschlichen Erlebens erscheinen. Der Wunsch, außergewöhnlich, allen anderen überlegen und geradezu vollkommen zu sein, ist es dann auch, der dazu führt, daß nahezu keine Arbeit mehr mit wirklicher Befriedigung ausgeführt werden kann. Der destruktive Sog des von Kohut (1973) beschriebenen "grandiosen Selbst" kann im Extremfall sogar zu einem "Nobelpreiskomplex" (Tartakoff 1966) führen, d. h. zu äußerst ehrgeizigen und verbissenen Bemühungen um die Verwirklichung von viel zu hoch angesetzten Zielen. Sollte es aber tatsächlich einmal gelingen, einige dieser Ziele zu erreichen, so entsteht auch daraus keine wirkliche Befriedigung, sondern allenfalls ein flüchtiges, grandioses Hochgefühl, das bald wieder anderen unrealistisch ehrgeizigen Plänen weicht, die mit der gleichen rastlosen, beinahe verzweifelten Hartnäckigkeit angestrebt werden. Schmidbauer (1980) hat dieses letztlich aussichtslose und unbefriedigende Kreisen um teilweise unbewußte Größenphantasien nach dem "Alles-oder-Nichts-Prinzip" ausführlich beschrieben. Eine entsprechende Einstellung wirkt sich auch im Berufsleben aus. Jede Bedrohung dieser Phantasien, beispielsweise durch kritische Äußerungen von Vorgesetzten oder Kollegen, kann die damit verbundene Fassade aus Aktivität und Pseudoselbstbewußtsein nämlich zusammenbrechen lassen und Apathie, Resignation, Arbeitsstörungen, Depersonalisationserlebnisse und weitere Symptome auslösen.

Im Grunde ist es unmöglich, die perfektionistischen Anforderungen eines narzißtisch verzerrten Selbstbildes zu erfüllen. Deshalb fürchten sich narzißtisch gestörte Menschen auch ganz besonders vor Kritik und Strafe, so daß sie möglicherweise eine regelrechte Sozialangst entwickeln. Stets meinen sie, auf der Hut sein zu müssen. Die bloße Tatsache, sich mit der Lösung von Arbeitsaufgaben zu befassen, kann von ihnen schon wie eine Bedrohung wahrgenommen und erlebt werden, weil sie sich dadurch (für eventuelle Kritik) verwundbar machen.

Fehlschläge und Mißerfolge werden von ihnen mit einer bedrohlichen Intensität erlebt und gehen mit einer großen Angst vor weiteren Kränkungen einher. Unter Umständen fällt es ihnen sogar leichter, selbst die an sich gefürchteten Ereignisse, also z. B. einen Mißerfolg, herbeizuführen. Dadurch können sie sich zumindest die Illusion einer Kontrolle über den Gang der Dinge bewahren, statt sich passiv einer permanent drohenden Katastrophe ausgeliefert zu sehen. Narzißtische Menschen verhalten sich aus diesem Grund manchmal an ihrem Arbeitsplatz so inakzeptabel, daß sie Kritik geradezu herausfordern. Sie halten etwa ihre Zusagen nicht ein oder führen ihre Arbeitsaufgaben nicht aus. Eine narzißtische Veranlagung kann auch der Grund dafür sein, daß jemand sich ständig mit Arbeit überhäuft und nervös und unruhig wird, wenn er einmal nichts zu tun hat. Kets de Vries (1984 a, S. 74) spricht im Zusammenhang mit diesen Workaholics von einer "Sonntagsneurose" (die schon Ferenczi 1919 zum ersten

Mal beschrieb), also einer Unfähigkeit, einmal nicht an Arbeit zu denken und ganz einfach abzuschalten. Diese Menschen scheinen dazu verurteilt zu sein, sich wie Sisyphus mit niemals endenden und aussichtslosen Aufgaben abzumühen. Ihr Verhaltensmuster hat nicht selten die Funktion, das Gefühl der Unzufriedenheit und der Leere abzuwehren, das mit der Fragmentierung ihres Selbst einhergeht. Nichtstun und Entspannung können bei ihnen zu depressiven Verstimmungen und diffusen Angstgefühlen führen.

Rivalität

Die Rivalität zwischen Kollegen, die eigentlich zusammenarbeiten sollten, aber auch die Rivalität zwischen Vorgesetzten und Mitarbeitern, ist oft ebenfalls mit narzißtischen Elementen durchsetzt. Im Mittelpunkt unbewältigter Rivalitätskonflikte, die letztendlich auf bestimmte Kindheitserlebnisse und deren innerseelische Verarbeitung zurückgehen, steht häufig das Bemühen, immer und überall der Beste zu sein. Ausgeprägte Rivalitätskonflikte können paradoxerweise nicht nur zu einer übertriebenen Angst vor Mißerfolgen, sondern auch zu einer Angst vor dem Erfolg führen. Die Angst vor Mißerfolgen ist meistens mit Erinnerungsspuren an früh erlittene Niederlagen und Kränkungen assoziativ verknüpft und verhältnismäßig leicht nachzuvollziehen. Aber warum sollte sich jemand vor dem Erfolg fürchten? Eine Ursache für die schwer verständliche Erfolgsangst kann z. B. sein, daß die mit dem beruflichen Erfolg zumeist einhergehenden Veränderungen Ängste vor dem Verlust der eigenen Identität aktivieren.

Die Angst vor dem Erfolg kann aber auch auf einer irrationalen Furcht vor Rache und Vergeltung der Konkurrenten beruhen. In diesem Fall steht eher eine ödipale Problematik im Vordergrund, die aber mit einer Störung im Bereich des Selbst-Erlebens so verflochten sein kann, daß eine Entwirrung manchmal erst nach längerer Zeit gelingt. In jedem Fall erleben Menschen mit dieser Form einer Arbeitsstörung die Konkurrenz zu ihren Arbeitskollegen in einem unrealistischen Ausmaß. Das damit verbundene Gefühl einer permanenten Bedrohung kann dann ebenfalls die Arbeitsfähigkeit blockieren (s. Übersicht S. 130).

Abhängigkeit

Im Verlauf ihrer seelischen Entwicklung gelingt es Kindern normalerweise, Enttäuschungen über die idealisierten Eltern oder andere Vorbilder ohne anhaltende pathologische Konsequenzen realitätsgerecht zu verarbeiten. Falls dies auf Grund traumatischer Verlusterlebnisse oder schwerer Kränkungen jedoch nicht möglich war, dann wird auch die Verinnerlichung der schützenden und liebenden Aspekte der Eltern beeinträchtigt. Dieser entwicklungsgeschichtliche Hintergrund findet sich nicht selten bei Erwachsenen, die ihr Leben lang auf tragische Weise auf der Suche nach den verlorenen Objekten ihrer Kindheit, d. h. nach idealisierten und bewunderten Bezugspersonen, bleiben und sich vor nichts so sehr zu fürchten scheinen wie vor Unabhängigkeit. Selbständiges Arbeiten ist für diese Menschen deshalb auch mit heftigen Ängsten verbunden.

130

Die Rache der Götter

Wie viele andere Themen, die von der Psychoanalyse in ihrer interak-
tionellen und innerseelischen Bedeutung und Dynamik beschrieben
und erforscht worden sind - beispielsweise der Ödipuskomplex und
die narzißtische Störung - ist auch das Thema der Angst vor dem
eigenen Erfolg in der griechischen Sagenwelt enthalten. Hier ist es
die Göttin Nemesis, die den Neid symbolisiert und als Rachegöttin
erscheint, wenn jemand zu viel Erfolg und Glück im Leben gehabt
hat. Nemesis repräsentiert die Angst davor, daß ein Übermaß an
Erfolg und Gelingen zur "Hybris" führen könnte (also zu Selbstge-
rechtigkeit, Überheblichkeit und Anmaßung), die von den Göttern
nicht toleriert wird und deshalb bestraft werden muß. Die Sage von
Polykrates, Tyrann von Syrakus, verdeutlicht diese archaischen Ängste:
Polykrates erschrak über sein eigenes unerhörtes Glück und wollte
den Neid der Götter besänftigen, indem er einen unschätzbar wertvollen Ring ins Meer warf. Aber der Ring kam durch einen Fisch, der
ihn verschluckt hatte, wieder zurück. Polykrates wußte nun, daß
Nemesis sein Opfer abgelehnt hatte und daß er seinem Schicksal
nicht entgehen würde (vgl. Kets de Vries 1984 a, S. 76).

Nicht selten werten sie ihre eigenen Leistungen ab oder machen sich "klein", um sowohl positive Rückmeldungen und Unterstützung zu erreichen als auch ihre Angst vor Unabhängigkeit abzuwehren. Diesen Menschen fällt es deshalb auch sehr schwer, Verantwortung zu übernehmen. Lieber flüchten sie sich in Hilflosigkeit, scheinbare Inkompetenz und irrationales Verhalten. Häufige Arbeitsunfälle, Alkohol- oder Drogenabhängigkeit und hypochondrische Symptome können ebenfalls auf diesem Hintergrund beruhen.

Rebellion

Die "Rebellen" provozieren durch ihr Verhalten nicht nur ihre Kollegen und Mitarbeiter, sondern vor allem auch ihre Vorgesetzten. Sie halten es an keiner Arbeitsstelle lange aus und werden häufig versetzt oder sogar entlassen. Irgendwie scheinen sie es zu schaffen, in immer neue Konflikte mit ihren Vorgesetzten verwickelt zu werden, so daß ein nahezu endloser Teufelskreis aus Einstellung, Versetzung und Entlassung entstehen kann.

Arbeit kommt diesen Menschen wie eine lästige Pflicht vor, die ihnen von Autoritätspersonen aufgezwungen wird und deshalb auch keine Befriedigung vermitteln kann. Kets de Vries (1984 a) ist davon überzeugt, daß diese Menschen sich bereits in ihrer Kindheit von ihren Eltern abgelehnt und zurückgewiesen fühlten. Darüber hinaus wurden die Eltern von ihnen vermutlich als unzuverlässige und wenig konsequente Bezugspersonen erlebt. Dem Kind erschienen sie eher wie ein Hindernis, mit dem man irgendwie fertig werden mußte. Diese Erfahrungen werden dann später auf andere Autoritätspersonen übertragen und bestimmen die Beziehungen zu ihnen. Beispielsweise können mangelhafte Identifikationsmöglichkeiten mit elterlichen Vorbildern leicht zu ständiger Auflehnung und hyperkritischem Verhalten führen, das sich von einer gesunden Konflikt- und Kritikfähigkeit deutlich unterscheidet. Obwohl dieses Verhalten oberflächlich betrachtet als besonders unabhängig imponieren mag, bleibt es doch in einer Gegenabhängigkeit stecken: Die damit verbundenen Bedürfnisse zielen nämlich unbewußt immer wieder ab auf die Suche nach guten, Halt gebenden elterlichen Objekten und die - freilich nun auch selbst herbeigeführte - Enttäuschung darüber, daß dies nicht gelingt. Darüber hinaus sind auch masochistische Züge unverkennbar.

Manchmal entwickeln diese Menschen ein gewisses Gespür für ihre spezifischen Probleme im Umgang mit Autoritätspersonen, so daß sie sich für eine berufliche Laufbahn entscheiden, in der sie selbständig arbeiten können und nicht mit Vorgesetzten auskommen müssen. In anderen, tragischeren Fällen leiden sie ihr ganzes Arbeitsleben lang unter den Frustrationen und Enttäuschungen, die ihre eigene unbewußte Dynamik ständig provoziert.

Die Ausführungen von Kets de Vries (1984 a) weisen darauf hin, daß unbefriedigende Entwicklungsbedingungen in der Kindheit zur Entstehung von Arbeitsstörungen führen können. Es müssen aber nicht immer neurotische Gründe dafür verantwortlich sein, daß ein Mitarbeiter, Kollege oder Vorgesetzter am

Arbeitsplatz Symptome einer seelischen Erkrankung zeigt: Unbefriedigende und belastende Arbeitsbedingungen können selbstverständlich die gleichen Resultate zur Folge haben. Im Einzelfall ist deshalb eine genaue diagnostische Abklärung erforderlich, die auch die Arbeitssituation und die Arbeitsaufgaben des von einer Arbeitsstörung betroffenen Menschen mit einbezieht.

3.5.2 Die Verarbeitung von Enttäuschungen

Gibt es für alle Enttäuschungen einen "vernünftigen" Grund (z. B. ein Projekt nicht genehmigt zu bekommen, nicht befördert zu werden etc.)? Wie kann man versuchen, Enttäuschungen vorzubeugen oder sie doch zumindest auf möglichst befriedigende Weise zu verarbeiten?

Den meisten Führungskräften bleibt es, wie auch allen anderen Mitarbeitern eines Unternehmens, nicht erspart, sich im Laufe ihres Berufslebens mit mehr oder weniger schweren Enttäuschungen auseinanderzusetzen (vgl. zum folgenden Zaleznik 1984 b; Zaleznik u. Kets de Vries 1985, S. 196 ff.). Enttäuschende Erlebnisse und Situationen können aber die persönliche und berufliche Weiterentwicklung eines Menschen sowohl fördern als auch behindern. Im günstigsten Fall kann einer Enttäuschung sogar eine katalytische Funktion zukommen, indem sie dafür sorgt, daß bisher unbewußtes Material zumindest teilweise bewußt wird. Die Voraussetzung dafür ist natürlich, daß der Betreffende sich mit seiner Situation intensiv auseinandersetzt. Wenn die Enttäuschung z. B. verleugnet wird, dann werden sich aller Wahrscheinlichkeit nach die ungelösten Konflikte, die in vielen Fällen überhaupt erst zur Enttäuschung geführt haben, früher oder später wiederholen.

Führungspersonen reagieren häufig dann mit Enttäuschung, wenn sie feststellen müssen, daß ihre ehrgeizigen Ziele mit den tatsächlichen Möglichkeiten, die ihnen in ihrer Position zur Verfügung stehen, nur teilweise realisiert werden können. Besonders belastend ist diese Erfahrung gerade dann, wenn ihr Ehrgeiz hauptsächlich auf der Hoffnung beruht, durch "grandiose" Leistungen kränkende oder traumatische Ereignisse der eigenen Lebensgeschichte sozusagen korrigieren, auslöschen oder rückwirkend verändern zu können.

Zaleznik u. Kets de Vries (1985) gehen davon aus, daß manche Führungspersonen unter enttäuschenden, kränkenden oder anderweitig belastenden Kindheitserlebnissen sehr viel stärker gelitten haben als die meisten anderen Menschen. Mit dem Gefühl des Verletztseins und dem Gespür dafür, in der eigenen Entwicklung geschädigt worden zu sein, geht oft auch eine intensive Wut einher. Der betreffende Mensch spürt, daß er nicht wirklich zu sich selbst gefunden hat und von seinen eigentlichen Wünschen und Bedürfnissen entfremdet worden ist. Dennoch scheint es so, als ob es aus dieser Situation heraus nur den einen Ausweg gibt: durch das Bemühen um die Verwirklichung von übertrieben ehrgeizigen Zielen soll versucht werden, die Illusion aufrechtzuerhalten, ein außergewöhnlicher und ganz besonderer Mensch zu sein. Diese Selbsttäuschung soll letztlich von der schmerzhaften Erinnerung an früh erlittene Verletzungen ablenken. Möglicherweise trägt sie sogar zu bedeutenden und ungewöhnlich kreativen Leistungen bei, falls die dafür notwendigen Begabungen und Fähigkeiten tatsächlich vorhanden sind. Ohne diese Kompetenzen wie etwa die Fähigkeit, eine Situation in ihrer Gesamtheit zu erfassen oder die Fähigkeit, neue Lösungen für altvertraute Probleme zu finden, führt das intensive Bedürfnis nach Selbstbestätigung nur zu einer katastrophalen Ansammlung frustrierender Erlebnisse oder sogar zu ernsthaften seelischen bzw. psychosomatischen Erkrankungen. Andererseits wird ein Mensch, der versucht, durch Leistung ein beschädigtes Selbstwertgefühl zu stabilisieren, auch durch einen noch so großen Erfolg niemals echte und dauerhafte Zufriedenheit erreichen können.

Aus den obigen Ausführungen geht hervor, daß sich viele Enttäuschungen durch eine offene und kritische Auseinandersetzung mit den wirklichen Beweggründen, die eine Führungsperson dazu veranlaßt haben, eine besonders ehrgeizige Aufgabe zu übernehmen, vermeiden lassen. Wenn die selbstgesteckten Ziele unrealistisch hoch sind oder eine frühe Verunsicherung kompensieren sollen, können Enttäuschungen gar nicht ausbleiben. Dennoch werden sich natürlich auch durch eine noch so genaue Selbstprüfung Frustrationen nie ganz vermeiden lassen. In diesen Fällen kommt es vor allem darauf an, sich dem damit verbundenen Erleben wirklich zu stellen und es durchzuarbeiten. Das ist leichter gesagt als getan, denn die häufigste psychologische Reaktion auf eine Enttäuschung besteht darin, eine kritische Selbstprüfung zu vermeiden. Diese Vermeidungsreaktion ist für viele Menschen die seit der Kindheit gewohnte Art und Weise, mit unangenehmen Gefühlen umzugehen. Damit eine schwere Enttäuschung aber wirklich verarbeitet werden kann, ist es unerläßlich, sich mit den Gefühlen und Phantasien auseinanderzusetzen, die mit dieser Erfahrung einhergehen (vgl. Zaleznik 1984 b). Das Gelingen dieser langfristig befriedigenderen Lösungsmöglichkeit hängt von der Fähigkeit ab, schmerzhafte Emotionen auch wirklich zu ertragen. Viele Menschen haben z. B. die Strategie entwickelt, vor der Selbstreflexion durch gesteigerte Leistung und (zu viel) Arbeit auszuweichen. Nicht selten wird ein solches Verhalten sogar noch als besonderes Engagement oder Demonstration eines vorbildlichen Leistungswillens belohnt, aber langfristig kann es dennoch keine befriedigende Lösungsmöglichkeit sein. Es wäre sehr viel günstiger, Gefühle wie Wut und Trauer, die meistens mit einer Enttäuschung verbunden sind, zuzulassen und sie mit anderen, ähnlichen Situationen, wie man sie im Verlauf der eigenen Lebensgeschichte schon erlebt hat, in Verbindung zu bringen. Dadurch könnten unbefriedigende Bewältigungsmuster aufgegeben und effizientere Lösungen gefunden werden, um nicht nur der beruflichen, sondern auch der Verantwortung sich selbst gegenüber besser gerecht zu werden.

3.5.3 Der Umgang mit Schuldgefühlen

Wie können sich (unbegründete) Schuldgefühle auf die Beziehungen zwischen Vorgesetzten und Mitarbeitern auswirken? Welche Möglichkeiten gibt es, um mit diesen Gefühlen besser umzugehen? Wenn ein Vorgesetzter mit einem Mitarbeiter nicht zufrieden ist, dann sind meistens auch Ärger und Schuldgefühle im Spiel. Levinson (1984 a) spricht sogar von "Management by guilt", einem durch Schuldgefühle bestimmten Führungsmuster (vgl. auch Kets de Vries 1980, S. 50 ff.). Schuldgefühle können seiner Meinung nach selbst wichtige Entscheidungsprozesse beeinflussen, werden im allgemeinen jedoch viel zu wenig beachtet. Zu ihrer Entstehung können zwar sehr unterschiedliche betriebliche Situationen und zwischenmenschliche Konstellationen beitragen, aber der Umgang mit Schuldgefühlen läuft meistens nach dem folgenden Schema ab (vgl. Levinson 1984 a, S. 134): Ein Vorgesetzter ist aus den verschiedensten Gründen von seinem Mitarbeiter enttäuscht; es gelingt ihm aber nicht, mit diesem sachlich über das zugrundeliegende Problem zu sprechen, z. B. über ein bestimmtes Arbeitsverhalten; die Entscheidung darüber, was geschehen soll und wie man sich dem Mitarbeiter gegenüber am besten verhält, wird aufgeschoben; scheinbares Lob, Pseudoanerkennung und Alibikomplimente sollen die Schuldgefühle abbauen, unter denen der Vorgesetzte wegen seines Ärgers leidet. Schließlich wird der Mitarbeiter versetzt oder ins Abseits "wegbefördert", d. h. auf eine Position, die mit bedeutend klingenden, aber inhaltsleeren Bezeichnungen und Titeln, aber nicht mit echtem Einfluß und Verantwortung verbunden ist, weil Kompetenzbereiche, Aufgabengebiete und Rollen nur vage definiert werden; letztendlich droht in vielen Fällen aber doch die Entlassung, die bezeichnenderweise ebenfalls oft nicht beim wirklichen Namen genannt, sondern wohlklingend und beruhigend als "Freistellung" oder "Outplacement" tituliert oder mit ähnlichen Euphemismen umschrieben wird. Das folgende Beispiel enthält viele dieser Merkmale:

S. arbeitete in einem Lebensmittel verarbeitenden Unternehmen und galt zwar als sehr begabt, aber auch als verhältnismäßig faul. Während der vergangenen 18 Monate hatte er z. B. keinerlei innovative Aktivitäten entwickelt. Das war auch der Grund dafür, weshalb man ihm eine Gehaltserhöhung verweigert hatte. S. protestierte daraufhin heftig und behauptete, er habe bisher immer gute Arbeit geleistet. Er beklagte auch, daß er während seines gesamten Berufslebens zwar immer wieder von seinen Vorgesetzten gelobt worden sei, aber dennoch nie ein angemessenes Gehalt bezogen habe. Diese Tatsache führte er auf den Neid seiner Vorgesetzten und auf politische Intrigen im Unternehmen zurück.

Der jetzige Vorgesetzte von S. erfuhr jedoch, daß dessen frühere Chefs über ihn genauso dachten wie er selbst, d. h. daß S. zwar intelligent sei, aber seine Arbeitsaufgaben kaum jemals zu Ende bringe. Keiner wollte S. wiederhaben, und manche sagten sogar, daß es das Beste gewesen wäre, ihn gleich nach seiner Einstellung wieder zu entlassen. Um zu erklären, warum sie das nicht getan hatten, verwiesen sie auf äußere Einflüsse oder auf die familiäre Situation von S. Darauf angesprochen, berief sich S. auf eben diese Vorgesetzten, die ihm auf die eine oder andere Weise ihre Anerkennung für seine Leistungen gezeigt hätten. Eine nochmalige Rücksprache mit diesen ehemaligen Vorgesetzten ergab jedoch das gleiche Resultat: Sie wollten S. nicht erneut als Mitarbeiter bei sich haben.

Der derzeitige Chef von S., der ihn schließlich entlassen mußte, war nicht nur verärgert über S., weil dieser seine Arbeitsaufgaben nicht erfüllt hatte, sondern er war auch wütend auf dessen frühere Vorgesetzte. Diese hatten den "Schwarzen Peter" Jahr für Jahr weitergegeben und dadurch bei S. eine auf Projektion und Verleugnung basierende Abwehrhaltung gefördert. Sie konnten ihn wegen seiner schlechten Leistungen und seinem unzureichenden Engagement nicht wirklich befördern; wegen ihrer Wut auf S. und weil sie das Gefühl hatten, vielleicht auch selbst etwas falsch gemacht zu haben, litten sie gleichzeitig aber unter solchen Schuldgefühlen, daß sie ihr Gewissen durch Komplimente und scheinbare Beförderungen zu beschwichtigen versuchten. Freilich handelte es sich dabei nicht um wirkliche Beförderungen, sondern vielmehr um Beinahe-beförderungen, um irgendwelche phantasievollen Titel oder um minimale Gehaltserhöhungen.

Aber auch S. war durch diese Situation zum Geschädigten geworden: Schließlich war schon früh in seiner mehr als 15jährigen "Karriere" deutlich geworden, daß man mit ihm nicht zufrieden war. Wenn man ihm das nach einer angemessenen Zeit auch deutlich mitgeteilt hätte, dann wäre er noch jung genug gewesen, um sein Glück mit einer anderen Tätigkeit zu versuchen, mit der er vielleicht besser zurechtgekommen wäre. Außerdem spürte er während all der Jahre vermutlich auch, daß er seine Arbeitsaufgaben nicht wirklich zufriedenstellend lösen konnte. Aber dadurch, daß diejenigen, die mit ihm unzufrieden waren, die Situation beschönigten, konnte er seine tatsächliche Lage nicht realistisch wahrnehmen. Seine Vorgesetzten hatten vor lauter Freundlichkeit, die aus Schuldgefühlen heraus entstanden war, im Grunde seine beruflichen Chancen unterminiert und sich darüber hinaus auch noch gegenseitig Schaden zugefügt, indem sie S. jeweils einem Kollegen zuschoben (nach Levinson.1984 a, S. 134 ff.).

Durch ein inadäquates Umgehen mit Schuldgefühlen kann also nicht nur dem Unternehmen, sondern auch dem betreffenden Mitarbeiter Schaden zugefügt werden. Schuldgefühle können durch sehr unterschiedliche Situationen ausgelöst werden: Wenn ein Vorgesetzter z. B. sehr viel jünger ist als seine Mitarbeiter, dann werden dadurch nicht selten ödipale Konflikte reaktiviert (vgl. Levinson 1984 a, S. 143 ff.); Schuldgefühle entstehen sehr leicht auch dann, wenn ein Vorgesetzter sich über einen Mitarbeiter ärgert, dem er sich andererseits aus ganz bestimmten Gründen verpflichtet fühlt (S. 138 ff.); es kann auch sein, daß ein Mitarbeiter, der unter perfektionistischen und unerbittlichen Über-Ich-Anforderungen leidet, sich selbst unbewußt für seine Unfähigkeit, diese Anforderungen auch wirklich zu erfüllen, bestrafen will (vgl. Levinson 1984 a, S. 146 ff.). Im Verlauf eines interpersonalen Abwehrprozesses wird dann sein Über-Ich externalisiert und vom Vorgesetzten übernommen. Dieser entwickelt wegen seiner Verärgerung über das provozierende Verhalten des Mitarbeiters möglicherweise seinerseits Schuldgefühle, und so kann ein Teufelskreis aus Ärger, Wut und Schuldgefühlen entstehen, der nur durch die Entlassung des Mitarbeiters lösbar scheint.

Sehr viel besser wäre es, diejenigen Situationen frühzeitig zu erkennen, in denen Schuldgefühle eine wichtige Rolle spielen, und dann entsprechend darauf zu reagieren. Dazu ist es nach Auffassung von Levinson (1984 a, S. 150) erforderlich, daß der Vorgesetzte seinen Ärger beherrscht und sich mit seinem Mitarbeiter zusammensetzt, um mit ihm über die bestehenden Schwierigkeiten zu sprechen. Soweit die Situation das irgendwie zuläßt, sollte er dabei auch sein persönliches Erleben nicht ausklammern. Er muß dann allerdings auch dazu bereit sein, die andere Seite zu hören, was manchmal sehr schwierig sein kann. Vielleicht gelingt es im Verlauf eines solchen Gespräches aber doch, die tatsächlichen Ursachen für die Schwierigkeiten des Mitarbeiters herauszufinden. Mußte

136

er sich vielleicht aus einer bestimmten Angst heraus oder aus Abwehrgründen unbewußt so verhalten, wie er es getan hat? Freilich hat es wenig Sinn, eine solche Frage direkt zu stellen; der Mitarbeiter könnte sie auch gar nicht beantworten, selbst wenn er es wollte. Aber durch eine empathische Haltung kann ein besseres Verständnis dafür entstehen, wie der Mitarbeiter sich in der zur Debatte stehenden Problemsituation gefühlt hat und noch fühlt. Wenn der Mitarbeiter spürt, daß seine Schwierigkeiten verstanden worden sind, kann allein das schon dazu führen, daß er seine bisherige Haltung verändert.

Falls es allerdings um die Arbeitsleistung geht, kommt es darauf an zu klären, ob der Mitarbeiter auch tatsächlich das leisten kann, was von ihm erwartet wird. Müßte er dazu seine Persönlichkeit tiefgreifend verändern, was natürlich kaum möglich ist? Ist er überfordert? Welche Unterstützung braucht er, um mit seinen spezifischen Begabungen und Schwächen die anstehenden Arbeitsaufgaben auch wirklich lösen zu können? Durch eine ernsthafte Auseinandersetzung mit solchen Fragen ist es in vielen Fällen möglich, die gegenseitige Verstrickung von Schuldgefühlen, Ärger und Mißverständnissen aufzulösen, anstatt sie nur zu verdrängen.

3.5.4 Wenn der Lotse von Bord geht: Führungswechsel

Welche zum Teil auf unbewußten Bedürfnissen beruhenden Komplikationen können auftreten, wenn ein Führungswechsel bevorsteht oder schon vollzogen worden ist? Wie können diese Probleme eskalieren, wenn es gar um eine Veränderung an der Unternehmensspitze geht?

Nicht nur der "Neue", sondern auch seine Mitarbeiter werden durch einen Führungswechsel mit einer veränderten Situation konfrontiert. Beide Seiten müssen zunächst einmal versuchen, einen Modus vivendi zu finden. Dabei wird allerdings häufig übersehen, daß die Tatsache, einen neuen Vorgesetzten zu bekommen, für die Mitarbeiter eine weitreichende, psychologische Bedeutung haben kann. Immerhin ist ein Vorgesetzter nicht nur dazu da, die Erledigung der Arbeitsaufgaben zu koordinieren und zu überwachen, sondern er wird auch unwillkürlich zu einem Übertragungsobjekt für einige der unbewußten Wünsche, Bedürfnisse, Vorstellungen und Ziele seiner Mitarbeiter. Mit seinem Fortgehen fallen diese Übertragungsbeziehungen schlagartig weg. Jones u. Riach (1986) beschreiben die Auswirkungen einer solchen Veränderung anhand eines Beispiels:

Der Leiter einer Institution aus dem psychosozialen Bereich wurde von seinem Nachfolger abgelöst, der vor allem darum bemüht war, mit den in dieser Einrichtung vorhandenen Strukturen genauso umzugehen wie sein Vorgänger. Nach kurzer Zeit zeigten sich an verschiedenen Stellen der Institution Symptome, wie z. B. eine sich verschärfende Rivalität unter den Mitarbeitern und eine zunehmende Unfähigkeit, Entscheidungen zu treffen; außerdem kam es zur Entstehung von polarisierten und miteinander verfeindeten Gruppen. Als eine der Ursachen für diese Entwicklung nehmen die Autoren den Verlust der Übertragungsbeziehungen an, die sich auf den

Vorgänger des jetzigen Leiters konzentriert hatten. Dadurch war das ohnehin schon geschwächte Gefühl der Mitarbeiter für die Identität ihrer Institution zusätzlich erschüttert worden. Dieses Identitätsgefühl war bei ihnen schon deshalb nicht sehr ausgeprägt, weil sie während verschiedener Phasen in der Entwicklung der Institution eingestellt worden waren und daher sehr unterschiedliche Erfahrungen gemacht hatten. Nach ungefähr 9 Monaten trat der neue Direktor schließlich zurück, und Jones sowie Riach teilten sich von nun an die Leitungsfunktion. Sie bemühten sich vor allem darum, ein gemeinsames Identitätsgefühl zu fördern, indem sie beispielsweise dafür sorgten, daß neue und alte Mitarbeiter ihre Erfahrungen intensiv miteinander austauschen konnten. Durch das Formulieren und Weitererzählen von Mythen, Geschichten und Legenden entstand schließlich im Laufe der Zeit ein verbessertes Zusammengehörigkeitsgefühl (nach Jonas u. Riach 1986, S. 3 ff.).

Das obige Beispiel läßt schon ahnen, daß Veränderungen in der Besetzung von Spitzenpositionen eine Vielzahl von Problemen nach sich ziehen oder schon im Vorfeld mit sich bringen können. Besonders deutlich werden diese Probleme, wenn es um die Frage geht, wer neuer Vorstandsvorsitzender werden soll. Die ersten Schwierigkeiten tauchen nach den Beobachtungen von Kets de Vries (hierzu und zum folgenden 1987 b; vgl. auch 1990 a, S. 143 ff.) bereits dann auf, wenn der Vorstandsvorsitzende die Altersgrenze erreicht und dadurch mit der Tatsache konfrontiert wird, daß er seine derzeitige Stellung im Unternehmen eines Tages verlieren wird. Die Erkenntnis, Macht und Einfluß in nicht allzu ferner Zukunft abgeben zu müssen, rüttelt möglicherweise an dem bei vielen Menschen tief verwurzelten und unbewußten Wunsch nach Unsterblichkeit.

Kets de Vries berichtet von einem Unternehmen, dessen Präsident gleichzeitig der Unternehmensgründer war. Dieser hatte bereits einen leichten Schlaganfall erlitten, weigerte sich aber beharrlich, die unübersehbaren Anzeichen seiner körperlichen Schwächung zur Kenntnis zu nehmen. Darüber hinaus waren sein Schlaganfall und die Notwendigkeit seiner Ablösung absolute Tabuthemen in diesem Unternehmen, weil die anderen Führungskräfte seinen Jähzorn fürchteten. Der Vorstand setzte sich zudem aus lauter loyalen Freunden des Präsidenten zusammen, die dem Problem ebenfalls aus dem Weg gingen. Als der Präsident auf Grund eines zweiten Schlaganfalles schließlich dennoch abgelöst werden mußte, war niemand darauf vorbereitet, seine Nachfolge anzutreten. Nachdem das Unternehmen einige Zeit schwere finanzielle Verluste erlitten hatte, wurde es schließlich von einem Konkurrenten aufgekauft (nach Kets de Vries 1987 b, S. 5 f.).

Für Unternehmensgründer ist es meistens besonders schwer, ihre Macht abzugeben, weil das Unternehmen für sie in vielen Fällen zu einem psychologisch sehr bedeutsamen Symbol ihres Erfolges geworden ist. Zuweilen erleben sie ihr Unternehmen wie eine Erweiterung ihres eigenen Selbst. Das Weitergeben von Macht und Einfluß an die nächste Generation der Führungskräfte erscheint diesen Unternehmern dann wie eine gefährliche Bedrohung. Vielleicht versuchen sie aber auch, sozusagen ein "Vermächtnis" zu hinterlassen, wenn sie sich schon zurückziehen müssen. Dieses Erbe kann beispielsweise ein imponierendes Firmengebäude sein, häufiger aber eher eine bestimmte Managementphilosophie oder eine bestimmte Einstellung. Um sicherzustellen, daß dieses Erbe auch gemäß den eigenen Wünschen verwaltet wird, kann man sich z. B. einen Nachfolger aussuchen, der genauso weiterarbeitet, wie man es selbst immer getan hat. Diese Bemühungen um einen psychologischen "Zwilling" sind natürlich für alle Unternehmen besonders gefährlich, die sich schnell an veränderte wirtschaftliche Bedingungen anpassen müssen.

Die Enttäuschung darüber, nicht länger im Rampenlicht stehen zu können, führt unter Umständen sogar zu dem verdeckten Wunsch nach einem Scheitern des potentiellen Nachfolgers. Manche Unternehmensleiter sorgen dann auch mehr oder weniger bewußt dafür, daß ihr designierter Nachfolger ins Stolpern kommt. Kets de Vries schildert einen solchen Fall:

> Nach langem Hin und Her hatte sich der Vorstandsvorsitzende eines Unternehmens für einen "Kronprinzen" entschieden. Bald darauf bemühte sich dieser Nachfolger in spe darum, seine Leistungsfähigkeit und Kompetenz verstärkt unter Beweis zu stellen. Dieses Verhalten irritierte den noch amtierenden Vorstandsvorsitzenden so sehr, daß er seinem designierten Nachfolger daraufhin eine schwierige Aufgabe in einem krisengeschüttelten Unternehmensbereich übertrug, die auch unter günstigeren Bedingungen kaum befriedigend zu lösen gewesen wäre. Unglücklicherweise kam es gerade in diesem Wirtschaftszweig auch noch zu einer Rezession, so daß der Bereich sehr schnell in die roten Zahlen geriet. Der Vorstandsvorsitzende teilte dem Vorstand deshalb mit großem Bedauern mit, daß sein Wunschkandidat wohl doch nicht als neuer Vorstandsvorsitzender geeignet sei (nach Kets de Vries 1987 b, S. 7).

Manche Unternehmensleiter sind überfordert, wenn sie mit ihrem designierten Nachfolger zusammenarbeiten sollen. Der baldige Verlust ihrer beruflichen Stellung, an den sie durch die Anwesenheit ihres Nachfolgers tagtäglich erinnert werden, kann für sie eine schwer erträgliche Belastung sein. Nicht selten reagieren sie deshalb gerade auf die Erfolge ihres "Erben" sehr eifersüchtig, so daß über kurz oder lang eine heftige Auseinandersetzung zwischen den beiden ins Haus steht. Vielleicht versucht der amtierende Mann an der Spitze aber auch, die Entscheidung über seinen Nachfolger hinauszuzögern, um seine Macht solange wie möglich zu behalten. Ein Anzeichen für diese Abwehrstrategie könnte z. B. sein, daß sich mehrere "Kronprinzen" in rascher Folge die Klinke in die Hand geben (Kets de Vries 1987 b, S. 9).

Geht es darum, einen Nachfolger für den Vorstandsvorsitzenden zu finden, dann stellt sich unwillkürlich auch die Frage, ob es besser ist, sich für einen Insider oder für einen Outsider zu entscheiden (Kets de Vries 1987 b, S. 10 ff.). Diese Entscheidung wird ebenfalls oft nicht allein von sachlichen Gründen beeinflußt, sondern beispielsweise auch davon, ob andere Vorstandsmitglieder den begehrten Posten am liebsten für sich selbst reklamieren würden. Die anderen Vorstandsmitglieder gehen zumeist auch davon aus, daß ein Insider für ihre eigene Machtposition vermutlich weniger bedrohlich sein wird als ein Outsider. Andererseits kann es problematisch sein, einen einzelnen aus der Vorstandsgruppe hervorzuheben, weil die Gruppenmitglieder sich selbst in der Regel als verhältnismäßig gleichberechtigt erleben und sich sowohl miteinander als auch mit ihrem Führer identifizieren. Voraussetzung für diese komplexen Identifikationsprozesse ist allerdings ein positives Gruppenklima ebenso wie die Tatsache, daß der Führer jeden annähernd gleichermaßen schätzt, beinahe so wie ein Vater alle seine Kinder unterstützen und anerkennen sollte. Wenn nun ein einzelner als designierter Nachfolger aus dieser Gruppe hervorgehoben wird, dann wird das quasi geschwisterliche Beziehungsmuster erschüttert, auf das alle bisher vertraut haben. Falls ein Vorstandsvorsitzender die damit verbundene Betroffenheit der Vorstandsgruppe, ihre Verärgerung und natürlich auch die Enttäuschung der abgelehnten Kandidaten vermeiden will, dann wird er sich vermutlich eher für einen Outsider entscheiden; in der Regel sorgt die politische Situation in einem Unternehmen aber wohl doch für die Wahl eines Insiders. Insider können mit der komplexen Struktur der meisten modernen Unternehmen besser umgehen, weil sie mit ihr vertraut sind, und es ist auch weniger wahrscheinlich, daß sie eine völlig neue Führungsmannschaft anstreben, weshalb sie den anderen Vorstandsmitgliedern weniger bedrohlich erscheinen. Außerdem haben Insider auch einen gewissen Bonus im Hinblick auf den Wunsch des amtierenden Vorstandsvorsitzenden, ein bestimmtes Erbe zu hinterlassen.

Falls der Vorstand allerdings eine radikale Veränderung in der Unternehmenspolitik wünscht, wird die Wahl eines Outsiders wahrscheinlicher. Zudem kann der Wunsch nach einem ganz anderen Führer auch auf Eifersucht, Neid, Rivalität oder persönlichen Abneigungen gegenüber potentiellen internen Kandidaten beruhen.

Früher oder später fällt jedenfalls eine Entscheidung, die einige wichtige Veränderungen nach sich zieht. Der Umgang mit dieser veränderten Situation wird wiederum auch von unbewußten Wünschen, Bedürfnissen und vielfältigen Gefühlen beeinflußt. Der neue Vorstandsvorsitzende sollte beispielsweise auf die zum Teil unbegründete Tendenz mancher Vorstandsmitglieder vorbereitet sein, seinen Vorgänger zu idealisieren. Diese Tendenz beruht u. a. darauf, daß viele Menschen versuchen, sich vor unangenehmen, schmerzhaften oder Angst auslösenden Erfahrungen zu schützen. Zu diesen Erfahrungen gehören auch einschneidende Veränderungen. Deshalb neigen manche Vorstandsmitglieder dazu, die Fehler und Schwächen des alten Vorstandsvorsitzenden auszublenden und beharren statt dessen darauf, daß früher alles besser war. Wieder andere Vorstandsmitglieder erwarten von ihrem neuen Chef, daß er nun alles besser macht als sein Vorgänger. Bei manchen von ihnen kann ein so starker Wunsch nach Führung und Orientierung vorhanden sein, daß der neue Vorstandsvorsitzende das Gefühl hat, man erwarte von ihm eine sofortige und ideale Lösung für beinahe alle Probleme. Je unzufriedener die anderen Vorstandsmitglieder mit dem Vorgänger waren, um so größere Erwartungen setzen sie in ihren neuen Chef und um so größer ist ihre Enttäuschung, wenn er ihre Erwartungen nicht erfüllt. Idealisierende Erwartungen und Abwertung liegen deshalb gefährlich nahe beieinander. Vielleicht gehören gerade diejenigen, die bei der Besetzung des vakanten Postens übergangen worden sind, später zu den Meinungsführern eines Stimmungsumschwungs. In diesem Fall wird der neue Vorstandsvorsitzende entwertet und nicht weiterhin als der lang ersehnte "Retter in der Not" gefeiert, sondern im Extremfall sogar zum Sündenbock gemacht.

Zusammenfassend kann man sagen, daß dem Vorstand eine Schlüsselfunktion bei der Bewältigung aller Schwierigkeiten zukommt, die ein Führungswechsel an der Unternehmensspitze nach sich zieht (Kets de Vries 1987 b, S. 17). Um dem neuen Vorstandsvorsitzenden zu helfen, in seine Rolle hineinzufinden, ist es besonders wichtig, daß die anderen Vorstandsmitglieder ihre eigene Einstellung zu ihm selbstkritisch reflektieren. Darüber hinaus können sie auch dazu beitragen, die Enttäuschung der abgelehnten Kandidaten aufzufangen.

3.6 Frauen und Männer in Führungspositionen

Unterscheiden sich die Persönlichkeitseigenschaften weiblicher Manager von denen ihrer männlichen Kollegen? Mit welchen Schwierigkeiten müssen Frauen fertig werden, die in Führungspositionen aufsteigen wollen?

Wenn sich auch in den vergangenen Jahren hinsichtlich zunehmender Gleichberechtigung und der verbesserten Aufstiegsmöglichkeiten für Frauen einiges geändert hat, gibt es doch noch immer sehr wenige Frauen im Management, und immer wieder werden Männer, selbst bei gleicher Ausbildung, für höher qualifizierte Tätigkeiten bevorzugt, während viele Frauen mit weniger attraktiven Jobs vorliebnehmen müssen. Darüber hinaus erhalten Frauen für die gleiche Tätigkeit oftmals ein geringeres Gehalt und stellen in vielen Fällen fest, daß sie sehr viel mehr leisten müssen als ihre männlichen Kollegen, um als gleichwertig akzeptiert zu werden. Zusätzliche Belastungen ergeben sich daraus, daß das Verhalten von Frauen und Männern häufig mit zweierlei Maß gemessen wird: "Er ist dynamisch - sie ist aggressiv. Er ist gewissenhaft - sie ist pedantisch. Er verliert die Beherrschung - sie keift. Er ist standhaft - sie ist stur. Er fällt kluge Urteile - sie offenbart ihre Vorurteile. Er ist ein Mann von Welt - sie ist herumgekommen. Er übt Autorität aus - sie ist herrschsüchtig. Er ist diskret - sie ist eine Geheimniskrämerin." (Gold 1990, S. 56). Trotz dieser Voreingenommenheiten und der noch weit verbreiteten Geringschätzung weiblicher Eigenschaften und Kompetenzen schaffen es manche Frauen dennoch, in Spitzenpositionen aufzusteigen. Unterscheiden sich diese Frauen nun von ihren männlichen Kollegen?

Die Untersuchungsergebnisse von Gold (1990) geben darauf eine überraschend eindeutige Antwort: Im großen und ganzen überhaupt nicht! Ein Grund hierfür könnte sein, daß "Frauen mit Karrieretendenzen unbewußt, zumindest äußerlich Anteile ihrer Weiblichkeit aufgeben oder verleugnen, um vermeintlich notwendige karrierefördernde Anpassungsleistungen zu vollbringen - womit die impliziten Eigenschaftszuschreibungen (Führungspersönlichkeit=männlich) bestätigt und weiter verfestigt werden" (Gold 1990, S. 56). Dadurch werden aber nicht nur überholte Rollenvorurteile weiter zementiert, sondern Frauen, die ihre männlichen Kollegen imitieren müssen, wenn sie erfolgreich sein wollen, sehen sich dadurch häufig auch gezwungen, ein Stück ihrer eigenen Identität aufzugeben. Wenn die Alternative zu lauten scheint: "Weiblichkeit oder Erfolg?", dann ist damit natürlich für viele von ihnen eine schwere Belastung verbunden, die sogar zu einer regelrechten Angst vor dem eigenen Erfolg führen kann. Darüber hinaus wäre auch kritisch zu hinterfragen, ob die Normen, Werte und Verhaltensweisen, an die sich karriereorientierte Frauen und Männer anpassen müssen, nicht für beide Geschlechter überflüssige Belastungen mit sich bringen und generell veränderungsbedürftig sind.

Die Schwierigkeit, sich in einer von Männern dominierten Berufswelt durchzusetzen, könnte auch der Grund für die Beobachtung von LaBier (1986, S. 127) sein, daß manche Frauen, die es bereits geschafft haben, in Führungspositionen aufzusteigen, verbissener und machthungriger wirken als ihre jüngeren Geschlechtsgenossinnen; viele von ihnen sind auch dazu bereit, auf Intrigen und andere Strategien zurückzugreifen, die Maccoby (1977, 1984 a) als typisch für den "Dschungelkämpfer" beschrieben hat, während jüngere, karriereorientierte Frauen ihre Interessen viel unverkrampfter vertreten können und deshalb auch mit ihren männlichen Kollegen besser zurechtkommen: "Diese älteren Pioniere sind auf der Leiter nach oben geklettert, als eine erfolgreiche Karriere für eine Frau noch extrem schwierig war. Das hat zur Dschungelkämpfereinstellung beigetragen, obwohl vielleicht einige Frauen diese Orientierung von Anfang an gehabt haben und diese sie dann auch zu einer größeren Bereitschaft geführt hat, sich hauptsächlich auf die Karriere zu konzentrieren und zu beweisen, daß sie genauso zäh - wenn nicht sogar zäher - sind, als die Männer um sie herum" (LaBier 1986, S. 127, Übers. von uns).

Aber nicht nur im Berufsleben stoßen erfolgreiche Frauen immer noch auf viele Hindernisse und Vorurteile, denn die damit verbundenen Schwierigkeiten wirken sich auch auf Partnerschaft und Familie aus. LaBier (1986, S. 124 ff.) berichtet beispielsweise, daß die Scheidungsrate bei Frauen, die in sogenannten "Männerberufen" arbeiten, sehr viel höher ist als bei denjenigen, die einer traditionell als "typisch weiblich" angesehenen Berufstätigkeit (z. B. Krankenschwester, Sekretärin, Erzieherin etc.) nachgehen. Die Scheidungsrate wird erst dann geringer, wenn der Beruf des Mannes einen höheren Sozialstatus besitzt als der seiner Frau.

Manche Männer, deren Frauen im Beruf erfolgreich sein wollen, kommen nicht damit zurecht, daß sie wegen des beruflichen Engagements ihrer Frau selbst Abstriche machen müssen und etwa bei der Kindererziehung oder bei der Erledigung der Hausarbeit stärker gefordert werden. Vielleicht fällt es ihnen aber auch schwer, nicht mehr der alleinige Mittelpunkt ihrer Familie zu sein und die Unterstützung ihrer Frau für die eigenen Berufsziele nicht wie selbstverständlich für sich verbuchen zu können. Meistens sind es dann doch wieder die Frauen, die sich um den Haushalt und um die Kinder kümmern müssen. Einige Frauen versuchen vielleicht, die drohende Doppelbelastung dadurch zu vermeiden, daß sie die Entscheidung für ein Kind immer weiter hinausschieben. Müssen sie eines Kindes wegen aber ihre Berufstätigkeit tatsächlich vorübergehend unterbrechen, dann kann es später sehr schwierig für sie werden, den Anschluß an ihre Karriere wiederzufinden. Zu den vielen Konflikten, mit denen beruflich erfolgreiche Frauen und Mütter fertig werden müssen, kommt nicht selten auch noch der Konflikt zwischen ihren Einstellungen und Gefühlen als Mütter und denjenigen Verhaltensweisen, die sie benötigen, um sich in einem Unternehmen durchzusetzen. Viele von ihnen fühlen sich unzufrieden und innerlich zerrissen und müssen feststellen, wie schwierig es sein kann, beides miteinander zu verbinden.

Nicht selten werden erfolgreiche Frauen auch von neidischen Kollegen oder Vorgesetzten diskriminiert und benachteiligt. Extrem belastend wird es für sie dann, wenn sie an einen regelrechten Frauenhasser als Chef geraten sind:

> LaBier schildert das Schicksal einer Frau, der vorübergehend eine Aufgabe im Management übertragen wurde. Das größte Problem für sie war ihr neuer Vorgesetzter, der als "Jack the Ripper" bekannt war. Vor allem haßte er alle Frauen und wartete nur auf eine Gelegenheit, um seinen Haß ausleben zu können. Seine neue Mitarbeiterin bekam von ihm deshalb nicht nur keinerlei Unterstützung, sondern mußte auch mit übertriebener und ungerechtfertigter Kritik fertig werden. Sie entwickelte daraufhin regelrechte Symptome: Sie begann z. B., ihre Kollegen zu beschuldigen, ihre Karriere ruinieren zu wollen und wichtige Unterlagen von ihrem Schreibtisch zu stehlen. Darüber hinaus beschwerte sie sich in langen Briefen beim Personalchef, daß das Management nur an sich selbst denken würde, sie loswerden wolle und sie bedrohe. Mehrere Male hatten ihre Kollegen gehört, wie sie auf der Toilette laut vor sich hin sang und grundlos Leute anbrüllte, die in ihr Büro kamen. Ihre Symptome verschwanden jedoch alle sehr schnell, als sie ihre Managementaufgaben wieder abgeben mußte und ihr mitgeteilt wurde, daß man sie entlassen würde, sollte es ihr nicht gelingen, sich zusammenzureißen. Daraufhin bat sie um Versetzung in eine andere Abteilung (nach LaBier 1986, S. 92 ff.).

LaBier (1986) ist davon überzeugt, daß diese Frau im Grunde völlig gesund war und nur deshalb vorübergehend Symptome einer psychischen Störung entwickelte, weil sie in eine äußerst destruktive Arbeitssituation hineingeraten war.

Auch Männer, die weder pathologischen Haß noch übertriebenen Neid auf Frauen entwickelt haben, tendieren nicht selten dazu, ihre weiblichen Kollegen, Vorgesetzten und Mitarbeiter so wahrzunehmen und mit ihnen auf ähnliche Weise umzugehen, wie sie dies von ihren bisherigen, lebensgeschichtlich bedeutsamen Beziehungen zu Frauen her gewohnt sind. Die Resultate dieser Übertragungen können sehr irritierend sein: Vielleicht wird die Frau übertrieben idealisiert, oder es wird versucht, sie in eine mütterliche und beschützende Rolle hineinzudrängen. Männer, die ihre Kolleginnen unbewußt wie eine Schwester oder Mutter erleben, versuchen nicht selten, die dazu passende Rolle zu spielen. Sie verhalten sich dann beispielsweise wie der brave Sohn einer herrschsüchtigen Mutter oder wie ein "böser" Junge, der sich gegen die elterliche Autorität seiner Mutter auflehnt. Vielleicht treten sie auch als Vorbild, Beschützer oder erbitterter Rivale einer jüngeren Schwester auf oder aber als Bewunderer, Feind oder Vertrauter einer älteren Schwester (Levinson 1986, S. 246).

Der Umgang mit weiblichen Vorgesetzten erweckt zuweilen bei ihren männlichen Mitarbeitern auf Grund ihrer Macht unbewußt bisher verdrängte, aus der Kindheit stammende Hilflosigkeits- und Abhängigkeitsgefühle wieder zum Leben. Einerseits fürchten sie sich dann vielleicht davor, wieder in eine längst überwunden geglaubte Abhängigkeit hineinzugeraten, andererseits aber erwarten sie dennoch von ihrer Vorgesetzten, regelrecht bemuttert zu werden und reagieren verärgert, wenn diese Erwartung nicht erfüllt wird. Levinson (1986, S. 247) meint, daß dieser Konflikt nur sehr schwer lösbar ist; er könne allenfalls durch die Erkenntnis etwas entschärft werden, daß sowohl das Geben als auch das Nehmen fundamentale Bestandteile menschlicher Beziehungen sind.

Nicht nur Männer übertragen frühere Beziehungserfahrungen auf ihre Kolleginnen, Mitarbeiterinnen und weiblichen Vorgesetzten, auch Frauen nehmen ihre Mitarbeiter durch die Brille vergangener Erfahrungen wahr. So ist es durchaus verständlich, daß nicht nur immer wieder Vorgesetzte vom Typus "Jack the Ripper" durch ihr frauenfeindliches Verhalten auffallen, sondern daß auch manche Frauen mit einer entsprechenden Lebensgeschichte Neid und Haß auf Männer in ihre Führungsposition hineintragen. Wenn eine Mutter sich z. B. als minderwertig erlebt, weil sie das gängige Vorurteil, Frauen seien weniger wert als Männer, verinnerlicht hat, so kann sie sich in der Regel auch nicht über die Weiblichkeit ihrer kleinen Tochter freuen und diese in ihrem Selbstwertgefühl als künftige Frau entsprechend bestätigen. Vielleicht gibt sie ihrer kleinen Tochter durch subtile Signale sogar zu verstehen, daß ihr ein Sohn eigentlich lieber gewesen wäre. Wenn sich dann auch der Vater nicht genügend um seine kleine Tochter kümmert und sie nicht in ihrer Weiblichkeit bestätigen kann, sind tiefe Unzufriedenheit mit der eigenen Weiblichkeit und Neid auf den scheinbaren "Mehrwert" der Männer beinahe schon vorprogrammiert. Dazu tragen auch gesellschaftliche Vorurteile und die Benachteiligung von Frauen viel bei. Jedenfalls übertragen Frauen ebenso wie Männer vergangene Beziehungserfahrungen auf ihre gegenwärtigen Beziehungen zum anderen Geschlecht. Das tief verwurzelte Gefühl, als Frau weniger wert zu sein, weil nur Männer wirklich etwas zählen, kann dann zu einem geradezu zwanghaften Bemühen führen, stets das Gegenteil beweisen zu müssen, und zwar auch dann, wenn längst niemand mehr die eigene Kompetenz und Leistungsfähigkeit anzweifelt. Möglicherweise ergibt sich aus dieser Erfahrung auch ein Ressentiment gegenüber Männern sowie ein mehr oder weniger stark ausgeprägtes Rachebedürfnis. Selbstverständlich ist der mit einer solchen Einstellung verbundene "Penisneid" keineswegs biologisch vorprogrammiert, wie Freud irrtümlich annahm, sondern beruht auf lebensgeschichtlich prägenden Erfahrungen und gesellschaftlichen Voreingenommenheiten (vgl. hierzu auch Mertens 1990 a, S. 88 ff.). Nicht vergessen werden darf darüber hinaus auch der Neid mancher Männer auf weibliche Entfaltungs- und Entwicklungsmöglichkeiten.

An welcher Stelle könnte man also ansetzen, um die Situation von Männern und Frauen in Führungspositionen befriedigender zu gestalten? Eine wesentliche Ursache für viele Schwierigkeiten liegt sicherlich in den stereotypen Geschlechtsrollenerwartungen und Wertvorstellungen begründet, die an Frauen und Männer in Führungspositionen herangetragen werden. Sowohl für Frauen als auch für Männer entsteht dadurch ein enormer Erwartungsdruck: "Meinungsmacher in Sachen Management wie Journalisten, Professoren, Unternehmensberater und Personalchefs" (Gold 1990, S. 58) haben beispielsweise ein sehr konservatives und stark maskulin geprägtes Bild des "idealen Managers". Sie unterschätzen beispielsweise die Sensibilität, die Begeisterungsfähigkeit, die Unbefangenheit und die Unkonventionalität der Manager und Managerinnen, überschätzen aber andererseits deren emotionale Widerstandsfähigkeit (verglichen mit deren Selbsteinschätzung; Gold 1990, S. 58). Der dadurch entstehende Erwartungsdruck auf Manager und Managerinnen, sich als besonders "männlich" zu profilieren und möglichst keinerlei "störende" Emotionen zuzulassen, entspricht jedenfalls in keiner Weise den persönlichen Bedürfnissen sowohl weiblicher als auch männlicher Führungspersonen. Es mag zwar sein, daß der narzißtische Gewinn, der mit einer Führungsposition verbunden ist ("...alle scheinen mich zu bewundern oder meine Stelle einnehmen zu wollen - also muß ich schon ein toller Hecht sein!"), einen gewissen Ausgleich für die damit verbundenen Belastungen mit sich bringt. Aber ist dieser "Ausgleich" auf die Dauer wirklich befriedigend? Eine sehr viel gesündere und langfristig befriedigendere Möglichkeit besteht darin, die "männlich" geprägten Erwartungen an Manager und Managerinnen in Frage zu stellen. Sowohl Männer als auch Frauen wären dadurch weniger gezwungen, persönliche Bedürfnisse (z. B. nach emotionaler Wärme) und Gefühle (z. B. die Angst, dem vorgegebenen Rollenstereotyp nicht zu entsprechen) zu verdrängen und zu verleugnen (vgl. Gold 1990). Erfolgreiche Frauen stünden nicht mehr so sehr unter dem Druck, sich an ein nur scheinbar männliches Managerideal anzupassen, und Männer in Führungspositionen könnten es sich erlauben, mehr auf ihre tatsächlichen Gefühle und emotionalen Bedürfnisse zu achten, anstatt nach außen hin stets die von ihnen erwartete "männliche" Fassade präsentieren zu müssen.

4 Macht: Verantwortung oder Kompensation

4.1 Die Machtfalle

Organisationen müssen auf ihre soziale und materielle Umwelt Einfluß nehmen, um ihre Ziele zu erreichen. Die Fähigkeit zu dieser Beeinflussung verleiht ihnen Macht. Die konkrete Ausübung dieser Macht aber liegt bei einzelnen Organisationsmitgliedern, für die sie sehr viel mehr bedeuten kann als nur eine Voraussetzung für effektives Handeln.

Für manche Menschen ist das Streben nach Macht zu einem überwertigen Lebensziel geworden. Sie benutzen Macht wie eine Droge, um seelische Probleme zu verdecken, statt sie zu bearbeiten. Sie verlieren dadurch die Chance, ihre persönliche Entwicklung in eine gesündere Richtung zu lenken, denn selbst wenn ihre energischen und manchmal rücksichtslosen Bemühungen, ihre Macht zu vergrößern, zum Ziel führen - so bleiben sie doch unzufrieden und unglücklich.

Man muß also unterscheiden zwischen dem gesunden Wunsch nach Verwirklichung eigener Vorstellungen und einem irrationalen Machtstreben, das der Kompensierung seelischer Defizite dient und mit der Verdrängung anderer Gefühle und Wünsche bezahlt wird. Diese Unterscheidung läßt sich nur treffen, wenn man die bewußten und unbewußten Konflikte des jeweiligen Menschen mit sich selbst und anderen genauer betrachtet.

Das Wort Macht hat heute einen schlechten Beiklang. Verantwortungsbewußte Unternehmensführer sprechen deshalb lieber von Einfluß, wenn sie zu ihren überdurchschnittlich großen Gestaltungsmöglichkeiten befragt werden. Sie wollen damit betonen, daß ihre verändernden Eingriffe innerhalb und außerhalb des Unternehmens von rationalen Zielsetzungen und nicht von irrationalen Motiven geleitet sind.

Um ein irrationales Machtstreben vom gesunden Wunsch nach Selbstverwirklichung unterscheiden zu können, muß man verstehen, warum jemand seinen Einflußbereich vergrößern will, wie er dabei vorgeht und was er damit zu erreichen versucht. Strebt er nach Macht, weil er damit letztlich wie ein Süchtiger das Gefühl der Unzufriedenheit und der eigenen Unzulänglichkeit betäuben will, so wird er schließlich spüren, daß er durch die Erlangung der Macht nicht zufriedener wird und nach immer mehr Macht strebt. Gleich einem von Drogen Abhängigen, der seine Dosis immer wieder erhöhen muß, um vorübergehendes Wohlbefinden zu erreichen, und sich damit von einer wirklichen Bewältigung

146

seiner Probleme ständig weiter entfernt, kämpft er um mehr Macht in dem Maße, in dem ihn das bisher Erreichte nicht befriedigt: er ist dann tatsächlich in den für die sogenannte Machtfalle typischen Teufelskreis geraten.

Die Gefahr, daß ein Mensch exzessives Machtstreben zur Kompensierung unbewältigter seelischer Probleme einsetzt, ist besonders groß, wenn psychische Defizite und Fehlentwicklungen mit einem Arbeitsfeld zusammentreffen, in dem Machtfragen eine besondere Rolle spielen und ein offener Umgang mit psychischen Schwierigkeiten nicht möglich ist. Die Wahrscheinlichkeit eines solchen Zusammentreffens erhöht sich dadurch, daß Menschen oft unbewußt genau die Arbeit suchen, die ihnen entsprechende Kompensationsmöglichkeiten bietet.

Größenphantasien und überhöhte Ansprüche an die eigene Person, die für die sogenannte narzißtische Persönlichkeitsstörung (z. B. Kohut 1973; Kernberg 1978) kennzeichnend sind, können einem exzessiven Macht- und Leistungsstreben zugrunde liegen. Sie führen häufig zu depressiven Krisen, wenn die tatsächlichen Fähigkeiten und Arbeitsergebnisse hinter den grandiosen Zielen und Ansprüchen zurückbleiben und das überhöhte Selbstwertgefühl in Minderwertigkeitsgefühl umschlägt.

Viele psychoanalytische Erfahrungen zeigen jedoch, daß der berufliche Erfolg allein noch kein Kriterium für die seelische Gesundheit eines Menschen ist. LaBier (1986) geht z. B. davon aus, daß bestimmte Arbeitsbedingungen bereits vorhandene, narzißtische Tendenzen noch mehr verstärken können. Dazu folgendes Fallbeispiel:

B. hatte sich während seines Studiums Ende der 60er und Anfang der 70er Jahre aktiv an der studentischen Protestbewegung und an den Initiativen der damaligen Friedensbewegung beteiligt. Nach einer ersten Anstellung bei einer kleineren Firma erhielt er einen Posten im Stab eines einflußreichen Regierungsausschusses. Er erzählte LaBier, daß es ihn sofort fasziniert habe, in einem solchen Machtzentrum zu arbeiten. Zur Zeit gilt er als der künftige "Star" dieses Ausschusses und ist damit beschäftigt, die Macht und den äußeren Glanz auszubauen, die seine Position mit sich bringen. Er erzählte, daß er seine frühere Unsicherheit, ob er dieser Aufgabe gewachsen sei, inzwischen verloren habe, auch wenn er sich manchmal immer noch wie ein kleiner Junge in der Welt der Erwachsenen vorkomme, dem es jederzeit passieren könne, daß ihm jemand sagt, er habe die Grenze zu einem Bereich überschritten, in den er nicht hineingehöre. Dieses Gefühl schob er aber gleich wieder mit einem Scherz beiseite und betonte, daß er sich über seine Fähigkeiten sehr wohl im klaren und daß seine Arbeit sehr wichtig sei. Er sagte, es sei extrem aufregend, gleichzeitig gute Arbeit zu leisten und über großen Einfluß zu verfügen.

Der Erfolg und die Anerkennung, die B. für seine guten Leistungen erhielt, kamen in einer Arbeitsumgebung zustande, die unweigerlich Bedürfnisse nach Glanz und Ansehen schürte. Dadurch wurden die latent vorhandenen narzißtischen Tendenzen von B. stimuliert. Die Bedeutung seiner eigenen Arbeit für die Gesetzgebung wurde von ihm viel zu sehr überschätzt. Vor einiger Zeit hatte er damit begonnen, seinen Weg an die Spitze mit Hilfe von intriganten Manövern zu ebnen; er überlegte, wie er diejenigen, die ihm im Weg standen, ausschalten könne. Er unterminierte beispielsweise die Arbeit und das Ansehen seines Vorgesetzten, trug so zu dessen Ausscheiden bei und erhielt, wie erhofft, nicht nur dessen Position, sondern dadurch auch noch mehr Anerkennung und Bewunderung.

Innerlich fühlte er sich jedoch wie ein kleiner Junge, der sich nach Liebe und Wertschätzung sehnt. Sein ganzes Leben wurde er von einer besitzergreifenden und fordernden Mutter vorangetrieben, die ihn dazu brachte, bemerkenswerte intellektuelle Fähigkeiten zu entwickeln, die zusammen mit seinem kreativen Vorstellungsvermögen zu seinem Erfolg beitrugen. Aber er hat dafür mit einem hohen Preis bezahlt. Unbewußt hatte er das Gefühl, stets die Forderungen und Wünsche anderer Menschen erfüllen zu müssen. Er glaubte, etwas leisten und darstellen zu müssen, um Beifall und Bewunderung zu bekommen, fühlte sich in Wirklichkeit aber wie ein inkompetenter Schwindler ohne eigene Entscheidungsfreiheit. Sein Bedürfnis nach Ruhm und Anerkennung ließ sich letztlich auf den verdrängten Wunsch nach der Liebe seiner Mutter zurückführen. Diese Themen zeigten sich auch in seinen Träumen. Er erzählte z. B. von einem Traum, in dem er einem mächtigen Senator einen von ihm verfaßten Bericht überreichte und dabei hoffte, der Senator werde nicht entdecken, daß der Bericht aus lauter leeren Seiten bestand. In einem anderen Traum schickte ihn seine Mutter mit zahllosen trivialen Aufträgen los, die er automatisch und beinahe wie ein Roboter ausführte. B. wurde zunehmend unzufriedener mit seinem Privatleben. In den Gesprächen mit LaBier wurde ihm deutlich, daß sein großer beruflicher Erfolg sein unrealistisches Selbstbild noch mehr verzerrt hatte. Er erkannte, daß dies keine gesunde Entwicklung war und suchte nach einem Ausweg. Innerlich fühlte er sich leer. Darüber hinaus gestand er ein, daß er seine Frau nicht wirklich liebte und daß er im Grunde noch niemals jemanden wirklich geliebt hatte. Er erzählte auch, daß er oft dachte, er würde solange nicht frei sein, bis seine Mutter starb, und daß ihn dieser Gedanke gleichzeitig erschreckte. Einige Wochen nach diesen Gesprächen meldete sich B. wieder bei LaBier und sagte, daß er gerne mit einer psychoanalytischen Behandlung beginnen wolle. Diese Behandlung war für ihn nach Auffassung von LaBier eine Chance, den Ersatzcharakter seiner Bedürfnisse besser verstehen zu lernen, die ihm in seiner Arbeitssituation gleichwohl so nützlich waren (nach LaBier 1986, S. 55 ff.).

Fehlen in dieser Fallgeschichte auch die zum Verständnis seiner Schwierigkeiten wichtigen Informationen darüber, welche Rolle der Vater in der Lebensgeschichte von B. gespielt hat (neuere psychoanalytische Forschungsergebnisse weisen auf die große Bedeutung hin, die der Vater für die seelische Entwicklung eines Kindes bereits in den ersten Lebensjahren einnimmt; vgl. z. B. Atkins 1984; Neubauer 1985; Stork 1986), so ist der Fall aber ein Beispiel dafür, wie im Verlauf der beruflichen Sozialisation negative und schädliche Entwicklungstendenzen begünstigt werden können, die unter gesünderen Arbeitsbedingungen vermutlich in sehr viel geringerem Ausmaß in Erscheinung getreten wären.

Das Streben nach Macht, Anerkennung, Prestige, Status und Einfluß ist für viele Menschen ein wichtiges Motiv in ihrem Arbeitsleben. Kaum jemand außerhalb eines geschützten therapeutischen Rahmens wird allerdings zugeben, daß es auch das Verlangen nach Macht ist, das seine beruflichen Ziele bestimmt. Zudem darf, wie das obige Beispiel gezeigt hat, die verführerische Wirkung von Arbeitsbedingungen nicht unberücksichtigt bleiben, die mit ihrem Angebot an Ersatzbefriedigungen negative, nur latent vorhandene unbewußte Dispositionen überhaupt erst relevant werden lassen. Festzuhalten bleibt, daß dann, wenn das Streben nach Macht zum Selbstzweck wird, die schädlichen Folgen sowohl für den betreffenden Menschen als auch für seine zwischenmenschlichen Beziehungen nahezu vorprogrammiert sind. Versucht jemand aber, seinen Einfluß geltend zu machen, um sowohl seine eigenen Arbeits- und damit auch Lebensbedingungen als auch die seiner Kollegen, Vorgesetzten und Mitarbeiter befriedigender zu gestalten, ohne dabei grundlegende eigene und fremde Bedürfnisse gewaltsam zu

148

unterdrücken, dann folgt er damit einer gesunden Entwicklungstendenz. Im weiteren Verlauf dieses Kapitels soll versucht werden, sich dem Thema "Macht im Unternehmen" aus psychoanalytischer Sicht weiter anzunähern. Zuvor jedoch ein kurzer Exkurs in die traditionelle Organisationspsychologie.

4.2 Organisationspsychologische Ansätze

In der Organisationspsychologie findet sich u. a. der Hinweis auf Machtkämpfe in Unternehmen, d. h. auf den "Kampf verschiedener Organisationsmitglieder um Einfluß, Entscheidung und Verfügungsgewalt" (Weinert 1987, S. 66), der im Extremfall dazu führen kann, daß das persönliche Machtstreben einzelner Organisationsmitglieder zu einer Vernachlässigung der tatsächlichen Unternehmensziele führt. Es wird also davon ausgegangen, daß das Streben nach Einfluß, Ansehen oder materiellen Vorteilen zu diesen Machtkämpfen führt. Diese Motivation an sich kann jedoch, ohne Berücksichtigung tiefer gehender Beweggründe, das Machtstreben mancher Menschen nicht befriedigend erklären oder gar verständlich machen. Aus psychoanalytischer Sicht bleibt ein solcher Erklärungsversuch unbefriedigend, weil er unbewußte Wünsche und Gefühle vernachlässigt.

Andere Organisationspsychologen sind den Ursachen nachgegangen, auf denen der Einfluß von Führungspersonen beruht. French u. Raven (1959) unterscheiden die folgenden 5 Machtquellen:

Legitimationsmacht
Macht, die sich aus der Position einer Führungsperson innerhalb einer Gruppe bzw. innerhalb eines Unternehmens ergibt.

Belohnungsmacht
Macht, die sich aus den Möglichkeiten einer Führungsperson ergibt, für bestimmte Leistungen ihrer Mitarbeiter materielle, symbolische oder psychologische Belohnungen zu verteilen.

Macht durch Zwang oder Druck
Macht, die auf der Furcht der Geführten basiert, Sanktionen ausgesetzt zu sein, wenn die Erwartungen des Vorgesetzten nicht erfüllt werden. Diese Art der Machtausübung kann sich schnell als Bumerang erweisen, wenn sie etwa dazu führt, daß Mitarbeiter Informationen zurückhalten oder sich das Betriebsklima derart verschlechtert, daß die Mitarbeiter ihre Arbeitsaufgaben ohne echtes Engagement erledigen.

Expertenmacht
Macht, die sich aus Ausbildung, Kompetenz und Berufserfahrung einer Führungsperson ergibt, aber auch aus deren Fähigkeit, einen wesentlichen Beitrag zur Lösung der Arbeitsaufgaben der von ihr geführten Gruppe zu leisten. Sie beruht u. a. darauf, daß B glaubt, A verfüge über ein bestimmtes Spezialwissen oder über besondere Kenntnisse. Auch der Zugang zu bedeutsamen Informationen kann für sich allein schon ein wichtiger Machtfaktor sein.

Referenz- und charismatische Macht
Macht, die sich einer großen persönlichen Anziehungskraft oder einem bestimmten Charisma verdankt (vgl. Kap. 3.2.2). Als zusätzliche Machtquelle erleichtert sie die Führungsaufgaben erheblich.

Die Ausprägung und Kombination dieser Machtquellen wird wiederum von verschiedenen Faktoren beeinflußt: so kann sich die Expertenmacht einer Führungsperson verändern, wenn diese im Zuge einer Versetzung oder Beförderung ein neues Aufgabengebiet übernehmen muß.

Nicht nur die Legitimationsmacht, sondern auch die Belohnungsmacht sowie die Möglichkeit, Macht durch Zwang oder Druck auszuüben, sind in hohem Maße von der Stellung abhängig, die eine Führungsperson in der Unternehmenshierarchie einnimmt. Charismatische Macht kann durch Legendenbildung entstehen, wenn es beispielsweise einer Führungsperson gelungen ist, eine scheinbar hoffnungslose Situation doch noch erfolgreich zu bewältigen und als Sieger aus einer ernsten Krise hervorzugehen.

Die Typologie von French u. Raven (1959) klammert allerdings den Einfluß des Unbewußten auf die Beziehung zwischen Führern und Geführten, wie er sich beispielsweise in Übertragungen zeigt, völlig aus (vgl. hierzu Kap 3.3.1). Vielfach werden Führungspersonen von ihren Mitarbeitern stark idealisiert, weil sie von ihnen unbewußt wie Elternfiguren wahrgenommen und erlebt werden. Diese Wahrnehmungsverzerrung dürfte nicht nur die wesentliche Grundlage der Referenz- oder charismatischen Macht einer Führungsperson bilden, sondern auch die Expertenmacht eines Vorgesetzten kann dessen Mitarbeitern auf Grund ihrer Übertragung sehr viel größer vorkommen als sie tatsächlich ist. Die Verführung, die von diesen Machtquellen und ganz besonders von der "Übertragungsmacht", d. h. von den Einflußmöglichkeiten, die sich auf Grund der Übertragung von Eigenschaften der Eltern auf Führungspersonen ergeben, auf eine Führungsperson ausgeht, darf nicht unterschätzt werden.

Nur wer sich selbst gut genug kennt, kann auf gesunde und verantwortungsbewußte Weise mit seinem Einfluß auf andere umgehen und wird nicht der Versuchung erliegen, die eigene Übertragungsmacht zu mißbrauchen und damit nicht nur anderen, sondern auch sich selbst zu schaden.

4.3 Macht als psychologisches Konzept

Trotz aller Klärungsversuche ist Macht ein relativ vages und schwer zu definierendes Konzept geblieben. Möglicherweise ist diese Begriffsverwirrung auch darauf zurückzuführen, daß die Geistes- und Sozialwissenschaftler, die versucht haben, Machtphänomene zu beschreiben, zu erklären und zu verstehen, aus sehr verschiedenen Theorierichtungen kommen und entsprechend unterschiedlichen wissenschaftlichen Paradigmen nahestehen. Die Vertreter solcher Schulen haben oft große Schwierigkeiten, ihre Ideen untereinander auszutauschen und ihre Modelle miteinander in Beziehung zu setzen, weil sie Begriffe verschieden verwenden. Aus der wissenschaftlichen Diskussion um den Machtbegriff lassen sich 3 verschiedene Ansätze herausarbeiten: der strukturalistische, der interpersonale und der intrapersonale (vgl. Kets de Vries 1980, S. 60 ff.):

Die *Strukturalisten* haben sich darum bemüht, Macht zu klassifizieren. Ihre Aufmerksamkeit galt vor allem den Ursprüngen von Macht und den Methoden, mit deren Hilfe sie ausgeübt werden kann. Die oben angeführte Kategorisierung der Machtquellen von French u. Raven (1959) ist ein Beispiel für diesen Ansatz. Diese Kategorien lassen sich weiter reduzieren und vereinfachen, indem z. B. zwischen der Kontrolle über physische Maßnahmen (Zufügung von körperlichen Verletzungen, Einschränkungen der Bewegungsfreiheit, Nahrungsentzug usw.), der Kontrolle über materielle Ressourcen (d. h. Gehälter, Dienstwohnungen usw.) und der Kontrolle über symbolische Ressourcen (z. B. Prestige- und Statuszuweisung) unterschieden wird.

Vertreter des *interpersonalen* Ansatzes schlagen vor, Macht als einen Prozeß zu definieren, in dessen Verlauf eine Gruppe versucht, eine andere Gruppe mit Hilfe bestimmter Maßnahmen zu beeinflussen, um so eine Veränderung der ursprünglichen Beziehungen zwischen beiden herbeizuführen. Die Möglichkeit, an diesem Prozeß teilzunehmen und Einfluß auszuüben, hängt weitgehend von der Verfügung über wichtige Ressourcen ab. Diese Ressourcen sind dann auch Gegenstand von ritualartigen Zeremonien und Prozeduren, mit deren Hilfe das Verfügen darüber ausgehandelt werden soll.

Anstelle einer weiteren Erläuterung der strukturalistischen und interpersonalen Machttheorien liegt der Schwerpunkt dieses Kapitels auf den *intrapersonalen* Aspekten der Macht. Es soll versucht werden, eine Antwort auf folgende Fragen zu finden:

Woraus ergibt sich die psychologische Bedeutung der Macht für einen Menschen? Wie kommt es dazu, daß Menschen ein mehr oder weniger stark ausgeprägtes Machtbedürfnis entwickeln?

Letztlich sind es im wesentlichen 3 Theorien, die immer wieder in der einen oder anderen Variation erkennbar sind, wenn es um die Psychologie der Macht geht: Das Streben nach Macht als kompensatorische Motivation, als autonome Motivation und das Machtstreben als Charaktereigenschaft, durch die sich "politische Menschen" oder "Machtmenschen" von anderen unterscheiden. Im folgenden werden diese 3 wichtigsten Theorien erörtert, die sich mit dem Streben nach Macht als einer (intrapersonalen) Motivation auseinandersetzen (vgl. Zaleznik u. Kets de Vries 1985, S. 46 ff.):

Machtstreben als kompensatorische Motivation

Das Streben nach Macht steht im Mittelpunkt der Theorie von Alfred Adler (1920). Er war der Auffassung, daß der Wunsch und das Streben nach Macht von manchen Menschen dazu benützt werden, das Gefühl der Schwäche oder Minderwertigkeit auszugleichen.

> Vereinfacht ausgedrückt ging Adler davon aus, daß die Abhängigkeit von der Betreuung und Pflege der Eltern, die damit verbundene Hilflosigkeit und ganz allgemein das "Klein-Sein" bei Kindern zu Minderwertigkeitsgefühlen führen. Da jedes Kleinkind von seiner Umwelt abhängig ist und so zunächst keine Möglichkeiten hat, die um es herum stattfindenden Ereignisse zu kontrollieren, erschien Adler der Wunsch nach Kompensation dieses Mangelzustandes als universales Motiv. Er hob allerdings noch einige spezifischere Ursachen dieses Minderwertigkeitsgefühls hervor und betonte dabei die Ablehnung des Kindes durch die Eltern ebenso wie Überbehütung und Verwöhnung. Aber auch das Vorhandensein sogenannter "minderwertiger" Organe (Mißbildungen, Behinderungen) kann die kindlichen Minderwertigkeitsgefühle zusätzlich intensivieren. Als Resultat körperlicher Beeinträchtigungen, übertriebener Verwöhnung oder Vernachlässigung baut sich schließlich ein charakterformendes Minderwertigkeitsgefühl auf. Dieses Minderwertigkeitsgefühl ist für die Gefühle und Handlungen des davon betroffenen Menschen von zentraler Bedeutung. Einem seelisch gesunden Menschen gelingt es nach Auffassung von Adler, seine aus der Kindheit stammenden Minderwertigkeitsgefühle schrittweise zu überwinden, indem er sich um eine angemessene Selbstbehauptung bemüht und lernt, mit Schwierigkeiten und Hindernissen fertig zu werden (vgl. Adler 1920).

In Adlers Theorie hat das Machtstreben als grundlegendes Motiv ein Ziel, und zwar die in der Kindheit erlittenen Kränkungen und seelischen Verletzungen zu kompensieren. Adler hat allerdings die Bedeutung frühkindlicher Minderwertigkeitsgefühle überbetont. Er hat aus den vielen verschiedenen Entwicklungsprozessen in der frühen Kindheit *einen* Aspekt herausgegriffen und verabsolutiert. Eine wichtige Aufgabe für die seelische Entwicklung eines Menschen besteht z. B. auch darin, die Spaltung zwischen als "gut" und "schlecht" bzw. "böse" erlebten Bezugspersonen und/oder Ereignissen zugunsten einer realistischeren Beziehungsform und einer angemesseneren Wahrnehmung aufzugeben und gleichzeitig zwischen innerseelischen Prozessen und der äußeren Realität unterscheiden zu lernen. Zudem entwickelt jeder Mensch bestimmte Abwehrmechanismen in einer für ihn charakteristischen Ausprägung und Konstellation, z. B. die Idealisierung, die Verdrängung und die Verschiebung, die jeweils auf entwicklungsabhängigen Prozessen aufbauen. Der Realitätsbezug eines Menschen und sein Selbstwertgefühl hängen neben anderen Faktoren ganz entscheidend davon ab, ob diese und viele weitere Entwicklungsaufgaben in der frühen Kindheit zufriedenstellend gelöst werden konnten.

Die Theorie, das Streben nach Macht sei im Grunde ein Kompensationsversuch frühkindlicher Minderwertigkeitsgefühle, enthält gleichwohl einen wahren Kern. Aus der psychoanalytischen Behandlung narzißtisch gestörter Menschen weiß man, wie sehr diese Menschen unter mangelndem Selbstwertgefühl, geringer Selbstachtung und Minderwertigkeitsgefühlen leiden, gleichzeitig aber an sich selbst und an andere Menschen viel zu hohe und idealisierte Ansprüche stellen. Es ist deshalb besonders wichtig, die familiendynamische Rolle zu verstehen, die jemand im Beziehungsgeflecht seiner Ursprungsfamilie eingenommen hat. Ein beschädigtes Selbstwertgefühl beruht viel eher auf dem Mißbrauch eines Kindes als Ersatzpartner eines Elternteils (vgl. Richter 1963; Bauriedl 1987). Zu einem solchen Mißbrauch kann es vor allem kommen, wenn die Beziehung der Eltern zueinander unbefriedigend ist. An das Kind werden dann Wünsche herangetragen, die eigentlich dem erwachsenen Partner gelten, in der Beziehung zu ihm aber nicht befriedigt werden können. Beim Kind werden dadurch unrealistische Größenphantasien stimuliert. Auf Grund der nicht kindgemäßen, überaus intensiven und (im weitesten Sinne) sexualisierten Beziehung zu einem Elternteil glaubt es, nur dann wertvoll und liebenswert zu sein, wenn es diese letztlich fremdbestimmten und überhöhten Ansprüche übernimmt. Dadurch kommt es zu einem Verzicht auf eigene, altersangemessene Entwicklungsmöglichkeiten, und auch das Streben nach Macht kann zu einem suchtartigen Ersatz werden, mit dem sich der so entstandene Mangel an Selbstwertgefühl und Identitätserleben in der eigenen psychischen Struktur vermeintlich auffüllen läßt.

Machtstreben als autonome Motivation

Der Philosoph Thomas Hobbes ging davon aus, daß das Streben nach Macht angeboren ist und zeichnete ein ziemlich düsteres Bild des Menschen. Im *Leviathan* (1651) beschrieb Hobbes den Menschen als ein Wesen, das mit einer egoistischen und rücksichtslosen Natur ausgestattet ist: Homo homini lupus - der Mensch ist dem Menschen ein Wolf. Die im wesentlichen antisoziale Natur des Menschen muß deshalb von einem starken Führer unter Kontrolle gehalten werden. Hobbes pessimistischer Einschätzung der menschlichen Natur, die teilweise auch in die Anthropologie der klassischen Psychoanalyse eingeflossen ist, stehen heutzutage neuere, differenziertere Betrachtungen gegenüber. So wäre auf die Forschungsergebnisse zu verweisen, die schon bei sehr kleinen Kindern ein intensives Bedürfnis nachweisen, die eigenen sozialen Fähigkeiten und Möglichkeiten in der Beziehung zu ihren wichtigsten Bezugspersonen zu verwirklichen und zu entfalten (z. B. Stechler 1985). Erst wenn diese natürliche Entfaltungstendenz immer wieder kumulativ frustriert wird, entgleist die Entwicklung mit den entsprechenden schädlichen Folgen. Stechler (1985) schlägt daher vor, zwischen einer gesunden Selbstbehauptungstendenz einerseits und einer destruktiven Aggression andererseits zu unterscheiden. Die Selbstbehauptungstendenz ist also ein Sammelbegriff für das in der menschlichen Natur liegende gesunde Bedürfnis nach Verwirklichung eigener Möglichkeiten und Wünsche, während die destruktive Aggression eine Reaktion auf wiederholte Bedrohungen eben dieser grundlegenden körperlichen und seelischen Bedürfnisse darstellt und letztlich aus Selbstschutz entstanden ist. Nicht nur die destruktive Aggression, sondern auch ein überzogenes Machtstreben ist wohl eher als ein kompensatorisches Ersatzbedürfnis zu verstehen, das sich sekundär als Reaktion auf die mangelhafte Befriedigung ursprünglicher und gesünderer Bedürfnisse herausgebildet hat. Dabei handelt es sich vor allem um Defizite in der Entwicklung des Selbst, die wiederum auf Grund gestörter Beziehungen zu den wichtigsten Bezugspersonen der Kindheit entstanden sind.

Machtstreben als Charaktereigenschaft
Der Versuch, Charaktertypologien aufzustellen, hat in Philosophie und Psychologie eine lange Tradition.

> Eduard Spranger (1924), von dem eine der bekanntesten Einteilungen stammt, unterschied 5 verschiedene Typen von Menschen: den theoretischen, den ökonomischen, den sozialen, den politischen und den ästhetischen. Der Theoretiker interessiert sich vor allem für Wissen und Gedanken, während der ökonomische Mensch die Dinge nach ihrem materiellen Wert beurteilt. Soziale Menschen sind altruistisch eingestellt und nehmen empathisch Anteil am Schicksal ihrer Mitmenschen, während ästhetische Menschen Schönheit und sinnliche Erfahrungen über die intellektuelle Auseinandersetzung stellen. Schließlich gibt es noch den politischen Menschen, der nach Macht strebt. Es geht ihm dabei nicht nur um Entscheidungsfreiheit und Kontrollmöglichkeiten, sondern ganz besonders auch um das Gefühl, daß andere Menschen von ihm abhängig sind.

Typologien wie die von Spranger haben sicherlich den Vorteil, daß sie die unübersichtliche Vielfalt und Komplexität menschlicher Verhaltensweisen und Motivationen ordnen helfen. Allerdings besteht dabei stets die Gefahr, das eigentlich Erklärungsbedürftige aus den Augen zu verlieren. Es kommt vor allem darauf an, die hinter dem machtorientierten Verhalten eines Menschen stehende Psychodynamik zu verstehen. Ein solches Verständnis wird eher möglich, wenn Persönlichkeit, Einstellung zur Macht und Selbstwertgefühl als Folge von innerseelischen Entwicklungsprozessen begriffen werden, die auf lebensgeschichtlich bedeutsamen Ereignissen und unbewußten Phantasien beruhen.

4.4 Macht und Selbstwertgefühl

4.4.1 Macht oder Ohnmacht?

Die Kombination von Macht und Gefühlen der Hilflosigkeit bei Führungskräften erscheint auf den ersten Blick vielleicht paradox. Jemand, der im Vergleich zu seinen Mitarbeitern über relativ viel Macht verfügt, hat, oberflächlich betrachtet, keinen Grund dafür, sich als passives Objekt von unkontrollierbaren Ereignissen und Entscheidungen zu erleben. Die meisten Führungskräfte haben zwar ebenfalls einen Vorgesetzten, an dessen Entscheidungen und Weisungen sie gebunden sind. Dennoch steht ihnen mehr Spielraum für eigene Vorstellungen und Ideen zur Verfügung als den Mitarbeitern aus den unteren Hierarchieebenen. Aber

auch manche Unternehmensleiter erleben sich nicht als mächtige und ein-
flußreiche Persönlichkeiten, sondern als besonders angreifbar und verwundbar,
wie Levinson (1981; Levinson u. Rosenthal 1984) gezeigt hat. Was sind die
Ursachen dafür, daß auch hohe Führungskräfte sich selbst manchmal als Spiel-
ball von kaum zu kontrollierenden Ereignissen wahrnehmen? Im nächsten Abschnitt dieses Kapitels soll gezeigt werden, daß Insuffizienzgefühle auch durch
unbewußte intrapsychische Prozesse verursacht werden können. Die damit
verbundenen unbewußten Ersatzbedürfnisse schließen aber nicht aus, daß es
ebenso reale Ursachen für ein entsprechendes Erleben gibt. Diese realen
Situationen können auch bei Menschen ohne entsprechende neurotische Veranlagung negative Entwicklungstendenzen aktivieren und stimulieren. Deshalb wird
im folgenden auf die möglichen realen Ursachen von Verunsicherung und
Hilflosigkeitsgefühlen eingegangen, die durch die persönliche Verarbeitung und
das subjektive Erleben eines Menschen jeweils ganz spezifische und individuelle
Bedeutungen erhalten.

Wenn jemand das Gefühl hat, keinen Einfluß auf für ihn wichtige Ereignisse
in seiner Arbeits- und Lebensumwelt ausüben zu können, dann muß ihm diese
Lebensumwelt verunsichernd, unberechenbar, unkontrollierbar und bedrohlich
erscheinen. Der amerikanische Psychotherapeut Martin E.P. Seligman (1979)
stellt - hierbei anknüpfend an psychoanalytische Theorien zur Entstehung von
Depression - die These auf, Angst und Depression seien letztlich auf das Gefühl
der Unkontrollierbarkeit und Unberechenbarkeit von Ereignissen in der eigenen
Lebensumwelt zurückzuführen. Da es im Arbeitsalltag der meisten Menschen
immer wieder auch zu Enttäuschungen und Frustrationen kommt, ist seine Theorie der "gelernten Hilflosigkeit" auch für Unternehmen und andere Organisationen relevant. Auf der Seite des Unternehmens sind es vor allem starre
Hierarchien und autoritäre Strukturen, die zu Resignation und Ohnmachts-
gefühlen führen können. Aus diesem Grund legt Seligmans Theorie eine Demokratisierung nahe.

Bemühungen um flache bzw. organische Unternehmensstrukturen mit partizipativen Entscheidungsmöglichkeiten entsprechen auch dem psychoanalytischen Anliegen, da eine umfassende Demokratisierung sämtlicher Lebens- und
Arbeitsbereiche dazu beitragen könnte, unnötiges Leid zu vermeiden, innerseelische Konflikte zu entschärfen und das Selbstwertgefühl vieler Menschen auf
gesunde Art und Weise zu stabilisieren. "Diese Bemühungen lassen sich als
Beispiel dafür verstehen, wie sehr die Menschen es ablehnen, sich übertrieben
autoritären Strukturen zu unterwerfen, die mit großen, pyramidalen und 'mechanistischen' Unternehmensstrukturen mit ihren bürokratischen Tendenzen einhergehen, in deren Mittelpunkt starr definierte Pflichten, Verantwortungsbereiche und Autoritäten stehen" (Kets de Vries 1980, S. 48, Übers. von uns).

Zwar bilden sich auch in hierarchisch organisierten Unternehmen informelle
Strukturen und Gruppen heraus, die ein gewisses Ventil für aufgestaute Emotionen bieten, indem man z. B. mit einer Gruppe gleichgesinnter Kollegen über
belastende Ereignisse spricht und dadurch einen gewissen solidarischen und

identitätsstiftenden Rückhalt erfährt. Aber diese informellen Strukturbildungen können die Erfahrung von Rigidität und überflüssiger Kontrolle nicht ausgleichen. Es sind nicht zuletzt diese Beobachtungen gewesen, die zu einer wachsenden Bereitschaft geführt haben, sich mit partizipativen Führungsmodellen auseinanderzusetzen.

Unternehmen, die ihren Mitarbeitern mehr Partizipationsmöglichkeiten einräumen, gehen aber nicht nur mit ihren Angestellten auf gesündere Weise um, sondern verfügen wegen ihrer größeren Flexibilität und erhöhten Innovationsbereitschaft über zusätzliche Vorteile. Diese Betriebe müssen jedoch sehr genau darauf achten, nicht von einem Extrem ins andere zu verfallen, da ein Fehlen der nötigen Strukturen auch wieder schwerwiegende Nachteile mit sich bringt. In nicht oder nur gering hierarchisch strukturierten Unternehmen sind die Aufgaben, Rollen und Verantwortungsbereiche der Mitarbeiter oft weniger deutlich definiert als in eher hierarchischen Unternehmen. So kann eine in hohem Maße mehrdeutige und verunsichernde Arbeitssituation entstehen, in der es kaum mehr möglich ist, die Grenzen der jeweiligen Zuständigkeitsbereiche klar zu bestimmen. Im Endeffekt kommt es dann zu dem Ergebnis, das man gerade vermeiden wollte: die Führungskräfte und Mitarbeiter wissen nicht mehr, wie sie ihre eigenen Aufgaben und Rollen im Unternehmen definieren sollen. Dies geschieht vor allem dann, wenn neue Strukturen ohne ausreichende Information und Vorbereitung der Mitarbeiter eingeführt werden. Der damit verbundene Mangel an Orientierung kann Hilflosigkeitsgefühle hervorrufen und zu einer negativen Einstellung führen. Kets de Vries (1980, S. 52 ff.) beobachtete, daß unklare Aufgaben und Rollenverteilungen sowie unklare Kriterien für die Leistungsbeurteilung enorme Belastungen sowohl für Vorgesetzte als auch für deren Mitarbeiter zur Folge haben. Selbstverständlich soll diese Argumentation nur auf die Schattenseiten eines Führungsvakuums hinweisen und keinesfalls hierarchische Unternehmensstrukturen oder autoritäre Entscheidungsprozesse rechtfertigen.

Eine Erweiterung der Partizipationsmöglichkeiten bedeutet nicht, auf effektive Führung zu verzichten. Eine der größten Schwierigkeiten bei der Umsetzung dieser Forderung besteht darin, unternehmensinterne Double-binds (vgl. Kap. 3.3.2) zu vermeiden, Doppelbotschaften im Sinne von "Sagt Eure Meinung, aber wehe, wenn Ihr es wirklich tut!". Dahinter steht dann häufig die Angst der Führungsperson, durch das Zulassen von mehr Partizipation etwas zu verlieren. Die Entlastung, die damit ebenfalls verbunden sein könnte, wird übersehen. Sie kann sich einerseits aus einer Reduzierung überhöhter Erwartungen und idealisierender Ansprüche ergeben, wie sie an viele Vorgesetzte auf Grund von Übertragungen herangetragen werden, andererseits aber auch eine ganz konkrete Arbeitsentlastung mit sich bringen. Denn ein allzu großer Machtvorsprung verstärkt nicht nur die Isolation der Führungskräfte, sondern geht in vielen Fällen auch mit einer Arbeitsüberlastung einher, die die Erfüllung einer ihrer wichtigsten Aufgaben behindert: schnell auf sich abzeichnende Veränderungen des Marktes und andere relevante Tendenzen zu reagieren. Durch Dezentralisierung von Macht und Einfluß werden den Mitarbeitern, die besonders "dicht" am Markt arbeiten und mit dessen Bedingungen besonders gut vertraut sind, mehr Mitspracherechte und Entscheidungsmöglichkeiten gegeben.

4.4.2 Selbstwertgefühl durch Macht?

Zwischen der realen oder auch nur phantasierten Macht von Führungskräften und ihrem Selbstwertgefühl, d. h. ihrem Selbstvertrauen, ihrer Selbstachtung und ihrer Selbstliebe (vgl. Mertens 1990 a, S. 67 ff.), besteht nach Auffassung von Zaleznik u. Kets de Vries (1985, vor allem S. 85 ff.) häufig ein enger Zusammenhang. In diesem Abschnitt sollen die Gründe hierfür beleuchtet und darüber hinaus dargestellt werden, wie durch die Koppelung von Macht und Selbstwertgefühl auch wichtige innerbetriebliche Ereignisse beeinflußt werden können. Anschließend wird ausführlich auf die Entwicklung des Selbst eingegangen, um verständlich zu machen, warum Macht und Ansehen für viele Menschen eine so große Bedeutung haben.

Machtvergleiche zwischen einzelnen Mitarbeitern oder verschiedenen Arbeitsgruppen sind in Unternehmen an der Tagesordnung. Solche Vergleiche werden besonders dann angestellt, wenn eine Führungskraft mehr Macht erhält, wodurch häufig der Einfluß einer anderen eingeschränkt wird. Bereits geringfügige Machtveränderungen können solche Vergleiche auslösen. Veränderungen im Unternehmen betreffen normalerweise eben auch die Machtverteilung, und die von der Veränderung betroffenen Menschen haben oft das Gefühl, daß ihr "Wert" und damit auch ihr "Selbstwert" durch die Ausgestaltung der Machtverteilung erhöht oder erniedrigt werden kann. Die Ergebnisse eines solchen Vergleichs können weitreichende Konsequenzen für das eigene Selbstwertgefühl haben. Prägende Erfahrungen, die viele Menschen in ihrer Kindheit machten, scheinen ihnen gezeigt zu haben, daß sich Aufmerksamkeit, wenn nicht sogar Zuneigung, vor allem auf das mächtigste Familienmitglied konzentrierten.

Exemplarisch können die Auswirkungen solcher Vergleiche beobachtet werden, wenn ein Unternehmen ein anderes aufgekauft hat. Zaleznik u. Kets de Vries (1985, S. 110) schildern ein solches Beispiel:

Der bisherige Leiter des aufgekauften Unternehmens warf sehr bald das Handtuch, weil er die relative Verschiebung seiner Bedeutung und seines Ranges nicht ertragen konnte, die für ihn dadurch entstand, daß er nicht länger Unternehmensleiter war. Bald darauf entwickelte sich ein heftiger Konkurrenzkampf zwischen seinen beiden Stellvertretern um die frei gewordene Spitzenposition. Kurzfristig konnte eine Lösung gefunden werden, indem beide mit dem gleichen Rang versehen wurden, aber dieser Kompromiß hielt nicht sehr lange. Verdeckt ging der Machtkampf weiter, und nach kurzer Zeit trat der Topmanager mit der schwächeren Machtposition zurück, weil er für seinen Verantwortungsbereich keine tragfähige Definition erkennen konnte. Sein Rücktritt brachte erwartungsgemäß einen Machtgewinn für seinen Konkurrenten mit sich, verbunden mit einer schrittweisen Auflösung und Annäherung der unterschiedlichen feindlichen Lager, die sich zuvor um die beiden Rivalen herum gebildet hatten (nach Zaleznik u. Kets de Vries 1985, S. 110).

Aber auch bei der Planung der Unternehmensstruktur werden Schwierigkeiten und Probleme, die sich aus der Veränderung der bestehenden Strukturen und Machtbereiche für das Selbstwertgefühl der betroffenen Menschen ergeben können, nach Auffassung von Zaleznik u. Kets de Vries (1985) oft nicht genügend beachtet. Strukturelle Entscheidungen werden auf der Grundlage von Aufgabenerfordernissen, inner- und außerbetrieblichen Bedingungsfaktoren und Systemzusammenhängen getroffen, aber die Bedeutung dieser Entscheidungen für die davon betroffenen Menschen wird oft übergangen. Die rationale Sprache, die für die Begründung von Strukturmaßnahmen zumeist verwendet wird, kann von demjenigen, der die Entscheidung treffen muß, bewußt oder unbewußt auch dazu benutzt werden, sich nicht den Belastungen und schmerzhaften Emotionen stellen zu müssen, die dann entstehen, wenn er in einen Interessenkonflikt eingreift. Diese Situation war auch in den folgenden Beispielen eingetreten:

> Der frisch gebackene Leiter eines großen Unternehmens wollte einen Stellvertreter ernennen. Sein Wunschkandidat war eines von 6 Vorstandsmitgliedern (vice presidents), die alle über den gleichen Einfluß verfügten. Indem ein einzelner aus der zuvor gleichberechtigten Gruppe hervorgehoben und im Endeffekt zu einem zweiten Chef gemacht wurde, änderte sich natürlich die bisherige Machtstruktur. An späteren Ereignissen ließ sich dann auch erkennen, daß diese Maßnahme heftige Emotionen wie Neid, Enttäuschung und Ärger hatte aufkommen lassen, weil sich die Veränderungen sowohl auf die subjektive Selbsteinschätzung der Führungskräfte als auch auf das Bild, das sie von ihren Kollegen in Bezug auf Macht und Selbstachtung hatten, auswirkte.

> Ein Familienunternehmen, das gemessen an seinem Gewinn im Grunde sehr erfolgreich war, hatte Ausschüsse gebildet, deren Aufgabe es war, die Unternehmenspolitik auszuformulieren und wichtige operative Entscheidungen zu treffen. Alle Ausschußmitglieder beklagten sich zwar über ineffiziente und umständliche Entscheidungsprozesse, aber sie konnten das letztlich selbstgestrickte Problem nicht in den Griff bekommen. Dazu wäre es nämlich notwendig geworden, wichtige Entscheidungsbefugnisse und die Führungsfunktion auf einen von ihnen zu übertragen. Diese Maßnahme konnte aber wegen des Mißtrauens und des Neides der Ausschußmitglieder sowie wegen ihrer unbewußten Angst, durch eine eindeutige Führungsstruktur kontrolliert zu werden und sich unterwerfen zu müssen, nicht durchgeführt werden (beide Beispiele nach Zaleznik u. Kets de Vries 1985, S. 116).

Es ließen sich noch viele andere Situationen beschreiben, die darauf hinauslaufen, daß wichtige Entscheidungen, ja schon der Entscheidungsprozeß im Unternehmen, unwillkürlich mit einer "Psychologie des Vergleichs" (Zaleznik u. Kets de Vries 1985, S. 117, Übers. von uns) verbunden sind. Nicht nur Konkurrenz- und Rivalitätskonflikte werden in solchen Situationen aktiviert, sondern vor allem auch Probleme der Selbstachtung, des Selbstwertgefühls und der Identität (s. Übersicht S. 158 f.), und zwar sowohl auf der bewußten als auch auf der tieferen unbewußten Ebene. Deshalb ist es von großer Bedeutung, daß bei der Planung einer veränderten Unternehmensstruktur die Selbstwertproblematik und die damit verbundenen Widerstände verstanden werden.

Identitätserleben und Macht

Zwischen der Identität eines Menschen und seinem Selbst(wert)gefühl bestehen vielfache Verbindungen und Überschneidungen. Vereinfacht kann man sagen, daß ein Mensch, der ein sicheres Gefühl dafür hat, wer er eigentlich ist und was er in seinem Leben gerne verwirklichen möchte, aller Wahrscheinlichkeit nach auch über ein stabiles und gesundes Selbstwertgefühl verfügt.

Allzu leicht kann Macht zu einem Ersatz für eine sichere Identität werden. Der Versuch, Identität durch Macht zu ersetzen, ist aber tragischerweise letztlich zum Scheitern verurteilt. Vielleicht ist die Verwechslung von Macht und Identität, die nur aus der jeweiligen Lebensgeschichte des betreffenden Menschen heraus verständlich ist, auch der Grund dafür, warum so viele Versuche, mit Macht humaner umzugehen, gescheitert sind. Viel zu oft basiert das Denken und Handeln machthungriger Menschen auf einem "geborgten Ich, auf einer Firmenseele anstatt auf einem kohärenten Selbst und einem Gewahrsein dafür, wer man selbst im Strom der Zeit und der Geschichte ist" (Zaleznik u. Kets de Vries 1985, S. VII, Übers. von uns). Durch die Bemühungen, mehr Macht zu erlangen, versuchen manche Menschen, inakzeptable Selbstbilder abzuschütteln, erreichen aber häufig nur das Gefühl, innerlich gespalten zu sein oder werden körperlich oder seelisch krank. In solchen Fällen trägt ihr Machtstreben freilich defensive Züge: mit seiner Hilfe soll das gespaltene Selbst wieder zusammengefügt und geheilt sowie gleichzeitig ein Ersatz für ein verläßliches Ich-Ideal gefunden werden.

In der Auseinandersetzung mit seelischem Leid und mittels des Versuchs, frühe seelische Verwundungen in ihrer Bedeutung für die Lebensgeschichte eines Mensche zu verstehen, hat die Psychoanalyse hinsichtlich der defensiven Verwendung von Macht viele wesentliche Erkenntnisse gewonnen. Darüber hinaus verfügt die Psychoanalyse über wertvolle Einsichten, die einen möglichen Heilungsprozeß betreffen. Sie heilt durch die Veränderung psychischer Strukturen, und von dieser Veränderung wird auch das Weltbild eines Menschen beeinflußt, das beispielsweise seine zwischenmenschlichen Beziehungen oder seine Machtorientierung bestimmt.

Sehr interessant ist allerdings auch die Frage, wie Heilungsprozesse außerhalb der psychoanalytischen Situation stattfinden, oder auch warum es manchen Menschen gelingt, im psychologischen Sinne gesund zu bleiben, während andere krank werden. Stets scheint daran die Fähigkeit beteiligt zu sein, sich selbst sehr genau und bewußt zu kennen und sozusagen von innen heraus beobachten zu können. Diese Fähigkeit erinnert an den Begriff der therapeutischen Ich-Spaltung aus der psychoanalytischen Behandlungslehre, nicht mit dem Abwehrmechanismus Spaltung zu verwechseln. Die therapeutische Ich-Spaltung meint im wesentlichen, daß es einem Menschen, der gleichzeitig erlebendes Subjekt ist, dennoch gelingt, sich selbst aus einer gewissen Distanz heraus wahrzunehmen, zu beobachten und zu beschreiben. Das gegenwärtige Ausbildungssystem scheint statt der Fähigkeit zur differenzierten und bewußten Selbst-Wahrnehmung und Selbst-Kenntnis bzw. zur quasi-therapeutischen Ich-Spaltung allerdings viel eher negative und defensive Spaltungsprozesse zu fördern, weil die meisten Menschen in dieser Zeit lernen, daß sie sehr genau zwischen den Rollen unterscheiden und trennen müssen, die ihre jeweilige kulturelle, soziale und gesellschaftliche Umwelt von ihnen erwartet (vgl. Parin 1978). Deshalb läßt sich auch bei manchen Topmanagern und Politikern eine (defensive) Spaltung zwischen ihrem öffentlichen und ihrem privaten Selbst beobachten. In manchen Situationen kann die einerseits erzwungene, andererseits auch selbst übernommene gespalten-paradoxe Orientierung besonders deutlich zum Ausdruck kommen, etwa wenn im Anschluß an eine scheinbar ohne Gefühlsbeteiligung geführte Diskussion "harter" Fakten ein plötzlicher Rollenwechsel zum einfühlsamen und liebevollen Familienvater oder Ehemann stattfindet.

Wenn es um Probleme der Selbstachtung und des Selbstwertgefühls geht, sprechen Psychoanalytiker von Narzißmus (z. B. Kohut 1973, 1979). Dieser Begriff ist ebenso der griechischen Sagenwelt entlehnt wie der des Ödipus-Komplexes (s. Übersicht S. 99). Narziß war ein junger Mann, der sich in sein eigenes Spiegelbild verliebte. Durch eine unrealistische Selbst-Idealisierung, ein "Verliebtsein ins eigene Selbst", scheint man von anderen Menschen unabhängig zu werden. Jeder Mensch verfügt über verschiedene Möglichkeiten, seinen Narzißmus zu regulieren. Pathologisch werden solche "narzißtischen Regulationsmodi" erst dann, wenn jemand fortwährend davon Gebrauch macht, z. B. andauernd mit Phantasien der eigenen Größe beschäftigt ist und die Einfühlung in sein Gegenüber zu kurz kommt. Führungspersonen mit pathologischem Narzißmus erleben deshalb auch eine Handlungsfreiheit, die anderen Menschen fremd ist, u. a. weil sie nicht durch Schuldgefühle oder Skrupel gebremst werden und unfähig sind, empathisch auf die Wünsche und Bedürfnisse anderer Menschen zu reagieren.

Trotz dieser scheinbaren Unabhängigkeit ist die Identität narzißtischer Menschen brüchig und instabil, und sie leiden auch unter schweren Störungen und Schwankungen ihres Selbstwertgefühls. Diese Störungen entstehen durch das Auseinanderfallen innerer Selbstbilder, deren Fragmentierung manchmal bewußt wahrgenommen und erlebt wird, manchmal aber auch unbewußt bleibt.

Wie kommt es zu diesen Störungen und wie kann sich die Fragmentierung des Selbst auf den Umgang mit Macht in Führungspositionen auswirken? Eine wesentliche Leistung im Verlauf der seelischen Entwicklung eines Menschen besteht darin, wichtige Bezugspersonen, d. h. vor allem die Eltern, sozusagen in die eigene Persönlichkeitsstruktur aufzunehmen. Dies geschieht einerseits durch den Prozeß der Introjektion, was in etwa so viel bedeutet wie das "Nach-innen-Nehmen" eines anderen Menschen, aber auch durch den reiferen Vorgang der Identifikation, d. h. durch den Wunsch, so zu sein wie eine bewunderte und geliebte Bezugsperson. Psychoanalytiker sprechen in diesem Zusammenhang von der Entwicklung der Objektbeziehungen (s. auch Mertens 1990 a, S. 42 ff.). Wenn dabei der Begriff "Objekt" verwandt wird, dann deshalb, weil dieser sich im Verlauf der Philosophiegeschichte eingebürgert hat. Immer wieder haben Philosophen versucht zu verstehen, auf welche Weise das erlebende Subjekt die Welt der Objekte, und zwar sowohl unbelebte Dinge als auch lebende "Objekte", und damit vor allem andere Menschen, überhaupt erkennen kann. Die Verwendung des Begriffs "Objekt" bedeutet also keinesfalls, daß ein anderer Mensch "zum Objekt" gemacht wird. Objektbeziehungen sind keine direkt beobachtbaren zwischenmenschlichen Beziehungen, sondern innerseelische Beziehungen und Strukturen, die auf den Vorstellungen und Phantasien über einen Menschen selbst und andere beruhen. An diesen Vorstellungen sind auch konkrete Ereignisse beteiligt, die allerdings auf Grund eigener Wünsche, Bedürfnisse und Phantasien verzerrt wahrgenommen werden. Die Objektbeziehungen eines Menschen können relativ gesund sein, wenn er z. B. über ein stabiles, überwiegend positives Selbstbild sowie über Halt, Schutz und

Geborgenheit vermittelnde innere Objekte verfügt. Die inneren Objekte haben dann die stabilisierende Funktion übernommen, die einst von den eigenen Eltern ausgeübt wurde. Objektbeziehungen können aber auch destruktive Züge aufweisen, wenn beispielsweise das Selbstbild sehr negativ und brüchig ist und die inneren Objekte nur wenig Orientierung bieten. Die individuelle Ausgestaltung der (innerseelischen) Objektbeziehungen übt ihrerseits wieder einen großen Einfluß darauf aus, wie befriedigend ein Mensch seine konkreten (beobachtbaren) Beziehungen zu anderen Menschen und damit auch zu Kollegen, Vorgesetzten oder Mitarbeitern gestalten kann. Abb. 4.4.2 stellt diese komplizierten Zusammenhänge schematisch dar.

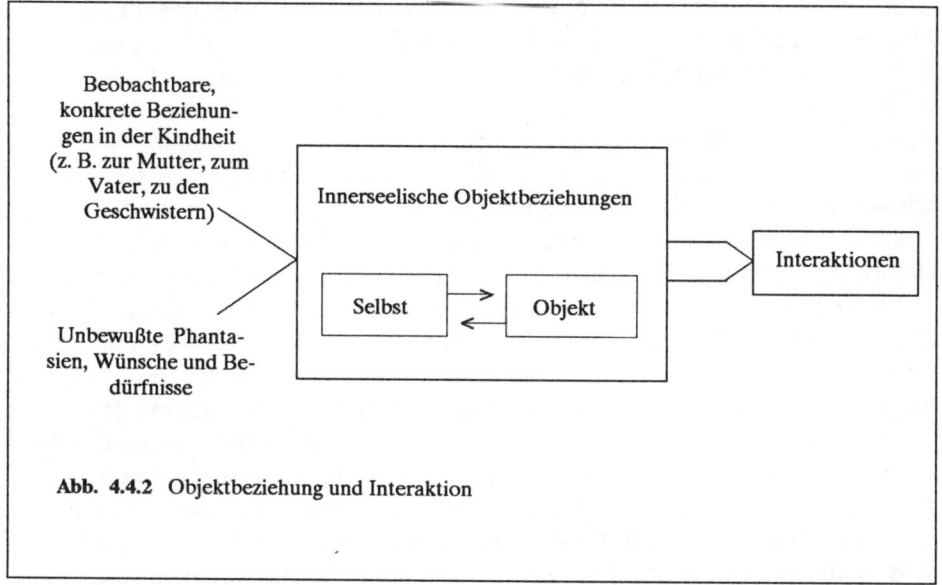

Abb. 4.4.2 Objektbeziehung und Interaktion

Zusammenfassend kann man sagen, daß in die beobachtbaren Interaktionen und "tatsächlichen" Beziehungen eines Menschen zu seinen Interaktionspartnern immer auch unbewußte Vorstellungen und Phantasien eingehen, die das Selbstbild - die Selbstrepräsentanz - betreffen, ebenso wie unbewußte Erwartungen und Phantasien über den betreffenden anderen Menschen, die von inneren Objekten - den Objektrepräsentanzen - hervorgerufen werden. Selbst- und Objektrepräsentanzen sind eng miteinander verbunden: Ein Mensch, dessen Selbstbild sehr brüchig und widersprüchlich ist, wird auch andere Menschen auf verzerrte Art und Weise erleben und ihnen mit möglicherweise sehr irritierenden Erwartungen begegnen.

Die Entwicklung der Objektbeziehungen ist somit eine wesentliche Entwicklungsleistung in der Kindheit. Die Verinnerlichung elterlicher Funktionen, also das Nach-innen-Nehmen der schutz-, halt- und trostspendenden elterlichen

Verhaltensweisen, ist ein großer Schritt nach vorn in der seelischen Entwicklung eines Menschen. Andererseits können die dadurch entstehenden Repräsentanzen auch das beinhalten, was das Kind an seinen Bezugspersonen fürchtet, ablehnt oder vielleicht sogar haßt. Vor allem im Verlauf des zweiten Lebensjahres wird das Kind zunehmend mit solchen elterlichen Ansprüchen und Anforderungen konfrontiert, die es zum Teil als Eingriff in seine Autonomie erlebt und gegen die es sich entsprechend wehrt. Gleichzeitig durchläuft das Kind im zweiten Lebensjahr einen sehr sensiblen Entwicklungsabschnitt, in dem es zwischen Hochgefühl und Niedergeschlagenheit schwankt, weil sich seine Fähigkeiten einerseits rasch entwickeln, andererseits nicht zu übersehen ist, daß es doch noch sehr "klein" und in vielerlei Hinsicht noch auf die Hilfe und Unterstützung durch seine Eltern angewiesen ist (Mahler et al. 1978). Das Kind braucht in dieser Phase viel Verständnis für seine teilweise sehr heftigen und widersprüchlichen Gefühle, gleichzeitig aber auch Eltern, die keine unrealistischen Größenphantasien stimulieren, indem sie das Kind für ihre eigenen narzißtischen Bedürfnisse mißbrauchen. Fehlendes Interesse und mangelnde Anerkennung für kindgerechte Leistungen sind für die seelische Entwicklung des Kindes genauso schädlich wie das Versäumnis, kindliche Größenphantasien durch das Setzen von Grenzen und durch andere altersangemessene Anforderungen einfühlsam zu verändern (vgl. Kohut 1973, 1979). Diese Gratwanderung überfordert viele Mütter und Väter, und so kann es dazu kommen, daß das innerseelische Bild, die Objektrepräsentanz, der fordernden, versagenden und strafenden Eltern stärker als das innerseelische Bild fürsorglicher und liebevoller Eltern wird. Beide Vorstellungen können deshalb nicht in einer ganzheitlichen Repräsentanz der Eltern vereinigt werden, die sowohl "gute" als auch "schlechte" Anteile enthält. Dieses negative Bild der Eltern meinen Psychoanalytiker im wesentlichen, wenn sie z. B. von einer destruktiven Objektrepräsentanz oder einer negativen Elternimago sprechen. Eine solche bedrohliche Objektrepräsentanz führt beim Erwachsenen sehr leicht zu Selbsthaß und Selbstabwertung. Dahinter verbergen sich unbewußte Selbstvorwürfe (wenn man gut genug oder genau genommen perfekt und ohne Fehler wäre, dann müßten sich die (Eltern)Objekte auch nicht so versagend und bedrohlich verhalten). Die Perfektion, das Streben nach Vollkommenheit und nach Verschmelzung mit einem idealisierten vollkommenen Objekt zum Zwecke der Heilung des beschädigten und zersplitterten Selbstbildes wird dann häufig zu einem mächtigen unbewußten Wunsch, der jedoch nie wirklich befriedigt werden kann.

Auch das Streben nach Macht kann in den Versuch eingebunden sein, das Selbst unter positivem Vorzeichen zu stabilisieren. 2 verschiedene Möglichkeiten stehen einem Menschen bei seinen unbewußten Bemühungen, die innerseelische Kohäsion seines Selbstbildes zu erreichen, zur Verfügung (Zaleznik u. Kets de Vries 1985, S. 88): Er kann versuchen, die ungeliebten und verhaßten Fragmente abzuschütteln und auszustoßen. Wenn das, was man an sich und in sich selbst haßt, nach außen verlegt wird, dann können - so die innerseelische Logik - die potentiell vorhandenen positiven Fragmente endlich vereinigt und gestärkt werden. Der Selbstmord ist ein extremes Beispiel für den Versuch, negative Selbstfragmente abzuschütteln bzw. auszustoßen. Ein weniger extremes Beispiel ist der Versuch, in andere Menschen, so etwa auch in Mitarbeiter, Vorgesetzte oder Kollegen, all das hineinzuverlegen, was man am eigenen Selbst nicht ertragen kann und deshalb an anderen stellvertretend bekämpfen muß. Macht und Einfluß über andere Menschen sollen dann unbewußt dazu dienen, bedrohliche innerseelische Repräsentanzen zu kontrollieren.

Nur wenn es gelingt, die Aufspaltung zwischen "guten" und "bösen" Repräsentanzen aufzuheben und die fragmentierten Selbst- und Objektrepräsentanzen zu realistischen innerseelischen Bildern zu verschmelzen, in denen die guten und schlechten Anteile integriert sind, kann sich ein kohäsives Selbst entwickeln. Normalerweise vollzieht sich dieser Prozeß in der Kindheit, wenn die Qualität der Eltern-Kind-Beziehungen überwiegend empathisch und liebevoll war. Er kann aber auch in einer therapeutischen Beziehung nachgeholt werden: Indem der Patient die verinnerlichten Fragmente elterlicher Repräsentanzen im Verlauf der Übertragung auf seinen Analytiker wieder aktiviert, können die damit verbundenen Ängste und Phantasien durchgearbeitet und verstanden werden. Bisher unbewußte Ängste und Wünsche können bewußt und im Licht der gegenwärtigen Realität neu strukturiert werden. In der Regel geht damit auch ein verändertes Verständnis für die Eltern einher, an denen plötzlich bisher kaum oder gar nicht wahrgenommene Qualitäten erkannt werden, so daß nach und nach eine Versöhnung mit der Vergangenheit möglich wird.

Eine Störung in der Entwicklung des Selbst kann aber nicht nur zu dem Versuch führen, inakzeptable und fragmentierte Selbstbilder nach außen zu projizieren und stellvertretend an anderen zu bekämpfen. Im Vordergrund stehen vielfach auch Versuche, ein beschädigtes Selbstwertgefühl durch unrealistische Größenphantasien zu kompensieren. Diese Größenphantasien sind in der Regel die Folge einer gestörten Familiendynamik: Wenn an das Kind Gefühle, Wünsche und Beziehungsmuster herangetragen werden, die sich eigentlich an den erwachsenen Partner richten, in der Beziehung zu ihm aber nicht befriedigt werden können, dann bedeutet das auch, daß das Kind größer gemacht wird als es ist. Diese Form der Eltern-Kind-Beziehung, die von Bauriedl (1987) als Ersatzpartnerschaft bezeichnet wird, übt nicht nur einen verführerischen Sog auf kindliche Größenphantasien aus, sondern ist auch mit einer Überforderung verbunden, weil das Kind eben kein "kleiner Erwachsener" ist. An die Stelle kindangemessener Entwicklungsmöglichkeiten tritt deshalb die Fremdbestimmung in der Entwicklung. Da der eigene Wert vor allem davon abzuhängen scheint, ob es gelingt, den unrealistischen Ansprüchen (zunächst der Eltern, später dann anderer Bezugspersonen) zu genügen, muß auf die Verwirklichung eigener Wünsche und Bedürfnisse verzichtet werden. Die Angst, nicht als Person mit eigenen Bedürfnissen und Wünschen existieren zu dürfen, ist also ein Grund dafür, warum es vielen Menschen so schwer fällt, Größenphantasien zugunsten befriedigender Lebensziele aufzugeben (vgl. das Beispiel von LaBier zu Beginn des Kapitels). Dies ist deshalb so schwierig, weil die Selbstüberschätzung, in der

Phantasie größer zu sein als man tatsächlich ist, durchaus verführerisch erscheint. Die damit verbundene unrealistische Idealisierung des eigenen Selbst kann sehr verschiedene Formen annehmen: "Die anal geprägte Form des idealisierten Selbst stellt das eigentliche Größen-Selbst dar; das Erleben und die Phantasie sind hierbei auf Omnipotenz, Herrschaft und Macht ausgerichtet, und narzißtische Zufriedenheit entsteht, je mächtiger das Selbst erlebt wird; idealisiert werden 'grandioser Wert, Einzigartigkeit, Allmacht und Unbezwingbarkeit'. Die phallisch-exhibitionistische Idealbildung ... zielt auf Bewunderung und phallische Anerkennung; idealisiert werden Aspekte wie 'Vollkommenheit' und phallischsadistische 'Eroberungs- und Verführungsmacht' " (Mertens 1990 a, S. 85 f.).

Diese Größenphantasien stehen aber nur für die eine Seite einer Störung in der Entwicklung des Selbst. Die andere Seite ist das genaue Gegenteil davon und zeigt sich vor allem in Insuffizienzgefühlen und Angst. Die Angst ist nicht nur auf die Befürchtung zurückzuführen, überzogenen Ansprüchen an das eigene Selbst nicht genügen zu können, sondern sie ist vor allem das Resultat der Verdrängung eigener Wünsche, die sich beispielsweise in depressiven Verstimmungen, in Leere- und Sinnlosigkeitsgefühlen, vielleicht aber auch nur in einer diffusen Unzufriedenheit ausdrückt.

Zusammenfassend läßt sich folgendes festhalten: Der Versuch, durch das Streben nach Macht und Bedeutung ein brüchiges Selbstwertgefühl zu stabilisieren, kann einerseits auf den besonderen Umständen in der lebensgeschichtlichen Entwicklung eines Menschen beruhen. Andererseits wird eine solche Tendenz oft auch erst durch die Sogwirkung von Arbeitsbedingungen aktiviert, die entsprechende Kompensationsmöglichkeiten durch Ansehen, Größe und Macht anbieten, während sie unter gesünderen Arbeitsbedingungen möglicherweise gar nicht aufträten. Ein verantwortungsvoller Umgang mit den eigenen Einflußmöglichkeiten setzt voraus, daß man sowohl die eigenen ursprünglichen und bisher verdrängten Bedürfnisse als auch diejenigen anderer Menschen bewußt wahrnimmt und ihnen Beachtung schenkt.

5 Therapie für Unternehmen

5.1 Warnsignale

Symptome wie Streß, Typ-A-Verhalten, Arbeitssucht und das Burnout-Syndrom sind wichtige Hinweise darauf, daß etwas nicht "stimmt". Sie sollten als Warnsignale ernstgenommen werden. Nicht immer muß zur Lösung der diesen Störungen zugrunde liegenden Probleme ein externer Berater eingeschaltet werden. Oft können Vorgesetzte Mitarbeitern, die unter solchen oder ähnlichen Symptomen leiden, weiterhelfen. vorausgesetzt, sie wollen sich wirklich damit auseinandersetzen, und die Mitarbeiter sind dazu bereit, die angebotene Hilfe anzunehmen.

Ein besonders viel beachtetes Symptom ist Streß (zum folgenden: Swogger 1983, 1985; vgl. auch Cooper u. Smith 1989). Das zunehmende Interesse an Streßphänomenen, ihren Auslösern und den Möglichkeiten, sie zu vermeiden oder doch wenigstens besser mit ihnen umzugehen, hat vermutlich vor allem 3 Ursachen (Swogger 1983, S. 12): Erstens ist die Auseinandersetzung mit Streß und seine wissenschaftliche Erforschung Ausdruck eines sensibilisierten Bewußtseins für Gesundheitsgefahren durch physische, soziale und psychische Einflüsse. Zweitens erleichtert die Anwendung des Streßkonzeptes es vielen Menschen, über die psychischen Auswirkungen belastender Arbeitsbedingungen zu sprechen. Und drittens weist das gestiegene Interesse an Streß und seinen Begleitumständen auch auf eine zunehmende Bereitschaft hin, mehr Verantwortung für die eigene körperliche und seelische Gesundheit zu übernehmen.

Gemeinhin versteht man unter Stressoren belastende Reize, die bestimmte psychische und physiologische Bewältigungsversuche in Gang setzen, um die aufgetretene Belastung zu reduzieren oder zu beseitigen. Welche Reize zu Stressoren werden, hängt weitgehend von der Persönlichkeit eines Menschen ab. So gibt es auch einen angenehmen Streß (Eustreß), der beispielsweise dann erlebt wird, wenn eine Tätigkeit zwar sehr anstrengend, aber trotzdem mit großer Befriedigung verbunden ist. Für einen narzißtischen Menschen stellen aber bereits geringfügige Zurückweisungen oder vorsichtige Kritik schwere Kränkungen dar, während viele Menschen mit ödipal gefärbten Störungen vor allem unter Rivalitäts- oder Autoritätskonflikten leiden. In sehr vielen Fällen führen aber auch objektiv belastende Arbeitsumstände, z. B. Zeitdruck und Überforderung, zu Streß. Häufig wird bei Streß lediglich die damit verbundene Anspannung, nicht aber die zugrunde liegende Ursache bekämpft.

Wenn man nach Möglichkeiten einer effektiveren Streßbewältigung sucht, darf man die eigene Beteiligung an der Entstehung von Streß nicht übersehen. Viele Menschen schaffen sich immer wieder selbst Probleme; wenn die Schwierigkeiten und belastenden Situationen, in die sie stets von neuem geraten, einander sehr ähnlich sind, dann ist daran wahrscheinlich ein unbewußter Konflikt beteiligt. Diesem Phänomen, daß manche Menschen immer wieder in die gleichen Fallen stolpern und in die gleichen Schwierigkeiten verwickelt werden, liegt die von Psychoanalytikern als "Wiederholungszwang" bezeichnete Tendenz des Unbewußten zugrunde, prägende Erfahrungen aus der Vergangenheit immer wieder neu zu inszenieren, ohne daß der Wiederholungscharakter dieser "Szenen" bewußt wird. Dieses immer erneute Wiederholenmüssen hat die Funktion, die ungelösten Konflikte nun endlich zu einem guten Ende zu bringen. Je gravierender die neurotische Problematik ist, desto vergeblicher ist aber dieses Bemühen. Streß kann auch durch Unterlassung entstehen, wenn jemand beispielsweise stets solange wartet, bis sich die Arbeit zu einem regelrechten Berg aufgetürmt hat, oder indem man schwierige Entscheidungen immer wieder vor sich herschiebt. Manche Vorgesetzte tragen zudem auf ganz andere Weise zur Entstehung von unnötigem Streß für sie selbst und ihre Mitarbeiter bei. Ein in diesem Zusammenhang wichtiges Verhaltensmuster stellt das sogenannte *Typ-A-Verhalten* dar, das von den Kardiologen Friedman u. Rosenman (1977) beschrieben wurde. Sie verstanden darunter ein exzessives Bemühen, möglichst viele Aufgaben in möglichst kurzer Zeit zu erledigen, und zwar gegen den Widerstand anderer Menschen oder anderer Hindernisse. Chronifiziertes Typ-A-Verhalten ist ein Risikofaktor für die Entstehung einer koronaren Herzerkrankung. Leider wird dieses Verhaltensmuster häufig als besonderer Fleiß oder vorbildliches Engagement mißverstanden. Eine genauere Untersuchung des Typ-A-Verhaltens läßt aber sehr schnell Zweifel aufkommen, ob dieses Verhaltensmuster wirklich notwendig ist, um effiziente Arbeit zu leisten. Die wichtigsten Merkmale des Typ-A-Verhaltens sind (Swogger 1983, S. 13):

- eine diffuse und manchmal verleugnete Gereiztheit und Irritierbarkeit;
- Ungeduld bzw. das Gefühl, unter enormem Zeitdruck zu stehen;
- eine ausgeprägte Abneigung gegen alle Verzögerungen oder Schwierigkeiten;
- ein exzessives Konkurrenzdenken;
- eine explosive, laute und gepreßte Sprechweise, die von überschießenden Körperbewegungen begleitet wird.

Menschen mit Typ-A-Verhalten reagieren auf alle Leistungsanforderungen mit einer physiologischen Überreaktion. Wenn sie eine Aufgabe anpacken, strengen sie sich viel zu sehr an: Puls, Blutdruck und die Ausschüttung von Streßhormonen sind bei ihnen im Vergleich zu anderen Menschen deutlich erhöht. Ihre physiologischen Reaktionen weisen darauf hin, daß sie anscheinend jede noch so kleine Aufgabe beinahe wie einen Notfall erleben und behandeln. Sie sind oft nur schwer davon zu überzeugen, daß mit ihnen etwas nicht in Ordnung ist, weil sie häufig selbst nur wenig Streß erleben und meinen, daß ihre Einstellung letztlich zu ihrem beruflichen Erfolg geführt habe. Wenn sie ihre Situation aber einmal genauer betrachten, erkennen sie möglicherweise, daß sie sozial eher isoliert sind, sich in andere Menschen kaum oder nur sehr schwer einfühlen können und beinahe unfähig sind, einige der vielen Möglichkeiten zu genießen, die das Leben bietet, die aber eine langsamere Gangart und mehr Geduld erfordern.

Darüber hinaus stellt das Typ-A-Verhalten für die meisten Kollegen und Mitarbeiter eine schwere Belastung dar, denn sie fühlen sich häufig übergangen, herumgeschoben oder verletzt. In der Arbeitssituation kann deshalb leicht ein Teufelskreis entstehen, bei dem das Typ-A-Verhalten eines Vorgesetzten zu einem Mangel an Eigeninitiative bei seinen Mitarbeitern und zu einer Abnahme der Kooperationsbereitschaft führt, während der Vorgesetzte gleichzeitig immer ungeduldiger wird und immer noch mehr fordert. In Krisensituationen oder Notfällen ist das Typ-A-Verhalten möglicherweise einmal ganz nützlich, weil es ungeahnte Energien mobilisiert, aber es erweist sich als schädlich, wenn ein hohes Leistungsniveau langfristig aufrechterhalten werden muß. Um das Typ-A-Verhalten abzubauen, ist nach Auffassung von Swogger (1983, S. 13) eine offene und bewußte Auseinandersetzung mit den eigenen Verhaltensweisen und den ihnen zugrunde liegenden Absichten und Wünschen notwendig.

Darüber hinaus muß die Arbeitssituation so strukturiert werden, daß Überlastung vermieden wird. Eine persönliche Veränderung kann z. B. darin bestehen, grandiose Einstellungen nach dem Motto "ich kann alles" schrittweise abzubauen; manchmal führen jedoch bereits so einfache Maßnahmen wie eine rationellere Zeitplanung von Telefonaten zu einer Verbesserung. In anderen Fällen muß sich zunächst einmal das Betriebsklima verändern. Dem steht allerdings entgegen, daß Typ-A-Vorgesetzte dazu tendieren, vor allem Typ-A-Mitarbeiter einzustellen und zu befördern. Deshalb ist die folgende Forderung von Glenn Swogger, dem Direktor des *Center for Applied Behavioral Sciences* der *Menninger Foundation* in den USA, der langjährige Erfahrung in der Durchführung von Seminaren für Führungskräfte besitzt, auch zu unterstützen: "Wir müssen in Zukunft sehr viel genauer zwischen hektischer Betriebsamkeit und wirklicher Effizienz unterscheiden" (Swogger 1983, S. 13, Übers. von uns).

Menschen mit den oben beschriebenen Einstellungen und Verhaltensweisen schaden auf lange Sicht gesehen sowohl dem Unternehmen als auch sich selbst. Ähnliches gilt für diejenigen Mitarbeiter, die eine regelrechte "Arbeitssucht" entwickelt haben (Swogger 1985, S. 3 f.). Schließlich kann man nicht nur von Alkohol oder anderen Drogen psychisch abhängig werden, sondern auch von Arbeit. Es kann sein, daß die Teilnahme an einem interessanten Projekt oder die Ausübung eines faszinierenden Berufes zu einem extremen Engagement führen, auch wenn mit der damit verbundenen Überarbeitung beispielsweise psychosomatische Erkrankungen, Partnerschaftskonflikte oder Angstsymptome einhergehen. Andere Menschen überarbeiten sich dagegen weniger aus Freude an ihrer Tätigkeit, sondern weil ein übertriebenes Verantwortungsgefühl sie dazu drängt.

Es ist ihnen beinahe unmöglich, neue Aufgaben und Verpflichtungen abzulehnen, auch wenn sie bereits überlastet sind und den zusätzlichen Aufgaben nicht die Zeit widmen können, die nötig wäre, um sie adäquat zu erledigen. Diese Menschen können nie genug arbeiten; es fällt ihnen meistens sehr schwer, sich zu entspannen und die Dinge auch wirklich zu genießen, die sie sich finanziell leisten können. Eines Tages fühlen sie sich schließlich verbraucht. Ihre Arbeit macht ihnen keine Freude mehr, und sie leiden möglicherweise unter quälenden depressiven Verstimmungen oder Angstsymptomen. Nicht selten versuchen sie dann auch noch, diese für sie bedrohlichen Gefühle nach dem Motto "mehr desselben" durch noch mehr hektische Aktivität abzuschütteln.

(Zuviel) Arbeit kann natürlich auch zu Abwehrzwecken eingesetzt werden. Menschen, die ein traumatisches Verlusterlebnis wie etwa den Tod eines Familienmitgliedes oder eine Scheidung hinter sich haben, benutzen Arbeit häufig als Ausweg, um die damit verbundenen schmerzhaften Emotionen zu verdrängen und sich abzulenken.

Eine Arbeitssucht kann auch dazu dienen, sich nicht mit familiären Schwierigkeiten oder Eheproblemen auseinandersetzen zu müssen. Zusätzliche Arbeit oder Dienstreisen sind dann nichts anderes als Mittel zum Zweck - man will einfach nur der Problemsituation ausweichen. Die Flucht vor den eigentlichen Schwierigkeiten führt natürlich meistens nur zu einer Verhärtung der ursprünglichen Probleme, weil der Arbeitssüchtige sich vom Rest seiner Familie isoliert und deshalb vielleicht auch noch unter Schuldgefühlen leidet, während die anderen Familienmitglieder zunehmend ihre eigenen Wege gehen.

Wenn die Arbeitssucht über längere Zeit hinweg anhält, weil der Workaholic etwa vor bestimmten zwischenmenschlichen Schwierigkeiten auszuweichen versucht oder an sich selbst übertrieben hohe und narzißtisch geprägte Anforderungen stellt, kann es schließlich so weit kommen, daß er sich eines Tages regelrecht ausgebrannt fühlt. Dieses *Burnout-Syndrom* (Swogger 1985, S. 5/6) bezieht sich auf eine Vielzahl von Problemen, unter denen selbst besonders erfolgreiche und engagierte Führungspersonen zuweilen leiden. Scheinbar übergangslos verlieren sie die Freude an ihrer Arbeit und können ihr keine Befriedigung mehr abgewinnen. Eine resignative Stimmung breitet sich aus, die sich zu einer regelrechten Depression entwickeln kann; nicht selten kommen auch noch Alkoholprobleme oder Ehekonflikte hinzu.

Ein wichtiger Aspekt bei der Bewältigung von Burnout-Phänomenen ist nach Auffassung von Swogger (1985) die Lösung eines Identitätskonflikts: Wenn zwischen den Zielvorstellungen und den Idealen, die man als junger Erwachsener entwickelt hat, und ihrer Verwirklichung eine deutliche Lücke klafft, dann kommt es darauf an, wie mit dem Widerspruch umgegangen wird. Möglicherweise müssen übertrieben hohe Idealvorstellungen auf ein realistisches Maß zurückgeschraubt werden; vielleicht wurde der berufliche Erfolg aber auch mit der Vernachlässigung der eigenen Familie teuer erkauft, so daß an dieser Stelle mit einer Veränderung begonnen werden kann.

Jedenfalls bietet eine solche Krise mit all ihren Schwierigkeiten auch die Chance, in der Zukunft neue Wege zu gehen und sich z. B. endgültig von den fremd-bestimmten Ansprüchen und Erwartungen freizumachen, die man nicht zuletzt auch von wichtigen Bezugspersonen der eigenen Lebensgeschichte übernommen hat. Statt dessen könnte man beginnen, von nun an echte eigene Wünsche zu verwirklichen.

Hilfen anbieten und annehmen: Menschen, die eine Arbeitssucht entwickelt haben, sich ausgebrannt fühlen, sich ständig nach dem Typ-A-Muster verhalten oder andere Symptome einer psychischen Störung zeigen, benötigen möglicher-weise therapeutische Unterstützung. Manchmal schrecken sie jedoch davor zurück, professionelle psychologische bzw. psychotherapeutische Hilfen anzu-nehmen, weil sie glauben, daß es letztlich ihre Neurose ist, der sie ihren Erfolg verdanken. In Wirklichkeit ist es aber häufig genau umgekehrt, d. h. sie sind trotz ihrer Neurose erfolgreich (Levinson 1986, S. 156 f.). Zu dieser Einsicht gelangen manche von ihnen erst dann, wenn sie ein bestimmtes Alter erreicht oder eine emotional prägende Erfahrung, z. B. eine schwere körperliche Krankheit, durch-lebt haben. Plötzlich wird ihnen dann klar, daß es gar nicht notwendig und auf die Dauer sogar schädlich ist, sich ständig zu überfordern. Sie entwickeln eine größere Ausgeglichenheit und einen besseren Überblick, so daß sie ihre Kräfte kreativer und konzentrierter als bisher nutzen können.

Viele Menschen neigen allerdings dazu, ein (über)angestrengtes Verhaltens-muster auch dann noch beizubehalten, wenn sie sowohl sich selbst als auch ihren Kollegen, Mitarbeitern und Vorgesetzten schon längst bewiesen haben, daß sie kompetent sind und gute Leistungen erbringen können. Während es anderen gelingt, ihre Einstellung aus eigener Kraft zu verändern, brauchen sie dazu viel-leicht eine weitergehende Hilfestellung. Sie sollten sich dann auch nicht scheuen, diese Unterstützung anzunehmen. Levinson illustriert mit der folgenden Anek-dote, daß die Befürchtung mancher Menschen, die Inanspruchnahme einer psychoanalytischen Therapie könne ihrer Kreativität schaden, unbegründet ist:

> Ein Bildhauer entschloß sich, das Angebot einer kostenlosen Analyse anzunehmen. Dieses Angebot war im Rahmen eines Projektes der *New York Psychoanalytic Society* zur Erforschung von Kreativität zustandegekommen. Der Künstler berichtete, daß einige Künstlerkollegen an dem Experiment nicht teilnehmen wollten, weil sie befürchteten, daß dadurch ihre Kreativität irre-versibel beeinflußt und geschädigt werden könnte. Einige Jahre später wurde der Bildhauer danach gefragt, welche Wirkung die Psychoanalyse auf ihn gehabt habe. Er antwortete, daß er kreativer sei als je zuvor, aber seine Preise drastisch angehoben habe, da er sich selbst und seine Arbeit jetzt höher bewerte (nach Levinson 1986, S. 157).

In der Regel können Vorgesetzte Mitarbeitern, die unter seelisch mitbedingten Belastungen leiden, dabei helfen, einen befriedigenderen Umgang mit ihren Schwierigkeiten zu finden (Levinson 1986, S. 159 ff.). Sie dürfen allerdings nicht den Fehler begehen, schnelle Lösungen für die präsentierten Probleme anzu-bieten, weil diese in Wirklichkeit zumeist nur Scheinprobleme sind. Den meisten

Psychologen und Psychotherapeuten ist das Phänomen vertraut, daß das Problem, von dem ein Klient zuerst berichtet, häufig nicht die wirkliche Ursache für seine Schwierigkeiten ist. Unter anderen Vorzeichen ist dieses Phänomen auch Managern bekannt, z. B. wenn ein Mitarbeiter seinen Vorgesetzten wegen bestimmter Dinge sprechen will, sich dann aber herausstellt, daß es ihm um etwas ganz anderes geht. Deshalb ist es wichtig, dem Mitarbeiter sehr genau zuzuhören und nicht nur auf das "Präsentiersymptom" zu reagieren. Wenn der Mitarbeiter die Chance hat, mit dem Vorgesetzten über seine Schwierigkeiten intensiv zu sprechen, kommen häufig Probleme von weiterreichenderer Bedeutung zur Sprache. Außerdem zahlt sich das Bemühen um ein schnelles Patentrezept schon allein deshalb nicht aus, weil dann der Mitarbeiter seine Probleme nicht wirklich lösen kann und seinen Vorgesetzten bald wieder sprechen möchte, worauf dieser möglicherweise mit zunehmender Verärgerung und Irritation reagiert.

Allerdings fällt es vielen Mitarbeitern nicht leicht, über ihre Schwierigkeiten mit einem Vorgesetzten zu sprechen, besonders dann nicht, wenn es um ihre Gefühle geht. Öffnet sich jemand nur sehr schwer, dann gibt es mehrere Möglichkeiten, ihm dabei zu helfen, seine Hemmschwelle abzubauen. Vor allem kommt es darauf an, ihm verständlich zu machen, daß seine Schwierigkeiten und Gefühle ernst genommen werden. Damit der Stein ins Rollen kommt, genügt es manchmal schon, die belastende Situation, die der Gesprächspartner nicht von sich aus anzugehen wagt, direkt anzusprechen. Es kann auch oftmals hilfreich sein, wenn der Vorgesetzte von eigenen Erfahrungen und Erlebnissen erzählt, die mit den Problemen seines Mitarbeiters vergleichbar sind. Anderen Mitarbeitern kann man dadurch weiterhelfen, daß man das Gesprächsthema von ihrer Person ablenkt und über ähnliche Schwierigkeiten spricht, die ein anderer hatte und dann darlegt, wie es diesem in der zur Debatte stehenden Situation erging. Eine weitere Möglichkeit besteht darin, den Betreffenden zunächst zu fragen, welche Probleme seiner Meinung nach dessen eigene Mitarbeiter besonders belasten, um dann zu seinen eigenen Schwierigkeiten überzuleiten.

Diese Vorgehensweisen sind vermutlich nur dann hilfreich, wenn es sich nicht um tief verwurzelte Konflikte handelt, hinter denen sich eine unbewußte Dynamik mit einer langen Entstehungsgeschichte verbirgt. Verständlicherweise fühlen sich Vorgesetzte, deren Mitarbeiter, Kollegen oder Freunde unter einer ernsten seelischen Störung leiden, häufig ziemlich verunsichert und irritiert. Sie wissen zwar, daß sie nicht die nötige Ausbildung haben, um effektiv helfen zu können, aber sie wissen auch, daß sie etwas tun müssen. Einerseits wollen sie vielleicht nicht in die persönlichen Schwierigkeiten eines Mitarbeiters verwickelt werden, sich andererseits aber auch nicht verständnislos und abweisend verhalten. Selbstverständlich sind Vorgesetzte keine Psychotherapeuten, aber sie können ihren Mitarbeitern durch ein klärendes Gespräch dennoch in vielen Fällen weiterhelfen, indem sie sich nach dem oben beschriebenen Muster wie eine stützende Elternfigur verhalten. In anderen Fällen können die Probleme eines Mitarbeiters allerdings nur durch psychotherapeutische Maßnahmen angegangen werden; das gilt ganz besonders für Alkohol- und Drogenabhängigkeit.

5.2 Einige Anmerkungen zur Organisationsentwicklung aus psychoanalytischer Sicht

Das OE-Konzept: Unternehmen sind auf Wandel, Innovation und Veränderung angewiesen. Das liegt zum einen daran, daß immer wieder neue Märkte entstehen, alte Märkte sich verändern und ständig neue Technologien eingeführt werden, zum anderen aber auch an dem sich verändernden Selbstverständnis der Organisationsmitglieder, das sich parallel zu gesellschaftlichen Prozessen und zu dem damit verbundenen Wertewandel weiterentwickelt. Von diesen Veränderungsprozessen sind auch die Beziehungen zwischen Führungskräften und Mitarbeitern betroffen. Die Organisationsentwicklung (OE) soll Unternehmen helfen, mit den daraus entstehenden Anforderungen und Schwierigkeiten fertig zu werden. Die Vorgehensweise der OE kann sich grundsätzlich an 3 mehr oder weniger deutlich ausgesprochenen Grundannahmen orientieren (von Rosenstiel et al. 1986, S. 185):

Empirisch-rationalistische Konzepte gehen davon aus, daß der Mensch ein rationales Wesen ist und sich bei wichtigen Entscheidungen vernünftig an seinen eigenen Interessen orientiert. Folgt man diesem Konzept, so würde es letztlich genügen, rein sachliche Informationen zu vermitteln, um ein Problem zu lösen. Im Gegensatz dazu liegt dem *Machtkonzept* die Annahme zugrunde, daß es vor allem darauf ankommt, über genügend Belohnungs- und Bestrafungsmöglichkeiten zu verfügen, wenn man bestimmte Änderungen durchsetzen möchte. Beide Auffassungen sind mit den von der Psychoanalyse erforschten Gesetzmäßigkeiten menschlichen Erlebens und Verhaltens unvereinbar. Aber auch *normativ-reduktive Konzepte* mit der Grundannahme, daß menschliche Verhaltensweisen vom wohlüberlegten Eigeninteresse und von soziokulturellen Normen beeinflußt werden, greifen aus psychoanalytischer Sicht zu kurz, weil sie eine der wesentlichsten Erkenntnisse der Psychoanalyse ausklammern, die besagt, daß menschliches Erleben und Verhalten eben nicht nur von bewußten, sondern vor allem auch von unbewußten Bedürfnissen, Wünschen und Phantasien entscheidend beeinflußt wird. Es ist nur konsequent, daß das Unbewußte von der Organisationspsychologie auch in dem von ihr beschriebenen phasenhaften Verlauf von Wandlungsprozessen ausgespart bleibt (vgl. von Rosenstiel et al. 1986, S. 186 ff.):

Am Anfang steht die Entwicklung eines Bedürfnisses nach Veränderung. Die Situation im Unternehmen wird z. B. vom Auftraggeber als unbefriedigend, schmerzlich oder gefährlich erlebt, etwa wegen mangelnden Unternehmensgewinns oder auch schwerer Konflikte zwischen den Mitarbeitern. Wenn der Eindruck vorherrscht, daß die vorhandenen Schwierigkeiten unter Nutzung eigener Ressourcen nicht befriedigend gelöst werden können, wird unter Umständen ein

172

Berater in Anspruch genommen. Aus psychoanalytischer Sicht wäre an dieser Stelle bereits zu fragen, welche Rolle unbewußte Prozesse wie z. B. Übertragungen, regressive Vorgänge im Unternehmen oder konflikthafte innerseelische Dynamiken bei der Entstehung des Veränderungswunsches gespielt haben können.

Im nächsten Schritt wird die Beziehung zwischen dem auftraggebenden Klienten und dem Berater oder "Change agent" hergestellt. Da viele Beratungsverhältnisse eher sachlich an technischen oder wirtschaftlichen Veränderungen orientiert sind, werden die psychologischen Aspekte des Veränderungsprozesses allzu oft übersehen. Auf unbewußten Bedürfnissen und Wünschen beruhende Einflüsse werden in der Regel gänzlich verleugnet.

Die Zielidentifikation soll unter möglichst großer Partizipation der Organisationsmitglieder dazu führen, vorhandene Schwachstellen ausfindig zu machen und zu analysieren. Je größer die Beteiligung der Organisationsmitglieder ist, desto geringer ist der Widerstand, auf den der Berater in seiner Arbeit trifft. Diese Widerstände beruhen keineswegs nur auf der Verteidigung von Machtinteressen, sondern zum Teil auch auf unbewußten Abwehrprozessen sowie irrationalen Strukturen und Bedürfnissen.

Anschließend geht es darum, gemeinsam mit den Organisationsmitgliedern alternative Entwicklungskonzepte herauszuarbeiten, etwa durch die Methode des "Brainstorming". Dadurch, daß das anstehende Problem aus den unterschiedlichsten Perspektiven beleuchtet wird, kann nicht nur ein größerer Handlungsspielraum entstehen, sondern es wird auch deutlich, welche Ängste und gruppendynamischen Hindernisse einer Änderung im Wege stehen.

Die Umsetzung der in der vorhergehenden Phase erarbeiteten Pläne und Absichten ist ein besonders kritischer Abschnitt im OE-Prozeß. Hier werden die Widerstände, die einer Veränderung entgegenstehen, besonders deutlich. Für diese Phase gibt es eine Reihe allgemeinpsychologischer Ratschläge: die Pläne für den Wandel sollen von den Führungskräften möglichst als ihre eigenen erlebt werden; Änderungen werden leichter akzeptiert, wenn sie einen versuchsweisen Charakter haben; die Definition von Teilzielen und die Ausrichtung auf klar erkennbare Erfolge ist sinnvoll; ein gegenseitiges Vertrauensverhältnis erleichtert die Umsetzung der beschlossenen Maßnahmen usw.

Unter Zugrundelegung einer psychoanalytischen Haltung kommt es in dieser Phase darauf an, auch solche Widerstände zu erkennen und zu berücksichtigen, die beispielsweise auf individuellen oder interpersonalen Abwehrbedürfnissen, Übertragungskonstellationen, Kollusionen, unbewußten Gruppenphantasien oder auch auf den seelischen Konflikten einzelner Führungskräfte oder Mitarbeiter beruhen (vgl. z. B. Kernberg, 1988 a, 1988 b, 1988 c).

Anschließend steht die Aufgabe im Mittelpunkt, die durch den Wandel erreichten Ergebnisse zu stabilisieren, und schließlich muß das Beratungsverhältnis wieder beendet werden. Ist der Auftraggeber dazu in der Lage, seine Schwierigkeiten durch die gewonnenen Einsichten und die getroffenen Maßnahmen selbst zu lösen, dann sollte das Beratungsverhältnis schrittweise beendet werden. Aber auch eventuelle Widerstände gegen diesen Ablösungsprozeß werden nicht nur von Machtfragen oder finanziellen Aspekten beeinflußt, sondern müssen auch auf unbewußte Hindernisse und Widerstände hinterfragt werden.

Wer hat welches Problem? In der Regel verlaufen die einzelnen Schritte eines OE-Prozesses nur selten so exakt voneinander getrennt. Bereits die Phase, in der der Klient zu dem Berater Kontakt aufnimmt und in der es zunächst einmal darum geht zu klären, welches Problem überhaupt vorliegt, kann für Erfolg oder Mißerfolg der OE entscheidend sein. Nach Auffassung des Psychoanalytikers Fürstenau (1989) sollte hierbei beachtet werden, daß der Berater letztlich eine Managementersatzfunktion ausübt, d. h. er soll Probleme lösen, die das Management bisher nicht auf befriedigende Weise bewältigen konnte. Gleich zu Beginn seiner Arbeit sollte der Berater es deshalb auch nicht versäumen, die folgenden Fragen zu klären:

- Wer hat das Problem?
- Wer vergibt eigentlich den Auftrag?
- Wer ist der Klient? Die Führungskräfte oder die Mitarbeiter?

Dazu ist es zunächst einmal erforderlich, mit demjenigen, der den Auftrag vergeben will, ein klärendes Gespräch zu führen. Nach den Erfahrungen von Fürstenau entstehen nämlich immer dann besonders komplizierte und schwer zu lösende Probleme, wenn der Berater einen Auftrag allzu schnell und bereitwillig übernimmt. Von Anfang an sollte deshalb eine möglichst große Klarheit über die Zielsetzungen des OE-Prozesses angestrebt werden. Außerdem sollte der Berater versuchen, sich schon bei den ersten Kontakten einen Eindruck zu verschaffen, wie der Auftraggeber in seiner derzeitigen Funktion seine Aufgaben wahrnimmt.

Eine möglichst genaue Definition des Auftrages ist allein schon deshalb erstrebenswert, weil bereits die Bereitschaft, in einer Organisation tätig zu werden, möglicherweise die Leitung schützt: Dadurch wird nämlich im Grunde akzeptiert, daß an einer bestimmten Stelle ein Problem vorliegt. Der Berater sollte also zunächst die Haltung des Auftraggebers dem Problem gegenüber sehr genau eruieren; zu diesem Zweck würde mit ihm auch der erste Termin vereinbart werden.

Ein weiterer wichtiger Bestandteil des Klärungsprozesses, den der Berater in Gang bringen soll, besteht darin, sich eine Übersicht über das Unternehmen zu verschaffen. Der Berater muß also nicht nur genau verstehen, wie der Auftraggeber das Problem betrachtet und wie er damit umgeht, sondern auch wie das Unternehmen sich selbst versteht und wie es funktioniert. Möglicherweise enthält die Antwort auf diese Fragen schon einen wichtigen Hinweis zur Lösung des Problems. Es kann z. B. sein, daß eine intensivere Arbeit als ursprünglich geplant mit den Führungskräften bzw. mit demjenigen, der das Projekt finanziert, notwendig wird.

Eine weitere wichtige Aufgabe des Beraters besteht in dieser ersten Abklärungsphase darin, den im Unternehmen geltenden Regelungen, z. B. hinsichtlich von Einstellungen und Verträgen nachzuspüren. Dabei sollten erstens die Rollenvorschriften (formaler Aspekt) und zweitens die Rollengestaltung (informeller Aspekt) geklärt werden. Die Unterscheidung zwischen formalen und informellen Aspekten ist deshalb so wichtig, weil beides voneinander abweichen kann. Was gibt es also für Rollenvorschriften im Unternehmen und wie werden diese Rollen praktisch wahrgenommen? Wie lassen sich die spezifischen Eigenschaften und Merkmale des Unternehmens (bzw. der Abteilung), die Unternehmensziele (bzw. die Aufgaben der Abteilung) und deren individuelle Interpretation beschreiben? Hängen die vorhandenen Probleme mit den jeweiligen Regelungen und deren persönlicher Auslegung zusammen?

Diese Fragestellungen sollen helfen zu erkennen, ob das Problem nicht doch eher auf der organisatorischen als auf der emotionalen Ebene angesiedelt ist. In einem solchen Fall käme es vor allem darauf an, lediglich bessere Regelungen zu treffen und die Arbeit für alle Mitarbeiter so zu organisieren, daß niemand übermäßig belastet wird. Möglicherweise sind es aber gerade die bestehenden Regelungen, die bestimmte Konflikte und Spannungen erzeugt haben und deshalb verändert werden müssen. Die Gefühle der Beteiligten können dennoch wichtige Hinweise zur Beantwortung der Frage geben, wie die Arbeit effizienter gestaltet werden kann. Dazu ist es allerdings notwendig, daß sich Klient und Berater über die Zielsetzung des Beratungsprozesses einig sind. Wenn der Berater von vornherein unterstellt, daß er engagiert wurde, um seine eigenen Vorstellungen umzusetzen, ohne daß es zu einer entsprechenden Klärung kommt, entstehen leicht negative Entwicklungen und Kränkungen.

Einerseits kann es hilfreich sein, irrationale und irrational wirkende Verhaltensweisen von Menschen am Arbeitsplatz zunächst als Arbeitsproblem zu sehen, wie Fürstenau (1989) dies vorschlägt. Andererseits sollte aber auch die umgekehrte Fragestellung nicht vernachlässigt werden: Welche unbewußten Bedürfnisse, Konflikte, Übertragungen, Kollusionen, psychosozialen Kompromißbildungen und Gruppenprozesse haben möglicherweise dazu beigetragen, daß im Unternehmen derart unbefriedigende Regelungen entstanden und daß die gemeinsamen Standards zu hoch angesetzt wurden und einzelne Mitarbeiter Symptome zeigen? Falls unbewußte Prozesse und Konstellationen zu der Entstehung des Problems geführt haben, ist es sehr unwahrscheinlich, daß neue Regelungen eine anhaltende Verbesserung bewirken könnten. Statt dessen ist es notwendig, bisher unbewußt ablaufende Prozesse besser zu verstehen; erst dann wird in diesem Fall eine Veränderung auch tatsächlich möglich. Ein solches Vorgehen ist allerdings schwieriger durchzuführen als eine eher rational konzipierte Neugestaltung von Arbeitsprozessen und Vorschriften. Sie erfordert von den Beteiligten insbesondere die Bereitschaft, sich auf die Auseinandersetzung mit bisher unbewußt gebliebenen Prozessen einzulassen.

Methoden der OE: Welche Methoden kommen nun im Verlauf der Organisationsentwicklung zum Einsatz? Ziel einer OE soll es ja sein, "durch Erweiterung der Wahrnehmungsempfindlichkeit der individuellen Organisationsmitglieder die Aufmerksamkeit bzw. die Sensitivität in den zwischenpersönlichen Interaktionen am Arbeitsplatz und in der organisationellen Arbeitsumgebung zu erhöhen. ... Der gesamte Prozeß einer Organisationsentwicklung zielt deshalb darauf ab, unter den Organisationsmitgliedern das Wissen über Gruppenprozesse und über die Dynamik innerhalb von Gruppen (ihre Aktivitäten und Entscheidungen) zu erweitern" (Weinert 1987, S. 248 f.). Allerdings umfaßt die Organisationsentwicklung nach Auffassung von Weinert noch mehr als die damit angesprochenen gruppendynamischen Beziehungen. Aber auch wenn beispielsweise die Machtverhältnisse im Unternehmen, die Kommunikationssysteme, die Autoritätsstrukturen sowie die Unternehmenspolitik neben dem gruppendynamischen Aspekt stärker ins Blickfeld rücken, gehören die unten beschriebenen Methoden dennoch zu den wichtigsten Standardinstrumenten der OE.

Eine der ältesten Methoden, mit deren Hilfe Gruppenprozesse strukturiert und eingeübt werden sollen (Weinert 1987, S. 248 ff.), ist das *Rollenspiel*. Unter Rekurs auf Lernkonzepte, die durch die Verhaltensforschung entwickelt wurden, z. B. Lernen am Modell und Lernen durch positive oder negative Verstärkung, sollen die Teilnehmer einer entsprechenden Trainingsgruppe dazu befähigt werden, im Verlauf von Gruppenprozessen Erfahrungen über die Schwierigkeiten (und deren Überwindung) zu sammeln, die beispielsweise dann auftreten, wenn es um Entscheidungsprozesse geht. Außerdem sollen sie lernen, anstehende Probleme und mögliche Entscheidungsalternativen aus unterschiedlichen Perspektiven zu sehen und ein erweitertes Verständnis für die Handlungsmotivation und für die Verhaltensweisen von Mitarbeitern, Vorgesetzten und Kollegen zu entwickeln. Allerdings ist auch hier wieder anzumerken, daß ein vertieftes Verständnis für andere Menschen nicht erreicht werden kann, wenn unbewußte Prozesse, Widerstände und Beziehungswünsche ausgeklammert bleiben. Vielleicht ist dies auch ein Grund dafür, daß Lernerfahrungen, die mit Hilfe von Rollenspielen gewonnen wurden, auf die tatsächliche Arbeitssituation in vielen Fällen nur schwer übertragbar sind.

Eine andere Methode, die in der Organisationsentwicklung zum Einsatz kommt, besteht darin, innerhalb des Unternehmens mit Hilfe von Fragebögen und Umfragen Informationen über die Einstellungen, Meinungen und Ansichten der Mitarbeiter sowohl gegenüber ihren Vorgesetzten als auch gegenüber dem gesamten Unternehmen und den unternehmensinternen Abläufen zu sammeln. Durch diese Technik des *empirischen Feedback* soll es Führungskräften und Vorgesetzten ermöglicht werden, die Auswirkungen ihrer Entscheidungen und Handlungsweisen deutlicher zu erkennen und wahrzunehmen, wie diese von ihren Mitarbeitern erlebt werden. Dadurch wird häufig auch ersichtlich, ob die bestehenden Kommunikationssysteme funktionieren oder ob die Absichten und Ziele der Führungskräfte von ihren Mitarbeitern nur verzerrt wahrgenommen und verstanden werden können. In der Regel ist es notwendig, die Umfragen und

Fragebogenaktionen in gewissen Zeitabständen zu wiederholen und im Anschluß an die Auswertung auch Informationsgespräche und Diskussionssitzungen durchzuführen, um die festgestellten Probleme klären und verändern zu können.

T-Gruppen (T steht für Training) und sogenannte Encountergruppen haben ebenfalls das Ziel, das Verständnis für das Verhalten anderer und für zwischenmenschliche Beziehungen zu erweitern. Sie sollen aber auch das Wissen über die eigene Person mit Hilfe von Selbsterfahrung vertiefen und günstige Bedingungen und Anregungen für die Weiterentwicklung der eigenen Persönlichkeit schaffen. Damit ist normalerweise eine Bereicherung der Selbstwahrnehmung sowie der Wahrnehmung der Auswirkungen des eigenen Verhaltens auf andere Menschen intendiert. Im Prinzip verfolgen T-Gruppen vor allem 3 Ziele (Smith 1969, nach De Board 1985, S. 66):

- die Fähigkeit, die Reaktionen anderer Menschen auf das eigene Verhalten richtig einzuschätzen, soll erhöht werden;
- die Fähigkeit, Beziehungen zwischen anderen Menschen richtig wahrzunehmen und zu verstehen, soll ebenfalls vertieft werden;
- und schließlich sollen die Teilnehmer an T-Gruppen in die Lage versetzt werden, das situativ angemessene Verhalten mit dem dazu notwendigen Einfühlungsvermögen auch tatsächlich zu praktizieren.

Ein Beispiel für die Anwendung von T-Gruppen im Rahmen der OE ist das von Blake und Mouton (1964) entwickelte Grid-System, das vor allem bei der Schulung von Führungskräften eingesetzt wird (Weinert 1987, S. 250). Damit soll erreicht werden, daß sich die Verhaltensweisen der Führungspersonen weder einseitig an den Zielen des Unternehmens orientieren, noch ausschließlich auf die Bedürfnisse der Mitarbeiter und Kollegen konzentrieren. Es soll statt dessen ein Führungsstil entwickelt werden, der sowohl die Interessen des Unternehmens und dessen Arbeitsziele als auch die Bedürfnisse der Mitarbeiter berücksichtigt. Führungskräfte sollen deshalb in den T-Gruppen lernen, wie sie von ihren Mitarbeitern, Vorgesetzten und Kollegen wahrgenommen werden. Diesem Vorgehen liegt die Annahme zugrunde, daß die Unternehmensziele nur dann optimal erreicht werden können, wenn es gelingt, das Interesse, das Engagement und die Motivation der Mitarbeiter in einer Weise sicherzustellen, die über die Befriedigung materieller Bedürfnisse hinausgeht und beispielsweise auch gute zwischenmenschliche Beziehungen am Arbeitsplatz mit einschließt. T-Gruppen könnten durchaus einen wichtigen Beitrag zum besseren Verständnis ansonsten unverständlicher und irritierender Ereignisse im Unternehmensbereich leisten. Allerdings sind das dazu notwendige Wissen und die entsprechende Selbsterfahrung nicht leicht zu erreichen. Es können durchaus auch unangenehme Situationen und Gefühle auftreten, wenn eingeschliffene Verhaltensweisen analysiert und neue Verhaltensweisen erprobt werden.

Trainingsgruppen am Tavistock Institute of Human Relations: Sehr viel mehr an psychoanalytischen Modellvorstellungen und Erfahrungen orientiert ist die Konzeption der T-Gruppen, wie sie seit den 50er Jahren am Londoner *Tavistock Institute of Human Relations* durchgeführt werden. Hier sind es vor allem die Beiträge von Bion (1959; s. auch Kap. 3.4), die Eingang in die theoretische und praktische Ausrichtung der Trainingsgruppen gefunden haben (De Board 1985, S. 65 ff.): Eine T-Gruppe besteht in der Regel aus 7 bis 10 Personen und einem Gruppenleiter. Im wesentlichen geht es darum, das Verhalten der Gruppe im "Hier und Jetzt" zu verstehen. Innerhalb der Gruppe gibt es keine formelle Struktur. Die Teilnehmer legen selbst die Themen fest, mit denen sie sich auseinandersetzen möchten. Sie können auch selbst entscheiden, ob sie beispielsweise an einer Diskussion teilnehmen oder sich lieber zurückhalten wollen. Die Aufgabe des Gruppenleiters besteht darin, die Gruppe bei ihren Bemühungen, das aktuelle Geschehen tiefergehend als sonst zu verstehen, zu unterstützen und entsprechende Lernerfahrungen zu ermöglichen. Zu diesem Zweck lenkt er die Aufmerksamkeit der Teilnehmer zwar einerseits auf bestimmte Ereignisse in der Gruppe, enthält sich aber dabei andererseits jeder Wertung. Es ist eine seiner wesentlichen Aufgaben, die richtigen Fragen zu stellen, ohne die Antworten auf diese Fragen schon vorwegzunehmen. Der Gruppenleiter spricht auch offen über die sich konstituierenden Beziehungs-abläufe in der Gruppe, achtet aber darauf, keine Sonderbeziehung zu irgend einem Gruppenmitglied einzugehen. Unwillkürlich wird er nach und nach zu einem Objekt, an dem sich reale, vielleicht selbst verursachte Schwierigkeiten und Probleme im Umgang mit Autoritätspersonen festmachen, obwohl er selbst sich gerade nicht autoritär verhält.

T-Gruppen beginnen und enden normalerweise zu genau festgelegten Zeiten. Obwohl eine Gruppe also möglicherweise gerade "in voller Fahrt" ist, endet die Sitzung spätestens zur vereinbarten Zeit. Damit soll u. a. erreicht werden, daß die Gruppe lernt, Grenzen zu akzeptieren und den Blick auf die Realitäten nicht zu verlieren. Die Teilnahme an einer T-Gruppe stellt für alle Beteiligten eine neuartige soziale Situation dar, in der sie die Gelegenheit haben, eingefahrene Verhaltensweisen und Ansichten zu überdenken und statt dessen neue und effizientere zu entwickeln. Selbsterfahrung und die unvoreingenommene Rück-meldung der anderen Gruppenmitglieder, vor allem aber die damit einher-gehenden emotional bedeutsamen Erfahrungen, sollen eine Änderung der bisherigen Orientierung und ein Umdenken erleichtern.

Obwohl sich alle T-Gruppen hinsichtlich der auftretenden Situationen und der aktuellen Lernprozesse voneinander unterscheiden, gibt es doch bestimmte Gemeinsamkeiten. Das in T-Gruppen wie unter einem Vergrößerungsglas zu beobachtende Verhalten wird z. B. durch die Art und Weise bestimmt, wie die Gruppe auf bisher ungelöste Probleme und Schwierigkeiten der Teilnehmer reagiert. Prinzipiell handelt es sich hierbei um 2 verschiedene Hauptthemen, nämlich einerseits um den Umgang mit zwischenmenschlichen Beziehungen im allgemeinen, andererseits um die Beziehungen zu Autoritätspersonen und um die

Abhängigkeit von ihnen im besonderen. Meistens sind einige Teilnehmer in der Gruppe, die sich verhältnismäßig abhängig verhalten. Sie suchen nach Regeln und Vorschriften und wollen sich gerne auf Experten verlassen können. Auf der anderen Seite gibt es auch Teilnehmer, die sich in der Position der "Gegenabhängigkeit" befinden, d. h. es fällt ihnen sehr schwer, mit Autoritätspersonen umzugehen. Bei beiden sind nach den aus T-Gruppen gewonnenen Erfahrungen innere Konflikte zu vermuten, die sich auch im Gruppenprozeß widerspiegeln. Manche Gruppenteilnehmer versuchen auch, eine übertriebene und unnatürlich wirkende Vertrautheit herzustellen, während andere sich eher unpersönlich verhalten. Auch hier kann man vermuten, daß bei diesen Gruppenmitgliedern bestimmte seelische Konflikte vorhanden sind.

Schließlich gibt es noch diejenigen Teilnehmer, deren Verhalten kaum von unbewußten Konflikten beeinflußt wird und die der Gruppe häufig ganz besonders dabei helfen, sich weiter zu entwickeln.

In Anlehnung an die Terminologie und die Theorie von Bion (1959) lassen sich die prozeßhaften Abläufe in T-Gruppen wie folgt zusammenfassen (nach De Board 1985, S. 71 f.):

Phase I (Abhängigkeit):
Subphase 1: Abhängigkeit - Flucht
In der Anfangsphase der Gruppe sind die Teilnehmer zumeist verunsichert; sie suchen deshalb nach Zielen, die die Gruppe erreichen könnte und bemühen sich darum, ihre eigene Rolle in der Gruppe zu bestimmen. Meistens fühlen sie sich zunächst etwas unbehaglich, weil der Gruppenleiter ihnen nicht sagt, was sie tun sollen.

Subphase 2: Gegenabhängigkeit - Kampf
Die Gruppe ist von ihrem Leiter enttäuscht und verhält sich deshalb "gegenabhängig". Möglicherweise bilden sich kleinere Splittergruppen, und der Leiter wird angegriffen oder ignoriert. Dennoch besteht im Hintergrund die Hoffnung, daß dieses Durcheinander und die damit verbundenen irritierenden Erfahrungen zum Plan des "Meisters" gehören.

Subphase 3: Entscheidung - Katharsis
In dieser besonders entscheidenden und schwierigen Phase haben die Teilnehmer bereits gelernt, wie sie sich gegenseitig weiterhelfen können, und auch die Äußerungen des Leiters haben Wirkung gezeigt. Die Gruppe ist schließlich dazu in der Lage, die Aufgaben und die Autorität des Gruppenleiters offen zu diskutieren. Als Ergebnis davon erreicht die Gruppe eine gewisse Autonomie.

Phase II (Unabhängigkeit):

Subphase 4: Begeisterung - Flucht
Die Lösung des Autoritätsproblems versetzt die Gruppe in einen beinahe euphorischen Zustand. Alles scheint mühelos erreichbar zu sein, und zwischen den Gruppenmitgliedern herrscht eine übertrieben harmonische Stimmung. Nach und nach schleicht sich vereinzelt aber auch schon eine gewisse Unzufriedenheit mit den eingefahrenen Gruppenprozessen und -regeln ein, die diese scheinbar ungetrübte Stimmung bewahren sollen.

Subphase 5: Enttäuschung - Kampf
Die Gruppe tendiert nun dazu, sich in die Lager der "Überpersönlichen" und der "Unpersönlichen" aufzuspalten, also in diejenigen Mitglieder, die sich nach totaler Vertrautheit sehnen, und in diejenigen, die sich eher reserviert und distanziert verhalten. Aller Wahrscheinlichkeit nach haben aber doch alle Angst davor, abgelehnt zu werden, wenn sie ihr wahres Selbst und ihre tatsächlichen Gefühle offen zeigen. Abwesenheit und Langeweile sind Anzeichen für dieses Stadium.

Subphase 6: Abschließende Beurteilung
In der letzten Phase des Gruppenprozesses besteht bei den Mitgliedern ein starkes Bedürfnis danach, sich noch einmal mit den gegenseitigen Beziehungen auseinanderzusetzen. Der Wunsch, die Rollen und Positionen, so wie sie im Verlauf des Gruppenprozesses hervorgetreten sind, besser zu verstehen und sie deshalb noch einmal gemeinsam durchzugehen, wird bestimmend. Relativ selbstsichere Teilnehmer machen meist den Anfang, indem sie die anderen darum bitten, sich über ihr Verhalten in der Gruppe zu äußern. Nach und nach kann die Furcht vor Ablehnung abgebaut und mit der Realität verglichen werden, und die Teilnehmer können ihre Verschiedenheit akzeptieren, ohne sich gegenseitig als nur "gut" oder "schlecht" wahrnehmen zu müssen. Dadurch können sich eine verbesserte Empathiefähigkeit und eine angstfreiere, weniger durch unbewußte Einflüsse verzerrte Kommunikation entwickeln.

Diese Beschreibung des Ablaufs von T-Gruppen ist selbstverständlich idealtypisch. Es wird wohl kaum eine Gruppe geben, die die einzelnen Subphasen so abgegrenzt und in genau eingehaltener Reihenfolge durchläuft. Dennoch sind die beschriebenen Themen zentral für die ablaufenden Gruppenprozesse, auch wenn das eine oder andere Thema vielleicht vorübergehend zu einem anderen Zeitpunkt besonders hervortritt.

Es ist allerdings zu überlegen, inwieweit der oben beschriebene Verlauf von T-Gruppen auch durch die relativ unstrukturierte Methode beeinflußt wird, die ihrem Konzept zurundeliegt. Im Verlauf einer tiefenpsychologischen Balint-Gruppe wird allein schon, weil es dort nicht nur um psychoanalytische Selbsterfahrung, sondern auch um tiefenpsychologisch fundierte Supervision geht (vgl. Bauriedl 1983), ein höherer Grad an Struktur erreicht; Balint-Gruppen sind von

vornherein darauf ausgerichtet, berufliche Probleme unter dem Aspekt zwischenmenschlicher Beziehungen aufzugreifen, durchzuarbeiten und zu verstehen,
wodurch Veränderungen vielfach überhaupt erst möglich werden. Dabei kann es
sich um problematische Beziehungen zu Vorgesetzten, Kollegen, Mitarbeitern
oder zu Familienmitgliedern handeln. Durch dieses Vorgehen ist eine bestimmte,
wenn auch weit gefaßte Struktur bereits vorgegeben, so daß Prozesse in Balint-
Gruppen nicht unbedingt in das obige Schema eingeordnet werden können.

Auf die Diagnose kommt es an: Es ist begrüßenswert, wenn im Zuge der "Human
Relations"-Bewegung (vgl. von Rosenstiel et al. 1986, S. 22 f.) die Bedeutung
zwischenmenschlicher Beziehungen im Unternehmen mit Hilfe von Rollenspielen, Fragebogenaktionen oder T-Gruppen stärker in den Vordergrund
getreten ist. Diese Methoden beruhen allerdings auf der Annahme, es reiche
schon, sachliches Wissen zu vermitteln, weil Menschen vor allem von bewußten
Absichten und Bedürfnissen geleitet würden. Wenn diese Annahmen zuträfen,
hätten die Ratsuchenden ihre Schwierigkeiten vermutlich schon allein gelöst. Es
ist deshalb wahrscheinlich, daß die Spielart der OE, die davon ausgeht, daß
Menschen nur genügend Informationen brauchen, um sich vernünftig zu
verhalten, viele Schwierigkeiten ungelöst läßt. Manchmal richtet sie sogar mehr
Schaden als Nutzen an (Levinson 1976, S. 89). Dazu die 2 folgenden Beispiele
von Harry Levinson:

> Der Direktor eines Unternehmens bemühte sich um professionelle Unterstützung, um einen
> Konflikt, der schon lange zwischen ihm und 2 seiner Stellvertreter schwelte, endlich zu lösen.
> Dieser massive Konflikt hatte nicht nur lange Zeit für ständige Irritationen gesorgt, sondern war
> wohl auch auf bestimmte, ganz offensichtlich neurotische Schwierigkeiten zurückzuführen, deren
> Lösung im Grunde für 2 von den 3 Männern eine Therapie erforderlich gemacht hätte. Beide
> lehnten diese Form der Unterstützung jedoch strikt ab. Einer der Stellvertreter, der von der
> Arbeit eines Trainers, der sich um die Teamentwicklung in einer bestimmten Abteilung des
> Unternehmens gekümmert hatte, beeindruckt war, überredete den Direktor, diesen Trainer zu
> engagieren, um die Konflikte zwischen den 3 Männern lösen zu können. Die Vorgehensweise des
> Trainers bestand im wesentlichen darin, seine Klienten zu attackieren und dadurch feindselige
> und aggressive Gefühle freizusetzen, von denen er wollte, daß sie offen ausgesprochen würden.
> Diese Attacken sollten den Direktor dazu bringen, seine "Schuld" und die Fehler, die er gemacht
> hatte, öffentlich einzugestehen. Der Trainer bestand darüber hinaus auch noch darauf, daß dies
> nicht nur in Anwesenheit seiner beiden Stellvertreter, sondern auch vor den Führungskräften
> geschah, die ihnen unterstellt waren. In der Folge wurde der Direktor zunehmend depressiv und
> mußte sich schließlich in psychiatrische Behandlung begeben. Außerdem verbreitete sich bei den
> anderen Managern, die nun sowohl von seiten des Direktors, seiner Stellvertreter und des
> Trainers unter psychologischem Beschuß standen, die Angst davor, wer wohl als nächster "dran"
> sein würde. Geschickt hatte der Trainer dafür gesorgt, daß es sich herumgesprochen hatte, daß er
> es war, der die Entscheidungen über die weiteren Karrieren von Führungskräften traf.
> Als nun der Direktor immer depressiver wurde, zirkulierte unter den Führungskräften des
> Unternehmens das Gerücht, daß der stellvertretende Direktor, der den Trainer engagiert hatte,
> dadurch im Grunde nur den Direktor erledigen wollte. Als der Trainer auf die destruktiven Aus-
> wirkungen angesprochen wurde, die seine Arbeit für den Direktor nach sich zog, stritt er ab, daß
> diese Auswirkungen ihn etwas angingen, da er sich ja lediglich darum bemühe, Menschen zu
> "trainieren" und er hier schließlich nicht als Psychologe engagiert worden sei.

Ein Trainer führte in einem Unternehmen mit einer Gruppe von Führungskräften eine intensive 2tägige Sitzung durch und forderte die Teilnehmer auf, offen darüber zu sprechen, welche Schwierigkeiten sie mit den anderen Führungskräften hatten und was sie gegenseitig über ihr berufliches Verhalten dachten. Dadurch kam ein in mancherlei Hinsicht kathartisches Ereignis zustande, bei dem viel Ärger abgeführt werden konnte, was den Bemühungen um kooperative Zusammenarbeit vielleicht sogar hätte nützen können. Als die Führungsspitze des Unternehmens jedoch nicht dafür sorgte, daß der einmal begonnene Prozeß weitergeführt wurde, die betreffende Gruppe nun sogar als Bedrohung für ihre eigene Machtposition erlebte und sich deshalb auch darum bemühte, die Gruppe aufzulösen, reagierten die Teilnehmer zunehmend desillusioniert und verärgert. Sie entfremdeten sich daher immer weiter voneinander. Nachdem sie sich zunächst mit einem positiven Ziel vor Augen die aggressiven Gefühle, die sie zum Teil füreinander empfanden, eingestanden hatten, gab es dieses Ziel nun auf einmal nicht mehr. Sie begannen deshalb, einander aus dem Weg zu gehen und fühlten sich wegen ihrer Äußerungen schuldig, befürchteten darüber hinaus aber auch noch Vergeltungsmaßnahmen von denjenigen, die sie zuvor so offen kritisiert hatten (beide Beispiele nach Levinson 1984 c, S. 364 f.).

Die meisten OE-Programme sind nach Meinung des Harvard-Dozenten und Unternehmensberaters Harry Levinson (hierzu und zum folgenden: 1976, S. 89 f.) kaum dazu geeignet, Probleme anzugehen, bei denen der Führungsstil eine zentrale Rolle spielt, und sie bieten oftmals auch nur wenig Hilfestellung, wenn es darum geht, die notwendigen Veränderungen umzusetzen. Beispielsweise sind bei narzißtischen, manipulativen oder hyperaggressiven Führungspersonen aller Wahrscheinlichkeit nach bestimmte konflikthafte innerseelische Strukturen und unbewußte Bedürfnisse vorhanden (vgl. hierzu Kap. 3.3.3). Solchen Führungspersonen wird es daher schwerfallen, eine Veränderung zu bewirken, die ihrem Unternehmen wirklich nützt. Das gleiche gilt auch für Führungskräfte, die übermäßig von anderen abhängig sind, keine selbständigen Entscheidungen treffen oder nicht entschlossen für etwas eintreten können. Diese und ähnliche Probleme werden von den üblichen OE-Techniken zumeist ausgeklammert, denn es wäre eine fundierte tiefenpsychologische Ausbildung erforderlich, um mit ihnen umgehen zu können.

Ein weiteres Hindernis für die OE ergibt sich allein schon daraus, daß es sehr schwierig ist, "von innen" die wirkliche Meinung der Mitarbeiter eines Unternehmens zu erfahren. Die Mitarbeiter werden verständlicherweise zunächst sehr vorsichtig und darum bemüht sein, sich nicht selbst zu schaden. Wenn sie aber doch über ihre Gefühle sprechen, dann fühlen sie sich möglicherweise schuldig und ziehen sich sehr schnell wieder zurück. Um ihre Reaktionen zu verstehen, ist deshalb ein hohes Maß an Empathie und psychologischem Fingerspitzengefühl notwendig.

Weiterhin dürfen Gruppenerfahrungen, die bewirken sollen, daß die Teilnehmer mehr Offenheit zeigen können, nicht dazu mißbraucht werden, feindselige oder gar sadistische Impulse auszuleben. Berater sollten deshalb auch sehr genau darauf achten, daß Gruppenerfahrungen nicht in diese Richtung entgleisen. Eine solche Entgleisung führt dazu, daß unnötige seelische Wunden entstehen und die Abwehr weiter verstärkt wird.

Selbstverständlich haben Gruppenerfahrungen andererseits auch eine Reihe von Vorteilen: Es ist z. B. wichtig, verstehen zu können, was in den Mitgliedern einer Arbeitsgruppe vorgehen kann und wie sich dies auswirkt. Darüber hinaus sollten Führungskräfte auch wissen, wie sie auf andere Menschen wirken, und das kann man ebenfalls am leichtesten in einer Gruppe lernen. Außerdem ist es natürlich günstig, wenn angehende Führungskräfte Erfahrungen darin sammeln, wie man Sitzungen leitet, Feedback gibt, Interviews führt oder ganz allgemein mit Vorgesetzten, Kollegen oder Mitarbeitern auf befriedigende Weise umgehen kann. Solange diese Lernprozesse allerdings nur zur Vermittlung intellektueller Fertigkeiten führen, emotionale Prozesse und vor allem unbewußte Vorgänge aber ausgeklammert sind, müssen sie von vornherein unvollständig bleiben. Um die unbewußte Dimension menschlichen Erlebens und Verhaltens angemessen erkennen zu können, ist in Zukunft eine intensivere Mitarbeit von tiefenpsychologisch ausgebildeten Beratern im Bereich der OE wünschenswert. Levinson (1984 c) fordert deshalb auch, daß klinische Psychologen und Psychoanalytiker dazu ermutigt werden sollen, ihr Wissen und Können auszubauen, um in Organisationen tätig werden zu können. Der von Levinson (1984 c, S. 370; vgl. auch Levinson 1972) vorgeschlagene diagnostische Prozeß, der bei der Organisationsanalyse zur Anwendung kommt, beruht im wesentlichen auf 5 Schritten:

- einer detaillierten Geschichte des Unternehmens, die sowohl den Einflüssen und Widerständen nachspürt, mit denen sich das Unternehmen auseinandersetzen mußte, als auch den charakteristischen Bemühungen des Unternehmens, sich an veränderte Existenzbedingungen anzupassen, bestimmte Rahmenbedingungen vielleicht auch selbst zu verändern und Krisen konstruktiv zu bewältigen;
- einer deskriptiven Analyse des Unternehmens, die seine Struktur, seine materiellen, finanziellen und personellen Ressourcen, die Unternehmenspolitik, die bestehenden Regeln, Vorschriften und Werte sowie die Technologie und den wirtschaftlichen und sozialen Kontext, in den das Unternehmen eingebettet ist, berücksichtigt;
- einer Interpretation all der Beobachtungen, Interviews, Fragebögen und weiterer verfügbarer Informationen über die für das Unternehmen typische Art und Weise, mit der Informationen aufgenommen, verarbeitet und umgesetzt werden, aber auch der Persönlichkeitsmerkmale der wichtigsten Führungskräfte;
- einer Zusammenfassung und Interpretation all dieser Befunde, die in einer prägnanten diagnostischen Formulierung gipfelt;
- einer Rückmeldung an das Unternehmen, um eine Grundlage dafür zu schaffen, die bestehenden Schwierigkeiten in Zukunft besser lösen zu können.

Ein gründlicher und effektiver diagnostischer Prozeß kann zu sehr unterschiedlichen Interventionen in verschiedenen Unternehmen führen, die auf die jeweiligen Personen und auf die besonderen Umstände der Situation zugeschnitten sein müssen. Levinson (1984 c) legt vor allem Wert auf eine klare Formulierung der Diagnose, so daß der Berater sich für eine ganz bestimmte Intervention entscheiden kann. Der Berater wird dann auch die Kontrolle über das tatsächliche Geschehen besser bewahren und seine Annahmen überprüfen, statt davon auszugehen, daß eine Methode in allen Situationen gleich gut funktioniert. Die folgenden 2 Beispiele stehen für einen solchen gelungenen diagnostisch-therapeutischen Prozeß:

Der neue Direktor eines Unternehmens, das sich auf Forschung, Entwicklung und Anwendung wissenschaftlicher Erkenntnisse konzentriert hatte, war ein Mann, der viele Erfolge in seiner bisherigen Laufbahn als Manager nachweisen konnte. Die Schlüsselfiguren des Unternehmens standen professionellen Managementmethoden jedoch sehr ablehnend gegenüber, verstanden aber auch nicht sehr viel davon. Als einige von ihnen das Unternehmen verließen und andere mit der Kündigung drohten, wurde der Ruf nach einem Berater laut.

Die Diagnose der Situation stützte sich auf die Geschichte des Unternehmens und auf die von ihm vertretenen wissenschaftlichen Werte. Sie berücksichtigte aber auch das Gefühl vieler Führungskräfte, von den Unternehmensgründern im Stich gelassen worden zu sein, ihre Erfahrungen mit den manipulativen Machenschaften eines früheren Direktors sowie den Gruppenzusammenhalt und die Notwendigkeit, einen gewissen Mindestgewinn zu erzielen. Auf der Grundlage einer umfassenden Gesamtbeurteilung wurde beschlossen, die Einstellung der betreffenden Männer in individuellen Interviews genauer kennenzulernen, diese anschließend zusammenzufassen und diese Zusammenfassung gleichzeitig sowohl den Interviewten als auch dem Direktor zur Verfügung zu stellen. Durch dieses Vorgehen konnten wichtige Probleme und Themen, mit denen man sich auseinandersetzen mußte, offen dargelegt werden, und zwar ohne daß die Führungsgruppe vom Direktor, dem sie mißtraute, manipuliert werden konnte, und ohne daß der Direktor zum Opfer massiver und überzogener Angriffe wurde. Der Berater war dadurch zu einem Vermittler geworden. Einerseits war es seine Aufgabe, dem Direktor dabei zu helfen, die Art der Beschwerden und die Menschen, mit denen er es zu tun hatte, besser zu verstehen. Auf der anderen Seite sorgte er auch dafür, daß die Führungsgruppe die Notwendigkeit professionellen Managements deutlicher als bisher wahrnahm und ihren Direktor auf angemessenere Weise unterstützen konnte.

Nach einer ersten Phase, die aus 3 dreitägigen Sitzungen bestand, zog sich der Berater wieder zurück, damit nicht der Eindruck entstand, er würde jetzt das Unternehmen leiten. Viele Manager nahmen einzeln an Seminaren für Führungskräfte teil, in denen sie mehr über die psychologischen Aspekte ihrer Führungsaufgabe erfahren konnten, und der Berater stand weiterhin jedem einzelnen von ihnen für telefonische oder persönliche Kontakte zur Verfügung. Nach und nach entwickelten der Direktor und die wichtigsten Führungskräfte ein tragfähiges Arbeitsbündnis, wobei sich alle Beteiligten auf den zurückhaltenden, aber unterstützenden Einfluß des Beraters verlassen konnten. Nachdem sich die Beziehungen in der Führungsmannschaft weitgehend verbessert hatten und die Mitarbeiter ihrem Direktor ein zunehmendes Vertrauen entgegenbrachten, wurde beschlossen, in monatlichen Abständen Gruppensitzungen durchzuführen, um die betriebliche Kommunikation zu verbessern. Eine solche Anstrengung war einerseits dringend notwendig, wäre aber vermutlich auf destruktive Weise entgleist, wenn sie zu einem früheren Zeitpunkt unternommen worden wäre. Damit die Führungsgruppe effektiver und enger zusammenarbeiten konnte, war jedoch ein sorgfältig geplanter und differenzierter Prozeß notwendig, der sich über einen Zeitraum von mehreren Jahren hinzog.

Der Direktor eines kleinen Unternehmens wollte einerseits ein effektives Team von Führungskräften entwickeln, hegte aber auf der anderen Seite mißtrauische und beinahe paranoid gefärbte Befürchtungen, daß eine solche Gruppe ihm die Dinge aus der Hand nähme. Auch sonst war der Direktor ein sehr mißtrauischer Mann. Die Diagnose des Beraters kam zu dem Ergebnis, daß eine offene Konfrontation diese mißtrauischen Gefühle nur noch weiter verstärken und dazu führen würde, daß er sich von seinen Mitarbeitern noch mehr isolierte. Statt dessen beschloß der Berater, für eine bestimmte Zeit unmittelbar mit dem Direktor zu arbeiten, der dadurch seine Befürchtungen aussprechen und auch sein Mißtrauen gegenüber dem Berater im Rahmen einer geschützten Beziehung überprüfen konnte. Nachdem es gelungen war, den Argwohn des Direktors abzubauen, traf sich der Berater mit den Vize-Direktoren, erkundigte sich nach ihrer Meinung über die Arbeitsbeziehungen und übersetzte diese Informationen für den Präsidenten so, daß dieser die Auswirkungen seines eigenen Verhaltens besser verstehen konnte, ohne sich dadurch angegriffen zu fühlen. In der nächsten Phase des Beratungsprozesses kamen der Direktor und die Vize-Direktoren zusammen, um über ihre Schwierigkeiten zu sprechen. Der Berater fungierte dabei als Vermittler, um ein Klima gegenseitigen Vertrauens herzustellen und den Dialog zu fördern. Nachdem dieser Prozeß einmal in Gang gekommen war, begann der Berater nun, mit den etwa 20 Personen aus der dritten Führungsebene zu arbeiten. Auch sie hatten nun weniger Angst davor, von ihrem impulsiven und mißtrauischen Direktor attackiert zu werden, sobald sie mehr Eigeninitiative entwickelten (beide Beispiele nach Levinson 1984 c, S. 366 ff.).

5.3 Modelle, Ansätze, Aktivitäten

5.3.1 Paradoxe Systeme verändern: Das Mailänder Modell von Mara Selvini Palazzoli

Die Mailänder Psychoanalytikerin und systemische Familientherapeutin Mara Selvini Palazzoli zählt zu den klinisch ausgebildeten Experten, die sich darum bemühen, ihre Erfahrungen aus dem Umgang mit hilfesuchenden Familien auch für Unternehmen fruchtbar zu machen. Selvini Palazzoli et al. (1988) verstehen Organisationen ebenso wie Familien als komplexe Systeme, bei denen jede Veränderung an einer bestimmten Stelle ganz unweigerlich Veränderungen im gesamten System bewirkt.

Besondere Aufmerksamkeit widmen die Mailänder Familientherapeuten dem ersten Zusammentreffen zwischen dem Berater und dem Unternehmen (vgl. auch Fürstenau 1989). Ähnlich wie bei der Familientherapie wird deshalb ein großer Teil der Arbeit darauf verwendet, die Motivation des Auftraggebers zu klären. Dabei sollen Antworten auf folgende Fragen gefunden werden: Wer hat als erster die Idee gehabt, den Berater zu konsultieren? Wer hat als erster den Kontakt zu dem Berater hergestellt? Welche impliziten Informationen sind bei dieser ersten Begegnung gegeben worden?

In der Regel stellt es sich heraus, daß derjenige, der am wenigsten für die Beratung motiviert ist, genau die Person ist, die glaubt, eine Machtposition innezuhaben. Sie befürchtet nun, daß diese Position durch das Eingreifen des Psychologen gefährdet werden könnte (S. 14 f.). Bereits die Kontaktaufnahme zu einem Berater kann also ein wichtiger Schritt des Unternehmens sein, der viele wertvolle Informationen enthält.

Zur Veranschaulichung ihres eigenen Ansatzes beschreiben Selvini Palazzoli et al. ausführlich die Schwierigkeiten und deren Hintergründe, die sich während der Tätigkeit eines Psychologen für einen Industriebetrieb ergaben:

Der Betrieb wurde von 2 Firmenchefs geführt, die über einen sehr unterschiedlichen Anteil am Betriebskapital verfügten: Der Präsident besaß 70 % der Aktien, sein Stellvertreter nur 30 % des Aktienkapitals. Beide nahmen jedoch die gleiche hierarchische Stufe ein, d. h. die Tatsache ihrer unterschiedlichen Rollen und ungleichen Verantwortung war ohne formale Entsprechung.

Den Psychologen, der schließlich eingestellt wurde, hatte der stellvertretende Firmenchef bei einem Bekannten kennengelernt. Sein Posten wurde ihm jedoch schließlich vom Unternehmensleiter selbst angeboten, der ihn dann auch einstellte. Während des Einstellungsgesprächs unterbreitete der Präsident dem Psychologen seine Ansicht über die Konflikte, die sich in diesem Betrieb vor allem unter den Führungskräften immer mehr zuspitzten. Diese Konflikte seien in allen Bereichen des Unternehmens vorhanden. Die Gründe hierfür lagen seiner Meinung nach in der Persönlichkeit der Betreffenden; im einzelnen handelte es sich um Mißgunst, Konkurrenzdenken, unerfüllte Hoffnungen, psychosomatische Beschwerden, wie z. B. Magengeschwüre, oder ungünstige Familienverhältnisse.

Der Psychologe vertrat die Auffassung, daß sich die Konflikte in diesem Betrieb nicht lösen ließen, wenn er sich nur mit den Betriebsangehörigen beschäftigte, die unzufrieden und unglücklich wären, also mit den "Symptomträgern". Er schlug deshalb vor, die innerbetriebliche Situation eingehend anhand von Gesprächen mit den Leitern der verschiedenen Abteilungen und deren Mitarbeitern anzugehen, um so die Ursachen des schlechten Betriebsklimas ausfindig zu machen. Während der Zeit, in der die Gespräche stattfänden, wollte er die Geschäftsleitung regelmäßig durch schriftliche Berichte über die aufgedeckten Probleme und Schwierigkeiten informieren. Am Ende wollten Geschäftsleitung und Psychologe gemeinsam über mögliche Gegenmaßnahmen sprechen.

Aufschlußreich war die Reaktion des Stellvertreters auf die Einstellung des Psychologen: Dieser verhielt sich ganz anders als der Präsident. Er ließ in ironischem Ton erkennen, daß er von Psychologie und Betriebspsychologen nicht sonderlich viel hielte. Wenn es hier überhaupt Probleme gäbe, dann gehörten diese ausschließlich in den Bereich, für den der Präsident zuständig sei.

Eine sorgfältige Analyse der Situation ergab folgendes Bild: Das *explizite* Anliegen des Präsidenten bestand darin, daß der Psychologe sich um die Mißstände im Betrieb kümmern sollte, die ausschließlich auf die persönliche und private Situation einzelner Betriebsangehöriger zurückzuführen seien. *Implizit* verlangte er vom Psychologen, daß dieser die Art der Führung des Unternehmens keinesfalls in Frage stellen durfte. Letztlich bot der Präsident dem Psychologen eine Koalition gegen die Betriebsangehörigen an, die an seiner Macht rüttelten. Die *verborgene Zielsetzung* des Präsidenten bestand darin, sich die Kontrolle über das gesamte Unternehmen zu verschaffen. Für die Bereiche Produktion und Verkauf war ihm das bisher nämlich nicht gelungen. Dadurch erklärt sich auch sein Bestreben, Licht in die Konflikte zu bringen, von denen er sagt, sie seien überall vorhanden, also auch in dem Bereich, den sein Sozius kontrollierte.

Der stellvertretende Präsident trug *explizit* zunächst kein Anliegen vor, räumte aber schließlich doch ein, daß es bestimmte Konflikte gäbe, was bedeutete, daß der Psychologe sich mit dem konfliktbelasteten Sektor befassen solle. *Implizit* kam es ihm aber darauf an klarzustellen, daß er seinen Bereich ohne Einmischung von außen leiten wolle. Seine *verborgene Zielsetzung* bestand darin, seine Überlegenheit gegenüber dem Präsidenten hervorzuheben.

Explizit erklärte der Psychologe, daß er die Konflikte in diesem Betrieb untersuchen wolle, indem er die einzelnen Subsysteme, in denen die Konflikte auftraten, analysierte. *Implizit* verzichtete er jedoch darauf, auch die Unternehmensspitze in seine Analyse hineinzunehmen. Er wollte sich also weder mit der Struktur der Unternehmensspitze, noch mit den Beziehungen zwischen den beiden Firmenchefs befassen. Er würde auch nichts untersuchen, was die Wirkungen aufdecken könnte, die das Verhalten der Geschäftsleitung auf die anderen Betriebsangehörigen ausübte. Seine *verborgene Zielsetzung* war es, sich ausführlich mit dem Thema der betrieblichen Organisation zu beschäftigen.

Bald zeigte sich, daß die beiden Sozii immer das gleiche Verhalten an den Tag legten, wenn ein Berater oder ein wichtiger neuer Mitarbeiter eingestellt wurde: Der neue Mann wurde vom Präsidenten engagiert und von ihm scheinbar unterstützt, während er vom Vizepräsidenten weitgehend ignoriert wurde. Beispielsweise wurde der Psychologe von einem Chemiker, der mit

186

der Planung und Durchführung des Rohstoffeinkaufs beauftragt war, um ein Gespräch gebeten. Der Chemiker war ein Jahr zuvor vom Präsidenten eingestellt worden und hätte mit dem Vizepräsidenten zusammenarbeiten sollen, da die Abteilung, in der er arbeitete, in dessen Zuständigkeitsbereich fiel. Der Vize stellte aber nicht nur seine fachliche Kompetenz in Frage, sondern legte dem Chemiker alle möglichen Hindernisse in den Weg, um dessen Vorhaben zu boykottieren. Eine genauere Betrachtung der Situation ergab folgendes Bild: Explizit wollte der Präsident vom Chemiker, daß dieser den Einkauf modernisierte. Gleichzeitig wollte er sich dadurch aber auch die Möglichkeit verschaffen, Bereiche zu kontrollieren, die bisher allein in die Zuständigkeit seines Sozius gefallen waren. Der Chemiker wiederum wollte ausschließlich dem Präsidenten unterstellt sein und auf diese Weise seinen Einfluß festigen; letztlich ging es ihm also um eine Koalition gegen seinen direkten Vorgesetzten. An dieser Stelle wurde deutlich, daß es im Grunde notwendig war, auf den Betrieb als System einzuwirken, indem der Chemiker im Sinne eines "identifizierten Patienten" als Indikator der vorhandenen Dysfunktionen und als Symptom des gesamten Systems betrachtet wurde. Die Beeinflussung des gesamten Systems lag nun allerdings genau außerhalb des Möglichen: Die Geschäftsleitung hatte ja bereits deutlich gemacht, daß der Psychologe sich ausschließlich um einzelne Betriebsangehörige mit persönlichen Schwierigkeiten kümmern sollte. Aber auch der Psychologe hatte implizit erkennen lassen, daß die Zustände und Vorkommnisse an der Unternehmensspitze aus seinem Aufgabenbereich ausgeklammert bleiben sollten.

Ähnliche Ereignisse - neue Mitarbeiter werden eingestellt, um ein Projekt voranzutreiben, das schließlich doch boykottiert wird - wiederholten sich häufig und wiesen immer wieder auf die Widersprüchlichkeit des bestehenden Führungsmodells hin: Präsident und Vizepräsident nahmen formal die gleiche Ebene ein, während in Wahrheit jeder von ihnen darauf aus war, sich im funktionalen Sinn auf eine höhere Stufe zu stellen. In diese verdeckten Auseinandersetzungen waren viele Mitarbeiter verwickelt, die neue Ideen umsetzen wollten und schließlich immer wieder scheitern mußten, so daß es zu schweren Konflikten und Enttäuschungen kam.

Der Psychologe versuchte schließlich, entgegen den Bedingungen, zu denen er eingestellt worden war, doch noch auf die Geschäftsleitung einzuwirken, und zwar mit Hilfe eines schriftlichen Berichts. Dieser Bericht sollte eine Art paradoxen Kommentars darstellen; aus der Familientherapie ist bekannt, daß manche Symptome unter bestimmten Bedingungen gerade dann verschwinden, wenn sie absichtlich und konzentriert produziert werden sollen. Der Psychologe beschrieb also die Rollen, die Präsident und Vizepräsident in diesem Spiel innehatten, und konnotierte die Verhaltenssequenzen, die sich unter den beiden Männern an der Spitze des Unternehmens ständig wiederholten, durchaus positiv.

Nach etwa 2 Monaten ergab sich eine wichtige Veränderung, die die Struktur des gesamten Unternehmens beeinflußte: Der Präsident und der Vizepräsident gaben bekannt, daß sie sich trennen wollten und daß jeder von ihnen von nun an seinen eigenen Betrieb leiten werde. Nach dieser Trennung änderte sich die Situation sehr rasch: Den bisherigen Abteilungsleitern wurden leitende Funktionen eingeräumt, und die betrieblichen Konflikte und Auseinandersetzungen gingen zurück (nach Selvini Plalzzoli et al. 1988, S. 25 ff.).

Allerdings konnte man kaum mit Sicherheit sagen, welchen Anteil der Psychologe an diesen Ereignissen nun eigentlich hatte. Selvini Palazzoli et al. (1988) meinen, daß der Psychologe "nicht nur mit seinem letzten Bericht, sondern wohl mit seinem ganzen Verhalten und Auftreten dazu beigetragen hatte, einen Prozeß zu beschleunigen, der schon in Gang gewesen war, als der Psychologe in den Betrieb eingestellt wurde" (S. 73 f.). Um die Ereignisse zutreffend beurteilen zu können, wäre es z. B. wichtig gewesen, mehr darüber zu erfahren, was zwischen den Männern tatsächlich vorgefallen war. Einerseits hatte der Psychologe seine feste Anstellung von der Geschäftsleitung vermutlich nur erhalten, weil er die hier geltenden Bedingungen zunächst akzeptierte. Andererseits war er aber eben gerade dadurch, daß er sich indirekt zunächst damit einverstanden erklärte, die

Unternehmensleitung aus seiner Arbeit auszuklammern, in seinen Wirkungs-
möglichkeiten sehr stark eingeengt worden.

Dieses Beispiel weist auch darauf hin, daß es für einen externen Berater
manchmal einfacher sein kann, in einem Betrieb tätig zu werden - vorausgesetzt
er ist mit seinem Beratervertrag nicht in ähnlich massive institutionelle und wirtschaftliche Abhängigkeiten hineingeraten wie der Psychologe im vorliegenden
Beispiel. Eine möglichst große Unabhängigkeit des Beraters ist für einen effektiven Beratungsprozeß jedenfalls sehr wünschenswert. Der Berater wird auch
weniger versucht sein, sich auf institutionelle Fallstricke und vermeidbare
Schwierigkeiten einzulassen, wenn seine Tätigkeit nicht von vornherein durch
bestimmte Abhängigkeiten beeinträchtigt wird.

Darüber hinaus zeigt das Beispiel aber auch, daß in diesem Fall letztlich eine
intensivere Arbeit mit den beiden Unternehmensleitern notwendig gewesen
wäre, als sie auf Grund der gegebenen Situation tatsächlich möglich war. Ob
einige wenige klärende Gespräche mit den beiden Führungskräften dazu
ausgereicht hätten, Alternativen für den Umgang mit der unbefriedigenden
Situation im Unternehmen zu entwickeln, oder ob die beiden Geschäftspartner
in einen unbewußten Konflikt verstrickt waren, der eine intensivere Arbeit mit
ihnen erforderlich gemacht hätte, kann im nachhinein nicht mit Sicherheit
entschieden werden. Es ist allerdings zu überlegen, ob ein Berater einen Auftrag
nicht besser von vornherein ablehnen sollte, falls die wichtigsten Führungskräfte
sich weigern, mit ihm auf sinnvolle Weise zusammenzuarbeiten und ihm bei der
Lösung der vorhandenen Probleme auch wirklich behilflich zu sein.

Um also zu vermeiden, in eine undurchschaubare und kaum mehr lösbare
Situation zu geraten, muß ein Berater zunächst einmal Informationen über das
Unternehmen sammeln, damit er eine erste Hypothese darüber aufstellen kann,
welche für seine eigene Tätigkeit bedeutsamen Beziehungen in diesem Unternehmen vorhanden sind. Auf dieser Grundlage kann er sich dann seine ersten
Schritte überlegen. Darüber hinaus muß er sich auch informieren, welche Erfahrungen das Unternehmen bereits mit einem Berater gemacht hat, um zu
vermeiden, in eine bestimmte Rolle hineingedrängt zu werden.

Unterschiedliche Unternehmen - gleiche Regeln: Es scheint beinahe eine Reihe
von Gesetzmäßigkeiten zu geben, denen ein Berater im Verlauf seiner Tätigkeit
für die verschiedensten Unternehmen immer wieder begegnet. Diese Phänomene
lassen sich in 3 Kategorien einordnen (Selvini Palazzoli et al. 1988, S. 204 ff.):

*"Der Psychologe wird auf Initiative des "Verlierers" in die Organisation berufen und
implizit zu einer "Koalition gegen ..." aufgefordert." (S. 204)*
Das ist auch der Grund dafür, warum es für einen Berater außerordentlich
aufschlußreich sein kann, bereits im voraus zu wissen, von wem die Absicht, ihn
zu kontaktieren, ursprünglich stammt. Noch einmal zurück zu dem oben
angeführten Beispiel: Der Betrieb hatte sich in den Jahren vor der Einstellung

des Betriebspsychologen kontinuierlich und rasch vergrößert, wodurch ohnehin bestimmte Schwierigkeiten und Spannungen vorprogrammiert waren. Gleichzeitig forderten die Mitarbeiter in Einklang mit der politischen Entwicklung des Landes mehr Mitbestimmung, Informationen und Mitspracherechte. Die Unternehmensleitung hatte auf diese Forderungen seinerzeit positiv reagiert und hochqualifizierte Führungskräfte in die Bereiche Planung, Programmierung und Führungskontrolle geholt. Die Aktivitäten und Initiativen dieser neuen führenden Mitarbeiter stellten nun aber für die Bestrebungen der beiden Firmenchefs, weiterhin die alleinige Kontrolle über das gesamte Unternehmen auszuüben, eine ernsthafte Bedrohung dar. Um diese Gefahren abzuwenden, trat der geschilderte Mechanismus in Aktion: Der Präsident stellte einen qualifizierten Mitarbeiter nach dem anderen ein und beauftragte ihn mit der Ausarbeitung von Projekten, die der Vize dann boykottierte. Dadurch konnte den Führungskräften einerseits signalisiert werden, daß man ihre Beiträge durchaus zu schätzen wisse und ihnen deshalb auch ein hohes Gehalt bezahle, andererseits konnten deren Projekte dennoch nicht durchgeführt werden. Leider läßt sich schwer sagen, ob unbewußte Einflüsse dieses interaktive Modell aufrechterhielten und welche es waren.

Zusammenfassend kann aber festgestellt werden, daß dem Psychologen in diesem Fall eine Koalition von beiden Geschäftspartnern angeboten worden war, die sich vor allem gegen jene Führungskräfte richtete, die Veränderungen durchsetzen wollten. Diese Führungskräfte führten durch ihre Initiative und durch die Schwierigkeiten, auf die sie trafen, immer wieder Situationen herbei, die das Bild gefährdeten, das der Betrieb von sich präsentieren wollte. Im Grunde sollte der Psychologe auf diese Leute ausgleichend und beruhigend wirken, und damit also das Symptom abschwächen, ohne seine Ursachen zu beseitigen. Allein schon durch seine Anwesenheit sollten diejenigen zu "klinischen Fällen" erklärt werden, die sich mit der Bitte um Unterstützung an ihn wandten.

"Unter bestimmten "soziopolitischen" Gegebenheiten zeigt die Organisation die Bereitschaft zur Veränderung, indem sie kostspielige Strukturen errichtet, die eine solche Veränderung vorbereiten sollen." (S. 205)
Natürlich muß jedes Unternehmen eine gewisse Bereitschaft zur Veränderung zeigen, wenn die Ideologie, die in seinem sozialen Umfeld herrscht, Veränderungen gutheißt und fordert. Immerhin sind Schlagwörter wie Innovation und Wettbewerbsfähigkeit 2 Grundwerte der meisten modernen Unternehmen. Nun zeigt aber der Umstand, daß eine Projektabteilung ins Leben gerufen wird, nicht unbedingt auch eine ernsthafte Bereitschaft zur Veränderung an, sondern kann auch darauf hindeuten, daß man sich damit Zeit lassen will. In dem geschilderten Betrieb war genau dies der Fall: Einerseits war es notwendig, hochqualifizierte Kräfte zur Planung von Veränderungen einzustellen, andererseits wurden Mechanismen ins Werk gesetzt, um eben diese Veränderungen wieder zu blockieren. Der Psychologe wurde schließlich in einer Situation eingestellt, als diese sich stets wiederholende Szene zu einer ernsthaften Krise geführt hatte.

"Eine offenkundige Uneinigkeit an der Spitze einer Organisation sorgt dafür, daß die Spitze auch weiterhin die Kontrolle über alle Vorgänge behält. Dabei kann sich diese Uneinigkeit sehr rasch in Wohlgefallen auflösen, sobald ein Ereignis eintritt, das geeignet ist, der Spitze ihre Kontrollstellung streitig zu machen." (S. 205)

In dem geschilderten Betrieb traten zusätzlich zu den Konflikten in der Unternehmensspitze im Laufe der Zeit auch die entsprechenden Konflikte auf den darunterliegenden hierarchischen Ebenen hinzu. Meinungsverschiedenheiten in der Führungsspitze verschwinden tatsächlich häufig, wenn die Störung größere Gruppen an der Basis erreicht, wenn die Störung sich auf den Außenbereich des Unternehmens auszuweiten droht oder wenn die Konflikte überflüssig geworden sind, weil bestimmte Zwecke erreicht wurden.

In dem oben beschriebenen Unternehmen wurde die offenkundige Uneinigkeit, die schon lange zwischen den beiden Unternehmensleitern bestanden hatte, innerhalb kurzer Zeit durch eine Reihe von Entscheidungen "von oben" beseitigt. Dazu kam es aber erst, nachdem mehrere führende Mitarbeiter sich gegen die vorhandenen Arbeitsbedingungen massiv zur Wehr gesetzt hatten und der Psychologe seinen Bericht an die Unternehmensleitung abgeschickt hatte, aus dem hervorging, daß das sich stets wiederholende Spiel inzwischen offenkundig geworden war. Die beiden Unternehmensleiter beschlossen daraufhin, sich zu trennen.

Aufschlußreich ist auch, daß nach der Trennung der beiden Partner in dem Betrieb, der vom bisherigen Präsidenten geleitet wurde, ein sehr restriktives Klima entstand, so daß es mit der Aufgeschlossenheit für Neuerungen bald vorbei war.

Das Problem der hierarchischen Ebenen: Bei seinen Überlegungen, wie er seine Aufgabe wahrnehmen und seine eigene Stellung im Betrieb definieren könnte, muß der Berater sehr genau auf die Einschränkungen achten, die durch die hierarchische Struktur des Unternehmens vorgegeben sind, aber auch auf die Möglichkeiten, die ihm für die Gestaltung seiner Arbeit noch bleiben (Selvini Palazzoli et al. 1988, S. 240 ff.). Diese Regel gilt besonders für fest angestellte Betriebspsychologen, ist aber auch für freiberufliche Berater von Bedeutung: Einerseits sind manche Psychologen, die in Unternehmen tätig werden, möglicherweise versucht, die vorhandenen Hierarchien entweder nicht genügend zur Kenntnis zu nehmen oder aber, im Gegenextrem, übermäßig zu betonen, so daß sie keinen Entscheidungsspielraum mehr haben. Andererseits kann auch "die Vagheit der Anliegen der Institution und der häufig anomale Platz, den diese ihrem neuen Mitarbeiter in der Rangordnung reserviert hat, leicht dazu führen, daß er sich in diesem institutionellen Kontext irrigerweise für eine Figur hält, die nichts mit der Hierarchie zu tun hat bzw. ganz unabhängig von der Hierarchie existiert" (S. 242). Im ungünstigsten Fall definiert der Psychologe seine Kompetenz und sein Tätigkeitsfeld gar nicht, sondern überläßt es der Organisation, ihn zu definieren: "Diese Definition erfolgt dann auf der Grundlage der bisherigen Erfahrungen der Organisation oder auf der Grundlage der Erfordernisse ihres homöostatischen Spiels" (S. 243). Andererseits darf der Psychologe aber auch nicht den Fehler begehen anzunehmen, er könne seine Tätigkeit im Betrieb ebenso frei planen und aushandeln wie seine Kollegen in einer privaten psychologischen oder psychotherapeutischen Praxis. Selvini Palazzoli et al. (1988) sind auf Grund ihrer Erfahrungen der Meinung, daß der Psychologe sich sowohl bei der Aushandlung der Arbeitsbedingungen als auch bei seinen Bemühungen um die Zustimmung des Unternehmens zu jeder seiner Maßnahmen an die hierarchischen Ebenen halten sollte. Immer wieder konnten die Mailänder Psychologen feststellen, daß Konflikte und Dysfunktionen zwischen dem Psychologen und der Institution vor allem auf den Umstand zurückgingen, daß die Maßnahmen des neuen Mitarbeiters sich nicht mit seiner Stellung im Organigramm der Institution deckten. Daraus zogen sie die Schlußfolgerung, daß sich das Vorgehen des Psychologen ganz wesentlich an seiner Stellung innerhalb der hierarchischen Struktur der Organisation ausrichten muß. Der Psychologe sollte möglichst schon vor der Ausarbeitung eines Arbeitsprogrammes seine Stellung in der Hierarchie des Unternehmens genau untersuchen und bedenken. Die Hoffnung, er könne sich dann, wenn er erst einmal seine Tätigkeit aufgenommen habe, über das hinwegsetzen, was seinerzeit vereinbart wurde, ist illusorisch. In dem geschilderten Fallbeispiel war der Betriebspsychologe gerade unter der Voraussetzung eingestellt worden, die Verhaltensweisen der beiden Unternehmensleiter und die entsprechenden Auswirkungen auf die Betriebsangehörigen nicht in seine Analyse einzubeziehen. Nach seinem Eintritt in das Unternehmen hielt sich der Psychologe dann allerdings nicht an diese mehr oder weniger stillschweigende Übereinkunft. Indem er versuchte, auf das Spiel an der Spitze Einfluß zu nehmen, handelte er sowohl den Abmachungen zuwider, die seinem Eintritt in den Betrieb vorausgegangen waren, als auch den Regeln, die durch die hierarchische Struktur des Unternehmens gegeben waren.

Wie bereits erwähnt, kann es für einen externen Berater manchmal weniger schwierig sein, auch auf die Unternehmensspitze einzuwirken als für einen fest angestellten Betriebspsychologen, da er weniger in hierarchische Abhängigkeiten verstrickt ist. Um so mehr muß er von vornherein genau darauf achten, wer denn sein Klient und ob es nicht sinnvoll ist, von Anfang an auch die Unternehmensleitung in den Beratungsprozeß einzubeziehen. Da er kein Unternehmensangehöriger ist, stellt er für die Leitung und die vorhandene Hierarchie auch weniger eine Bedrohung dar als ein fest angestellter Betriebspsychologe, der unweigerlich eine Position im betrieblichen Hierarchiesystem einnimmt und sehr viel weniger unabhängig handeln kann. Darüber hinaus wäre es aber vor allem auch die Aufgabe eines psychoanalytisch orientierten Beraters, Konflikte und dysfunktionale Ereignisse im Unternehmen auf unbewußte Widerstände, Konstellationen, Beziehungen, Phantasien und Übertragungen hin zu untersuchen. Wenn diese bisher unbewußt gebliebenen Beweggründe richtig verstanden worden sind, wird es in vielen Fällen überhaupt erst möglich, Überlegungen zu einer Verbesserung der Situation anzustellen. Leider werden diese unbewußten Einflüsse von Selvini Palazzoli et al. (1988) nur am Rande berücksichtigt. So könnte es z. B. sein, daß die beiden Unternehmensleiter aus dem Fallbeispiel in eine Kollusion oder in ein anderes psychosoziales Abwehrsystem verstrickt waren.

Verleugnete Koalitionen: Wenn ein Berater für ein Unternehmen tätig wird, trifft er höchstwahrscheinlich auf Phänomene, die auf das Vorhandensein verborgener Koalitionen unter den Unternehmensangehörigen hinweisen. Vielfach wird auch versucht werden, ihn für eine solche Koalition zu gewinnen, und in der Regel wird durch dieses Angebot signalisiert, daß hier ein Teil existiert, der sich unterlegen fühlt oder fürchtet, von der Gegenseite in die Enge getrieben zu werden (Selvini Palazzoli et al. 1988, S. 256 ff.). Ein solches Angebot zu einer verleugneten Koalition liegt dann vor, wenn:

a) der Vorschlag einer "Allianz zugunsten ..." nur ein Scheinvorschlag ist, der vage und allgemein bleibt und mit dem kein fest umrissenes und konkretes Ziel verbunden ist;
b) die Interaktion zwischen den Gesprächspartnern notwendig dyadischer Natur sein muß;
c) die verbalen und vor allem die nonverbalen Botschaften auf das Vorhandensein eines "Geheimnisses" deuten, das gewahrt bleiben muß (S. 258).

Nur in Gesprächen zwischen 2 Personen ist es überhaupt möglich, mit Hilfe von Anspielungen und Andeutungen bestimmte Informationen über Abwesende einfließen zu lassen, sich gleichzeitig aber auch schon von den eigenen Worten und der eigenen Informationsquelle zu distanzieren. Diese Art der Gesprächsführung läuft auf eine stillschweigende Übereinkunft darüber hinaus, daß man über den Inhalt des Gespräches und vor allem auch über die Art der Beziehung, die damit konstelliert werden soll, am besten nichts nach außen verlauten lassen wird. Wenn der Berater eine solche Unterhaltung passiv akzeptiert, dann sind die Voraussetzungen dafür geschaffen, daß er sich schließlich in eine verdeckte Koalition hineinziehen läßt. Dadurch werden seine Handlungsmöglichkeiten in vielen Fällen stark eingeschränkt, u. a. weil er dann kaum noch die Möglichkeit hat, seine Beziehungen zu den anderen Unternehmensangehörigen so zu gestalten, wie er es selbst für richtig hält. Die Chance, eine funktionale Kommunikation in die Wege zu leiten und günstige Bedingungen für eine Zusammenarbeit zu schaffen, wird dadurch verspielt. Wenn der Berater den Standpunkt akzeptiert, den ein anderer gegenüber einem Dritten einnimmt - wenn es diesem also überlassen bleibt, die eigenen Beziehungen zu definieren - dann ist damit der Bewegungsspielraum des Beraters erheblich eingeengt, und vielfach ist damit auch schon eine bestimmte Beziehung zu weiteren Unternehmensangehörigen vorprogammiert. Eine funktionale Kommunikation läßt sich allein schon deshalb nicht mehr erreichen, weil verleugnete Koalitionen gerade so definiert sind, daß auf der einen Ebene das Vorhandensein dieser Koalition bestätigt wird, während sie auf der anderen Ebene zurückgewiesen und mithin verleugnet wird. Diese einander widersprechenden Botschaften sollen diejenigen in Sicherheit wiegen, die von der Koalition ausgeschlossen sind, und sicherstellen, daß keine Gegenmaßnahmen einsetzen. Wenn die eigene Kommunikation aber uneindeutig ist, wird es einfach unmöglich, eine funktionale und befriedigende Beziehung mit und unter anderen Menschen in Gang zu bringen: Ein Berater, der im Bemühen um die Lösung eines Problems mit den Mitarbeitern in Kontakt tritt, gegen die er sich auf eine verdeckte Koalition eingelassen hat, kann zwar zunächst vielleicht den Kontext eines Gespräches kooperativ gestalten und ihn auch für eine bestimmte Zeit so aufrechterhalten; wenn dann aber ein Thema auftaucht, das zugleich inhaltlicher Bestandteil seiner Koalition mit deren Vorgesetzten ist, kann er den Anschein einer kooperativen Arbeitsbeziehung nur noch sehr schwer wahren. Einerseits wird er zwar versuchen, eine Atmosphäre guter Zusammenarbeit zu erhalten, auf der anderen Seite wird er aber beispielsweise durch Andeutungen oder nonverbale Hinweise mitteilen, daß der Kontext sich verändert hat. Durch diese widersprüchlichen Botschaften entstehen Unsicherheit, Irritation und Verwirrung, und die Chance, etwas zum Besseren zu verändern, wird verspielt.

Der Berater muß also eine Reihe von Präventivmaßnahmen ergreifen, um solche Koalitionen zu vermeiden (Selvini Palazzoli et al. 1988, S. 263 ff.). So sollte er etwa den Unternehmensangehörigen die notwendigen Informationen über seine Tätigkeit zukommen lassen. Indem der Berater sogleich bekannt gibt, welche Kontakte er gerade geknüpft hat oder noch anknüpfen möchte, trägt er dazu bei, die Art der Beziehung aktiv zu definieren, die er zu den einzelnen Personen aufnehmen möchte. Die Unterrichtung über die Schritte, die der Berater unternehmen wird, kann allein schon Koalitionsangebote verhindern und ihn davor bewahren, von den Unternehmensangehörigen das Etikett "Bundesgenosse von ..." angehängt zu bekommen. Wenn der Berater z. B. zu Beginn seiner Tätigkeit im Anschluß an eine Unterredung mit dem Unternehmensleiter dessen Stellvertreter aufsucht, ohne dem Firmenchef und den anderen Führungskräften mitgeteilt zu haben, daß dieser Besuch zu einer ganzen Reihe von notwendigen Gesprächen und Begegnungen gehört, dann wird diese Situation unter Umständen ganz anders interpretiert als der Berater sie sieht (s. Übersicht S. 193).

Der Berater muß also für eine ausreichende Information der Unternehmensangehörigen sorgen. Dadurch verschafft er sich auch die Möglichkeit, etwaige Koalitionsangebote abzulehnen, ohne daß der, von dem das Angebot stammt, deshalb sein Gesicht verliert. Schließlich tritt der Berater ja als Verbündeter auf, was die Bemühungen um die Lösung der vorhandenen Schwierigkeiten angeht, und zwar als ein Verbündeter, der auf die Meinungen und Standpunkte aller Unternehmensangehörigen achtet. Durch diese Haltung kann er auch leichter Allianzen bilden, um die er sich bemühen muß, wenn er nicht an den Rand gedrängt werden will. Eine Allianz liegt dann vor, wenn 2 oder mehrere Personen ihre Beziehung zueinander auf der Basis eines gemeinsamen Zieles definieren, dieses Ziel allen Unternehmensangehörigen bekannt und die Beziehung zwischen den Allianzpartnern ohne verdeckte Anteile ist.

Zwischenmenschliche Kommunikation:
Es reden immer mehr mit, als man denkt

Menschliche Kommunikation ist ein komplizierter Prozeß, in den stets auch unbewußte Bedürfnisse und Motivationen, z. B. Übertragungen, einfließen. Dieser unbewußte Anteil, der in einer Kommunikation enthalten sein kann, ist nur sehr schwer zu entziffern. Manchmal kann es schon hilfreich sein, sich einige weitere Merkmale menschlicher Kommunikation in Erinnerung zu rufen (Selvini Palazzoli et al. 1988, S. 274 ff.):

Territorialität:
Damit ist gemeint, daß Mitteilungen und Botschaften sich oftmals nicht (nur) an den offensichtlichen Empfänger richten, sondern auch an eine Reihe von Mitempfängern. Es ist also wichtig, das erweiterte Kommunikationssystem abzustecken, d. h. den Kreis von Personen, denen die Botschaft ebenfalls gilt. Andernfalls können die kommunikativen Verhaltensweisen eines bestimmten Menschen irrational erscheinen. So ist etwa ein Mitarbeiter, der in seiner Arbeit immer wieder behindert wird, möglicherweise gar nicht der eigentliche Adressat dieses Manövers, sondern sein Vorgesetzter, der mit einer anderen Führungskraft in einen Konflikt verwickelt ist.

Symmetrische vs. komplementäre Kommunikationsabläufe:
Je nachdem, ob die Beziehung zwischen den Kommunikationspartnern auf Gleichheit oder Ungleichheit beruht, kann derselben Botschaft eine ganz unterschiedliche Bedeutung zukommen.

Temporalität:
Damit ist die zeitliche Gültigkeit einer Kommunikation gemeint, die ebenfalls von den Gesprächspartnern oft nicht präzisiert wird. Möglicherweise ordnen sie ihrer Kommunikation eine ganz unterschiedliche Zeitdauer zu (z. B. eine kurze, mittlere oder lange Zeitspanne). Diese nicht vorhandene Präzisierung der Temporalität und die unterschiedliche Interpretation der Kommunikation können ebenfalls dazu führen, daß Verhalten und Kommunikation irrational erscheinen. Ein Beispiel (Selvini Palazzoli et al. 1988, S. 282):

In einer Organisation hat man sich sowohl über die Zusammenstellung einer Forschungsgruppe als auch über deren Leiter geeinigt. In der letzten Phase der Vorbereitungen wird das Projekt jedoch ganz unerwartet von einem der Beteiligten heftig kritisiert. Seine abwehrende Haltung ist aber nicht darauf zurückzuführen, daß er die Person ablehnt, die die Führung übernehmen soll, sondern vielmehr darauf, daß versäumt worden war zu klären, wie lange diese Führung dauern soll. Der Teilnehmer hat ihr eben nur für die Anfangsphase zugestimmt, ist aber keineswegs damit einverstanden, sie über einen längeren Zeitraum hinweg beizubehalten. Wenn er seine Einwände nicht präzisiert, kann seine ablehnende Haltung leicht irrational erscheinen, da man sich bereits auf den Inhalt und die sonstigen Modalitäten des Projekts geeinigt hatte (nach Selvini Palazzoli et al. 1988, S. 282).

Dualität:
Jede Kommunikation stellt nicht nur eine Information über das dar, was mitgeteilt wird, sondern gleichzeitig auch über das, was verworfen und damit nicht mitgeteilt und nicht erwähnt worden ist. Dafür können bewußte Gründe - etwa die Absicht, etwas zu verheimlichen - oder unbewußte Tendenzen verantwortlich sein. Im letzteren Fall handelt es sich dann z. B. um eine Verzerrung der Wahrnehmung oder um einen "blinden Fleck", der auf der Wirkung von Abwehrmechanismen beruht.

194

Die Allianzpartner bilden auch eine offene Gruppe, zu der alle Zutritt haben, sofern dies dem gemeinsamen Ziel dient. Um eine solche Allianz zu ermöglichen, muß zunächst der eigene Standpunkt im Hinblick auf das zugrunde liegende Problem deutlich dargestellt werden. Der Berater sollte also konkrete Vorschläge unterbreiten, Inhalte definieren und Projekte erarbeiten, bei deren Verwirklichung die Unternehmensangehörigen zusammenarbeiten müssen.

Eine verdeckte Koalition hat somit oftmals den Charakter einer "Koalition gegen ...", die der Berater vermeiden muß. Noch schwieriger kann es für ihn sein, sich nicht auf ein unbewußtes Zusammenspiel mit seinem Auftraggeber oder anderen Unternehmensangehörigen einzulassen. Um eine solche Kollusion (vgl. Kap. 3.3.2) zu vermeiden, sollte der Berater sich selbst sehr genau kennen und über eine fundierte psychoanalytische Ausbildung verfügen. Versteht er die jeweiligen unbewußten Beziehungsangebote nicht richtig und reagiert nicht entsprechend auf sie, läuft er Gefahr, sich in einem Netz von Übertragung und Gegenübertragung zu verstricken.

5.3.2 Sozialpsychologisches Engagement und angewandte Psychoanalyse: Die Arbeiten von Michael Maccoby

Im folgenden werden die Untersuchungen vorgestellt, die der Washingtoner Psychoanalytiker und ehemalige Mitarbeiter von Erich Fromm, Michael Maccoby, u. a. in seiner Eigenschaft als "Director of the Program on Technology, Public Policy and Human Development of the Kennedy School of Government" der *Harvard University* sowie als "Director of the Project on Technology, Work and Character" in Washington durchführen konnte. Maccoby arbeitete nicht nur für Industriebetriebe, sondern auch für mehrere Institutionen der amerikanischen Regierung. Sein Mitarbeiter Douglas LaBier hat diesen Ansatz weiterentwickelt und selbst mehrere tiefenpsychologisch fundierte Arbeiten über die Beziehungen zwischen Arbeitswelt und Persönlichkeitsentwicklung vorgelegt (1984, 1986; vgl. auch Kap. 2.1).

Maccoby (1984 b) stützt sich vor allem auf die Methode der teilnehmenden Beobachtung. Gemeinsam mit Erich Fromm (1970) erforschte er zunächst die Beziehungen zwischen den wirtschaftlichen und sozialen Gegebenheiten und der Persönlichkeitsstruktur von Einwohnern eines mexikanischen Dorfes. Dieses Dorf war infolge von Armut, Alkoholabhängigkeit und Gewalttätigkeit sowie auf Grund des völligen Mangels produktiver Aktivitäten in einem desolaten Zustand. Nach und nach erkannten die beiden Forscher, daß die Einwohner gänzlich auf Anleitung von Autoritätspersonen angewiesen waren. Gemeinsam mit den Dorfbewohnern suchten Maccoby u. Fromm nach den Wurzeln dieser Einstellung und entdeckten dabei zunächst, daß die Dorfbewohner im Laufe ihres Lebens ständigen Bestrafungen ausgesetzt waren und kaum Lob und Anerkennung erfahren hatten.

Wenn es im Dorf darum ging, auf Anweisung einer Autoritätsperson eine Aufgabe zu erfüllen, dann wurden die Anordnungen befolgt, um eine Bestrafung zu vermeiden, und nicht um einer befriedigenden Arbeitsleistung willen. Darüber hinaus betrachteten die Dorfbewohner ihre eigenen Wünsche und Bedürfnisse als "schlecht" und erlebten sich nur in der Unterordnung unter eine Autoritätsperson als "gut".

Als den Dorfbewohnern diese Haltung und die Motive, die zu ihrer Entstehung geführt hatten, durch die Zusammenarbeit mit Maccoby und Fromm zunehmend bewußt wurden, konnten sie ihre Ängste und ihren Fatalismus abbauen und mehr Eigeninitiative sowie eine verbesserte Fähigkeit zur Zusammenarbeit entwickeln.

In den USA untersuchte Maccoby (1977) Manager und Führungskräfte aus High-Tech-Unternehmen mit Hilfe tiefenpsychologischer Methoden. Dabei suchte er vor allem eine Antwort auf die Frage, wie die emotionale und geistige Entwicklung dieser Menschen durch ihre Tätigkeit beeinflußt wird (s. Kap. 3.2.4).

Einige Jahre später setzte sich Maccoby (1981) erneut mit dem Problem der Führung auseinander. Jetzt interessierten ihn vor allem die Gemeinsamkeiten bei Führungspersonen in den unterschiedlichsten hierarchischen Positionen. Maccoby kam zu dem Ergebnis, daß es weder ein Patentrezept für gute Führung noch eine "Führungspersönlichkeit" gibt, daß effiziente Führungspersonen aber dazu in der Lage sind, die positiven Qualitäten und die Persönlichkeitsentwicklung ihrer Mitarbeiter zu fördern. In einer weiteren Veröffentlichung arbeitete Maccoby (1989) dann den Zusammenhang der unterschiedlichen Bedürfnisse, Stärken und Schwächen von Führern und Geführten mit ihrer Persönlichkeitsstruktur heraus.

Im *State Department* arbeitete Maccoby (1984 b, S. 440) mit einer Gruppe von Beamten im höheren Dienst. Sein Ziel war die Erforschung geeigneter Maßnahmen zur Förderung der Kompetenzen und der Persönlichkeitsentwicklung der Mitarbeiter des Außenministeriums. Zu diesem Zweck wählte die Gruppe Vorgesetzte aus, die dem entsprechenden Führungsideal am nächsten kamen. Mit Hilfe Maccobys wurde ein Fragebogen entwickelt, der die Führungsphilosophie, die Führungspraxis und deren Verhältnis zu den Zielen der Außenpolitik umfaßte. Die Mitglieder der Arbeitsgruppe nahmen dann an den Interviews teil, die Maccoby mit den ausgewählten Führungspersonen durchführte; um die Darstellung ihrer Führungspraxis zu überprüfen, wurden aber auch Mitarbeiter der Interviewten befragt. Anschließend analysierte die Arbeitsgruppe die gewonnenen Daten.

Sehr aufschlußreich erschienen 2 Fälle, in denen Widerstände auftraten: Einmal ging es vor allem um das Gefühl, machtlos zu sein und keine positiven Veränderungen bewirken zu können, zum anderen um die Angst vor Sanktionen und Strafen angesichts der Offenlegung negativer Tatsachen. Maccoby ist sich nicht sicher, ob diese Widerstände eine verständliche Reaktion auf die Spielregeln einer bürokratischen Verwaltung darstellen oder ob sie zur Persönlichkeitsstruktur des "vorsichtigen Karrieremachers" (S. 440, Übers. von uns) gehören.

Für die Mitglieder der Arbeitsgruppe war die Teilnahme an diesem Projekt nicht nur deshalb fruchtbar, weil sie interessante Einsichten gewannen, sondern auch, weil sie dadurch zur kritischen Überprüfung ihrer eigenen Einstellungen angeregt wurden und eine verbesserte Kooperationsfähigkeit entwickeln konnten.

Ein Unternehmen verändert sich: Das wohl umfassendste Projekt, das von Maccoby geleitet wurde, fand während der 70er Jahre in einem Unternehmen der Automobilindustrie in Tennessee statt (Maccoby 1984 c). Es wurde sowohl von der Unternehmensleitung als auch von der Gewerkschaft unterstützt. Vier Prinzipien dienten dem Projekt, das ganz in der Tradition anderer Bemühungen um eine Humanisierung der Arbeitswelt stand, als Leitlinie (S. 445 ff.):

Sicherheit
Damit ist der Schutz vor Arbeitsunfällen, vor Berufskrankheiten und vor dem Verlust des Arbeitsplatzes gemeint. Es kam zum Beispiel vor, daß die Arbeiter, die an den Versuchsprogrammen teilnahmen, ihr Soll in weniger als 8 Stunden erfüllten. Der Arbeitsausschuß, in dem 5 Vertreter der Unternehmensleitung und fünf Gewerkschaftsvertreter saßen, beschloß daraufhin, den Arbeitern nicht zu erlauben, mehr zu produzieren und entsprechend mehr zu verdienen, weil dadurch in der gegenwärtigen wirtschaftlichen Situation Arbeitsplätze verloren gegangen wären. Statt dessen konnten die Arbeiter früher nach Hause gehen, an Veranstaltungen teilnehmen oder Kurse in der Weiterbildungseinrichtung für Erwachsene besuchen, die im Verlauf des Projekts entstanden war.

Vor diesem Experiment hielten viele Arbeiter die Anforderungen für zu hoch; sie erfüllten im Durchschnitt nur etwa 85 % ihres Solls. Das Gefühl unfairer Standards bewirkte, daß viel Arbeitszeit in Auseinandersetzungen mit den Vorarbeitern verloren ging oder Verzögerungen eintraten. Die an dem Projekt beteiligten Arbeiter kamen deshalb selbst auf die Idee, Gruppen mit gemeinsamen Leistungsvorgaben zu bilden. Sie entwickelten auch Methoden, um den Beitrag jedes einzelnen fair beurteilen zu können. Von diesen Initiativen profitierte das gesamte Unternehmen, weil sich die Qualität der Arbeit verbesserte, der Krankenstand und die Fluktuation abnahmen und darüber hinaus eine größere Kooperationsbereitschaft entstand.

Gleichheit
Dies bezieht sich auf gerechte Vorschriften, Regeln und Einkommensrichtlinien; außerdem sollten Benachteiligungen auf Grund von Geschlecht, Volksgruppenzugehörigkeit oder Alter beseitigt werden. Beispielsweise wurde beschlossen, daß der Gewinn aus der - infolge der veränderten Arbeitsbedingungen gestiegenen - Produktivität sowohl dem Management als auch den Mitarbeitern zugute kommen sollte.

Demokratie

Ein weiteres Ziel des Projekts bestand darin, den Arbeitern die Möglichkeit zu geben, bei all jenen Entscheidungen mitzuwirken, die ihr Leben und insbesondere ihr Arbeitsleben betrafen. Die Entwicklung neuer demokratischer Strukturen wurde durch einen Fragebogen eingeleitet, den 300 Arbeiter und 50 Führungskräfte ausfüllten. Bereits durch diesen Fragebogen wurden viele Menschen dazu angeregt, ihre Tätigkeit, ihre Arbeitsbedingungen, die Beziehungen zu ihren Vorgesetzten und vieles mehr neu zu überdenken. Bisher hatten das Management und die Arbeiter einander zwar heftig kritisiert, aber die Arbeitsstruktur und die Rollen, die sie sich gegenseitig zuwiesen, nicht in Frage gestellt.

Auf die Arbeiter hatte das Management bisher wie eine Polizeitruppe gewirkt, und der größte Teil ihrer kreativen Energie diente lediglich dazu, Mittel und Wege zu finden, um Arbeit vermeiden oder die unmittelbaren Vorgesetzten ärgern zu können. Die Fragebogenaktion ergab, daß 70 % der Arbeiter Ideen hatten, wie die Arbeit verbessert werden könnte, sie darüber aber nie mit anderen sprachen, weil sie meinten, daß man ihnen entweder nicht zuhören werde oder andere davon profitieren würden.

Im Verlauf des Projekts wurden Gruppen von freiwilligen Teilnehmern gebildet, die die bisherigen Arbeitsbedingungen sowohl nach technischen und ökonomischen als auch nach sozialen und humanen Kriterien untersuchen sollten. Veränderungsvorschläge wurden diskutiert und, wo immer möglich, auch umgesetzt. Dieses Vorgehen unterscheidet sich deutlich von anderen Programmen zur Verbesserung der Arbeitsplatzqualität, bei denen Experten Konzeptionen entwickeln, wie eine Tätigkeit besser gestaltet werden könnte. Hier waren es die Betroffenen selbst, die darüber entscheiden konnten. Das Ziel dieser Maßnahmen bestand vor allem darin, einen Demokratisierungs- und Mitbestimmungsprozeß einzuleiten. Auf Grund der engagierten Unterstützung des Projekts durch die Unternehmensleitung kam es aber nicht nur bei den Arbeitern, sondern auch innerhalb der Hierarchie des Managements zu Veränderungen, in deren Verlauf neue, kooperative und befriedigendere Meinungsbildungs- und Entscheidungsprozesse entwickelt werden konnten.

Individuation

Durch das Projekt sollten die Voraussetzungen für eine möglichst weitgehende Entfaltung des kreativen Potentials der Teilnehmer geschaffen werden. Niemand sollte das Gefühl haben, wie eine Maschine behandelt zu werden. Außerdem wurde sehr genau darauf geachtet, daß unterschiedliche Menschen auch verschiedene Bedürfnisse haben, die berücksichtigt werden müssen, wenn Kreativität und Eigeninitiative gefördert werden sollen. Zu diesem Zweck versuchten Maccoby und seine Mitarbeiter, Gruppen von Arbeitern zu unterscheiden, die bestimmte Bedürfnisse und Ziele gemeinsam hatten, um möglichst günstige Bedingungen für die jeweilige Persönlichkeitsentfaltung der sehr unterschiedlichen Menschentypen zu schaffen.

Wenn sich einige Arbeiter von den anlaufenden Initiativen fernhielten, dann wurden sie nicht als "negativistisch" oder "unkooperativ" abgestempelt. Maccoby und seine Mitarbeiter bemühten sich, die Ursache der Zurückhaltung zu verstehen. Das Verständnis unterschiedlicher persönlicher Bedürfnisse wurde aber auch zur Grundlage verschiedener Weiterbildungsprogramme, die nicht unbedingt etwas mit der unmittelbaren Arbeitssituation zu tun hatten.

Zunächst wurden 60 Arbeiter auf der Grundlage eines Fragebogens, der offene und Multiple-choice-Fragen enthielt, interviewt. Jedes dieser tiefenpsychologischen Interviews dauerte etwa 4 Stunden und umfaßte die Arbeitseinstellung, die Werte, die Lebensziele sowie die gesundheitlichen und seelischen Beschwerden der Befragten. Darüber hinaus wurde auch Material berücksichtigt, das aus psychoanalytischer Sicht für ein umfassendes Verständnis nützlich erschien, wie z. B. Träume, Informationen über familiäre Beziehungen und Hinweise auf Probleme im Umgang mit Autoritätspersonen. Die Antworten aus dieser Fragebogenaktion wurden anschließend gründlich ausgewertet. Dabei ergaben sich bestimmte typische Antwortkonstellationen, die als Ausdruck unterschiedlicher Persönlichkeitsmerkmale interpretiert wurden.

Diese unterschiedlichen Persönlichkeitstypen waren aber doch alle in einem gemeinsamen Sozialcharakter verwurzelt - vermutlich deshalb, weil die Arbeiter zum größten Teil aus der ländlichen Umgebung des Betriebes stammten und ganz bestimmte Werte und Einstellungen vertraten. Sie strebten zum Beispiel nach Unabhängigkeit, schätzten harte Arbeit, waren emotional zurückhaltend, sparsam und familienorientiert. Weiterhin vertraten sie eine eher vorsichtige, konservative Grundhaltung, setzten sich für Fairness ein und bevorzugten ein Demokratieverständnis nach dem Motto: "Jedem so, wie es ihm gebührt." Maccoby zog aus seinen Beobachtungen die Schlußfolgerung, daß dieser Menschentyp wohl sehr viel besser in die immer mehr verschwindende Welt bäuerlich-ländlicher Dorfgemeinschaften als in die Welt moderner Unternehmen paßt.

Die sorgfältige Analyse der Antworten, die die 60 Probanden gegeben hatten, führte schließlich zur Bildung von 6 Untergruppen, die unterschiedliche Arbeitseinstellungen und Lebensziele widerspiegelten. Daraufhin wurde ein zweiter Fragebogen konstruiert, der wesentlich schneller beantwortet werden konnte als der erste. Diese neue Fassung setzte sich aus kurzen Statements zusammen, die den einzelnen Persönlichkeitsstrukturen entsprachen. Die 300 Arbeiter, die diesen Fragebogen ausfüllten, wurden gebeten, diejenigen Statements anzukreuzen, von denen sie sich am meisten angezogen fühlten.

Im folgenden werden die von Maccoby (1975, S. 455 ff.) beschriebenen Persönlichkeitstypen vorgestellt. Freilich konnte kein Arbeiter ohne jede Abweichung in eine dieser Kategorien eingeordnet werden, und viele wiesen eine Mischung verschiedener Merkmale auf. Vor allem aber dürfen diese Kategorien nicht als statisch und unveränderbar gesehen werden; wie Maccoby zeigen konnte, ändern sich persönliche Einstellungen und Überzeugungen häufig dann, wenn sich die Arbeitssituation verbessert (vgl. auch den Trend von der Trait- zur

Statediagnostik in der psychologischen Forschung, wonach Persönlichkeitsmerkmale nicht als ein für allemal feststehende, unveränderbare Eigenschaften
betrachtet werden, sondern als Merkmale, die sich innerhalb bestimmter Grenzen verändern können, wenn sich bestimmte situative Kontextbedingungen und
Umwelteinflüsse verändern; s. auch Leichner 1979, S. 26 ff.):

Die Gewerkschaftsanhänger
Diese Arbeiter (29 % der Befragten) hielten soziale Gerechtigkeit und Solidarität mit anderen für besonders wichtig. Sie verfügten über eine schlechtere Ausbildung und ein geringeres Einkommen als der Durchschnitt, arbeiteten aber hart
und zuverlässig. Die Mitgliedschaft in der Gewerkschaft vermittelte ihnen in-
mitten einer Welt rascher Veränderungen ein Identitätsgefühl und das Gefühl
der Stärke.

Die pflichtbewußten Handwerker
14 % der Arbeiter, aber die Hälfte der Vorarbeiter fielen in diese Kategorie. Die
"pflichtbewußten Handwerker" waren finanziell am besten gestellt, vermutlich
weil sie auf Grund ihrer Einstellung die begehrtesten Arbeitsplätze bekamen.
Konservativer als die anderen, waren sie eher bereit, sich Autoritätspersonen
unterzuordenen, die sie für legitim hielten. Auf Grund ihrer Willenskraft und
Disziplin arbeiteten sie zwar sehr hart, waren aber dennoch mit ihren Leistungen
unzufrieden. Außerdem unterdrückten sie ihre Gefühle (die meisten sagten, sie
stünden innerlich unter großem Druck), neigten zu Perfektionismus und verhielten sich im Umgang mit Autoritätspersonen sehr nachgiebig. Dennoch waren
sie mit ihrer Arbeitssituation zufrieden und beklagten sich lediglich über den
Mangel an Fairness und Respekt mancher Vorgesetzter.

Die aufgeschlossenen Handwerker
Die Arbeiter, die in diese Kategorie fielen (19 %), machten sich am wenigsten
Sorgen. Ihre Arbeit gefiel ihnen, und sie wiesen weniger emotionale und körperliche Symptome auf als die meisten anderen. Der Unternehmensleitung gegenüber waren sie ebenso wohlwollend eingestellt wie auch gegenüber ihren Kollegen. Für die Anliegen der Gewerkschaft zeigten sie Interesse, wollten sich aber
nicht selbst engagieren, da ihnen eine oppositionelle Haltung schwerfiel. Obwohl
sie sich mit ihrer Arbeitssituation arrangiert hatten, kritisierten sie dennoch die
Monotonie und den Mangel an Entscheidungsspielraum in ihrer Tätigkeit.

Die Geselligen
In dieser Gruppe (7 %) fanden sich vor allem ältere Frauen. Von ihrer Arbeit -
oder genauer gesagt, von den Interaktionen am Arbeitsplatz - erhofften sie sich
hauptsächlich ein Zusammengehörigkeitsgefühl und eine Verbesserung ihres
Selbstwertgefühls. Es ging ihnen weniger um die Tätigkeit an sich, als vielmehr
um Kontakte, gegenseitige Unterstützung und emotionale Anerkennung. Die
Aussagen dieser Frauen waren recht widersprüchlich: einerseits berichteten sie,

200

daß sie mit ihrer Arbeit zufrieden seien und sie ihnen Freude mache, andererseits beklagten sie sich darüber, nicht genügend Entscheidungsfreiheit zu haben und mit veralteten Geräten arbeiten müssen. Außerdem wirkten sie eher depressiv und unglücklich. Maccoby (1984 c) führte diesen Widerspruch darauf zurück, daß die Frauen von anderen Personen und deren Anerkennung sehr abhängig waren. Sie verhielten sich äußerst angepaßt, um Sympathien zu gewinnen, ärgerten sich aber gleichzeitig über den damit verbundenen Verlust ihrer persönlichen Autonomie. Diesen Ärger erlebten sie jedoch nicht bewußt, sondern verdrängten ihn, um eine Konfrontation mit eben jenen Personen zu vermeiden, die sie gleichwohl so sehr für ihre Selbstbestätigung benötigten.

Die Farmarbeiter
18 % der von Maccoby und seinen Mitarbeitern untersuchten Männer und Frauen arbeiteten lediglich deshalb in der Fabrik, weil sie ihren Lebensunterhalt in der Landwirtschaft nicht mehr verdienen konnten. Etwa ein Drittel dieser Befragten arbeitete zusätzlich als Nebenerwerbslandwirte. Die anderen hatten ihre Höfe aufgeben müssen, hätten aber sehr viel lieber in der Landwirtschaft als in einer Fabrik gearbeitet, wenn das Einkommen einigermaßen vergleichbar gewesen wäre.

Die Unzufriedenheit mit der Fabrikarbeit war bei den Arbeitern dieser Gruppe am größten. Sie hatten ein ausgeprägtes Demokratiebedürfnis und litten unter dem Gefühl, sich in eine mechanische und hierarchische Struktur einfügen zu müssen, in der sie nicht genügend Achtung und Anerkennung erfuhren. Sie beklagten sich über die Monotonie ihrer Arbeit, über den Zeitdruck, über den Mangel an Entscheidungsfreiheit und darüber, daß man von ihnen offensichtlich die Befähigung zu selbständigem Denken gar nicht erwartete. Nachdem sie die Möglichkeit erhalten hatten, sich den partizipativen Arbeitsgruppen anzuschließen, änderte sich ihre Einstellung allerdings sehr bald.

Die Ehrgeizigen
Die "Ehrgeizigen" verfügten nicht nur über beste Ausbildung, sondern trotz ihrer geringen Anzahl (13 %) auch über die meisten Schlüsselstellungen im Unternehmen. Die Hälfte der Vorarbeiter zählte zu dieser Gruppe, und die meisten Topmanager wiesen ebenfalls viele Gemeinsamkeiten mit diesem Typus auf.

Auch die Ehrgeizigen waren mit ihrer Arbeit nicht zufrieden, weil sie ihnen wenig interessant und monoton vorkam. Sie beklagten sich darüber, daß sie ihre Fähigkeiten nicht genügend entfalten konnten und daß sie nicht die Möglichkeit dazu hatten, wirklich ihr Bestes zu geben. Sie meinten, daß sie sehr viel härter arbeiten würden, wenn die Karriereaussichten besser wären.

Viele von ihnen litten unter Symptomen, die als Hinweis darauf zu verstehen waren, daß sie sich sowohl von ihren eigenen Bedürfnissen als auch von den traditionellen Werten ihres sozialen Umfelds entfremdet hatten. Das Gefühl, das sie am häufigsten erwähnten, war heftiger Ärger: Bereits kleine und an sich relativ unwichtige Dinge konnten sie sehr wütend machen. Ihre Wut und Verärgerung wurden durch die für sie frustrierenden Arbeitsbedingungen noch gesteigert. Darüber hinaus führten sie auch Symptome wie Kopfschmerzen, Atembeschwerden und rasche Ermüdung auf ihre Arbeitssituation zurück.

Zu ihren Kollegen hatten die ehrgeizigen Arbeiter nur wenig Vertrauen: sie betrachteten sie eher als Konkurrenten. Andererseits war diese Gruppe den Vorgesetzten und dem Topmanagement gegenüber am positivsten eingestellt.

Vermutlich wäre ein neues Mitbestimmungssystem, das das Individuationsprinzip nicht genügend berücksichtigte, sehr schnell von den Ehrgeizigen vereinnahmt worden. Sprachlich geschickter, mit mehr Selbstvertrauen ausgestattet als die anderen und stärker an den Interessen des Managements orientiert, hätten sie das Programm wahrscheinlich bald in eine Richtung gelenkt, die ausschließlich auf Steigerung der Produktivität und Aufstiegsmöglichkeiten abgezielt hätte.

Maccoby (1984 c) konnte auch feststellen, daß einige ehrgeizige Manager das Projekt nur deshalb unterstützten, weil sie in etwa folgendes dachten: Wenn der Unternehmensleiter Kooperationsbereitschaft und Aufgeschlossenheit für Mitbestimmung erwartet, dann muß man den eigenen Ehrgeiz eben unter einem demokratischen Deckmäntelchen verbergen.

Anderen Führungskräften war es aber auch ein echtes Anliegen, Kollegen und Mitarbeitern weiterzuhelfen und dafür selbst etwas weniger ehrgeizig zu sein. So kam etwa ein hochqualifizierter Manager, der das Unternehmen vor einigen Jahren verlassen hatte, zurück, weil ihm die Beteiligung an dem Projekt echte Befriedigung in seiner Arbeit vermittelte. Das Wissen über die unterschiedlichen Bedürfnisse ihrer Mitarbeiter half den aufgeschlossenen Führungskräften auch, mehr Einfühlungsvermögen und mehr Verständnis für diejenigen zu entwickeln, die sie zuvor eher als unkooperativ oder faul eingeschätzt hatten.

Als Beispiel dafür, daß Menschen eingefahrene Denk- und Verhaltensmuster zum Besseren verändern können, wenn die Kooperationsfähigkeit, die Entfaltung individueller Begabungen, die Urteilsfähigkeit und das Einfühlungsvermögen durch sinnvolle Mitbestimmung gefördert werden, berichtet Maccoby von folgendem Ereignis:

> Die ehrgeizigen Arbeiter waren unter den ersten, die sich freiwillig für ein Experiment meldeten, bei dem eine Gruppe ihre Arbeit koordiniert und das Unternehmen vorzeitig verlassen durfte, wenn sie früher als geplant fertig wurde. Eine Frau in der Gruppe, eine "Farmarbeiterin", war langsamer als ihre Kollegen. Da sie das Gefühl hatte, daß sie für die anderen ein Hindernis darstellte und daß diese sich über sie ärgerten, weil sie ihr helfen mußten, um rechtzeitig fertig zu werden, bat sie darum, sich aus dem Experiment zurückziehen zu dürfen. Die anderen Gruppenmitglieder besprachen diese Situation miteinander und beschlossen daraufhin, sie zu bitten, weiter mitzumachen (nach Maccoby 1984 c, S. 465).

Von Anfang an achteten Maccoby und seine Mitarbeiter (1984 c, S. 450 f.) darauf, sich als unabhängige dritte Partei zu etablieren, die sowohl vom Management als auch von der Gewerkschaft dazu eingeladen worden war, eine eher pädagogisch-beratende Funktion auszuüben, und nicht dazu da war, Anordnungen zu befolgen oder Entscheidungen zu treffen. Immer dann, wenn ein Mitarbeiter des Projekts die Durchsetzung einer Idee vorantreiben wollte, ohne zu beachten, wer die eigentliche Entscheidungskompetenz besaß, kam es folgerichtig sofort zu Schwierigkeiten. Finanziert wurde das Projekt im Rahmen des *Harvard Seminar on Science, Technology and Public Policy,* aber auch durch Zuschüsse des Unternehmens und der Gewerkschaft sowie von anderen Organisationen.

Seine eigene Aufgabe sah Maccoby vor allem darin, die Spitzenvertreter aller Parteien zusammenzubringen und gemeinsam mit ihnen die Ziele des Projekts zu klären, vor allem im Hinblick auf mögliche Konflikte und wegweisende Entscheidungen. Zu Beginn mußte dabei immer wieder die Unabhängigkeit der Projektmitarbeiter verteidigt werden. Diese fungierten ja nicht als Berater irgendeiner Partei, sie waren weder Schiedsrichter noch distanziert-unbeteiligte Beobachter. Sie sahen ihre Aufgabe vor allem darin, für neue Kommunikationskanäle auf allen Ebenen zu sorgen, also zwischen Arbeitern und Managern, zwischen Führungskräften und Gewerkschaftsvertretern sowie zwischen den Projektmitarbeitern und der öffentlichen Verwaltung. Durch diese Bemühungen um eine Verbesserung der Kommunikation und durch die Erfahrung, daß selbst schwierige Probleme gemeinsam gelöst werden können, entstand schließlich ein zunehmendes Vertrauen.

Maccoby betrachtete es als eine seiner wichtigsten Aufgaben, die beschlossenen Maßnahmen beratend zu begleiten und rechtzeitig auf Tendenzen aufmerksam zu machen, die den Absichten des Projekts zuwiderliefen, so daß die Teilnehmer Alternativen entwickeln und ihre Entscheidungen noch einmal überdenken konnten.

Das Projekt verfolgte vor allem 2 Ziele: Erstens sollten die Mitarbeiter des Unternehmens mit Hilfe der Fragebogenaktion und durch die Studie dazu angeregt werden, sich mit ihren eigenen Einstellungen selbstkritisch auseinanderzusetzen und über mögliche Alternativen nachzudenken; zweitens sollten praktikable Modelle zur Verbesserung der Arbeitssituation selbst entwickelt werden. Dazu sollten z. B. Gremien wie der Arbeitsausschuß dienen, aber auch neue Methoden, um Arbeitsprozesse besser analysieren und evaluieren zu können.

Die Arbeit von Maccoby steht damit ganz in der Tradition anderer Bemühungen, die Arbeitsplatzqualität zu erhöhen und die Arbeit selbst humaner zu gestalten: eines der wichtigsten Ziele der Organisationspsychologie ist ja die Suche nach Bedingungen für eine ebenso effiziente wie befriedigende Arbeit. Maccobys Ansatz zeichnet sich vor allem dadurch aus, daß er Unternehmensleitung und Arbeitervertreter gleichermaßen mit einbezog und auch Entscheidungen auf der untersten Ebene ermöglichte; die Menschen, die von den geplanten Veränderungen betroffen waren, konnten sie also auch selbst mit entwickeln. Das oben beschriebene Projekt war nicht von oben aufgepfropft und lief daher auch nicht Gefahr, an den tatsächlichen Bedürfnissen der Beteiligten und an ihrer realen Arbeitssituation vorbeizugehen. Maccoby (1984 c) sieht den Erfolg der Projekte vor allem darin, daß es gelungen ist, neue Möglichkeiten dafür zu schaffen, das menschliche und kreative Potential der Beteiligten mit ihren unterschiedlichen Wünschen und Bedürfnissen zu fördern. Sein Projekt dürfte vor allem von denjenigen kritisch beurteilt werden, die - im Unterschied zu seiner Intention - einseitig Leistungssteigerung und Effizienz anstreben.

Die psychoanalytische Orientierung Maccobys wird insbesondere an den Forschungsmethoden deutlich, die während des Experiments angewandt wurden (tiefenpsychologische Interviews, Analyse von Träumen etc.). Sie läßt einen starken sozialpsychologischen Akzent erkennen, in dem sich der Einfluß Erich Fromms zeigt. Die Arbeiten von Maccoby sind ein Beispiel für die vielfältigen Aktivitäten von Psychoanalytikern im Bereich von Institutionen, Organisationen und Unternehmen. Sie sollen deshalb schon aus Gründen der Vollständigkeit zumindest im Überblick an dieser Stelle vorgestellt werden.

Die Aufgaben des Projektleiters: Damit die von Maccoby (1984 b, 1984 c) beschriebenen Untersuchungsmethoden Erfolg haben, müssen sich die Teilnehmer von vornherein darüber einig sein, daß auf diesem Wege Ziele erreicht werden sollen, die effiziente Leistung mit befriedigenden Arbeitsbedingungen verbinden. Die potentiellen Träger eines Projekts werden zu einer Finanzierung nur dann bereit sein, wenn sie davon überzeugt sind, daß das Unternehmen besser funktioniert und ihre eigene Position gefestigt wird, auch wenn sie in ihrer Macht etwas eingeschränkt werden und das Wohlergehen ihrer Mitarbeiter verstärkt thematisiert wird. Andererseits werden die Mitarbeiter sich nur dann engagieren, wenn sie zurecht die Hoffnung haben, ihre Arbeit dadurch befriedigender gestalten zu können.

Mit zunehmendem Niveau der Ausbildung werden die Unternehmensangehörigen selbstbewußter, während ihre Arbeit gleichzeitig mehr Verantwortung und Sorgfalt verlangt. Unter anderem ist es auch im Interesse der Unternehmensleitung, die Mitarbeiter stärker an Entscheidungsprozessen und an der Gestaltung der Arbeit zu beteiligen (Maccoby 1984 b, S. 441). Das ist auch in der Bundesrepublik Deutschland erkannt worden; man denke nur an das betriebliche Vorschlagswesen.

Der Leiter eines entsprechenden Projekts hat vor allem 2 Aufgaben (Maccoby 1984 b, S. 441 f.): Er sollte erstens eine bestimmte Vorgehensweise vorschlagen, die von den Beteiligten dann auch umgesetzt werden kann. Zweitens sollte er eventuelle Widerstände verstehen und richtig deuten können. Vor allem an diesem zweiten Punkt erweisen sich die Vorteile einer psychoanalytischen Grundhaltung. Wenn ein Projekt erst einmal angelaufen ist, können sehr bald heftige Widerstände auftreten: Die Teilnehmer wollen vielleicht keine Gedanken und Gefühle zulassen, die ihnen unangenehm sind und die eventuell darauf hinauslaufen, Handlungen von Autoritätspersonen zu kritisieren. Oder sie wollen keine Verantwortung übernehmen, weil sie glauben, dadurch sämtliche Entscheidungen mittragen zu müssen. Der Widerstand kann sich, wie in einer psychoanalytischen Therapie, aber auch in Übertragungen auf den Projektleiter ausdrücken. Dadurch kann dieser schnell in eine recht bedrohliche Situation geraten. Anders als ein Beobachter, der relativ unberührt bleiben und sich zurückziehen kann, wenn bestimmte Ereignisse ihn irritieren, muß der "teilnehmende Wissenschaftler" unbewußte Widerstände erkennen und deuten, damit der Veränderungsprozeß nicht stagniert.

Eine häufig auftretende Form der Übertragung ist in diesem Zusammenhang der Versuch, den Wissenschaftler zu einem beinahe allwissenden Experten hochzustilisieren und ihm dadurch gleichzeitig auch die gesamte Verantwortung für den Erfolg eines Projekts aufzubürden. Wenn diese Übertragung nicht analysiert wird, verwandelt sich die Arbeitsbeziehung rasch in eine Kollusion, bei der der Wissenschaftler bürokratische Funktionen übernimmt und dadurch den ursprünglich auf Eigeninitiative abzielenden Veränderungsprozeß stört.

Es kann jedoch auch vorkommen, daß die auftretenden Übertragungen und Widerstände eine so große Angst oder Resignation ausdrücken, daß die Veränderungsabsicht des Projekts unrealistisch wird und aufgegeben werden muß. Diese Schlußfolgerung sollte aber niemals gezogen werden, bevor die Ursachen der Abwehrhaltung verstanden worden sind und die Teilnehmergruppe Gelegenheit hatte, sich mit ihnen auseinanderzusetzen. Falls interne Widerstände oder externe Hindernisse aber so groß sind, daß sie nicht überwunden werden können, gerät die teilnehmende Untersuchung in eine Sackgasse. Der beratende Wissenschaftler kann dann allenfalls noch versuchen, gemeinsam mit den Beteiligten die Gründe für die Begrenzung der Veränderungsmöglichkeiten zu verstehen.

5.3.3 Unternehmensberatung als angewandte Psychoanalyse: Der Ansatz von Harry Levinson

Welchen Wert Harry Levinson auf eine gründliche Diagnose legt, bevor er als Unternehmensberater eine bestimmte Maßnahme empfiehlt, ist bereits in Kap. 5.2 geschildert worden. Sein Interesse zielt in erster Linie auf ein gründliches Verständnis für die Ursachen der Probleme und nicht so sehr auf die Auseinandersetzung mit den präsentierten Symptomen (z. B. zurückgehende Gewinne, hohe Fluktuationsraten). In seinem praktischen Vorgehen orientiert sich Levinson (1976, S. 134 ff.; s. auch die vielen Fallbeispiele in seinem 1981 erschienenen Buch *Executive*; vgl. auch Levinson 1986, S. 9 ff.) an einer Reihe von Leitfragen, die sich im Verlauf seiner Tätigkeit bei der Klärung problematischer Situationen als besonders hilfreich erwiesen haben. Die Beantwortung dieser Fragen kann aber auch Vorgesetzten und Mitarbeitern, die sich mit komplizierten zwischenmenschlichen Beziehungen auseinandersetzen müssen, eine gewisse Orientierung bieten. Immer wieder sind es ja gerade offensichtlich irrationale Emotionen und Verhaltensweisen, die heftige Irritationen auslösen. Sowohl Vorgesetzte als auch Berater fühlen sich z. B. oft wie vor den Kopf gestoßen, wenn sie bei ihren Klienten bzw. Mitarbeitern trotz gut gemeinter Bemühungen immer wieder auf

Widerstand stoßen. Oft können sie sich diesen nicht richtig erklären und wissen daher auch nicht, wie sie am besten reagieren sollen. Psychoanalytische Modelle und Konzepte, wie sie im vorliegenden Buch beschrieben werden, können dabei helfen, irritierendes Verhalten besser zu verstehen und eine klarere Orientierung zu gewinnen. Dazu ist es nach Auffassung von Levinson allerdings zunächst erforderlich, die eigene Sicht des Problems entweder aufzuschreiben oder ausführlich mit einem geeigneten Gesprächspartner durchzusprechen. Nachdem die eigene Sichtweise, die bisherigen Ereignisse und die wichtigsten Gespräche, die im Hinblick auf das vorliegende Problem bereits stattgefunden haben, zusammengefaßt worden sind, kann versucht werden, eine Antwort auf die folgenden Fragen zu finden (Levinson 1976, S. 135 f.):

Wer leidet unter dem Problem?
Das heißt, wer wird durch die Problemsituation am meisten belastet? Der Mitarbeiter? Seine Kollegen? Seine Vorgesetzten? Oder andere Menschen außerhalb des Unternehmens?

Nach den Erfahrungen von Levinson, die sich in diesem Punkt mit denen von Kets de Vries u. Miller (1989, S. 139) und vieler anderer Psychoanalytiker decken, ist für die erfolgreiche Behandlung psychischer Probleme in der Regel ein gewisser Leidensdruck erforderlich, weil Menschen, die unter ihren Schwierigkeiten oder Problemen nicht leiden, sich aller Wahrscheinlichkeit nach auch nicht darum bemühen werden, ihr Verhalten oder ihre zwischenmenschlichen Beziehungen zu überdenken.

Wann haben die Schwierigkeiten begonnen?
Probleme mit einer langen Vorgeschichte lassen sich mit den Möglichkeiten, die Beratern (oder Vorgesetzten) zur Verfügung stehen, vermutlich kaum beeinflussen. Wenn ein Berater allerdings den Zeitpunkt genau bestimmen kann, an dem das Problem zum ersten Mal auftrat, dann sollte er versuchen herauszufinden, was sich damals ereignete und in welcher Weise bestimmte Arbeitsbedingungen verändert werden müssen, um unproduktives und irritierendes Verhalten in Zukunft überflüssig werden zu lassen. Vielleicht können die Arbeitsbedingungen daraufhin so umgestaltet werden, daß sich eine befriedigendere Situation herstellen läßt.

Anerkennung, Aggression und Abhängigkeit - was geschieht damit?
Das bedeutet, wie geht der "Symptomträger" mit Beziehungen um, in denen er von anderen Menschen abhängig ist? Wie geht er mit aggressiven Gefühlen um? Wie geht er mit seinem Verlangen nach Anerkennung und Sympathie sowie mit seinem Bedürfnis um, anderen Menschen seine Sympathie auszudrücken? Reagiert er seine Aggressionen an anderen Menschen ab? Oder hält er sich zurück und leistet statt dessen beispielsweise passiven Widerstand? Vermeidet er Kontakte zu anderen Menschen und vernachlässigt er seine Freundschaften? Überschätzt er vielleicht sich selbst und idealisiert er sein eigenes Selbstbild auf

unrealistische Weise? Geht er mit seinen eigenen Wünschen und mit seinen Beziehungen zu anderen Menschen derzeit anders um als früher?

Wie sieht sein Ich-Ideal aus?

Das heißt, was braucht dieser Mensch, damit er sich selbst akzeptieren kann? Wie nimmt er sich selbst wahr? Und wie möchte er sein? Welche Ziele verfolgt er, und inwieweit sind seine Ziele in diesem Unternehmen oder im Rahmen seiner Tätigkeit realisierbar?

Ist das Problem überhaupt lösbar?

Levinson ist der Meinung, daß sich nicht alle Schwierigkeiten vollständig lösen lassen. Einige bleiben auch weiterhin bestehen und müssen letztlich hingenommen werden.

Wenn es lösbar ist, dann wie?

Welche Schritte können zur Beseitigung der bestehenden Schwierigkeiten, so wie sie sich nach gründlicher Analyse darstellen, unternommen werden?

Das folgende Beispiel stellt zunächst eine Problemsituation aus der Sicht des Vorgesetzten dar und zeigt dann, wie die von Levinson vorgeschlagenen Fragestellungen darauf angewendet werden können:

Ein Bezirksmanager arbeitet für ein Unternehmen, das im gesamten Land mehrere Niederlassungen besitzt. Er berichtet, daß er für die Arbeit in mehreren Regionen zuständig ist. Sein Problem habe mit H. zu tun, einem Gebietsleiter, dessen Vorgesetzter er sei.

Sowohl H. als auch er selbst arbeiteten beide seit 25 Jahren für dieses Unternehmen. Für den Bezirksmanager sei die Zusammenarbeit mit H. schon immer schwierig gewesen, aber die Beziehungen zwischen den beiden und die Leistungen von H. hätten sich in den vergangenen Monaten weiter verschlechtert. Der Vorgesetzte vermutet, daß diese Zuspitzung mit einer Veränderung im Unternehmen zusammenhängt. Beide müßten nämlich seit kurzem unter sehr viel zentralisierteren Bedingungen arbeiten als bisher. Diese Veränderung sei vom Topmanagement durchgesetzt worden, weil die Bezirksmanager für so viele, weit verstreute Gebiete zuständig gewesen seien, daß die jeweiligen Gebietsleiter beinahe unbeaufsichtigt handeln konnten, ohne daß von höherer Ebene interveniert worden sei. Zur Zeit seien die Bezirksmanager für weniger und kleinere Regionen zuständig. Deshalb habe er nun auch sehr viel mehr Kontakt zu H. und supervidiere ihn intensiver als bisher.

H. wird von ihm als unabhängiger Mensch beschrieben, der gerne freie Hand habe. Er habe dem höheren Management stets mißtraut und engagiere sich in einer Vereinigung, die sich für die Rechte des mittleren Managements einsetze. Das Unternehmen selbst lege großen Wert auf partizipatives Management, und der Vorgesetzte betonte, daß er sich darum bemühe, entsprechend zu handeln. H. sträube sich aber gegen seine Bemühungen. Beispielsweise setze er sich bei einer Besprechung meistens an die gegenüberliegende Seite des Tisches und sage kaum etwas. Wenn ein bestimmtes Thema aber bereits ausführlich diskutiert worden sei und das Gespräch seit geraumer Zeit einem anderen Gegenstand gelte, rücke er plötzlich mit seiner Meinung zu diesem Thema heraus.

H. lehne auch alles ab, was seine Routine bedrohen könnte. Wenn es darum ginge, etwas auf andere Weise als bisher zu tun, nicke er zustimmend und dann mache er genau so weiter wie bisher, wobei er die getroffenen Beschlüsse geschickt umginge. Der Vorgesetzte berichtet weiter, daß er vor kurzem einen von H.'s Mitarbeitern an einer Weiterbildung teilnehmen lassen wollte,

ohne vorher Zeit dafür gefunden zu haben, H. zu konsultieren. H. habe daraufhin auf jede er-
denkliche Weise versucht, sein Vorhaben zu blockieren. Zunächst habe er darauf bestanden, daß
dieser Mann nicht abkömmlich sei, und dann darauf, daß ein anderer Mitarbeiter seines Stabes
das Seminar besuchen solle.

H. habe sich an seinem Arbeitsplatz eigentlich schon immer ziemlich isoliert; außerdem
besitze er nur wenige Freunde. Eine besondere Abneigung habe er gegen das Telefon entwickelt,
so daß er es vorziehe, seine Angelegenheiten schriftlich zu erledigen. Er nehme sich auch gern viel
Zeit, um über seine Probleme nachzugrübeln. H. sei ein sturer Charakter, und zwar ganz
besonders seit der Umstrukturierung.

Trotz dieser vielen Schwierigkeiten hat der Vorgesetzte das Gefühl, daß diese irgendwie
gelöst werden könnten, weil es sich vor allem um zwischenmenschliche Probleme handelt. Er
selbst habe die Situation bereits mit seinem eigenen Vorgesetzten durchgesprochen. Zur Zeit
dächten sie daran, H. am Computer arbeiten zu lassen, weil seine Schwierigkeiten im Umgang mit
Menschen lägen. H. hätte andererseits aber viel Erfahrung als Gebietsleiter, und sein Vorgesetzter wolle keinen kompetenten Manager verlieren, falls es irgendeine Möglichkeit gäbe, die bei-
derseitigen Arbeitsbeziehungen doch noch zu verbessern (nach Levinson 1976, S. 136 f.).

Entsprechend des oben dargestellten Konzeptes geht Levinson (1976, S. 137 f.)
daran, diesen Konflikt wie folgt aufzuschlüsseln:

Analyse: Wer leidet unter dem Problem?
Beide Männer leiden darunter.

Wann begannen die Schwierigkeiten?
Obwohl H. schon immer bestimmte Schwierigkeiten im Umgang mit anderen
Menschen hatte, haben sich seine Probleme seit der Umstrukturierung noch
wesentlich zugespitzt.

Anerkennung:
H. wird als "isoliert" beschrieben. Er scheint seine Bedürfnisse nach Anerkennung und Sympathie zu verdrängen. Für einen solchen Menschen ist es nach
Auffassung von Levinson oft leichter, Anerkennung durch die Mitgliedschaft in
einer Gruppe, wie beispielsweise in einem Interessenverband, zu bekommen als
durch informelle Beziehungen zu seinen Kollegen.

Aggression:
H. drückt seine Aggressionen indirekt aus. Er durchkreuzt und sabotiert die
Absichten seines Vorgesetzten nicht durch direkte Aktionen, sondern durch
mangelnde Kooperation.

Wenn man sich auf andere Menschen einläßt, entsteht unweigerlich die
Gefahr von Konflikten und Spannungen. H. hat sein Leben offensichtlich so
eingerichtet, daß er dieses Risiko umgehen kann. Er vermeidet es z. B., spontane
Antworten geben zu müssen, indem er das Telefon möglichst selten benutzt.
Dieses Verhalten kann ein Hinweis darauf sein, daß er Menschen vielleicht aus
dem Weg geht, um Konflikte zu vermeiden.

H.'s Spannungen wurden durch die Veränderungen im Unternehmen noch
verstärkt. Vermutlich waren nur wenige Topmanager an dem Entscheidungs-

prozeß, der der Zentralisierung vorausging, beteiligt. Eine "von oben" verordnete Entscheidung verärgert allerdings die meisten Menschen, vor allem natürlich diejenigen mit einer Persönlichkeitsstruktur wie der von H. Die Zentralisierung führte nämlich dazu, daß H. sich verstärkt mit seinen Vorgesetzten und Kollegen auseinandersetzen mußte. Dieser forcierte zwischenmenschliche Kontakt bedrohte nun sein innerseelisches Gleichgewicht. Seine sichere, distanzierte Position geriet in Gefahr, und H. kämpfte, als ginge es für ihn um Sein oder Nichtsein.

Probleme bei der Supervision eines sogenannten "unabhängigen" Mitarbeiters treten nach den Beobachtungen von Levinson auch sonst meistens erst dann auf, wenn eine Veränderung im Unternehmen einen engeren Kontakt erforderlich macht.

Abhängigkeit:
H. wird als "unabhängig" beschrieben, aber er ist es nicht wirklich. Menschen wie er versuchen häufig, auch ihr Bedürfnis nach gesunder, wechselseitiger Abhängigkeit zu verdrängen. Wenn H. in seiner Unabhängigkeit stabil wäre, dann könnte er im Kontakt mit anderen Menschen viel gelassener sein. Bestimmte Erfahrungen in seinem Leben haben vermutlich dazu geführt, daß er das Gefühl hat, sich auf niemanden wirklich verlassen zu können, vor allem nicht auf Autoritätspersonen.

Ich-Ideal:
Die Selbstachtung von H. ist durch die neuen Regelungen bedroht worden. Es ist für ihn sehr wichtig, die Kontrolle über seinen eigenen Bereich zu behalten, ganz egal wie nebensächlich eine Entscheidung auch sein mag. Da seine Energien in diesem emotionalen Konflikt aufgerieben werden, sind seine Arbeitsleistungen auch nicht besonders gut.

Ist das Problem lösbar?
Nach den bisherigen Ereignissen zu urteilen, gibt es nach Auffassung von Levinson zumindest die Möglichkeit einer Verbesserung.

Wie?
Natürlich kann der Vorgesetzte die Persönlichkeitsstruktur von H. nicht verändern. Aber er kann H.'s Gefühl der Bedrohung vermindern, indem er alles unternimmt, um seine Selbstachtung zu stabilisieren. Er kann ihn beispielsweise um Rat fragen, wann immer sich eine Gelegenheit dazu ergibt, und zuerst mit ihm bestimmte Themen besprechen, so daß H. rechtzeitig Bescheid weiß, um welche Punkte es in einer Besprechung gehen wird. Dann kann er sich schon vorher ausführlich damit auseinandersetzen und auf seine Weise einen hilfreichen Beitrag leisten (s. auch Abb. 5.3.3, S. 209).

Wer leidet unter dem Problem?
Wann begannen die Schwierigkeiten?
Was geschieht mit:

Anerkennung?
Aggression?
Abhängigkeit?

Wie sieht das Ich-Ideal aus?
Ist das Problem lösbar?
Wenn ja, wie?

Abb. 5.3.3 Leitfaden für die Problemanalyse (nach Levinson 1976, S. 138)

5.3.4 Das INSEAD-Modell: Der Ansatz von Manfred F. R. Kets de Vries

Der Ansatz von Kets de Vries, wie er ihn u. a. am *INSEAD (Europäisches Institut für Unternehmensführung* in Fontainebleau bei Paris) entwickelt und gemeinsam mit Miller (1985 a, 1989) beschrieben hat, zielt vor allem darauf ab, dysfunktional gewordene *Unternehmenskulturen* und deren Ursachen zu diagnostizieren und mit Hilfe tiefenpsychologisch fundierter Methoden zu verändern. Der Begriff *Unternehmenskultur* bezieht sich auf die gemeinsamen Werte, Normen, Überzeugungen und Wirklichkeitsauffassungen von Unternehmensangehörigen, die sich in bestimmten soziokulturellen Gestaltungen (Sprache, Handlungsmuster, materielle Produkte) zeigen können (vgl. Neuberger u. Kompa 1987, S. 283). Eine Grundannahme ist dabei, daß eine lebendige und gesunde Unternehmenskultur die Leistungsfähigkeit des Unternehmens erheblich verbessern kann. Unter bestimmten Voraussetzungen kann die Unternehmenskultur allerdings auch destruktive Züge annehmen, die sogar zu einer ernsten Bedrohung für das wirtschaftliche Überleben des Unternehmens werden können. Dazu kommt es vor allem dann, wenn tief verwurzelte unbewußte Konflikte und Phantasien des Unternehmensleiters oder der wichtigsten Führungsperson auf das gesamte Unternehmen übergreifen. Nicht selten produziert das Unternehmen durch selektive Maßnahmen wie Einstellungen und Beförderungen die Einseitigkeit einer dysfunktionalen Unternehmenskultur aber auch selbst, weil ein ganz bestimmter Menschentyp bevorzugt wird und sich das Fehlen von ausgleichenden Gegengewichten zunehmend bemerkbar macht.

Kets de Vries u. Miller (1985 a, 1989) haben diese "neurotischen Organisationen" ausführlich untersucht. Den Schwerpunkt ihrer Tätigkeit als Unternehmensberater legen sie darauf, Bedingungen für eine Gesundung "kranker" Unternehmenskulturen zu schaffen. Zunächst einmal muß ihrer Meinung nach aber genau untersucht werden, welche Themen im Vordergrund der Dynamik eines solchen dysfunktionalen Unternehmens stehen. Die von den beiden Forschern unterschiedenen Grundformen entsprechen den in Kap. 3.3.3 beschriebenen Persönlichkeitsstrukturen.

Die Entschlüsselung von Zeichen - Detektivarbeit im Unternehmen: Wie Sherlock Holmes seinen Freund Watson immer wieder dadurch verblüffte, daß er aus scheinbar unwichtigen und nebensächlichen Indizien weitreichende Schlußfolgerungen ziehen konnte, so sind es nach Auffassung von Kets de Vries u. Miller (s. 1989, S. 113 ff.) oft auch ganz besonders die scheinbar nebensächlichen, irritierenden und beiläufigen Dinge, auf die ein psychoanalytisch arbeitender Unternehmensberater achten muß, wenn er sich ein zutreffendes Bild von einem Unternehmen machen will (s. hierzu Übers. S. 215).

Um die Bedeutung und die Hintergründe der Ereignisse in einem "neurotischen" Unternehmen richtig verstehen zu können, muß vor allem die für das jeweilige Unternehmen zentrale Szene gefunden und entschlüsselt werden. Kets de Vries u. Miller (1989) analysieren als Unternehmensberater Strategiekonzepte, Berichte, schriftliche Stellungnahmen und interpersonale Verhaltensweisen, um daraus Rückschlüsse auf diese zentrale Szene ziehen zu können. Dabei achten sie besonders darauf, ob sich ein bestimmtes Grundthema herausfiltern läßt. Sie fragen sich z. B., worin die Bedeutung der Metaphern bestehen könnte, die eine Führungsperson mit Vorliebe verwendet, warum beispielsweise ein Verkaufsleiter ganz bestimmte Worte wählt, worin die verdeckte Bedeutung bestimmter Firmenberichte, Gewohnheiten oder Entscheidungen bestehen könnte, und ob sich in all diesen Informationen ein bestimmtes Thema oder eine bestimmte Störung entdecken läßt. Letztlich suchen die beiden Unternehmensberater also nach der verdeckten - d. h. unbewußten - Botschaft in den vielfältigen Äußerungen von Menschen, Gruppen und Organisationen, um so die Wahrnehmungen, Überzeugungen oder Wünsche besser verstehen zu können, die in diesen Botschaften implizit enthalten sind. Anhand eines Fallbeispiels beschreiben sie ihre Vorgehensweise; sie vertreten dabei die Auffassung, daß ein Neuankömmling besonders gute Voraussetzungen dafür mitbringt, etwaige verborgene Themen erkennen zu können :

In einem Unternehmen, das Schuhe herstellte und in eigenen Geschäften vertrieb, war der Leiter der Großhandelsabteilung vom Leiter der Verkaufsabteilung eingestellt worden. Schon damals hatte es ihn irritiert, daß man ihn nicht mit den anderen Führungskräften bekannt machte, die nach Auskunft seines Vorgesetzten gerade keine Zeit hätten. Als er eines Tages mit dem Firmenchef zum Mittagessen verabredet war, erzählte ihm dieser, wie er seine Karriere als Assistent seines Vaters begonnen hatte. Im Grunde hatte er das Unternehmen zuerst gehaßt: Der Ledergeruch, der Lärm, die vielen Maschinen - all das gefiel ihm nicht besonders. Aber sein Vater bestand darauf, daß er in seine Fußstapfen treten sollte, und so mußte er ganz unten anfangen und sich langsam hocharbeiten. An diese Zeit hatte der jetzige Firmenchef offensichtlich keine guten Erinnerungen; schon lieber und mit sehr viel Begeisterung sprach er von seiner Tätigkeit als Ausbilder bei der Luftwaffe.

Der Leiter der Großhandelsabteilung fand bald heraus, daß im Verkauf kein einheitlicher Kurs vorhanden war und daß es auch sonst viele Ungereimtheiten gab. So legte das Unternehmen z. B. einerseits großen Wert auf die Qualität seiner Produkte, war aber andererseits immer mehr dazu übergegangen, im Ausland fertigen zu lassen. Das erschwerte die Kontrolle der Produktqualität, und manchmal kam es darüber hinaus auch noch zu Lieferschwierigkeiten. Aus diesem Grunde und wegen der vielen raschen Schwankungen auf dem Modemarkt entstanden Engpässe in der Lagerhaltung. Darunter litt wiederum der Ruf, den das Unternehmen hinsichtlich seines Kundenservices besaß. Alle Versuche, mit seinem Vorgesetzten über diese Dinge zu sprechen, verliefen aber im Sande. Auch sonst stimmte dieser seine Entscheidungen nicht mit seinen Kollegen ab, sondern wandte sich statt dessen direkt an den Firmenchef, damit niemand seine Pläne durchkreuzen konnte. Der Firmenchef selbst war aber nur selten zu sprechen. Bei den wenigen Gelegenheiten, wo der stellvertretende Verkaufsleiter Kontakt mit ihm hatte, machte er meistens einen eher abwesenden und gelangweilten Eindruck.

Zwischen den Spitzenmanagern des Unternehmens waren schwere Meinungsverschiedenheiten darüber vorhanden, welchen Kurs das Unternehmen in Zukunft einschlagen sollte. Es herrschte z. B. Uneinigkeit darüber, ob bevorzugt konservative Massenprodukte in Discountgeschäften oder modische Spitzenartikel in Einzelhandelsgeschäften verkauft werden sollten. Offensichtlich war die Führungsmannschaft in unterschiedliche Lager gespalten, nur der Firmenchef und der Verkaufsleiter legten sich nicht eindeutig fest. Der Firmenchef stellte sich einmal auf die eine und ein anderes Mal auf die andere Seite, plädierte am liebsten aber dafür, sich mehr Zeit zu nehmen, um eine anstehende Entscheidung noch einmal gründlich zu überdenken. Wenn jedoch jemand einen durchaus vernünftigen Vorschlag vorlegte, dann konnte man sicher sein, daß es immer Kontrahenten gab, die auf eine rasche Abstimmung drängten, um seinen Vorschlag abzublocken. Gleichzeitig wurde aber jedes taktische Manöver beinahe endlos diskutiert, damit jeder die Gelegenheit dazu bekam, seine Argumentationsfähigkeit unter Beweis zu stellen, vor allem natürlich in Anwesenheit des Firmenchefs (nach Kets de Vries u. Miller 1989, S. 117 ff.).

Die wichtigsten Hinweise auf die Ursachen der problematischen Situation in diesem Unternehmen, die von Kets de Vries u. Miller (1989) noch sehr viel ausführlicher beschrieben werden, lassen sich wie folgt zusammenfassen (S. 126):

Erster Hinweis: Die geheimnisvollen und merkwürdigen Umstände, unter denen der stellvertretende Verkaufsleiter eingestellt worden war.
Eigentlich hätten diese Begebenheiten dem Manager eine Warnung sein müssen, in welch fragmentierte und desorganisierte Situation er hineinzugeraten drohte. Sie waren ein erster Hinweis auf das angespannte und wenig vertrauensvolle Klima, das in diesem Unternehmen herrschte.

Zweiter Hinweis: Die Unternehmensstrategie ist unklar, auf interne Ereignisse fixiert und schwankt je nachdem, wer sich gerade beim Firmenchef Gehör verschaffen konnte.
Übergreifende strategische Ziele sind nicht vorhanden, so daß etwaige Veränderungen von vornherein bloßes Stückwerk bleiben müssen. Die Marktverhältnisse und die anderen äußeren Existenzbedingungen des Unternehmens werden kaum beachtet; statt dessen konzentriert man sich lieber auf interne Ereignisse und Informationen.

Dritter Hinweis: Im Unternehmen gibt es mehrere voneinander unabhängige "Fürstentümer".

Es ist unklar, wer wem unterstellt ist, und eine effektive Kommunikation zwischen den Führungskräften und Mitarbeitern der Warenhäuser, Discount-, Einzel- und Großhandelsgeschäfte ist so gut wie gar nicht vorhanden.

Vierter Hinweis: Bei den Führungskräften aus der zweiten Linie fallen vor allem ihr rücksichtsloser Ehrgeiz und ihre Bemühungen auf, sich beim Topmanagement ins rechte Licht zu setzen.

Informationen werden als Machtmittel betrachtet und deshalb vielfach zurückgehalten, um eigene Interessen durchzusetzen. Selbst wichtige Aufgaben und Probleme werden im Gegensatz dazu viel zu wenig berücksichtigt.

Die Symptomkombination aus einer fragmentierten Unternehmenskultur, einer unkoordinierten Organisation, einem Mangel an klaren strategischen Konzepten sowie die Intrigen und Auseinandersetzungen zwischen den Führungskräften aus der zweiten Linie weisen nach Auffassung von Kets de Vries u. Miller (1989) auf ein geradezu klassisch-distanziertes Unternehmen hin. Die eigentlichen Ursachen des Problems sind nach ihrer Meinung vor allem in der Person des Firmenchefs zu suchen, der Unentschlossenheit und mangelndes Interesse für die Unternehmensangelegenheiten sowie die täglichen Schwierigkeiten seiner Mitarbeiter zur Schau trägt. Durch seinen Führungsstil hat er zu einer Unternehmenskultur beigetragen, die zu Konfusion bei den untergeordneten Mitarbeitern führte. Hätte der stellvertretende Verkaufsleiter diese Situation rechtzeitig durchschaut und verstanden, hätte er die ihm angebotene Stelle vielleicht gar nicht erst angenommen. Die besonderen Probleme in diesem Unternehmen werden voraussichtlich solange bestehen, bis zunehmende Verluste oder andere Notwendigkeiten den Firmenchef dazu zwingen, sich entweder sehr viel intensiver als bisher an den Entscheidungsprozessen zu beteiligen oder sich völlig zurückzuziehen, um einem neuen Unternehmensleiter Platz zu machen.

Um die für die Situation eines bestimmten Unternehmens zentrale Szene richtig verstehen zu können, gibt es eine Reihe von Interpretationshilfen, die eine gewisse Orientierung ermöglichen. Oft fällt es Außenstehenden leichter, bestimmte irritierende Ereignisse richtig zu deuten, weil die zugrunde liegende Situation durch unbewußte Prozesse auf Individual- oder Gruppenebene erst nach und nach entstanden ist und sich im Laufe der Zeit immer mehr verfestigt hat. Insbesondere kann es hilfreich sein, auf die folgenden Punkte zu achten (Kets de Vries u. Miller 1989, S. 127 ff.):

Ähnliche Themen:
Bei der Suche nach unternehmensspezifischen Szenarien, Abläufen und Ereignissen ist es sinnvoll zu überprüfen, ob die unterschiedlichen Beobachtungen nicht vielleicht doch ein einheitliches, ganzheitliches Bild ergeben. In dem oben beschriebenen Beispiel war eine solche Verbindung deutlich erkennbar. Vor

Wichtige Fragen

zur Entschlüsselung der wesentlichen Dynamik eines Unternehmens

Die Beachtung der oben beschriebenen Interpretationsregeln und das Wissen über grundlegende Themen und Konfigurationen sollen es ermöglichen, bedeutsame Muster zu entdecken und die verborgene Bedeutung von Ereignissen und Vorfällen zu verstehen, die auf den ersten Blick vielleicht sogar sinnlos oder chaotisch wirken. Kets deVries u. Miller (1989) sind davon überzeugt, daß hierin eine der wichtigsten Aufgaben von Führungskräften besteht. Dabei können auch die folgenden Fragen hilfreich sein:

1. Wie läßt sich die Arbeitssituation beschreiben? Wie sieht das Betriebsklima aus?

2. Wofür tritt das Unternehmen ein? Welche Ziele verfolgt es?

3. Wie sind die Träume - d. h. die Wunschphantasien - des Firmenchefs beschaffen?

4. Welche Aspekte des Unternehmens sind den höchsten Führungskräften besonders wichtig? Was macht sie wütend, was begeistert sie, worauf reagieren sie mit Befriedigung?

5. Wie wird mit Krisen und mit bedrohlichen Ereignissen umgegangen?

6. Welcher Persönlichkeitstyp kommt in dem Unternehmen besonders gut zurecht?

7. Woran wird die Leistung der Mitarbeiter gemessen, und wie sehen die Kriterien für Belohnungen und Bestrafungen aus?

8. Nach welchen Kriterien erfolgen Selektion, Beförderung und Kündigung?

9. Welche Gerüchte, beispielsweise über Zerwürfnisse und Feindschaften, kursieren im Unternehmen? Gibt es bestimmte Rituale und Tabus?

10. Wie sieht die Unternehmensstruktur aus?

Um die wichtigsten Szenen und Themen erkennen zu können, die in einem bestimmten Unternehmen vorhanden sind, müssen Führungskräfte vor allem ganz besonders aufmerksame Zuhörer und Beobachter sein. Sie sollten z. B. genau darauf achten, auf welche Weise man ihnen Botschaften und Nachrichten übermittelt, damit sie die volle Bedeutung dieser Mitteilungen richtig verstehen. Für eine effektive "Detektivarbeit" im Unternehmen ist somit sehr viel Empathie notwendig. Nur so wird es möglich, nachzuvollziehen, wie wichtige Gesprächspartner, und besonders der Firmenchef, ihre Umgebung wahrnehmen, um ihr Struktur und Bedeutung zu geben.

Unternehmensspezifische Widerstände, vor allem bürokratische Hemmnisse (zu viele Vorschriften und Regeln), ineffiziente Informationssysteme (so daß Marktveränderungen beispielsweise zu spät erkannt werden), eine entweder zu autoritäre oder zu verschwommene Machtverteilung, veraltete und unrealistische Pläne, zu wenig Weitblick, ein allzu großes Vertrauen in die bisherigen Erfolgsrezepte und ein Mangel an Ressourcen (so daß der finanzielle Spielraum für notwendige Veränderungen zu gering ist).

Widerstände und Bedürfnisse neurotischer Unternehmen: Die beschriebenen Widerstände und Blockaden finden sich vor allem in dysfunktionalen Unternehmenskulturen, wo sie auch noch so gründlich geplante Gesundungsmaßnahmen gefährden können. Dennoch gibt es Möglichkeiten, diese Unternehmen wieder auf eine gesunde Basis zu stellen, wenn auch die unten angeführten Vorschläge keine Patentrezepte sein können. Ihre Durchführbarkeit hängt sehr von den spezifischen Umständen der Situation ab. Vor allem kommt es darauf an, nicht nur bestimmte Symptome zu kurieren, sondern die Ursachen der Fehlentwicklung aufzudecken (Kets de Vries u.Miller 1989, S. 157 ff.):

Depressive Unternehmen

In depressiven Unternehmen herrscht ein Zustand, der beinahe jeden ernsthaften Veränderungsversuch behindert, gleich ob er in die richtige Richtung geht oder nicht. Die Topmanager kümmern sich nicht genügend um ihr Unternehmen und es entsteht ein Klima der Stagnation, das sich von der Spitze bis in die untersten Ebenen ausbreitet. Ein Konsens besteht allenfalls darüber, daß möglichst alles beim alten bleiben soll. Das Unternehmen treibt daher ziel- und planlos dahin, bis irgendwann schließlich die Ressourcen durch den starken Rückgang von Marktanteilen und Gewinnen erschöpft sind. Oft haben die Führungskräfte eines solchen Unternehmens das Gefühl, Schachfiguren in einem Spiel zu sein, auf das sie keinen Einfluß mehr haben. Eine solche Einstellung kann durch Firmenübernahmen noch verstärkt werden, bei denen das dominierende Unternehmen dem anderen seine eigenen Ziele und Vorgehensweisen ohne ausreichende vorhergehende Konsultationen aufzwingt.

Vor allem die Weltanschauung eines depressiven Firmenchefs - man könne nur wenig tun, um etwas zum Besseren zu verändern - ist das entscheidende Hindernis. Wenn diese depressive Einstellung tief in der seelischen Struktur des Unternehmensleiters verwurzelt ist, kann man kaum mit einer engagierten Veränderungsbereitschaft rechnen. Allenfalls durch einen gewissen äußeren Druck werden in diesem Fall wichtige Veränderungen überhaupt erst möglich. Manchmal kann der depressive Zustand des Unternehmens aber auch nur durch eine neue Führungsmannschaft verändert werden.

Als Beispiel für ein solches Unternehmen beschreiben Kets de Vries u. Miller die amerikanische Fluggesellschaft *United Airlines.* Am Freitag, dem 13. Oktober 1989, kam es an der New Yorker Wall Street zu kräftigen Kursverlusten, nachdem zuvor der Versuch von Unternehmensangehörigen zur Übernahme von

United Airlines an der Finanzierung gescheitert war. Am darauffolgenden Montag erreichte der Minicrash auch die Frankfurter Börse, wo vor allem Klein-aktionäre die Leidtragenden der unerwarteten Kursverluste waren. All das geschah in einer Situation, deren Daten auf eine gesunde wirtschaftliche Entwicklung und keinesfalls auf eine Rezession hindeuteten. Die weitere Entwicklung an der Börse war ziemlich unkalkulierbar geworden, und die Ereignisse hinterließen bei manchen Beobachtern und Kommentatoren den Eindruck, hier hätten vor allem panikartige Verkäufe und irrationale Ängste eine entscheidende Rolle gespielt. Die Misere von *United Airlines*, die all dies ausgelöst hatte, hat jedoch eine lange Vorgeschichte, in der sich auch Züge nachweisen lassen, die für depressive Unternehmen charakteristisch sind:

> Edward Carlson übernahm *United Airlines* 1971 von George Keck und ging sofort daran, das Unternehmen gründlich zu verändern. Eine ehrgeizige, umfassende und energische Kampagne wurde gestartet, alle Hierarchieebenen des depressiven Unternehmens wurden aufgefordert, sich an den anstehenden Entscheidungsprozessen zu beteiligen, der Stab wurde zurückgestutzt und die Gehaltskosten wurden reduziert. Außerdem suchte Carlson den direkten Kontakt zu den Kunden und Mitarbeitern seines Unternehmens sehr viel intensiver, als dies bisher üblich war. Er fragte beispielsweise auch die Angestellten der *United Airlines* auf den unteren Ebenen um ihre Meinung, und er hörte ihnen sehr genau zu.
>
> Ein Jahr später war *United Airlines* das erste Mal seit 5 Jahren wieder zu einer echten Alter-native im Vergleich zur Konkurrenz geworden. Durch die neuen Initiativen gingen die Ausgaben zurück und die Einnahmen stiegen wieder an. Auch das Defizit des Unternehmens verringerte sich sehr unter der Federführung von Carlson (nach Kets de Vries u. Miller 1989, S. 163). *United Airlines* hatte also bereits zahlreiche Ups und Downs hinter sich, und seine Rolle im Wall Street Crash vom Oktober 1989 war wohl nur ein neuer Höhepunkt in seiner spektakulären Geschichte.

Wie oben angeführt, kann die Übernahme eines Unternehmens durch ein ande-res eine depressive Kultur überhaupt erst erzeugen, sie kann einem stagnieren-den Unternehmen aber auch ein neues Leben einhauchen, wenn die Übernahme mit einem geschickten Management einhergeht, das das Unternehmen wieder auf die Beine stellt.

> *Tengelmann* übernahm 1979 beispielsweise *A & P*, die damals drittgrößte Kette von Lebens-mittelgeschäften in den USA. Seitdem eine neue Führungsmannschaft umfangreiche Innovationen im Handel eingeführt hat, geht es dem Unternehmen sehr viel besser (nach Kets de Vries u. Miller 1989, S. 164).

Wenn die depressive Unternehmenskultur situativ bedingt ist, beispielsweise weil der Markt sich verändert hat, kann sie manchmal dadurch korrigiert werden, daß innovative Produkte entwickelt werden und in neue Bereiche expandiert und diversifiziert wird. Die Auseinandersetzung mit neuen Herausforderungen und Problemen kann sich als wirksames Mittel gegen Insuffizienz- und Hilflosig-keitsgefühle erweisen, vielleicht sogar Zuversicht und begeistertes Engagement erzeugen.

Distanzierte Unternehmen

Unnahbare, kühle und unentschlossene Führungskräfte tragen dazu bei, daß sich Intrigen und Machtkämpfe in einem Unternehmen ausbreiten können. Manchmal genügt es deshalb schon, wenn ein solcher Firmenchef sich völlig aus dem Entscheidungsprozeß zurückzieht und den Weg für engagierte Führungskräfte frei macht, um das Unternehmen aus seinem fragmentierten Zustand wieder herauszuholen. Eine kompetente Führungsperson aus der zweiten Linie kann möglicherweise die Lücke schließen, die durch die mangelnde Präsenz des Unternehmensleiters entstanden ist. Firmenchefs mit einer besonders ausgeprägten distanziert-schizoiden Persönlichkeitsstruktur begrüßen diese Gelegenheit oft sogar, weil sie sich dadurch freier fühlen können.

Mißtrauische Unternehmen

In mißtrauischen Unternehmen herrscht ein Betriebsklima aus Furcht und Mißtrauen. Dadurch wird meistens auch eine ziemlich gleichförmige Denkweise gefördert, weil jeder, dessen Meinung von der offiziellen Auffassung abweicht, sofort suspekt wird und man sich vielleicht sogar darum bemüht, ihn loszuwerden.

Mißtrauische Führungspersonen treffen alle wichtigen Entscheidungen am liebsten selbst, weil sie davon überzeugt sind, daß sie niemandem richtig vertrauen können. Da sie sich sehr mit vermeintlichen inneren und äußeren Feinden auseinandersetzen, sind sie oft so voreingenommen, daß wichtige Probleme nicht rechtzeitig erkannt und relativ nebensächliche Ereignisse mit Überreaktionen beantwortet werden.

Mißtrauische Führungskräfte konzentrieren sich viel zu sehr darauf, die Initiativen und Aktivitäten von anderen zu untersuchen und auf sie zu reagieren, statt selbst kreative Programme und sinnvolle Strategien zu entwickeln. Eine der Hauptaufgaben für mißtrauische Unternehmen besteht deshalb auch darin, integrative und zukunftsweisende Strategiekonzepte zu entwerfen, damit das Unternehmen seine Kräfte auf die damit verbundenen Aufgaben konzentrieren kann. Um eine offenere und freiere Diskussion sicherzustellen, ist es allerdings notwendig, die Äußerung von abweichenden Meinungen nicht nur zuzulassen, sondern sogar zu ermutigen.

Mißtrauische Unternehmen brauchen vor allem mehr Partizipation, mehr Vertrauen und Offenheit, eine feste Struktur und klare Ziele für die Zukunft. Nach Auffassung von Kets de Vries u. Miller (1989, S. 161) können die notwendigen radikalen Veränderungen oftmals aber erst nach dem Ausscheiden des bisherigen Firmenchefs verwirklicht werden.

Zwanghafte Unternehmen

Bei zwanghaften Unternehmen fällt vor allem ihre Rigidität auf. Für beinahe alle Arbeitsaufgaben gibt es Vorschriften und festgelegte Verfahrensweisen. Insgesamt geht zuviel Aufmerksamkeit für relativ belanglose Details verloren, während die tatsächlich relevanten Chancen und Herausforderungen zu wenig beachtet werden. Der Schwerpunkt der Aktivitäten in zwanghaften Unternehmen liegt darauf, für ein reibungsloses Funktionieren zu sorgen und alle Ereignisse möglichst in die dafür vorgesehenen Schubladen einzuordnen. Häufig wird die Notwendigkeit von Veränderungen und Innovationen überhaupt nicht erkannt, u. a. deshalb, weil die Informationssysteme vor allem die internen Abläufe überprüfen sollen, anstatt etwa neue Trends auf dem Markt rechtzeitig zu entdecken. "Nur dann, wenn Führungskräfte rigide Einstellungen bekämpfen, sich für ein breiteres Spektrum von Themen innerhalb und außerhalb des Unternehmens öffnen und zu Veränderungen bereit sind, werden Innovation, Wettbewerbsfähigkeit und Flexibilität möglich. Ironischerweise erkennen zwanghafte Unternehmen sehr schnell, daß sie sich in Schwierigkeiten befinden, weil ihre Kontrollen so ausgefeilt sind" (Kets de Vries u. Miller 1989, S. 165, Übers. von uns). Die Führungskräfte können sich also auf feste Daten stützen und auf die Kosten hinweisen, die durch allzu enge Traditionen und durch eine eingeengte Sicht der Dinge entstanden sind, wenn sie Veränderungen vorschlagen und begründen wollen. Zwanghafte Unternehmensleiter haben dann auch nicht so sehr das Gefühl, daß ihre bevorzugte Vorgehensweise ausgeschaltet, sondern daß sie nur erweitert wird. Einschneidende und dramatische Veränderungen darf man von zwanghaften Unternehmen allerdings nicht erwarten. Manchmal widersetzen sich zwanghafte Führungspersonen aber auch allen Veränderungsversuchen, so daß ein Neubeginn erst nach ihrem Ausscheiden aus dem Unternehmen möglich wird.

Narzißtische Unternehmen

Das dominierende Auftreten einer narzißtischen charismatischen Führungsperson führt leicht dazu, daß die Mitarbeiter die Vorstellungen und Meinungen ihres Vorgesetzten unreflektiert übernehmen, so daß immer mehr unsinnige und riskante Projekte vorangetrieben werden. Um im Wettbewerb langfristig bestehen zu können, ist allerdings eine skeptischere und nachdenklichere Haltung notwendig, die von diesen Unternehmen nur sehr schwer erreicht werden kann.

Alle Macht ist in der Unternehmensspitze konzentriert, so daß es den Managern auf den unteren Ebenen kaum möglich ist, notwendige Veränderungen durchzusetzen. Darüber hinaus werden viel zu wenig Informationen gesammelt, weil narzißtische Führungspersonen sich lieber auf ihre bisherigen Erfolge verlassen, statt ihre Entscheidungen angesichts neuerer Entwicklungen noch einmal zu überdenken.

Alles in allem profitieren narzißtische Unternehmen hauptsächlich von Dezentralisierung, besserer Verwaltung und Konsolidierung. Der Informationsfluß muß freier werden, neue Führungskräfte sollten gefördert und die Äußerung von abweichenden Meinungen sollte ermutigt werden. Weil narzißtische Unternehmensleiter jedoch sehr einflußreich und mächtig sind, werden sie diese Veränderungen oft erst vornehmen, wenn sie z. B. vom Vorstand, vom Aufsichtsrat oder von den Kreditgebern über die ernsthaften Konsequenzen ihrer bisherigen Vorgehensweise unmißverständlich aufgeklärt werden. Sehr oft ist ein deutlicher und spürbarer Beweis für die negative Entwicklung in ihrem Unternehmen notwendig.

Zusammenfassend läßt sich feststellen, daß es für dysfunktionale, "neurotische" Unternehmen eine ganze Reihe von Möglichkeiten gibt, ihre weitere Entwicklung in gesündere und effizientere Bahnen zu lenken. Diese Lösungsmöglichkeiten können ohne die echte und engagierte Unterstützung der Unternehmensleitung allerdings nicht wirklich umgesetzt werden. Wenn die Veränderungsbereitschaft fehlt, kommt auch den hinzugezogenen Beratern oft nicht viel mehr als eine Alibi-Funktion zu. Ihre Anwesenheit soll dann eine scheinbare Aufgeschlossenheit für die vorhandenen Probleme signalisieren, während es in Wirklichkeit aber nur darum geht, an den Symptomen herumzukurieren oder Sündenböcke zu finden. Die vielen von Kets de Vries u. Miller (1989) angeführten Beispiele zeigen deutlich, daß mit tiefgreifenden, die Ursachen der Probleme angehenden Veränderungen im Betrieb realistischerweise erst dann gerechnet werden kann, wenn das Topmanagement und die Unternehmensleitung zu solchen echten Veränderungen auch wirklich bereit sind und diese aktiv unterstützen. Ist dies nicht der Fall, können die Veränderungen oft erst nach einem Wechsel der Führungskräfte eingeleitet werden.

Ein Fallbeispiel: Hier verdeutlichen Kets de Vries u. Miller ihre Vorgehensweise als Unternehmensberater. Sie betonen noch einmal, daß eine solche Beratung nur dann echte Aussichten auf Erfolg hat, wenn die zentrale Führungsperson die Veränderungsbemühungen aktiv unterstützt:

Der erste Kontakt zu dem Unternehmen, das Papierprodukte herstellte und vertrieb, wurde von der Finanzchefin des Betriebs aufgenommen. Sie sagte, daß sie im Auftrag des Firmenpräsidenten anrufe, der Unterstützung bei der Strategieplanung und der weiteren Strukturierung des Unternehmens benötige. Die Finanzchefin selbst hatte bald nach dem Antritt ihrer Stelle ein neues Kostenkontrollsystem eingeführt und dabei festgestellt, daß das Unternehmen mit Verlust arbeitete. Der Unternehmensleiter nahm diese Information keineswegs auf die leichte Schulter, gab zu ihrer Überraschung aber ihr die Schuld für die Verluste. Die Finanzchefin hingegen sah die Ursachen für die roten Zahlen viel eher in den ihrer Meinung nach überzogenen und grandiosen Projekten und Ausgaben sowie in den zugrundeliegenden Fehlentscheidungen. Sie versuchte, mit dem Firmenchef darüber zu sprechen, mußte aber feststellen, daß dieser ihr gar nicht erst zuhörte.

Als Kets de Vries u. Miller das Verwaltungsgebäude des Unternehmens erstmals betraten, waren sie beeindruckt. Das Gebäude befand sich in einer relativ trostlosen Gegend und der Kontrast zwischen dem quadratischen, achtstöckigen Verwaltungsgebäude mit seiner spiegelnden Glasfassade und den heruntergekommenen Wohnungen und Geschäften auf beiden Straßenseiten hätte nicht größer sein können. Im Gespräch mit dem Firmenchef erfuhren sie, daß das Unternehmen jahrelang beachtliche Gewinne eingefahren hatte, was nach seiner Auffassung vor allem auf ein ehrgeiziges Expansionsprogramm zurückzuführen war. Der Unternehmensleiter hatte auch großen Wert auf die "Konsolidierung" und "Modernisierung" der Firmengebäude gelegt. Aus diesen Bestrebungen heraus war auch das große, 8stöckige Hauptgebäude entstanden, das der Firmenchef trotz der Warnungen einer Beratungsfirma hatte errichten lassen. Statt auf ihren Rat zu hören, wurde der Beratungsfirma der Auftrag entzogen.

Durch die daraus resultierende "Konsolidierung", die im Grunde viel eher eine Expansion war, verdoppelte sich die Größe der Produktionsstätten und der Büros. Binnen kurzer Zeit erwiesen sich diese Veränderungen als sehr viel kostspieliger als ursprünglich geplant, und darüber hinaus waren auch noch Überkapazitäten entstanden.

Der Firmenchef beschrieb sich selbst als einen Unternehmer, der sich leicht für etwas begeistern könne und schnelle Entscheidungen bevorzuge. Als Ursachen für die gegenwärtigen Probleme seines Unternehmens kamen für ihn hauptsächlich eine unerwartete Rezession sowie die Unfähigkeit einiger Topmanager in Frage. Außerdem seien zu viele Mitarbeiter in zu kurzer Zeit eingestellt worden, neue Unternehmungen hätten hohe Anlaufkosten verursacht und neuen Führungskräften seien schwere Fehler unterlaufen. Dennoch blieb der Firmenchef optimistisch: Jeden Tag würden so viele neue Gelegenheiten auf seinem Schreibtisch landen, daß er sich kaum zurückhalten könne.

An dieser Stelle des Diagnose- und Interventionsprozesses wollten die beiden Unternehmensberater mehr über die Ansichten, Überzeugungen und emotionalen Konflikte der Topmanager des Unternehmens erfahren. Sie nahmen deshalb an den Besprechungen der Führungsspitze teil und beobachteten die ablaufenden Interaktionen und persönlichen Verhaltensweisen. Darüber hinaus führten sie Gespräche mit den wichtigsten Führungspersonen. Sie fragten nicht nur danach, auf welche Weise und warum diese Manager in das Unternehmen eingetreten seien und was ihnen hier besonders gut oder auch überhaupt nicht gefiele, sondern suchten auch nach Parallelen zwischen ihrem Arbeits- und Privatleben. Weiterhin interessierten sie sich für die zwischenmenschlichen Beziehungen, die Ziele, den Ehrgeiz, die Interessen und den familiären Hintergrund ihrer Gesprächspartner. Ihre Absicht war es, dadurch ein möglichst umfassendes und lebendiges Bild von den zwischenmenschlichen Beziehungen und Konflikten im Unternehmen zu erhalten. Stets betonten sie dabei, daß alle Mitteilungen vertraulich behandelt würden und daß es ihnen vor allem darum gehe, sich einen Gesamteindruck vom Unternehmen zu verschaffen. Im Verlauf ihrer Untersuchungen fiel es Kets de Vries u. Miller (1989, S. 174) z. B. auf, in welch unkoordinierter Weise dem Unternehmen immer wieder neue Abteilungen hinzugefügt worden waren. Verworrene Zuständigkeitsbereiche sorgten zusätzlich dafür, daß Krisenmanagement an der Tagesordnung war. Eine Führungskraft machte deutlich, daß sie an der Art, wie der Firmenchef mit seinen Mitarbeitern umginge, einiges auszusetzen habe: Dieser kritisiere seine Mitarbeiter z. B., indem er darauf hinweise, wie gut andere im Vergleich zu ihnen ihre Arbeit erledigten. Diese Vorgehensweise verärgere beinahe jeden der so Gemaßregelten. Der Unternehmensleiter erreiche dadurch letztendlich nur, daß die Führungskräfte ihm lediglich die guten Nachrichten mitteilten. Ein anderer Manager beklagte sich darüber, daß der Unternehmensleiter zu wenig delegieren könne, sich in alles einmische und nur dann aufmerksam zuhöre, wenn er auch wirklich das zu hören bekomme, was ihm gefalle. Wenn etwas nicht wie geplant laufe, mache sein Chef ihn manchmal regelrecht zum Sündenbock.

Von den meisten Führungskräften bekamen die beiden Unternehmensberater jedoch keinerlei Kritik zu hören. Viele äußerten sich übertrieben enthusiastisch über die Ziele und Chancen des Unternehmens, aber ihre Äußerungen wirkten phrasenhaft und mechanisch.

Kets de Vries u. Miller konnten bald feststellen, daß die Unternehmensstruktur ungeordnet war. Es gab keine klaren Zuständigkeitsbereiche, Auseinandersetzungen um Aufgabenbereiche und Kompetenzgerangel waren üblich; Marktforschung wurde allenfalls halbherzig betrieben und es gab keine aussagekräftige Analyse der Wettbewerbssituation. Alle anstehenden Entscheidungen landeten beinahe automatisch beim Unternehmensleiter, der offenbar bevorzugt alles selbst erledigte. Dadurch blieb ihm kaum Zeit, sich um die langfristige Strategieplanung, die Integration neuer Unternehmensbereiche und andere wichtige Aufgaben zu kümmern. Warum aber verhielt sich der Firmenchef so offensichtlich destruktiv? Warum hatte er ein übertrieben monumentales Verwaltungsgebäude errichten lassen? Warum herrschte im Unternehmen ein unwirklich optimistisches Klima, obwohl sich die Dinge im Grunde sehr schlecht entwickelten? Um eine Antwort auf all diese Fragen zu finden, wurden 3 informelle, probatorische Besprechungen mit dem Firmenchef angesetzt. Sie dauerten jeweils 4 Stunden, und 2 von ihnen fanden in seinem Haus statt, abseits von der Hektik des Büroalltags. Kets de Vries u. Miller sprachen mit dem Unternehmensleiter über seinen familiären Hintergrund, seinen beruflichen Werdegang und seine größten Erfolge und Mißerfolge, strukturierten das Gespräch sonst aber so wenig wie möglich. Es stellte sich bald heraus, daß der Firmenchef seit seiner Kindheit Schwierigkeiten im

Umgang mit Autoritätspersonen gehabt hatte. Diese Konflikte gingen möglicherweise auf seine ambivalente Beziehung zu seiner Mutter zurück, die ihn immer wieder überfordert und streng kontrolliert hatte. Sie ließ z. B. keine Gelegenheit aus, ihm immer, wenn er in Schwierigkeiten geraten war, zu sagen, daß er es niemals zu etwas bringen würde. Andererseits hatte er auch Ermutigung und Zuwendung von ihr erfahren.

Da er aus einfachen Verhältnissen stammte, hatte er lange Zeit in einer kleinen Wohnung gelebt, die sich ganz in der Nähe des Verwaltungsgebäudes seines Unternehmens befand. Gern erzählte er seinen Zuhörern, wie schwierig es damals für ihn gewesen sei, sich in seinem Job zu behaupten und wie oft er von anderen als Versager abgestempelt worden war. Vermutlich war dadurch sein Bedürfnis noch mehr geschürt worden, möglichst der ganzen Welt auf aggressive Weise zu demonstrieren, daß er sehr wohl etwas leisten könne. Da es ihm nicht leicht fiel, für andere zu arbeiten, suchte er bald nach einer Gelegenheit, sein eigenes Unternehmen gründen zu können. Durch harte Arbeit und Einfallsreichtum gelang es ihm dann auch, einen respektablen Betrieb aufzubauen, den er schließlich an das Unternehmen verkaufte, dessen jetziger Präsident er war. Diese lebensgeschichtliche Szenenfolge wies darauf hin, daß der Firmenchef trotz seiner vielen Erfolge anscheinend das Gefühl hatte, immer noch nicht genügend geleistet zu haben. Präsident des Unternehmens zu sein, genügte ihm nicht - er wollte noch mehr Erfolg und Anerkennung, um sein Selbstwertgefühl zu stabilisieren. Dadurch erklären sich zum Teil auch sein dramatisches Diversifikationsprogramm und sein Wunsch nach einem übertrieben monumentalen Firmengebäude: Beides waren vorzeigbare Symbole seines beruflichen Erfolges (nach Kets de Vries u. Miller 1989, S 169 ff.).

Intervention: Wie konnte in diesem Fall dem Unternehmensleiter und den wichtigsten Führungskräften geholfen werden, die Ursachen für die gegenwärtigen Probleme und Schwierigkeiten besser zu verstehen und dadurch auch zu verändern? Wieviel Einsicht und Interpretation konnten die Hauptbetroffenen überhaupt verkraften und verarbeiten? War der Leidensdruck groß genug für eine aufdeckende Arbeit?

Aus der vorhergehenden Beschreibung wird deutlich, daß es sich um ein narzißtisches Unternehmen handelt. Die Diagnose schärfte den Blick der beiden Unternehmensberater für weniger auffällige Symptome, die in narzißtischen Unternehmen häufig auftreten. Sie konnten z. B. beobachten, daß Macht und Einfluß nahezu ausschließlich beim Unternehmensleiter konzentriert waren. Dadurch ergab sich für ihn eine ernsthafte Arbeitsüberlastung. Aus ihren früheren Erfahrungen mit narzißtischen Unternehmen war es Kets de Vries u. Miller (1989, S. 180) bekannt, daß diese Firmen große Schwierigkeiten haben, ihre riskante und gefährliche Unternehmenspolitik noch unter Kontrolle zu halten. Weiterhin wußten sie, daß in diesen Firmen oft kein effizientes mittleres Management existiert, das sich um die täglichen Arbeitsaufgaben kümmert, nicht zuletzt, weil begabte und kompetente Führungskräfte dazu tendieren, narzißtische Unternehmen zu verlassen. In dem oben beschriebenen Unternehmen hatten viele der von Kets de Vries u. Miller (1989, S. 180 f.) interviewten Führungskräfte absolutes Vertrauen in die Vorgehensweise ihres Chefs. Kritische Meinungen waren dagegen sehr selten. Diejenigen, denen der Stil des Firmenchefs nicht gefiel, wurden ausgegrenzt oder suchten sich selbst eine andere Arbeit. Typisch für ein narzißtisches Unternehmen war auch, daß die Meinung, die der Firmenchef über seine Mitarbeiter hatte, ganz plötzlich wechseln konnte. Bereits geringfügige Anlässe konnten zu einem solchen Umschwung führen.

Die erste und wichtigste Aufgabe der beiden Unternehmensberater bestand nun darin, eine tragfähige Arbeitsbeziehung zum Unternehmensleiter herzustellen. Ohne seine Unterstützung war es von vornherein aussichtslos, etwas zum Besseren zu verändern. Die echte Unterstützung der Unternehmensleitung zu gewinnen, stellt nach Auffassung von Kets de Vries u. Miller (1989, S. 181) ganz allgemein das schwierigste Hindernis bei den meisten Interventionen dar. Um die Bereitschaft zur Mitarbeit in diesem Fall zu erhalten, konnte allerdings die Tendenz des Unternehmensleiters genutzt werden, die Berater zumindest zeitweise zu idealisieren. Das war jedoch nur am Anfang eine gewisse Hilfe. Die beiden Unternehmensberater wußten, daß die Einsichtsfähigkeit und die Toleranz des Firmenchefs für die Konfrontation mit unangenehmen Tatsachen sehr gering war. Es kam also vor allem auf den richtigen Zeitablauf und die richtige Dosierung der Interventionen an. Dabei kam ihnen allerdings eines zugute: Das Unternehmen schrieb derzeit rote Zahlen und dem Unternehmensleiter war klar, daß seine Position mittlerweile nicht zuletzt durch den Druck der Kreditgeber gefährdet war.

Nach dem Abschluß des Diagnoseprozesses fanden eine Reihe von problembezogenen Gesprächen statt, an denen sowohl der Firmenchef als auch die wichtigsten Führungskräfte teilnahmen. Zunächst baten die Berater den Unternehmensleiter darum, die Stärken des Unternehmens aus seiner Sicht zu beschreiben. Anschließend fragten sie die Führungskräfte danach, ob sie der Meinung ihres Chefs zustimmten, was bei den meisten von ihnen auch der Fall war. Im Anschluß an diese Diskussion wurde dem Unternehmensleiter und den Führungskräften die Frage gestellt, welche realistischen Pläne für die Zukunft auf diesen Stärken aufbauen könnten. Sie baten auch um Vorschläge zur Kostenreduktion und Konsolidierung des Unternehmens. Bald waren viele kreative Ideen auf dem Tisch, und nach diesen Besprechungen gingen die Führungskräfte mit sehr viel mehr Selbstvertrauen wieder an ihre Arbeit. Nach und nach entstand auch eine größere Meinungsvielfalt, und zum ersten Mal wurde die Meinung des Firmenchefs vorsichtig in Frage gestellt. Aber auch der Unternehmensleiter konnte sich zunehmend mit einer offeneren Diskussion und dem Versuch anfreunden, Probleme gemeinsam zu lösen. Um seine Veränderungsbereitschaft auch über einen längeren Zeitraum hinweg sicherzustellen, wurden einige der schlimmstmöglichen Entwicklungen diskutiert, die auftreten könnten, wenn weiterhin nichts geschähe. In günstigen Situationen stellten Kets de Vries u. Miller (1989, S. 183) auf drastische Weise dar, was passieren würde, wenn bestimmte Maßnahmen unterblieben. Gleichzeitig vertraten sie auch einen in gewissem Sinne pessimistischen Standpunkt: Es sei durchaus nicht sicher, ob es ihnen gelänge, konstruktive Veränderungen zu bewirken. Dadurch fühlte sich der Unternehmensleiter angespornt, ihnen zu beweisen, daß sie sich irrten und daß ihre düsteren Prognosen nicht zwangsläufig eintreffen müßten.

Nach und nach konnte der Firmenchef auch seinen eigenen Anteil an den Problemen des Unternehmens erkennen. Die damit verbundene Einsicht wurde aber auf sehr sorgfältige und vorsichtige Weise herbeigeführt, um seine Abwehrmechanismen nicht zu überfordern. Deshalb wurden auch immer wieder die Stärken und Vorzüge des Unternehmens sowie der wichtige Beitrag, den der Firmenchef hierzu geleistet hatte, hervorgehoben. Einfühlsame Deutungen führten ihn zum besseren Verständnis der aufgetretenen Probleme.

Kets de Vries u. Miller (1989, S. 183 ff.) verwenden in ihrer Beratungstätigkeit oft 2 unterschiedliche Ansätze: Das "schlimmstmögliche Szenario" und das "Sandwich". Ersteres besteht darin, dem Firmenchef ganz direkt alle negativen Befunde mitzuteilen. Wenn die Situation besonders kritisch ist, nicht mehr viel Zeit bleibt und eine realistische Chance besteht, daß der Firmenchef ausreichend psychisch belastbar und offen für Kritik ist, dann kann diese Möglichkeit ihrer Meinung nach angewendet werden. Wenn der Realitätsverlust des Unternehmensleiters schon zu weit fortgeschritten ist, kann dies jedoch auch gegenteilig wirken. Dann werden nämlich weitere realitätsverzerrende Abwehrprozesse mobilisiert, um sich der unangenehmen Situation nicht stellen zu müssen.

Häufiger greifen Kets de Vries u. Miller (1989) auf die "Sandwich"-Methode zurück: Zunächst werden dem Firmenchef die guten Ergebnisse erläutert, dann die schlechten, und anschließend wird wieder über positive Ansätze gesprochen. Diese Vorgehensweise beugt einem Schockeffekt vor und schützt das in vielen Fällen angegriffene Selbstwertgefühl des Chefs, erhöht aber zugleich auch dessen Bereitschaft, Veränderungsvorschläge zu akzeptieren.

In dem oben beschriebenen Unternehmen wandten Kets de Vries u. Miller (1989) die "Sandwich"-Methode erfolgreich an. Der Firmenchef wurde dadurch für die Auswirkungen seines Verhaltens auf die Funktionsfähigkeit des gesamten Unternehmens sensibilisiert. Er wurde sogar für strukturelle Veränderungen aufgeschlossen, die seinem verhängnisvollen Führungsstil entgegenwirken sollten. Kets de Vries u. Miller (1989, S. 184) machten Vorschläge, wie die Kosten reduziert, das Unternehmen konsolidiert und die Produktionsstätten effizienter genutzt werden könnten, plädierten aber auch für neue Kontrollsysteme und für eine bessere Strategieplanung. Weiterhin wurden Kriterien für die Auswahl und Beförderung der Mitarbeiter erarbeitet und die einzelnen Aufgaben und Zuständigkeitsbereiche geklärt.

Vor allem die gemeinsamen Sitzungen, an denen der Firmenchef, die Führungskräfte sowie Kets de Vries u. Miller teilnahmen, waren bei der Umsetzung dieser Maßnahmen eine große Hilfe. Wie die beiden Unternehmensberater gehofft hatten, war bald kaum noch feststellbar, wer als erster einen bestimmten Vorschlag gemacht hatte, und die Topmanager entwickelten immer mehr Kreativität und Kritikfähigkeit.

Es fanden intensive Nachbesprechungen mit dem Firmenchef statt, in deren Verlauf immer wieder auf die Vorteile eines solchen konstruktiven Engagements seiner Mitarbeiter und auf die wichtige Aufgabe, die ihm persönlich in diesem Zusammenhang zukam, hingewiesen wurde. Nach und nach konnte der Unternehmensleiter auf Grund seiner zunehmenden Einsichtsfähigkeit und seines stabilisierten Selbstvertrauens auch Meinungsverschiedenheiten besser akzeptieren, statt weiterhin nach Sündenböcken zu suchen, denen er die Schuld für die auftretenden Schwierigkeiten geben konnte. Es dauerte ein halbes Jahr, bis diese Veränderungen deutlich wurden, die ihm schließlich auch ermöglichten, mehr zu delegieren und seinen Mitarbeitern mehr zu vertrauen.

Um sicherzustellen, daß sich die Dinge weiterhin positiv entwickelten, fanden auch Besprechungen mit den wichtigsten Führungskräften statt, zunächst wöchentlich und später in monatlichen Abständen. Im Mittelpunkt dieser Besprechungen standen Bemühungen um eine neue Unternehmensstruktur, Strategieplanungen, kritische Auseinandersetzungen mit der Unternehmenspolitik sowie Vorschläge für eine gerechtere Leistungsbeurteilung. Alle diese Initiativen waren keineswegs leicht zu realisieren. Kets de Vries u. Miller (1989, S. 186) berichten, daß sie in mehreren Situationen fast aufgaben oder damit rechneten, daß der Firmenchef den Beratungsprozeß abbrechen würde, da er immer wieder in sein altes Verhaltensmuster zurückfiel. Nach über einem Jahr zeichnete sich endlich eine klare Unternehmensstrategie ab, die einzelnen Zuständigkeitsbereiche waren geklärt, und alle Mitarbeiter zogen mehr oder weniger an einem Strang. Das Unternehmen arbeitete wieder mit Gewinn.

Der Firmenchef ist allerdings nicht zu einem völlig anderen Menschen geworden. Kets de Vries u. Miller (1989, S. 186) konnten beobachten, daß er seine Vorliebe für das Dramatische nicht verloren hatte. Diese Tendenz hat jedoch nach ihrer Auffassung auch ihre guten Seiten, denn immerhin waren es ja seine Initiativen und Visionen, die dem Unternehmen zu so hervorragenden Anfangserfolgen verholfen hatten. Indem er von nun an aber besser verstand, wie sich seine eigene Persönlichkeit im Unternehmen auswirkte, vermied er zumindest einige Exzesse mitsamt ihren schlimmsten Folgen. Der Firmenchef entwickelte beispielsweise ein Bewußtsein für die Notwendigkeit einer sorgfältigen Planung, ohne daß dadurch seine Abenteuerlust zum Erliegen kam.

Wie in dem obigen Beispiel, so ist es auch in anderen Fällen vor allem der Leidensdruck, der Veränderungen überhaupt erst möglich werden läßt. Manchmal verändert sich erst dann etwas, wenn die wichtigsten Führungspersonen abgelöst werden. Das sollte jedoch nur ein allerletztes Mittel sein. Sehr viel besser ist es, rechtzeitig die Unterstützung eines Beraters in Anspruch zu nehmen, der dabei helfen kann, den entscheidenden Prozeß der Neuorientierung einzuleiten. Diese kritische Selbstprüfung kann ohne die Unterstützung eines Beraters kaum in Gang kommen, weil Macht und Einfluß es vielen Führungskräften ermöglichen, antiquierte, irreführende oder unrealistische Positionen auch weiterhin beizubehalten. Dennoch gibt es einige präventive Möglichkeiten, die natürlich keine Allheilmittel sind und auf die individuellen Bedürfnisse eines Unternehmens zugeschnitten werden müssen (Kets de Vries u. Miller 1989, S. 188 ff.):

Flexible Strategien

Einerseits ist es wichtig, daß die Ziele eines Unternehmens klar definiert sind. Andererseits dürfen diese Zieldefinitionen nicht rigide gehandhabt werden, sondern sollten auch Spielräume offen lassen.

Organische Strukturen

Teamgeist und Wettbewerbsfähigkeit können durch Arbeitsgruppen, Projekt-teams und partizipatives Management gefördert werden. Ganz allgemein läßt sich feststellen, daß flache Unternehmensstrukturen die Bereitschaft zur Zu-sammenarbeit und das Engagement der Mitarbeiter fördern. Oft stellt sich dann die Tendenz ein, daß die erfahrensten und kompetentesten Mitarbeiter auch über den meisten Einfluß verfügen. Die Offenheit für neue Ideen wird erhöht und die Kommunikation verbessert sich. Auf Grund der unbehinderten horizontalen Kommunikation nehmen auch die informellen Kontakte zu, so daß Infor-mationen freier fließen können.

Rangunterschiede sollten aus den genannten Gründen auf ein Minimum reduziert werden. Allenfalls in stabilen, sich kaum verändernden Wirtschafts-zweigen verfügen hierarchisch-bürokratische Strukturen über gewisse Vorteile. Sollten aber doch einmal Veränderungen notwendig werden, dann kann die Rigidität dieser Strukturen enorme Probleme verursachen.

Kritische Selbstprüfung

Die Unternehmenspolitik, die Führungspraxis, die Unternehmenskultur, -stra-tegie und -struktur sollten immer wieder kritisch daraufhin hinterfragt werden, ob sie unter den derzeitigen situativen Bedingungen noch angemessen sind.

Innovative Führungspraxis

Unternehmen sollten einen gewissen Nonkonformismus unter ihren Mitarbei-tern ermutigen, um deren Kreativität und Flexibilität und dadurch natürlich auch die Wettbewerbsfähigkeit des Unternehmens zu optimieren. Die Akzeptanz auch unorthodoxer Meinungen erweitert das Spektrum strategischer Optionen und Chancen. Es kann z. B. manchmal durchaus sinnvoll sein, auch Nichtexperten bestimmte Aufgaben zu übertragen. Neue, unvoreingenommene Ideen sind eine ausgezeichnete Möglichkeit, um Rigidität und Erstarrung zu vermeiden. Die Selektion und Züchtung von "Klonen" des Firmenchefs führt im Gegensatz dazu nur zu Kurzsichtigkeit und lähmender Gleichförmigkeit.

Spielräume

Zusätzliche Ressourcen, ob es sich dabei nun um Fonds, Materialien, Zeit, Räume oder zusätzliche Mitarbeiter handelt, ermutigen die Unterneh-mensangehörigen, sich mehr für solche Bereiche zu engagieren, die sie nicht berücksichtigen könnten, wenn sie unter enger gefaßten Bedingungen arbeiten müßten. Diese Spielräume sind notwendig, um neue Chancen rechtzeitig erkennen und optimal nutzen zu können.

Anreize und Belohnungen

Innovative unternehmerische Aktivitäten ("Entrepreneurship") sollten auch in großen Unternehmen gefördert werden, etwa durch die Beteiligung der Mit-arbeiter an den Unternehmensgewinnen. Dazu gehören auch die Ermutigung der

Mitarbeiter, neue Chancen zu nutzen, und das Zugeständnis, Fehler machen zu dürfen. Allerdings darf diese Risikobereitschaft nicht dazu führen, daß sich die Firma in ein narzißtisches Unternehmen verwandelt.

Externe Berater

Diese verfügen über den großen Vorteil, daß ihr Bezugsrahmen von dem der Unternehmensangehörigen verschieden ist. Berater können eine wichtige Funktion als Kritiker und Katalysatoren notwendiger Veränderungen übernehmen. Allerdings nehmen sich Berater, die schnelle Lösungen für komplizierte und chronische Probleme anbieten, nicht die erforderliche Zeit, um die tatsächlichen Ursachen der aufgetretenen Schwierigkeiten zu erkennen und zu verändern. Es ist deshalb empfehlenswert, solche Berater auszuwählen, die auch über eine längere Zeitspanne hinweg mit dem Unternehmen zusammenarbeiten können. Manchmal ist es möglich, daß interne Berater eine entsprechende Funktion übernehmen, aber dabei besteht stets die Gefahr, daß ehrliche Kritiker bald entlassen werden.

Der Anstoß zur Veränderung kann beispielsweise von den Kreditgebern kommen, aber auch die Teilnahme an externen Weiterbildungen und Balint-Gruppen kann eine Möglichkeit für Führungskräfte sein, um über ihre Arbeitserfahrungen mit tiefenpsychologisch ausgebildeten Beratern zu sprechen. Dadurch kann ebenfalls ein vertieftes Verständnis für die Notwendigkeit und Umsetzung von Veränderungen im Unternehmen zustandekommen.

Zusammenfassend läßt sich als gemeinsames Merkmal der vielen von Kets de Vries u. Miller (1989) beschriebenen Fallbeispiele festhalten, daß es vor allem dann zu irrationalen Entwicklungen in einem Unternehmen kommen kann, wenn unbewußte Einflüsse die Realitätswahrnehmung und die Handlungen der wichtigsten Führungspersonen beherrschen. Vielfach handelt es sich dabei um Verhaltensweisen oder Phantasien, die zu einem früheren Zeitpunkt durchaus angemessen waren und vielleicht sogar zum Erfolg dieser Personen beigetragen haben, die in der gegenwärtigen Situation aber mit verhängnisvollen Folgeerscheinungen verbunden sind.

Menschliches Verhalten mit seinen vielfältigen unbewußten Beweggründen in verschiedene neurotische Stile einzuteilen, bedeutet eine Vereinfachung der Realität, die es aber erleichtert, den gefährlichen Punkt zu erkennen, wenn eine bestimmte Tendenz beginnt, alle anderen Aspekte der unternehmensinternen Interaktionen, Entscheidungen und Prozesse zu dominieren.

Es sollte auch nicht vergessen werden, daß die Beziehung zwischen Menschen und Organisationen keine Einbahnstraße ist, sondern daß es auch einen umgekehrten Wirkungszusammenhang gibt: Mißerfolge und Fehlschläge können depressive Tendenzen verschärfen, vielleicht sogar erst zum Vorschein bringen, Konkurrenz und Wettbewerb können zu einem übertriebenen Mißtrauen beitragen, der Erfolg eines riskanten Expansionsprogramms kann eine Intensivierung narzißtischer Verhaltensweisen bewirken usw.

Vor allem aber ergibt sich aus den Erfahrungen der beiden Unternehmensberater, daß der Versuch nicht sinnvoll ist, Unternehmen, die auf Grund irrationaler Entwicklungen angeschlagen sind, mit Hilfe von bruchstückhaften Neuerungen oder durch das Bekämpfen der Symptome wieder auf die Beine zu stellen.
Vielmehr kommt es darauf an, die psychologischen Hintergründe und die Dynamik der gegenwärtigen Situation richtig zu verstehen, um dann auch die richtigen
Hilfen anbieten zu können. Wundermittel und scheinbare Patentrezepte bringen
allenfalls einen vorübergehenden Beruhigungseffekt, prallen ansonsten aber bald
am psychologischen Widerstand des Unternehmens ab. Dieser Widerstand ist oft
in den kaum mehr reflektierten Einstellungen und Weltanschauungen begründet,
die sich innerhalb einflußreicher Koalitionen von Führungskräften herausgebildet und auf Grund von gruppendynamischen Prozessen verfestigt haben. Derartige Barrieren sind nur sehr schwer zu überwinden, auch wenn ihr destruktiver
Effekt vor allem für Außenstehende offensichtlich ist.

Darüber hinaus besteht die Gefahr, daß oberflächliche Veränderungen und
versprengte Einzelmaßnahmen von der Eigendynamik großer Unternehmen
aufgesogen werden, ohne eine nennenswerte Spur zu hinterlassen. Nur ein
umfassender Veränderungsprozeß kann in vielen Fällen den erdrückenden
destruktiven Mechanismus und die verhängnisvollen Systemkreisläufe irrational
gewordener Unternehmen noch erreichen und einen Gesundungsprozeß
einleiten. Die wichtigste Voraussetzung eines solchen Gesundungsprozesses ist
die Öffnung der Führungskräfte für tiefenpsychologische Selbsterfahrung, die sie
für die Einflüsse des Unbewußten im Unternehmen sensibilisiert. Es geht also
nicht um die Suche nach ohnehin nicht existenten Patentrezepten, sondern
vielmehr um die Entwicklung der Fähigkeit, eigene intrapsychische Strukturen,
Konflikte und Verarbeitungsprozesse sowie die damit verbundenen Wünsche
und Bedürfnisse aufmerksamer als bisher zu beachten und eine echte, von
Manipulationsabsichten befreite Empathiefähigkeit zu entwickeln, damit aus
dieser veränderten Perspektive heraus auch die unternehmensinternen Ereignisse anders als bisher verstanden und befriedigendere Lösungsmöglichkeiten für
die aufgetretenen Schwierigkeiten gefunden werden können (vgl. Kets de Vries u.
Miller 1989, S. 195 ff.).

5.4 Psychoanalytisch orientierte Weiterbildungsangebote

5.4.1 Die Tavistock-Konferenzen

Das Konzept der psychoanalytisch ausgerichteten Weiterbildung für Führungskräfte am *Tavistock Institute of Human Relations* in London, das dort seit etwa 30
Jahren angeboten wird, setzt sich aus mehreren Bausteinen zusammen, deren
zentraler Bestandteil die T-Gruppe (s. Kap. 5.2, S. 176 ff.) ist. Im einzelnen

besteht eine solche zweiwöchige "Konferenz" aus 4 verschiedenen Bausteinen: Kleingruppen, Großgruppen, gemischte Gruppen und Anwendungsgruppen (De Board 1985, S. 76 ff.):

Die Kleingruppen: Die Kleingruppen setzen sich aus 8 bis 12 Mitgliedern zusammen und sind das Äquivalent der T-Gruppen. Die Teilnahme soll es den Gruppenmitgliedern ermöglichen, ihr eigenes Verhalten und ihre Motive im Hier und Jetzt besser zu verstehen. Jede Gruppe verfügt über einen eigenen Berater, der dabei helfen soll, dieses Ziel auch tatsächlich zu erreichen. Eine wichtige Aufgabe des Gruppenleiters besteht darin zuzulassen, daß die Gruppenmitglieder Gefühle und Bedürfnisse auf ihn projizieren, die sie im Umgang mit Autoritätspersonen empfinden, und ihnen anschließend zu helfen, die Ursachen dieser konflikthaften Emotionen zu verstehen. Im Verlauf dieser Bemühungen können heftige, auch aggressive Emotionen frei werden.

Rice (1965), der die Arbeit des *Tavistock Institute of Human Relations* maßgeblich beeinflußt und selbst jahrelang die Konferenzen geleitet hat, faßt die Aufgaben des Gruppenleiters wie folgt zusammen: "... die Gruppe konfrontieren, ohne ihre Mitglieder zu verletzen; die Aufmerksamkeit auf das Verhalten der Gruppe und nicht auf das individuelle Verhalten lenken; zeigen, wie die Gruppe Individuen dazu benutzt, um ihre eigenen Gefühle auszudrücken; wie sie einige Mitglieder benutzt, so daß andere sich von ihrer Verantwortung für deren Ausdruck befreien können" (S. 65, Übers. von uns; zit. nach De Board 1985, S. 77). Darüber hinaus soll der Gruppenleiter auch darauf achten, daß er nicht in irgendeine der Führungsrollen gedrängt wird, die den Grundannahmengruppen (Bion 1959; vgl. Kap. 3.4) entsprechen.

Die Großgruppe: Alle Teilnehmer, in der Regel insgesamt etwa 60 bis 70, treffen sich auch zusammen mit den Beratern in einer großen Gruppe. In dieser Großgruppe entstehen rasch Untergruppen, Antigruppen und vielfältige Gerüchte. Dadurch werden die Wahrnehmung und das Identitätsgefühl der Teilnehmer häufig verunsichert.

Vor allem projektive Identifikationen und die Entstehung der 3 Formen von "Grundannahmen" (s. Kap. 3.4) können in der Großgruppe beobachtet werden. Die größte Belastung für viele Teilnehmer scheint allerdings die Bedrohung ihrer vertrauten Identität zu sein, die sich für sie aus ihrer Beteiligung am Gruppenprozeß ergibt. Sie bemühen sich deshalb intensiv darum, irgendeine Rolle zu finden, die sie übernehmen und beibehalten können. Weil die Gruppe jedoch eine starke Eigendynamik entwickelt und sich rasch verändert - Phantasien, Erwartungen und Emotionen werden ebenso rasch projiziert, wie sie auch wieder zurückgenommen werden -, gelingt es ihnen kaum, ein stabiles Rollengleichgewicht zu finden.

Was soll nun durch diese Erfahrungen erreicht werden? Zunächst vermittelt sich die Erkenntnis, daß Überzeugungen, Handlungsweisen und Entscheidungsprozesse in Organisationen ebenfalls auf unbewußten Phantasien beruhen können. Im weiteren soll dadurch deutlich werden, wie viele unbewußte Bedürfnisse und Konflikte auf Führungspersonen projiziert werden und wieviel Mut es abverlangt, als einzelner der Meinung einer Gruppe (etwa einer Abteilung) zu widersprechen und die Ablehnung der gesamten Gruppe zu riskieren.

Das Intergruppen-Experiment: Durch dieses Experiment sollen Beziehungen zwischen Gruppen, aber auch Autoritätskonflikte auf tiefenpsychologischer Ebene untersucht werden. Zu Beginn der Übung stellt der Konferenzleiter eine Aufgabe, erläutert die Funktion der Mitarbeiter und weist auf die verfügbaren Räumlichkeiten hin. Der Großgruppe bleibt es dann überlassen, ihre interne Organisation im Hinblick auf die Lösung der Aufgabe zu erarbeiten. Fast automatisch geschieht dabei stets das gleiche: Die Teilnehmer nehmen sofort die verfügbaren Räume in Beschlag, so daß die einzelnen Arbeitsgruppen auf einer irrationalen und beinahe panikartigen Grundlage entstehen.

Nach dieser überstürzten Aktion beginnen die Teilnehmer zumeist, sich mit der Entstehung ihrer Gruppe auseinanderzusetzen und bemühen sich darum, ihre Aufgaben zu definieren. Da jede Gruppe wissen will, was die anderen machen, müssen Vertreter und Bevollmächtigte gefunden werden, die den Kontakt zu den anderen Gruppen herstellen. Häufig wird eine Besprechung organisiert, in der die Vertreter der einzelnen Untergruppen sich darum bemühen, gemeinsame Ziele und Pläne zu formulieren. Diese Besprechungen gehen in der Regel mit einiger Verwirrung und Irritation einher.

Während des Experiments sollen die Mitarbeiter des Instituts den Teilnehmern dabei helfen, anhand der aktuellen Ereignisse etwas über die Natur der Beziehungen zwischen Gruppen zu erfahren. Sie stehen ihnen als Berater zur Verfügung und arbeiten mit den einzelnen Gruppen zusammen, sofern dies den Zielen des Experiments dient.

Bei dieser Übung geht es vor allem um Probleme der Delegation und Anwendung von Autorität. Wer spricht für wen mit welcher Autorität - das wird bald zur entscheidenden Frage. Dieses Thema ist für die Kommunikation und für die Beziehungen zwischen einzelnen Abteilungen in Unternehmen, aber auch für Verhandlungen, z. B. zwischen Arbeitgebern und Gewerkschaftsvertretern, von großer Bedeutung.

Anwendungsgruppen: In diesen Gruppen soll herausgefunden werden, inwiefern die Erfahrungen, die im Verlauf der Konferenz gemacht wurden, für die künftige Arbeit der Teilnehmer fruchtbar gemacht werden können. Sie setzen sich also nicht mit dem Hier und Jetzt auseinander, sondern mit den Möglichkeiten und Schwierigkeiten, das Gelernte auf die berufliche Situation zu übertragen. Diese Aufgabe ist keineswegs leicht zu bewältigen, da sie eine präzise Formulierung des Gelernten voraussetzt. Wie kann man z. B. mit Vorgesetzten oder Kollegen über die neuen Erfahrungen sprechen?

Darüber hinaus soll der letzte Teil der Konferenz auch einen "sanften" Abschluß ermöglichen. Vielen Teilnehmern fällt es nicht leicht, sich aus den vielfältigen und häufig intensiven Beziehungen, die in den vergangenen 2 Wochen entstanden sind, wieder zu lösen.

Mittlerweile sind nicht nur in Großbritannien, sondern auch in den USA und in Kanada Konferenzen nach dem Vorbild des *Tavistock*-Modells organisiert und durchgeführt worden. Die wesentlichen Ziele dieser intensiven Weiterbildungsveranstaltungen sind die folgenden (De Board 1985, S. 81 ff.):

Neuartige und bereichernde Lernerfahrungen: Im Verlauf der Veranstaltung werden viele bisher verdrängte und kaum beachtete Gefühle, aber auch häufig unbewußt an andere Menschen herangetragene Beziehungswünsche deutlich und besser verständlich. Darin liegt eine der wesentlichen Erfahrungen für die Teilnehmer. Die Erkenntnis, daß auch vermeintlich rationale Menschen manchmal von Emotionen wie Sympathie oder Antipathie beherrscht werden und daß diese und viele andere Gefühle auch in modernen Unternehmen mehr oder weniger verdeckt in vielerlei Hinsicht wirksam sind, stellt für viele Teilnehmer eine wertvolle Erfahrung dar, die durch theoretisches Erlernen allein nicht gewonnen werden könnte.

Ein vertieftes Verständnis für die Entstehung von Rollen: Die Erlebnisse während der beiden Konferenzwochen sollen den Teilnehmern verdeutlichen, wie Rollen im Spannungsfeld zwischen Individuum und Gruppe durch ein meist unbewußtes Zusammenspiel - Psychoanalytiker sprechen von Kollusion - entstehen und nicht vom Individuum allein gestaltet werden. Auch Rollen in Unternehmen ergeben sich oft aus der Art des Umgangs des einzelnen mit dem Einfluß, den andere Menschen auf ihn auszuüben versuchen. Die spezifische Erweiterung des sozialwissenschaftlichen Rollenbegriffs durch die Psychoanalyse besteht darin, daß sie den unbewußten Gehalt dieser Erwartungen und Gegenreaktionen aufzeigt.

Auch während der Konferenz laufen diese Prozesse ab und bestimmen die sozialen Rollen der Teilnehmer. Sie werden vor allem in der Großgruppe deutlich, wo beispielsweise jemand, der einen Witz erzählt, sehr schnell in die Rolle eines Spaßmachers hineingedrängt wird, weil die anderen Gruppenmitglieder von nun an diese Rolle auf ihn projizieren. Infolgedessen stehen kaum noch andere Rollen für diese Person zur Verfügung, wodurch sie in ein allzu enges Korsett gezwängt und vielleicht sogar zum Gruppenclown degradiert wird. Vergleichbare Prozesse können ablaufen, wenn jemand ärgerlich oder wütend reagiert. Dem Betreffenden wird von der Gruppe recht schnell die Rolle des "Dauermeckerers" übertragen. Diese projektive Identifikation bringt es mit sich, daß er den Ärger und die Wut der anderen Gruppenteilnehmer ausagieren soll. Diese Rolle kann sich wiederum rasch in die Sündenbock-Rolle verwandeln, deren Zuweisung auf der Überzeugung basiert, alle Schwierigkeiten und Probleme der Gruppe würden einzig und allein von jener Person verursacht und lösten sich mit einem Schlag in nichts auf, wenn sie die Gruppe verließe.

Durch die Bewußtmachung dieser Phänomene werden die Teilnehmer für unbewußte Prozesse sensibilisiert, die zur Entstehung sozialer Rollen führen und entsprechend auch in Unternehmen ablaufen. Sie verbessern dadurch ihre Fähigkeit, die Rollen, die sie selbst an ihrem Arbeitsplatz (oder in anderen sozialen Situationen) übernehmen möchten, aktiv und flexibel zu gestalten. Dadurch können sie eher vermeiden, auf unerwünschte Verhaltensweisen festgelegt zu werden.

Da es nahezu keine vorherbestimmten Verhaltensregeln gibt, können die Teilnehmer auch erleben, wie sehr ihre eigenen Handlungen durch den Einfluß ihrer Bezugsgruppe geprägt werden. Diese formt ihr Verhalten auf verdeckte Weise beinahe genau so wie Vorschriften und Regeln dies täten. Manchmal kommt es deshalb sogar zu Handlungen, die vom sogenannten normalen Verhalten erwachsener Menschen abweichen, auch wenn sie immer noch verhältnismäßig kontrolliert und reflektiert ablaufen.

So berichtet De Board, daß während einer Konferenz einmal eine Gruppe entstand, die sich als "die Delinquenten" bezeichnete und sich auch passend zu dem Namen, den sie sich selbst gegeben hatte, verhielt. Bei Gelegenheit "entführten" die Gruppenmitglieder einen Mitarbeiter der Konferenzleitung, ließen ihn mit britischer Höflichkeit aber wieder frei, als es Zeit für den Tee war (nach De Board 1985, S. 82).

Verständnis für Autoritätskonflikte: Wie bereits erwähnt, werden viele Gefühle und Phantasien, die die Teilnehmer im Hinblick auf von Autoritätspersonen haben, auf die Seminarleiter projiziert. Deren Aufgabe besteht darin, diese Übertragungsbeziehungen transparent zu machen und es den Teilnehmern zu ermöglichen, ihre Phantasien auf ihren Realitätsgehalt zu überprüfen, so daß sie die Hintergründe ihrer Konflikte mit Autoritätspersonen besser verstehen und ihr Verhalten eventuell verändern können. Weil diese Übertragungen unter Umständen sehr intensiv sind, werden viele Äußerungen und häufig schon allein Mimik und Gestik der Gruppenleiter von den Teilnehmern als ungerechtfertigte Kritik oder willkürliche Befehle aufgefaßt. Eine bestimmte Interpretation oder Deutung des Geschehens durch die Gruppenleiter wird deshalb oft wie eine Zurechtweisung erlebt. Manchmal wird sie aber auch als spezifische Handlungsinstruktion aufgefaßt. Wenn z. B. alle Konferenzteilnehmer eine Übung ausführen sollen und den Hinweis erhalten, daß es hierzu vermutlich günstiger sei, kleine Gruppen zu bilden, hören sie darin eine Anweisung, den Raum sofort zu verlassen. Es braucht wohl nicht weiter betont zu werden, daß die Seminarleiter über großen Einfluß verfügen, mit dem sie verantwortungsvoll umgehen müssen. Aus diesem Grunde setzt sich der Mitarbeiterstab vorwiegend aus klinischen Psychologen und Psychoanalytikern zusammen.

Am letzten Abend der Konferenz legen die Seminarleiter ihre Beraterrolle ab und treffen sich mit den Teilnehmern zu einem informellen Beisammensein. Obwohl diese Zusammenkunft nicht Bestandteil des eigentlichen Programmes ist, kann sie dennoch zu einer wichtigen Erfahrung für die Teilnehmer werden: Häufig entdecken sie nämlich, daß ihr Gruppenleiter, den sie sich im Extremfall manchmal als kaltes, unnachgiebiges Monster zurechtphantasiert haben, in Wirklichkeit ein ganz umgänglicher Mensch ist (De Board 1985, S. 83).

Der Nutzen dieser Erfahrungen und Erlebnisse besteht darin, daß die Teilnehmer von nun an besser erkennen können, wie etwa ihr Vorgesetzter in bestimmten Situationen gleichermaßen schnell zum Kristallisationspunkt ihrer Phantasien wird, die sie auf ihn projizieren. Dadurch werden sie ermutigt, ihre Beziehungen zu ihren Vorgesetzten kritisch zu reflektieren und darüber nachzudenken, welche ihrer Wahrnehmungen realitätsbezogen sind (es gibt ja tatsächlich autoritäre Vorgesetzte) und welche lediglich Projektionen sind. Umgekehrt helfen diese Lernerfahrungen den Teilnehmern aber auch, ihre eigene Wirkung als Vorgesetzte besser zu verstehen, so daß sie mit ihrer Rolle in Zukunft vielleicht vorsichtiger und bewußter umgehen als bisher.

Die Teilnehmer der *Tavistock*-Konferenzen kommen aus der Wirtschaft und aus psychosozialen Institutionen. Allerdings beobachtet De Board (1985, S. 84) eine tendenzielle Abnahme der Teilnehmer aus dem wirtschaftlichen Bereich. Die Ursache dafür erkennt er in dem Konzept der Konferenz.

Im Verlauf der Gruppenprozesse werden nicht selten "negative" Gefühle wie Ärger und Wut frei, die den meisten Teilnehmern unangenehm sind. Da diese Gefühle in mehr oder weniger allen zwischenmenschlichen Beziehungen enthalten sind, erscheint es aber sinnvoll, diese bewußt zu erleben und ihre Ursachen zu verstehen, um auf diese Weise die Konflikte lösen zu können. Für ein verbessertes Verständnis der besonderen Schwierigkeiten und Konflikte im Führungsprozeß sollten diese Gefühle deshalb mit einbezogen und reflektiert werden.

Vielen Vorgesetzten und Führungskräften, die zumeist nicht über eine klinische Ausbildung verfügen, kann der Umgang mit solchen Gefühlen und die richtige Einschätzung ihrer Bedeutung für ihre eigene Arbeitssituation schwerfallen. Teilnehmer aus den psychosozialen Berufen werden im Gegensatz dazu viel häufiger mit offen ausgedrückten Gefühlen konfrontiert. Die Konferenz bewegt sich für sie daher in Regionen, mit denen sie vertraut sind und die mit ihrer Arbeitserfahrung mehr übereinstimmen, als dies bei vielen Führungspersonen der Fall ist. Sie können die gemachten Erfahrungen deshalb auch leichter mit ihrer Arbeitssituation verbinden.

Eine andere Schwierigkeit hat möglicherweise mit den Aufgaben der Seminarleiter zu tun. Die Teilnehmer haben zuweilen das Gefühl, diese verhielten sich überkritisch, unzugänglich oder sehr autoritär. Solche Wahrnehmungen beruhen zumeist (nicht immer) auf Projektionen; Projektionen sind auch der Grund dafür, daß viele Äußerungen der Gruppenleiter verzerrt gedeutet werden. Dennoch müssen diese Gefühle ernst genommen werden. Wenn es nicht gelingt, sie durchzuarbeiten und zu verstehen, dann bleiben den Teilnehmern die Seminarleiter als extrem autoritäre Personen in Erinnerung.

Teilnehmer aus den psychosozialen Berufen sind vielleicht besser darauf vorbereitet, diese Projektionen zu verstehen und die Dynamik zu erkennen, auf der sie beruhen. Führungskräfte verfügen nur selten über die entsprechenden theoretischen Modelle und praktischen Erfahrungen, so daß sie durch die Ereignisse während der Konferenz leichter irritiert werden. Wenn die Erinnerungen der Teilnehmer aber hauptsächlich unerfreulich sind, finanzieren die Unternehmen für ihre Mitarbeiter keine derartigen Weiterbildungen mehr (De Board 1985, S. 85).

Zusammenfassend läßt sich festhalten, daß die *Tavistock*-Konferenzen einen sehr hohen Anspruch vertreten, indem sie unbewußte Prozesse durch die beschriebenen Methoden transparenter und verständlicher machen wollen. Es stellt sich allerdings die Frage, ob es nicht sinnvoll wäre, für Teilnehmer aus der Wirtschaft zumindest 2 Modifikationen einzuführen: Erstens wäre es günstig, wenn die Veranstaltungen stärker strukturiert würden. Die Kleingruppen könnten sich etwa an der Balint-Gruppenmethode (vgl. Bauriedl 1983) orientieren, in denen die Teilnehmer von ihren persönlichen Erfahrungen und Schwierigkeiten berichten, mit denen sie sich in ihren jeweiligen Tätigkeitsfeldern auseinandersetzen müssen. Diese Konflikte könnten dann mit Hilfe der Assoziationen, Einfälle und Phantasien der anderen Gruppenmitglieder und der Unterstützung des Gruppenleiters durchgearbeitet werden. Eine solche vorgegebene Fokussierung auf die Berufssituation schließt einen hohen und bereichernden Selbsterfahrungsanteil nicht aus. Sie kann jedoch helfen, Verunsicherungen und Irritationen vor allem zu Beginn des Gruppenprozesses zu reduzieren.

Zweitens ist es sinnvoll, auch theoretische Lerninhalte verstärkt zu vermitteln, da Teilnehmer aus der Wirtschaft in der Regel nicht über ein fundiertes psychoanalytisches Wissen verfügen, dieses Wissen aber dabei hilft, komplizierte zwischenmenschliche Beziehungen besser zu verstehen. Die Verbindung des kognitiv Gelernten mit dem affektiv Erfahrenen als Verknüpfung und wechselseitiger Ergänzung zweier Lernerfahrungen, die beide wichtig, aber eben verschieden sind, ist dann auch leichter herzustellen. Das im nächsten Abschnitt vorgestellte Weiterbildungsmodell der *Menninger Foundation* in den USA kommt diesen Vorschlägen entgegen.

5.4.2 Das Programm der Menninger Foundation

Die "Executive Seminars" der Menninger Foundation: William C. Menninger, der Gründer der *Menninger Foundation*, arbeitete während des Zweiten Weltkrieges als Psychiater in der US-Army und lernte dadurch die verheerenden Folgen der Kriegsereignisse für die seelische Gesundheit vieler Menschen kennen (hierzu und zum folgenden North 1986): Durch die Mobilisierung von tausenden von Männern und Frauen wurden deren soziale Beziehungen oft nachhaltig zerstört. Sie mußten sich militärischer Disziplin unterwerfen, wurden bevormundet, mußten auf viele Freiheitsrechte verzichten und belastende Ausbildungen über sich ergehen lassen. Sie wurden weitab von ihren Heimatorten eingesetzt, waren dort extremen Belastungen ausgesetzt und lebten über lange

Zeit in der ständigen Gefahr, verwundet oder getötet zu werden. Der Krieg provozierte seelische Krankheiten, die unter anderen Umständen in vielen Fällen vermeidbar gewesen wären. North (1986, S. 5) berichtet, daß damals über eine halbe Million Menschen wegen psychischer Erkrankungen wieder aus der US-Army entlassen wurden; das entspricht ungefähr der Hälfte aller Entlassungen, die aus medizinischen Gründen erfolgte.

Nach dem Krieg gründete Menninger in Topeka die *Menninger School of Psychiatry,* die psychiatrische und psychotherapeutische Behandlungsmöglichkeiten für die große Zahl seelisch erkrankter Soldaten bieten sollte und sich sehr bald zum größten Ausbildungszentrum für Psychiatrie in den USA entwickelte.

Menninger konnte beobachten, daß in der Armee die Art der Führung, die Aus- und Weiterbildung der Vorgesetzten, persönliche Konflikte und Schwierigkeiten sowie die Motivation der Soldaten von großer Bedeutung waren: Diese psychischen Faktoren konnten sogar darüber entscheiden, ob jemand erkrankte oder verwundet wurde; sie konnten die ohnehin enormen seelischen Belastungen der Soldaten zusätzlich erhöhen und so auch deren psychische Gesundheit beeinträchtigen. Der Ursprung der Menninger-Seminare in der Militärpsychiatrie und in der Behandlung von Kriegsneurosen verweist aber auch auf die Gefahr des Mißbrauchs psychologischen Wissens.

Das gilt nicht nur für die Militärpsychiatrie, sondern auch für die Anwendung der Psychoanalyse im Unternehmensbereich. Auch hier kann es nicht darum gehen, Bedingungen für eine möglichst umfassende Verwertbarkeit der Menschen zu schaffen, sondern vielmehr auf Bedingungen hinzuarbeiten, die vor allem eines ermöglichen sollen: daß die in Unternehmen arbeitenden Menschen nicht nur keinen unnötigen und überflüssigen Belastungen ausgesetzt sind, wie sie neurotische Beziehungsmuster mit sich bringen, sondern darüber hinaus sich selbst und gerade dadurch auch ihr Unternehmen auf gesunde Weise weiterentwickeln können. Dabei gilt es auch zu fragen, ob allein Anreize und Motivationsquellen wie Macht, Prestige, Status und Geld tatsächlich eine echte Befriedigung bieten können. Sind sie nicht in vielen Fällen mit einem letztlich unbefriedigenden Verzicht auf eigene Wünsche verbunden, und müssen sie manchmal nicht sogar durch Selbstverleugnung, falsche Kompromisse und einen Verlust an Selbstachtung allzu teuer erkauft werden? Werden nicht gerade auch Macht- und Konkurrenzstreben durch die verhängnisvolle narzißtische Selbsttäuschung aufrechterhalten, man werde endlich zufrieden sein, wenn man es nur zu (noch) mehr Erfolg gebracht habe, und der erfolgreiche Mensch sei zugleich auch der wertvollere, bessere und überlegene Mensch? Und sind diejenigen, die tatsächlich hohe und höchste Positionen erreicht haben, nicht auch auf die Bewunderung oder gar den Neid anderer angewiesen, die ihnen zu bestätigen scheinen, wie erstrebenswert ihr Vorbild ist? Bei der Anwendung der Psychoanalyse im Unternehmensbereich wird also ebenfalls sehr genau darauf zu achten sein, daß sie nicht für Abwehrzwecke und zur Rechtfertigung im Grunde unbefriedigender Situationen mißbraucht wird.

Zurück zu den Menninger-Seminaren: Da unbewußte psychologische Prozesse zwischen Vorgesetzten und Mitarbeitern auch in Unternehmen eine wichtige Rolle spielen und da es sinnvoller ist, vermeidbare Belastungen präventiv abzubauen, statt manifeste Krankheiten zu behandeln, entstand der naheliegende Gedanke, psychologisches Wissen auch auf Organisationen anzuwenden. Der erste Schritt hierzu war eine Bestandsaufnahme, und so stellte der damals noch sehr junge Psychologe Harry Levinson im Auftrag der *Menninger Foundation* in mehreren Unternehmen Untersuchungen über die zwischenmenschliche Seite der Führungspraxis an (North 1986, S. 6). Er sprach z. B. mit Betriebsärzten, Organisationspsychologen und Wissenschaftlern; außerdem lernte er die Human-Relations-Programme zur Humanisierung der Arbeitswelt sowie die von den amerikanischen Gewerkschaften finanzierten Beratungsdienste kennen.

Levinson konnte bald feststellen, daß die wichtigsten Probleme in Unternehmen, die auf psychische und zwischenmenschliche Komplikationen hinwiesen, stets die gleichen waren, nämlich Abwesenheit vom Arbeitsplatz, häufige Arbeitsunfälle und Alkoholprobleme. Eine weitere Beobachtung betraf die wichtige Rolle der Meister und Vorarbeiter, die entweder als Bindeglied oder Hemmschuh zwischen Arbeitern und Management fungieren konnten. Diesen unmittelbaren Vorgesetzten kam außerdem eine große Bedeutung für die Arbeitsmoral und Motivation der Mitarbeiter zu. Die vielleicht wichtigste Beobachtung aber bestand darin, daß das Klima seelischer Gesundheit, das in einem Unternehmen oder in einer Abteilung herrschte, besonders von der Führung und der Einstellung des Topmanagements abhing. Der entscheidende Einfluß auf Betriebsklima und Arbeitsmotivation ging also von ganz oben aus.

Auf Grund dieser Untersuchungsergebnisse wurde beschlossen, ein Programm zu entwickeln, das die Verbesserung der Bedingungen für die psychische Gesundheit der Unternehmensangehörigen zum Ziel haben sollte. Daraufhin entstand 1954 die *Division of Industrial Mental Health* der *Menninger Foundation*, die 3 Ziele verfolgte: die Erforschung psychischer Konflikte in Unternehmen; die Entwicklung spezieller Weiterbildungsprogramme für Mitarbeiter von Unternehmen und Angehörige der psychosozialen Berufe; die Aufklärung der Wirtschaft darüber, daß sich tiefenpsychologisches Wissen auch auf Schwierigkeiten und Probleme anwenden läßt, die in Unternehmen häufig auftreten (North 1986, S. 6).

Ein Forscherteam, das aus Psychologen, Soziologen und einem Psychiater bestand, wählte zunächst ein Unternehmen aus, das mit Hilfe zahlreicher Interviews und ausführlicher Feldbeobachtungen untersucht wurde. Aus diesen Bemühungen gingen mehrere Veröffentlichungen hervor, die sich vor allem an die Adresse der Meister und Vorarbeiter richteten und auf psychoanalytischem Wissen beruhten. Sie sollten diesen dabei helfen, Probleme im Umgang mit ihren Mitarbeitern besser zu verstehen.

Bald darauf wurden aber auch Angebote für Führungskräfte der höchsten Ebenen entwickelt: Man wollte dadurch auf möglichst direktem Wege versuchen, günstige Bedingungen für die seelische Gesundheit der Unternehmensangehörigen zu schaffen. In der Regel sind es ja die Strategien und Entscheidungen der höheren Führungskräfte eines Unternehmens, die den Arbeitsalltag der meisten Menschen prägen. Weil diese Personen häufig die Vorbilder der gesamten Führungsebene sind, werden ihre Aussagen sowie ihr Verhalten in der Regel sehr genau beobachtet und analysiert. Daß daran auch Übertragungsprozesse beteiligt sind, die zu übertriebenen und fehlgeleiteten Deutungsversuchen führen können, ist in den vorhergehenden Kapiteln beschrieben worden.

Im Januar 1956 nahmen erstmals 20 Führungskräfte aus amerikanischen Unternehmen an einem 1wöchigen Seminar teil. Dieses Seminar war ein erster Versuch, Erkenntnisse aus Psychologie, Psychiatrie und Sozialarbeit auch an Mitarbeiter von Unternehmen zu vermitteln. North (1986, S. 7) bewundert den Mut dieser ersten Gruppe von Führungskräften, eine Woche in einer psychiatrischen Einrichtung zu verbringen. Seiner Meinung nach hat dieses Ereignis viel Stoff für Gerede in den Unternehmen geliefert. Dennoch wurden die Seminare ein Erfolg: Die *Division of Industrial Mental Health* wurde z. B. in *Will Menninger Center for Applied Behavioral Sciences* umbenannt, um damit der Tatsache Rechnung zu tragen, daß sie ihre Arbeit im weiteren auch auf Regierungseinrichtungen und andere soziale Organisationen ausdehnte. Mittlerweile werden etwa 14 Seminare pro Jahr zum Thema "Beiträge zum Verständnis menschlicher Verhaltensweisen und Motivation" (North, 1986, S. 7, Übers. von uns) durchgeführt. Die persönliche Einstellung der Teilnehmer zu ihren unterschiedlichen Aufgaben in Familie und Beruf wird nun stärker berücksichtigt, ebenso das vermehrte Wissen über die Psychologie des Lebenslaufs. Auch die Bewältigung von Streß und die Frage, wie individuelle Unterschiede im Umgang mit Streß den Führungsstil beeinflussen können, gehören zu den neuen Schwerpunkten.

Die positiven Stellungnahmen der Teilnehmer und die Tatsache, daß viele Unternehmen immer wieder Mitarbeiter an den Seminaren teilnehmen lassen, sprechen für deren Qualität und Nützlichkeit. Exakte Messungen gibt es nicht; sie sind auf diesem Gebiet auch kaum durchführbar.

Aufbau und Inhalt der Seminare: Die Führungskräfte, die an den Seminaren der *Menninger Foundation* teilnehmen und aus renommierten amerikanischen Firmen wie z. B. *IBM* oder *AT & T* kommen, sind in ihrem jeweiligen Aufgabengebiet zumeist sehr erfolgreich (hierzu und zum folgenden: Craig 1986 a). Während der Seminarwoche geht es jedoch um ganz andere Dinge als um ihr Fachgebiet: In erster Linie stehen sie selbst im Mittelpunkt, ihr Leben, ihre Ideen, Gefühle und Wünsche. Die Seminarleiter kommen aus psychosozialen Berufen, sind Psychoanalytiker, Psychologen, Sozialarbeiter oder Psychiater. Sie sollen den Seminarteilnehmern sozialwissenschaftliche Modelle und Konzepte vermitteln, weil diese als Führungskräfte Verantwortung für die psychische Gesundheit ihrer Mitarbeiter haben. Ein anderer Grundgedanke des Seminars ist die Erkenntnis, daß empathische Führungskräfte auch bessere, menschlichere und erfolgreichere Vorgesetzte sind. Die Gefühle, Überzeugungen, Erwartungen, Ängste und Ziele der in einem Unternehmen arbeitenden Menschen wirken sich selbstverständlich auch darauf aus, wie sie ihre Arbeitsaufgaben wahrnehmen. Deshalb sind Management und Führung sehr viel mehr als nur eine Technik, die man möglichst geschickt anwenden muß.

Craig (1986 a, S. 9) berichtet, daß die Teilnehmer der Menninger-Seminare beispielsweise eine Ausbildung als Marketingspezialisten, Computerexperten oder Ingenieure haben, aber dann in eine Position mit Führungsaufgaben aufgestiegen sind, ohne auf die damit verbundenen Schwierigkeiten und Probleme vorbereitet zu sein. Sie konnten deshalb manche der Fähigkeiten noch nicht genügend entwickeln, die seiner Meinung nach zu einer erfolgreichen Führungspraxis beitragen:

- die Fähigkeit, von anderen Menschen abhängig zu sein und ihnen zu vertrauen;
- die Fähigkeit, Alleinsein zu ertragen;
- die Fähigkeit, die eigene Intuition richtig anzuwenden;
- die Fähigkeit, mit belastenden Veränderungsprozessen umzugehen;
- die Fähigkeit, das Engagement der Mitarbeiter für ein hohes Leistungsniveau ohne manipulative Tricks zu gewinnen;
- die Fähigkeit, das Vertrauen anderer Menschen zu gewinnen.

Führung und Management werden also als Aufgaben angesehen, bei denen zwischenmenschlichen Beziehungen und psychologischen Prozessen ein entscheidender Stellenwert zukommt. Um ihrer Führungsaufgabe gerecht zu werden, muß eine Führungsperson deshalb sowohl die Fähigkeit zur kritischen Selbstreflexion und Selbsterkenntnis als auch die Fähigkeit, sich in andere Menschen empathisch einzufühlen, entwickeln. Swogger, der Leiter der Menninger-Seminare, meint dazu: "Man würde ja auch von einem Manager nicht verlangen, eine Aufgabe zu erledigen, bei der er deutlich sehen muß, wenn seine Brille zur Hälfte beschlagen ist. In gewissem Sinne versuchen wir also, die emotionale Sehkraft der Menschen zu verbessern, d. h. ihre Fähigkeit, wahrzunehmen und zu verstehen, was in den Menschen vorgeht, mit denen sie zusammenarbeiten, so daß sie die notwendigen Informationen bekommen, um ihre Aufgaben erfüllen zu können" (zit. nach Craig 1986 a, S. 10, Übers. von uns). Wodurch sollen nun diese unkonventionellen Erfahrungen möglich werden? Craig (1986 a, S. 10 ff.) beschreibt den Ablauf der einzelnen Seminare wie folgt:

Sonntagabend
Die etwa 20 Teilnehmer, meistens Männer im Alter zwischen 35 und 55 Jahren, treffen in einem Hotel ein, das nur einige Straßen von der *Menninger Foundation* entfernt liegt. Alle sind erfolgreiche Führungskräfte, deren Unternehmen diese Weiterbildung finanzieren. Bei vielen von ihnen geht das Seminar einer Beförderung voraus.

Die Teilnehmer treffen sich in einer Hotelsuite, um einander kennenzulernen, gemeinsam zu Abend zu essen und eine erste Orientierung zu gewinnen.

Der Abend hat keinen offiziellen Charakter, und die meisten tragen Freizeitkleidung mit den Namensschildern, die sie ebenso wie ausführliche Seminarunterlagen bereits erhalten haben. Sie sprechen z. B. über die Unternehmen, in denen sie arbeiten, über ihre Heimatorte, vergleichen ihre Anreise nach Topeka miteinander und unterhalten sich über andere alltägliche Themen.

Nach dem Abendessen werden sie von Swogger als Gäste der *Menninger Foundation* willkommen geheißen. Swogger stellt seine Mitarbeiter und eine Assistentin vor, die für die Logistik während der Seminarwoche zuständig ist - ein Service, der dazu beitragen soll, daß die Teilnehmer ihre Energien möglichst ungestört für Introspektion, Selbsterfahrung und Empathie nutzen können.

Swogger erläutert den Ablauf der kommenden Woche, in der Vorträge, Diskussionen in Kleingruppen, persönliche Beratungen und informelles Beisammensein während der Pausen, im Verlauf der Mahlzeiten und am Abend einander abwechseln. Späße, praktische Beispiele, Gedichte, Cartoons und andere, vor allem visuelle Hilfen sollen das Interesse der Teilnehmer anregen und ihre Bereitschaft fördern, nicht nur intellektuell, sondern vor allem auch emotional dazuzulernen. Die Seminarteilnehmer werden dazu aufgefordert, über die Ziele nachzudenken, die sie mit der Seminarwoche verbinden. Ein passives Verhalten verringert die Chancen des Lernprozesses. Allerdings soll auch der praktische Nutzen nicht ständig im Vordergrund stehen. Zuhören, Nachdenken und Lernen - so läßt sich die Botschaft zusammenfassen, die Swogger ihnen zu vermitteln versucht.

Zu diesem Zeitpunkt herrscht unter den Teilnehmern eine sehr gute, erwartungsvolle Stimmung. Obwohl viele ein wenig Angst vor dem haben, was sie in der nächsten Woche erwartet, sind sie doch interessiert und hoch motiviert.

Montag

Der Morgen beginnt mit einem Vortrag über die psychoanalytische Persönlichkeitspsychologie. Darin werden die Teilnehmer mit psychoanalytischen Modellen seelischer Prozesse und Strukturen vertraut gemacht. Durch diesen und durch die anderen Vorträge soll ihr Interesse für die häufig unbewußten Ursachen und Ziele menschlichen Handelns geweckt werden. Durch die Förderung einer selbstreflexiven Haltung soll außerdem erreicht werden, daß sich die Teilnehmer für neue, ungewohnte Ansichten und Denkweisen öffnen. Der Grundgedanke dabei ist, daß sie sich auch in andere Menschen besser einfühlen können, wenn sie ihre eigenen Beweggründe besser verstehen.

Anschließend kommen die Seminarteilnehmer in kleinen Gruppen zusammen. An jeder Gruppe nimmt ein Mitarbeiter der *Menninger Foundation* teil, der aber nicht bestimmt, über welche Themen gesprochen wird. Vielmehr muß sich die Gruppe darauf einigen, womit sie sich auseinandersetzen und was sie erreichen will. Alle Gruppenleiter verfügen über langjährige Erfahrung in Gruppendynamik. Ihre gemeinsame Aufgabe ist es, den Teilnehmern dabei zu helfen, eigene "blinde Flecken" zu erkennen und so das besser zu verstehen, was sie bisher ausgeblendet haben. Craig (1986 a, S. 11) schildert, wie manche Seminarleiter den Stein ins Rollen bringen, indem sie zunächst von sich selbst erzählen. Das erleichtert es vielen Teilnehmern, über ihr Privatleben oder über ihre beruflichen Probleme zu sprechen. Durch die Art und Weise, in der das geschieht, aber auch durch den Inhalt ihrer Äußerungen, teilen sie sehr viel über ihre eigenen Einstellungen und über ihre Führungspraxis mit. Im Verlauf der Woche öffnen sich die Seminarteilnehmer dann zumeist immer mehr und setzen sich intensiv mit den anderen Gruppenmitgliedern auseinander. Sie machen sich z. B. untereinander darauf aufmerksam, wenn etwas allzu einseitig wahrgenommen wird. Nach und nach wird es ihnen möglich, mehr von den unbewußten Motivationsquellen menschlichen Verhaltens zu verstehen. Indem sie sich anderen Teilnehmern öffnen und diesen zunehmend vertrauen, lernen sie auch, wie sie mit ihren Kollegen, Mitarbeitern und Vorgesetzten in Zukunft anders als bisher umgehen können, obwohl die zwischenmenschlichen Beziehungen in einem Unternehmen mehr von Konkurrenz und Machtkämpfen geprägt sind als die Ereignisse während der Seminarwoche. Sie erkennen, daß die meisten Menschen - unabhängig davon, wo sie in der Hierarchie eines Unternehmens stehen - eine ähnliche Unterstützung wie sie selbst benötigen und daß man keine befriedigenden Beziehungen zu anderen Menschen herstellen kann, wenn man sie unnötig verletzt.

Natürlich können diese Erkenntnisse nicht in Form einfacher Rezepte zusammengefaßt und gleich am ersten Arbeitstag schematisch abgespult werden. Aber wenn die Teilnehmer ein Bewußtsein für die Ursachen problematischer Situationen am Arbeitsplatz oder auch in ihrer Familie entwickeln, dann können sie oft anders als bisher damit umgehen. Sie können vielleicht ihren eigenen Anteil an einem Problem deutlicher wahrnehmen, statt die Schuld nur bei anderen zu suchen.

Am Nachmittag hören die Teilnehmer einen Vortrag von Swogger über die Psychologie des Lebenslaufs und kommen anschließend wieder in Kleingruppen zusammen. Swogger stützt seinen Vortrag auf die Arbeiten von Erik H. Erikson (1982; vgl. auch Kap. 2.6) und schildert darin die spezifischen Konflikte und Entwicklungsaufgaben der wichtigsten Lebensabschnitte. Säuglingszeit, frühe Kindheit, Latenz, Adoleszenz, frühes Erwachsenenalter, mittleres Lebensalter und hohes Alter. Der Lebenslauf ist darüber hinaus eine zentrale Leitlinie für das gesamte Seminarkonzept.

Da sich jeder Mensch ständig mit seiner eigenen Situation und mit seinen eigenen Schwierigkeiten auseinandersetzt, kann es für ihn eine wichtige Hilfe sein, die Konflikte und Lebensphasen besser zu erkennen, die ihn mit anderen Menschen verbinden - so die Intention Swoggers (Craig 1986 a, S. 11). Ein intensiveres Verständnis für die Psychologie des Lebenslaufs soll auch dabei helfen, empathischer im Umgang mit Ehepartnern, Kindern, Freunden, Vorgesetzten, Kollegen und Mitarbeitern zu werden, die eine andere Position im Lebenslauf einnehmen und deshalb vielleicht andere Probleme haben als man selbst.

Dienstag

Die Vorträge am Dienstag ergänzen und erweitern das Thema der Entwicklungsprozesse im Erwachsenenalter, das am Vortag bereits angeschnitten wurde. Ein Vortrag setzt sich mit der Persönlichkeitsentwicklung von Frauen und den Unterschieden im Lebenslauf von Männern und Frauen auseinander. Viele Männer im mittleren Lebensalter wollen z. B. die Beziehung zu ihrer Frau und zu ihrer Familie ausgerechnet dann intensivieren, wenn ihre Frau, deren Leben bisher ganz im Schatten dieser Beziehung stand, nach einem neuen Selbstverständnis sucht und sich vielleicht um die Rückkehr in ihren ursprünglichen Beruf oder um andere außerfamiliäre Aktivitäten kümmern will. Seminarteilnehmer, die sich in dieser Situation befinden, erhalten Anregungen, die sie in Gesprächen mit ihren Ehepartnern aufgreifen und weiterentwickeln können.

Ein weiteres Referat setzt sich damit auseinander, wie zwischenmenschliche Konflikte von Männern und Frauen sowohl am Arbeitsplatz als auch in ihrer Ehe erlebt und verarbeitet werden. Dieser Vortrag basiert auf Erkenntnissen aus der Familientherapie und beschreibt beispielsweise, wie unterschiedlich Menschen mit inneren Spannungen und Konflikten umgehen. Viele Menschen verleugnen ihre Gefühle, was dazu führen kann, daß sie gegeneinander kämpfen, statt nach einer Möglichkeit zu suchen, ihre gegenseitigen Beziehungen befriedigend und wunschgemäß zu gestalten. Darüber hinaus greift dieser Vortrag auch unterschiedliche Erwartungen und Wünsche von Männern und Frauen auf, so in Bezug auf den Umgang mit Gefühlen und Sexualität.

Mittwoch

Am Mittwoch ist die Stimmung der Teilnehmer in der Regel deutlich schlechter als zu Beginn des Seminars. Johnson, der Verwaltungsdirektor des Centers, führt dies darauf zurück, daß viele von ihnen mit der Erwartung kamen, einfach Leitlinien über neue Managementtechniken zu hören (Craig 1986 a, S. 12). Diese Erwartung wird allerdings enttäuscht. Wenn nicht alles wie erwartet abläuft, beeinflußt das auch die Arbeitsmoral der Seminarteilnehmer.

Am dritten Tag des Seminars steht eher die Auseinandersetzung mit zwischenmenschlichen Beziehungen im Mittelpunkt und nicht so sehr die Diskussion über persönliche Entwicklungs- und Reifungsprozesse. Das Thema des ersten Referats lautet: "Wie man psychologische Verträge verstehen kann" (Craig 1986 a, S. 12, Übers. von uns). Mit psychologischen Verträgen sind dabei die Erwartungen und Ansichten gemeint, die ein Mensch sich im Hinblick darauf bildet, wie sich andere in der Beziehung zu ihm verhalten sollten (vgl. hierzu auch Kap. 2.5). Diese "Verträge" werden z. B. durch die Körpersprache, durch die Sprechweise und mit Hilfe von Metaphern ausgehandelt.

Ein weiteres Referat setzt sich mit den Möglichkeiten auseinander, betriebliche Strukturen, schwierige Veränderungsprozesse und das Betriebsklima tiefenpsychologisch zu verstehen.

Swogger beendet das Programm dieses Tages mit einem Vortrag über die psychologische Bedeutung der Arbeit. Darin setzt er sich mit den folgenden

Themen auseinander: Die emotionalen Bedürfnisse, die durch Arbeitsaufgaben befriedigt werden sollen (wobei sich diese Bedürfnisse bei allen Menschen und je nach ihrem Lebensalter voneinander unterscheiden) und wie persönliche Wünsche und Konflikte sich auf Führungsaufgaben und auf die Fähigkeit, mit Streß umzugehen, auswirken können.

Darüber hinaus hat jeder Teilnehmer die Möglichkeit, eine einstündige persönliche Beratung für sich in Anspruch zu nehmen. Während dieser Gespräche können bestimmte Punkte, die dem einzelnen sehr wichtig sind, vertieft und intensiv bearbeitet werden. Meistens stellt sich nach der von Craig (1986 a, S. 13) wiedergegebenen Beobachtung eines Beraters heraus, daß die Vorstellungen und Phantasien der Ratsuchenden weit bedrohlicher sind als die Wirklichkeit. Sobald sie sich mit ihren Problemen auf tiefenpsychologischer Ebene auseinandersetzen, bekommen sie oft neue Anregungen für Veränderungen und Umgang mit belastenden Situationen.

Donnerstag
Dieser Seminartag beginnt mit einem Referat von Swogger über Streß: woher er kommt, worin er besteht, seine guten und schlechten Seiten und seine Beziehung zur Arbeitssituation.

Nach diesem Vortrag werden die Teilnehmer mit einigen Entspannungstechniken vertraut gemacht. Sie lernen beispielsweise durch gleichmäßiges und tiefes Atmen, Spannungen abzubauen. Anschließend führen sie eine Phantasieübung durch, bei der sie Bilder aus ihrem Unbewußten aufsteigen lassen: sie stellen sich vor, daß sie sich an ihrem Lieblingsplatz befinden und mit sich selbst im Alter von 7 und 70 Jahren sprechen; vielleicht unterhalten sie sich in ihrer Phantasie aber auch mit einem anderen Menschen, den sie sich selbst aussuchen können. Bei vielen Teilnehmern setzt diese Übung intensive Gefühle frei, da sie mit Wünschen und Bedürfnissen in Kontakt kommen, die sie über viele Jahre hinweg verdrängt hatten. Sie soll ihnen dabei helfen, einige der tiefenpsychologischen Einsichten auch wirklich zu erleben und gefühlsmäßig nachzuvollziehen, die durch die Vorträge und Diskussionen während des bisherigen Seminarverlaufs bereits angeschnitten worden waren. Nachmittags steht ein Vortrag über das höhere Lebensalter auf dem Programm. Dieses Thema wurde ganz bewußt für den Donnerstagnachmittag gewählt: Die Stimmung, in der sich die Teilnehmer an diesem Nachmittag befinden, ist schon ein wenig von dem bevorstehenden Ende des Seminars geprägt, so daß der Inhalt des Referats zu ihrer Gefühlslage paßt. Verlust und Trauer sind nämlich wichtige Themen im höheren Lebensalter.

Im einzelnen beschreibt der Referent die Bemühungen des älteren Menschen, einen neuen Sinn für sein Leben zu finden, den Verlust geliebter Bezugspersonen zu bewältigen und seine Selbstachtung und Autonomie zu bewahren. Es werden aber auch die positiven Inhalte dieses Lebensabschnittes hervorgehoben, das neue Freiheitsgefühl und die neuen zeitlichen Möglichkeiten, die auch für Introspektion, Selbstreflexion und für die Rückschau auf das bisherige Leben genutzt werden können.

Freitag

Am Freitag hat sich die Stimmung der Teilnehmer zum zweiten Mal verändert (Craig 1986 a, S. 13). In den vergangenen 5 Tagen haben sie zwar manche Kritik an der Seminarleitung und am Inhalt des Seminars zum Ausdruck gebracht, sich gleichzeitig aber zunehmend auf den Seminarprozeß eingelassen und sich zu einer effektiven, aufgabenorientierten Gruppe mit großem Zusammenhalt weiterentwickelt.

Am Morgen treffen sich die Teilnehmer zum letzten Mal in den Kleingruppen und versuchen, diesmal ohne ihre Berater ihre Seminarerfahrung zusammenzufassen. Diese Kommentare werden später vor der vollständigen Gruppe aller Seminarteilnehmer vorgetragen.

In seiner Eigenschaft als Seminarleiter rät Swogger den Teilnehmern, die Strukturen und psychologischen Verträge, zu denen sie nun bald wieder zurückkehren werden, zu respektieren und mit eventuellen Veränderungsbestrebungen solange zu warten, bis sie genug Zeit gehabt haben, ihre neuen Gedanken und Ideen auf deren Bedeutung für ihre Arbeitssituation hin gründlich zu durchdenken und zu analysieren.

Außerdem werden die Teilnehmer noch einmal auf die Notwendigkeit hingewiesen, sich neben ihren Verpflichtungen in Beruf, Familie und Gesellschaft auch genügend Zeit für sich selbst zu nehmen. Sie sind für ihr eigenes Wohlergehen verantwortlich und haben deshalb auch die Verpflichtung, ihre Lebensziele in Zukunft gründlicher als bisher zu überdenken, ihre Zeit und ihre Energien sinnvoll einzusetzen, ihre zwischenmenschlichen Beziehungen möglichst befriedigend zu gestalten und ein gesundes Gleichgewicht zwischen Arbeit, Familie und gesellschaftlichem Engagement herzustellen.

Zusammenfassend läßt sich feststellen, daß die Menninger Seminare mit Sicherheit keine trügerischen Versprechungen nach dem Muster "Wie man ein besserer Manager in 3 Schritten wird" anbieten. Statt dessen stehen sie ganz in der Tradition einer psychoanalytischen Haltung, davon ausgehend, daß es sehr viel sinnvoller ist, den Menschen nicht vorzuschreiben, was sie tun sollen, sondern ihnen dabei zu helfen, sich selbst und ihre Lebenssituation auf einer tieferen Ebene als bisher zu verstehen, damit sie eine Lösung für ihre Probleme finden können. Vielleicht wird so auch die selbstkritische Reflexion darüber gefördert, ob das Streben nach immer mehr Macht, Prestige, Status und Geld wirklich ein befriedigendes Leben ausmacht oder ob dadurch nicht auch Wünsche nach einer größeren Zufriedenheit mit der eigenen Arbeits- und Lebenssituation in den Hintergrund gedrängt werden.

Ergänzende Angebote der Menninger Foundation: Die weiteren Aktivitäten der *Menninger Foundation* im Unternehmensbereich zielen vor allem auf den Umgang mit chronischen, irritierenden und auch kostenintensiven psychologischen Problemen ab. Das *US-Department of Health & Human Services* schätzt beispielsweise, daß Alkohol- und Drogenmißbrauch sowie seelische Erkrankungen die amerikanische Wirtschaft jährlich mit 190,7 Mrd. $ belasten (Craig 1986 b, S. 17). Diese Zahl berücksichtigt sowohl die direkten als auch die indirekten Kosten, die sich aus der verminderten Produktivität ergeben, die von diesen Störungen verursacht wird. Äußerungsformen dieser Probleme können z. B. sein: Abwesenheit vom Arbeitsplatz, Unfälle, hohe Fluktuationsraten, geringe Produktivität, zwischenmenschliche Konflikte und schwere seelische Krisen von Führungskräften. All diese Probleme führen zu enormen Belastungen, und zwar nicht nur für die Unternehmensangehörigen, sondern auch für deren Familien. Zu ihrer Lösung bietet die *Menninger Foundation* eine Reihe von weiteren Maßnahmen an, die von Craig (1986 b) wie folgt beschrieben werden:

Beratung für Führungskräfte: Dieses Beratungsangebot gibt Führungskräften die Chance, sowohl die Probleme, die sie belasten, als auch sich selbst auf tiefenpsychologischer Ebene zu verstehen und dadurch auch neue Perspektiven für einen besseren Umgang mit ihren Schwierigkeiten zu gewinnen. Es wurde als Reaktion auf entsprechende Nachfragen von Seminarteilnehmern und anderen Stellen eingerichtet, die davon gehört hatten, daß die *Menninger Foundation* auch mit Führungskräften arbeitet. Gründe, die zu einer Inanspruchnahme der Beratungen führen, sind z. B. (Craig 1986 b, S. 17):

- persönliche Konflikte, die sich im Arbeitsalltag auswirken;
- Schwierigkeiten im Umgang mit belastenden Veränderungen;
- Führungsstile und deren negative Wirkung auf andere Menschen;
- Alkohol- und Drogenprobleme;
- Verunsicherungen in Bezug auf Beförderungen und die weitere berufliche Laufbahn.

Die Klienten sprechen zunächst mit einem Berater, der sich bemüht zu klären, wo ihre Bedürfnisse liegen und ob eine Beratung sinnvoll ist. Er versucht, die Schwierigkeiten des Klienten genau zu verstehen: wer unter dem Problem leidet, welche Personen zusätzlich darin verwickelt sind, was bisher für die Bewältigung getan wurde, wie sich diese Bemühungen ausgewirkt haben, warum der Klient gerade jetzt Hilfe braucht und was er sich von der Beratung erhofft. Wenn eine Beratung aussichtsreich erscheint, finden auch Gespräche mit anderen an den Schwierigkeiten beteiligten Personen statt, um auch deren Sichtweise kennenzulernen.

Anschließend suchen die Führungskräfte mit ihren Ehepartnern verschiedene Berater in Topeka auf (Craig 1986 b, S. 17). Das Beratungssetting wird individuell erstellt: das an einem bestimmten Fall arbeitende Team kann z. B. aus einem Psychoanalytiker, einem Psychologen, einem Psychiater oder Neurologen, einem Sozialarbeiter, einem Rechtsanwalt oder anderen Spezialisten bestehen, je nachdem, wer zur Lösung des Problems etwas beitragen kann. Die Dauer der Beratung variiert zwischen wenigen Stunden und mehreren Tagen. Der Ehepartner wird mit einbezogen, weil er oft wertvolle Informationen liefern kann, die ein vertieftes Verständnis der Probleme des Klienten fördern. Beispielsweise verhalten sich viele Menschen in unterschiedlichen Situationen sehr ähnlich, so daß die Schilderung der familiären Beziehungen durch den Ehepartner auch wertvolle Hinweise auf die Beweggründe des Verhaltens des Ratsuchenden im beruflichen Alltag geben kann. Zusätzliche Informationen kann man dem Umgang der Partner miteinander entnehmen.

All diese Beobachtungen und Gespräche sollen es den Mitgliedern des Beratungsteams erleichtern, sich ein möglichst umfassendes Bild von den Problemen des Klienten und deren Ursachen zu machen, so daß sie diese tiefenpsychologischen Einsichten dann auch mit ihm und seinem Partner besprechen können. Dadurch kann der Klient seine Schwierigkeiten in vielen Fällen in neuem Licht sehen. Neue und häufig überraschende Anregungen, wie die Situation verbessert werden könnte, ermöglichen dann oft eine Veränderung auch in der häuslichen Situation.

Swogger legt Wert auf die Feststellung, daß das Beratungsangebot keinesfalls mit einer medizinischen Behandlung verwechselt werden darf: "Unser Schwerpunkt liegt darin, grundsätzlich gesunden Menschen dabei zu helfen, ihr Leben genauer zu betrachten, so daß sie einige Handlungsalternativen entwickeln können. Die Ziele unseres Programms sind von ihrer Natur her katalytisch - den Klienten dabei helfen, Hoffnung, Verständnis und Energie zu mobilisieren, um sich mit lange eingeschliffenen Problemen auf der Grundlage von neuen Einsichten, Empathie und Unterstützung auseinandersetzen zu können." (nach Craig 1986 b, S. 18, Übers. von uns)

Unternehmensberatung: Jeder Mensch ist schon einmal in belastende und nervenaufreibende Auseinandersetzungen mit den eigenen Eltern, dem Ehepartner, einem Freund oder Vorgesetzten verwickelt worden. Überall, wo Menschen miteinander in Beziehung treten, sind beinahe automatisch auch komplizierte zwischenmenschliche Konflikte vorhanden - in der Familie ebenso wie am Arbeitsplatz. Wenn allerdings die zwischenmenschlichen Beziehungen in einem Unternehmen aus dem Gleichgewicht geraten, dann wirkt sich das auf die gesamte Arbeitssituation aus. Die Stimmung verschlechtert sich, es entstehen Cliquen, Machtkämpfe eskalieren, Intrigen werden gesponnen, und auch die Produktivität wird in Mitleidenschaft gezogen. Solche und ähnliche Situationen führen nach den Beobachtungen von Craig (1986 b, S. 18) dazu, daß sich Unternehmen mit der Bitte um Unterstützung an das *Will Menninger Center for Applied Behavioral Sciences* wenden. Die folgenden 2 Beispiele beschreiben, wie in diesen Fällen Unternehmensberatungen von den Mitarbeitern des Zentrums durchgeführt werden, um den betroffenen Unternehmen dabei zu helfen, Wege aus der Krise zu finden:

Die Hauptteilhaber einer großstädtischen Anwaltskanzlei wandten sich mit dem Anliegen an das *Menninger Center*, ihnen zu helfen, ein Strategiepapier zu entwickeln, in dem Zweck und Aufgaben der Firma beschrieben werden sollten. Die Firma selbst war in den frühen 50er Jahren von 5 Anwälten gegründet worden und offensichtlich recht erfolgreich: Mittlerweile beschäftigte sie etwa 150 Anwälte. Der erste Schritt besteht nun, wie bei allen Beratungen, darin, daß ein Team aus 2 oder 3 Mitarbeitern mit Hilfe von Fragebögen und Interviews Daten über die betreffende Organisation sammelt. Zusätzlich werden Hintergrundinformationen über die Strukturen und Ziele des Unternehmens zusammengetragen. Diese Informationen sollen dabei helfen, verdeckte, kaum einmal offen ausgesprochene Probleme zu identifizieren; außerdem sollen dadurch auch bisher verborgene Erwartungen, Gefühle und Einstellungen erkennbar werden.

Auch in diesem Fall führten Gespräche mit den Unternehmensangehörigen dazu, daß einige bisher verdrängte Irritationen deutlich wurden: So war z. B. einer der ursprünglichen Geschäftspartner vor kurzem in ein anderes Unternehmen übergewechselt, und die verbleibenden Teilhaber, die von ihrer Firma das Bild einer "Familie" hatten, fühlten sich von ihm verraten und im Stich gelassen. Außerdem wollten die jüngeren Anwälte stärker an der Firma beteiligt werden. Wieder hatten die Älteren das Gefühl, daß ihre "Familie" bedroht sei.

Die Berater schlugen schließlich eine 3tägige Veranstaltung vor, an der sämtliche Mitarbeiter teilnehmen sollten. In deren Verlauf hielten sie kurze Vorträge über Organisationsstrukturen und Unternehmensziele und beschrieben, wie sich Veränderungsprozesse auf die Stimmung im Unternehmen auswirken.

Darüber hinaus wurden Kleingruppen gebildet, die von den Beratern geleitet wurden. Jeder der 150 Anwälte hatte hier die Gelegenheit, die 5 wichtigsten Probleme des Unternehmens aus seiner Sicht zu beschreiben. Dabei wurden viele unterschiedliche Wünsche deutlich: die Kommunikation sollte verbessert werden, die jüngeren Anwälte wollten mehr verdienen, bestimmte Unternehmensbereiche sollten ausgebaut werden usw. Schließlich gelang es im Verlauf vieler Diskussionen aber doch, sich über den weiteren Kurs zu einigen. Im Verlauf des Verständigungsprozesses waren die Aufgaben und Ziele des Unternehmens geklärt worden, und die Mitarbeiter konnten nun wieder besser zusammenarbeiten. Darüber hinaus wurde ein Spezialist engagiert, der sich um einige Detailfragen kümmern sollte.

In einem Familienbetrieb, der Plastikbehälter und Verpackungsmaterial herstellte, war ein schwerer Konflikt ausgebrochen, der nicht nur die Atmosphäre zwischen den Familienmitgliedern vergiftete, sondern in den auch andere Unternehmensangehörige hineingezogen worden waren. Der Unternehmensgründer und Vater des derzeitigen Firmenchefs hatte sich nämlich vor einem halben Jahr offiziell aus "seinem" Betrieb zurückgezogen, schien dazu jedoch nicht wirklich in der Lage oder willens zu sein. Er kam z. B. nicht nur täglich ins Unternehmen, um seine Post abzuholen, sondern auch um nachzusehen, ob alles gut liefe und um sich überall einzumischen. Der Firmenchef war über dieses Verhalten seines Vaters natürlich verärgert; Auseinandersetzungen zwischen beiden waren an der Tagesordnung. Ein zweiter Sohn und einige Angestellte, die schon lange für das Unternehmen arbeiteten und den Firmengründer mochten, saßen zwischen den Stühlen. Obwohl viele von ihnen mit der Vorgehensweise des jetzigen Chefs einverstanden waren, wollten sie sich dennoch nicht eindeutig auf seine Seite stellen, um den Vater nicht zu kränken. Andere Mitarbeiter bevorzugten ohnehin die Methoden des alten Mannes und waren gegen alle Veränderungen. Durch die einst recht harmonische Familie zog sich mittlerweile ein tiefer Graben, und sogar die Ehefrauen waren in die Auseinandersetzungen hineingezogen worden.

Im Verlauf des mehrere Monate dauernden Beratungsprozesses sprachen die Mitarbeiter des Menningerteams mit dem Präsidenten und seiner Frau, mit dem zweiten Sohn des Firmengründers und dessen Frau, führten dann aber auch Gespräche mit allen gemeinsam. Weitere Beratungsgespräche fanden mit den Führungskräften statt, die bereits in die familiären Konflikte hineingezogen worden waren.

Während des Beratungsprozesses verstanden die Klienten immer besser, warum es zu den Problemen gekommen war. Dadurch wurde ihnen auch deutlich, daß sie sich darauf einigen mußten, wie sie in Zukunft mit dem früheren Firmenchef umgehen wollten. Sie fanden schließlich eine Möglichkeit, seine Einmischungsversuche zu beenden, ihn aber gleichzeitig doch weiterhin mit "seinem" Betrieb in Kontakt zu halten (beide Beispiele nach Draig 1986 b, S. 18 f.).

Im Verlauf der oben beschriebenen Intervention schlugen die Berater - wie sonst auch - keine bestimmte Vorgehensweise zur Lösung der Schwierigkeiten ihrer Klienten vor. Sie halfen ihnen vielmehr dabei, die Problemsituation und deren Ursachen richtig zu verstehen, so daß sie selbst eine Lösung finden konnten, die für ihr Unternehmen am besten geeignet war. Johnson, ein Mitarbeiter des Menninger-Teams, der sich auf die Beratung von beruflichen Beziehungsproblemen spezialisiert hat, beschreibt diese Einstellung wie folgt: "Wir gehen davon aus, daß unsere Klienten über genügend Ressourcen verfügen und daß sie, wenn sie verstehen, was geschieht und warum sich jemand so und nicht anders verhält, normalerweise auch Ideen entwickeln, um das Problem zu lösen. Sie brauchen uns nicht dazu, damit wir ihnen sagen, was sie tun sollen." (zit. nach Craig 1986 b, S. 19, Übers. von uns)

Weitere Beratungsangebote: Menschliche Probleme und Schwierigkeiten gibt es in allen sozialen Schichten und sie durchziehen deshalb auch die gesamte Hierarchie eines Unternehmens. Sie belasten nicht nur den einzelnen, sondern in vielen Fällen auch das gesamte Unternehmen. Z. B. kann ein Firmenleiter, der für seine schwierigen privaten Probleme keine Lösung findet, durch seine Sorgen so sehr abgelenkt werden, daß ihm leicht ein kostspieliger Irrtum oder eine weitreichende Fehlentscheidung unterläuft, die sich auf das gesamte Unternehmen negativ auswirkt. Oder ein Mitarbeiter ist auf seinen Vorgesetzten wütend, weil er sich von ihm ungerecht behandelt fühlt, und wird dadurch vielleicht so sehr abgelenkt, daß er Sicherheitsvorschriften verletzt und einen Unfall verursacht. Craig (1986 b, S. 19) berichtet, daß diese und ähnliche Szenarios dazu geführt haben, daß eine Reihe von Unternehmen ihren Mitarbeitern und deren unmittelbaren Angehörigen kostenlose Beratungen im Rahmen außertariflicher Sozialleistungen anbieten. Bei der *Menninger Foundation* gibt es ein entsprechendes Programm seit etwa 10 Jahren. Es wird mittlerweile von Banken, Versicherungen, Produktionsbetrieben und anderen Unternehmen in Anspruch genommen.

Das Beratungssetting kann dabei sehr unterschiedlich sein. Eine Möglichkeit besteht darin, mit dem Berater feste Zeiten zu vereinbaren, zu denen er für die Mitarbeiter und ihre Familien im Unternehmen zur Verfügung steht. Die vereinbarten Sprechzeiten hängen dabei von der Größe des Unternehmens ab. Die Klienten können darüber hinaus aber auch selbst Termine mit dem Berater vereinbaren.

Andere Unternehmen, die keine ortsgebundenen Sprechstunden finanzieren, greifen statt dessen auf das *Community Service Office* der *Menninger Foundation* zurück. In diesen Fällen rufen Mitarbeiter oder deren Familienangehörige dort an, stellen sich als Mitarbeiter eines bestimmten Unternehmens vor, und innerhalb kurzer Zeit kommt ein Beratungstermin zustande.

Die "Sprechstunden in der Firma" haben allerdings viele Vorteile: Weil die Berater regelmäßig jede Woche kommen, lernen die Mitarbeiter des Unternehmens sie auch persönlich kennen. Dadurch wird ihre Schwellenangst abgebaut, und sie müssen nicht befürchten, es mit einer unnahbaren Autoritätsperson zu tun zu haben. Außerdem lernen die Berater die Unternehmensangehörigen und das Betriebsklima besser kennen. Wenn beispielsweise bestimmte Gerüchte im Umlauf sind, die die Mitarbeiter verunsichern, können sie mit ihrer Hilfe leichter geklärt werden.

Die Berater legen großen Wert darauf, nicht der verlängerte Arm des Managements zu sein. Das Beratungsprogramm wäre auch von vornherein zum Scheitern verurteilt, wenn die Mitarbeiter sich nicht darauf verlassen könnten, daß alle Beratungsgespräche streng vertraulich behandelt werden.

Manchmal genügt ein einziges Gespräch, z. B. wenn es nur darum geht, bestimmte Informationen über weitere Hilfen zu vermitteln, manchmal finden aber auch 3 oder 4 Gespräche statt. Wenn es sich allerdings um ein sehr schwerwiegendes und chronisches Problem handelt, das nur durch langfristige therapeutische Arbeit verändert werden kann, spricht der Berater mit dem Klienten ausführlich darüber, welche weiteren Schritte notwendig sind, um eine Lösung zu erzielen, und überweist den Klienten eventuell an einen Fachmann zur weiteren Behandlung.

Die *Menninger Foundation* bietet diese Programme nicht nur für Firmen an, die in Topeka ansässig sind, sondern auch für andere Unternehmen. Diese werden durch Berater betreut, die von der *Menninger Foundation* ausgebildet wurden und bei ihr unter Vertrag stehen. Auch diese überregionalen Berater sollen im Bedarfsfall ohne lange Wartezeiten zur Verfügung stehen. Supervision, Weiterbildung und Follow-up-Untersuchungen sollen sicherstellen, daß die Beratungsarbeit auf hohem qualitativen Niveau erfolgt. Craig (1986 b, S. 20) berichtet, daß das Beratungsangebot, das für die Unternehmensangehörigen kostenlos ist, von 8 - 22 % der Belegschaft in Anspruch genommen wird, einer vergleichsweise hohen Zahl.

Zusammen mit den Seminaren für Führungskräfte bietet die *Menninger Foundation* in den USA somit eine umfassende Palette von Maßnahmen an, die alle auf die Anwendung tiefenpsychologischen Wissens im Unternehmensbereich abzielen: von der tiefenpsychologischen Beratung für Führungskräfte über die Unternehmensberatung bis hin zu Beratungsangeboten für die gesamte Belegschaft eines Unternehmens. Auch wenn ihre in der *Menninger Perspective* veröffentlichte Beschreibung durch Craig (1986 a, 1986 b) möglicherweise etwas euphemistisch geraten ist, bleibt doch zu hoffen, daß entsprechende Ansätze auch in der Bundesrepublik Deutschland in Zukunft Verbreitung finden.

6 Chancen und Risiken einer angewandten Psychoanalyse im Unternehmen

Angesichts der in diesem Buch dargestellten Palette von interessanten Möglichkeiten, psychoanalytische Erkenntnisse für die Lösung von Problemen im Arbeitsleben heranzuziehen, stellt sich die Frage, warum die psychoanalytische Organisationspsychologie bisher in Theorie und Praxis so wenig Beachtung gefunden hat.

Den wesentlichen Grund hierfür sieht der Psychoanalytiker und Leiter des Arbeitskreises für Klinische Betriebspsychologie im *Berufsverband Deutscher Psychologen (BDP)* Klaus Bilitza (1989, S. 23) sicherlich zurecht darin, daß die Psychoanalyse vor allem darum bemüht ist, unbewußte Konflikte ins Bewußtsein zu heben. Darüber hinaus war die Psychoanalyse schon immer eine kritische Wissenschaft. Sie untersucht irrationale Grundlagen von Machtverhältnissen ebenso wie die Ursachen neurotischer Symptome und stellt deshalb für Menschen, die ihre Machtposition nicht rationalen Qualitäten wie Kompetenz, Verantwortungsbewußtsein, Weitsicht und Integrität verdanken, eine Bedrohung ihrer unberechtigten Stellung dar. Das dürfte auch der Grund dafür sein, daß sie von manchem totalitären Regime sogar verboten wurde. Der aufklärerische Anspruch der Psychoanalyse hat jedoch eine lange Tradition: Bereits Freud betonte immer wieder, das Ziel der Psychoanalyse bestehe darin, unbewußte Konflikte bewußt zu machen und so eine Veränderung zu ermöglichen. Damit ist aber auch die Erhellung derjenigen sozialen und gesellschaftlichen Strukturen angesprochen, die günstige Bedingungen für die Entstehung neurotischer Deformationen schaffen. Freud sah allerdings auch, daß die Auseinandersetzung mit diesen neurotisierenden Einflüssen der Gesellschaft heftige Widerstände mobilisieren würde:

> Die Gesellschaft wird sich nicht beeilen, uns Autorität einzuräumen. Sie muß sich im Widerstande gegen uns befinden, denn wir verhalten uns kritisch gegen sie; wir weisen ihr nach, daß sie an der Verursachung der Neurosen selbst einen großen Anteil hat. Wie wir den Einzelnen durch die Aufdeckung des in ihm Verdrängten zu unserem Feinde machen, so kann auch die Gesellschaft die rücksichtslose Bloßlegung ihrer Schäden und Unzulänglichkeiten nicht mit sympathischem Entgegenkommen beantworten; weil wir Illusionen zerstören, wirft man uns vor, daß wir die Ideale in Gefahr bringen (Freud 1910, S. 111).

Auch heute noch werden Symptome einer seelischen oder körperlichen Störung meistens nicht im Kontext der Arbeitssituation des betreffenden Menschen gesehen und verstanden. Noch immer ist die Meinung weit verbreitet, es gäbe keinen Zusammenhang zwischen diesen Störungen und den privaten und beruflichen Lebensbedingungen des Betroffenen, dem die alleinige persönliche Verantwortung für seine Erkrankung zugewiesen wird.

Es ist aber eines der wesentlichen Anliegen der Psychoanalyse, diese Ausgrenzung wieder rückgängig zu machen. Dadurch, daß die Zusammenhänge zwischen körperlichen oder seelischen Beschwerden und der Arbeitssituation eines Menschen besser verstanden werden, kann oft verhindert werden, daß krankmachende Bedingungen überhaupt erst entstehen. Allerdings besteht dabei nach den Beobachtungen von Bilitza (1989, S. 24) das Risiko, daß entsprechende Ansätze mit weiteren negativen psycho- und soziodynamischen Reaktionen beantwortet werden:

- Abwehrprozesse verhärten sich, so daß das Problem (z. B. Alkoholmißbrauch) vielleicht sogar noch mehr verleugnet wird ("es ist nicht Aufgabe des Betriebes, sich um private Probleme einzelner Mitarbeiter zu kümmern");
- es entstehen starke Ängste; bereits die Vorstellung, sich mit einem Problem tiefenpsychologisch auseinanderzusetzen, kann die Verantwortlichen so sehr beunruhigen, daß sie das Problem lieber durch Regeln, Vorschriften und bürokratische Maßnahmen "lösen";
- das entstehende Bewußtsein für die Ursachen eines Problems kann sehr schmerzhaft sein, z. B. weil dadurch unrealistische Idealvorstellungen ("wir haben keine Probleme") in Frage gestellt werden.

Eine weitere Gefahr für die Anwendung psychoanalytischer Erkenntnisse und Methoden in Unternehmen sieht Bilitza (1989) "in dem naheliegenden und verführerischen Mißverständnis, wer sich als Führungskraft mit der Psychoanalyse und der Tiefendimension auseinandersetzt, gewinnt mit Hilfe von selbstgestrickten Rezepten und Strategien größeren Einfluß. Wer darauf hofft, muß enttäuscht werden; in der Psychoanalyse gibt es, wie in der betrieblichen Realität, keine einfachen Rezepte. Der Vorgesetzte kann nicht der Therapeut seiner Mitarbeiter sein!" (S. 24). Gleichzeitig beinhaltet die Anwendung der Psychoanalyse im Unternehmens-bereich seiner Meinung nach (S. 24) aber auch eine Reihe von Chancen, die nicht verspielt werden sollten:

Prävention: Da es nach psychoanalytischem Verständnis keine eindeutige Trennlinie zwischen "gesund" und "krank" gibt, wird es auch möglich, krankmachende und schädigende Bedingungen frühzeitig zu erkennen und ihnen entgegen zu wirken, ohne solange zu warten, bis offensichtliche Symptome (z. B. psychosomatische Beschwerden oder Alkoholmißbrauch) zutage treten.

Abbau von Belastungen: Wenn die Ursachen der chronischen Arbeits- und Beziehungskonflikte, die bisher heruntergespielt, verdrängt, bagatellisiert oder verleugnet wurden, richtig verstanden werden, zeichnen sich meistens auch Möglichkeiten für einen besseren Umgang mit diesen Schwierigkeiten ab.

Förderung von Kreativität und Leistung: Beziehungsstörungen am Arbeitsplatz, irrationale Gruppenphänomene und andere Konflikte wirken sich selbstverständlich auch auf die Leistungen der Betroffenen aus. Wenn sich diese Störungen beheben lassen, dann werden auch die Energien und Kräfte wieder frei, die bislang in den Konflikten gebunden waren.

Förderung von Problembewußtsein und Empathiefähigkeit bei Führungskräften: Trotz aller Bemühungen um Humanisierung der Arbeitswelt ist im Verlauf der letzten 10 Jahre die Zahl der psychischen und psychosomatischen Krankheiten stark angestiegen. Dazu gehören auch die Streßkrankheiten, die von belastenden Arbeitsbedingungen mit verursacht werden, wie z. B. koronare Herz- und Magen-Darmerkrankungen, aber auch neurotische Arbeitsstörungen, Depressionen und Ängste. Diese Störungen sind nach dem Eindruck von Bilitza in der Berufspraxis vielfach aber noch gar nicht als solche erkannt worden.

Eine psychoanalytische Organisationspsychologie, deren Intentionen, Konzepte und methodische Vorgehensweisen in dieser Arbeit skizziert wurden, stellt eine einzigartige Möglichkeit bereit, den Menschen in Institutionen, ob nun als Mitarbeiter oder als Führungskraft, in seinen affektiven und dynamischen Bezügen besser zu verstehen, Spannungen und Konflikte zu verringern und somit das menschliche Miteinander konstruktiver und befriedigender zu gestalten.

Die Anwendung psychoanalytischen Wissens im Unternehmensbereich beinhaltet eine Vielzahl von Chancen, die bisher zu wenig oder noch gar nicht genutzt worden sind. Der bis zum heutigen Tag vorherrschende Mythos von einem rational durchstrukturierten Firmenmenschen, kräftig unterstützt von wissenschaftlichen Konzepten und Methoden, die nur auf Verhaltensanalysen und -daten beschränkt waren, hat jahrzehntelang eine psychoanalytische Betrachtungsweise verhindert - und Psychoanalytiker haben sich bis vor einigen Jahren nicht sonderlich um diesen Bereich gekümmert. Aber das psychoanalytische Verständnis kann und muß sich auch auf den arbeitenden Menschen in seinen Institutionen erstrecken.

Den Menschen mit seinen konflikthaften Bedürfnissen, Intentionen und Affekten ins Zentrum der Aufmerksamkeit zu stellen - dies sollte das wichtigste Ziel des psychoanalytischen Vorgehens in diesem Forschungs- und Anwendungsfeld sein. Ob eine psychoanalytisch orientierte Organisationspsychologie, die den wirklichen Verhältnissen - jenseits aller programmatischen Firmenphilosophien - auf den Grund geht, Wahrnehmungstabus aufhebt, unbewußte Verstrickungen diagnostiziert, Korrumpierungen durch Leidenschaften analysiert, im Unternehmen erfolgreich sein kann, hängt ganz wesentlich von der Bereitschaft der Betroffenen ab, sich einem tiefenpsychologischen Prozeß des Um- und Nachdenkens zu öffnen. In ganz besonderer Weise gilt dies für die Unternehmensspitze, auf deren aktive Unterstützung entsprechende Initiativen angewiesen sind. Gerade die psychoanalytische Betrachtungsweise zeigt auf, wie sehr das "tu quoque", das "Du auch", für Veränderungsprozesse bedeutsam ist: Eine Führungsperson, die in einer Art Vaterübertragung von ihren Mitarbeitern wahrgenommen wird, muß die Auswirkungen und Implikationen dieser Übertragungen am eigenen Leib erfahren und reflektiert haben; es reicht nicht aus, wenn nur die Mitarbeiter zu Kommunikationsseminaren "geschickt" werden. Die unbewußte Vernetztheit der affektiven Erfahrungen trotz äußerst rational wirkendem Diskurs an der Oberfläche ist eine psychoanalytische Erkenntnis, die es erforderlich macht, daß auch und vor allem "der Mann an der Spitze" sich einem psychoanalytisch orientierten Reflexionsprozeß öffnet. Die darin enthaltene Zumutung ist klar, die Herausforderung augenfällig, und der Erfolg wird sich nicht übermorgen einstellen. Aber wer eine wirkliche Humanisierung der Arbeitswelt will, wird an dieser Herausforderung nicht vorbeigehen können.

Die vielfältigen Forschungsfragen einer psychoanalytischen Organisationspsychologie, deren Grundlinien in diesem Buch abgesteckt wurden, lassen sich nur im Rahmen eines eigenen psychoanalytischen Forschungsinstituts verwirklichen. An diesem noch zu gründenden Forschungsinstitut ist eine interdisziplinäre Zusammenarbeit von Psychoanalytikern und Organisationsfachleuten zu realisieren.

Literaturverzeichnis

Abelin EL (1971) The role of the father in the separation individuation process. In: McDevitt JB, Settlage CF (eds) Separation-individuation: Essays in honor of Margaret S. Mahler. International Universities Press, New York, p 229-253

Adler A (1974) Praxis und Theorie der Individualpsychologie. Fischer (Erstveröffentlichung 1920), Frankfurt a. M.

Amado G (1990) Intrapsychic life and organization: From idealization to transitional spaces. The case of Evelyne B. (Vortrag am 24.05.1990 beim Symposium der ISPSO zum Thema: Clinical approaches to the study of manegerial and organizational dynamics. Ecole des HEC, Montreal)

Atkins RN (1984) Transitive vitalization and its impact on father-representation. Contemp Psychoanal 20: 663-676

Bar-Lev Elieli R (1990) A journey towards integration: A transitional phase in the organizational life of a clinic. (Vortrag am 25.05.1990 beim Symposium der ISPSO zum Thema: Clinical approaches to the study of managerial and organizational dynamics. Ecole des HEC, Montreal)

Bateson G, Jackson DD, Haley J, Weakland J (1969) Auf dem Weg zu einer Schizophrenie-Theorie. In: Bateson G et al (Hrsg) Schizophrenie und Familie. Suhrkamp, Frankfurt a. M, S 11-43 (engl: 1956 Toward a theory of schizophrenia. Behav Sci 46/1: 251-264)

Baumgarten R (1977) Führungsstile und Führungstechniken. De Gruyter, Berlin New York

Bauriedl T (1980) Beziehungsanalyse. Das dialektisch-emanzipatorische Prinzip der Psychoanalyse und seine Konsequenzen für die psychoanalytische Familientherapie. Suhrkamp, Frankfurt a. M.

Bauriedl T (1983) Balintgruppen. In: Mertens W (Hrsg) Psychoanalyse - ein Handbuch in Schlüsselbegriffen. Urban & Schwarzenberg, München Wien Baltimore, S 212-222

Bauriedl T (1986) Die Wiederkehr des Verdrängten. Piper, München Zürich

Bauriedl T (1987) Narziß als Ödipus. Zur Verbindung von Triebtheorie und Selbstpsychologie aus familiendynamischer Sicht. (Vortrag am 06.11. 1987 im Sigmund-Freud-Institut in Frankfurt a. M.)

Bauriedl T (1988) Das Leben riskieren. Psychoanalytische Perspektiven des politischen Widerstands. Piper, München Zürich

Bilitza K (1989) Pychoanalyse für betriebliche Organisationen: Sind Unternehmen rational zu führen? Gabler's Magazin 2/1989: 21-24

Bion WR (1959) Experiences in groups. Tavistock, London

Blake RR, Mouton JS (1964) The managerial grid. Gulf, Houston, Tex

Brocher T (1984) Diagnosis of organizations, communities and political units. In: Kets de Vries MFR (ed) The irrational executive. Psychoanalytic explorations in management. International Universities Press, New York, p 373-391

Brocher T (1989) Managertraining in USA: Verhalten und Motivation verstehen. Gabler's Magazin 2/1989: 16-20

Cohn R (1980) Von der Psychoanalyse zur themenzentrierten Interaktion. Von der Behandlung Einzelner zu einer Pädagogik für alle. Klett, Stuttgart

Cooper CL, Smith M (1989) Stressoren am Arbeitsplatz: Ihre Wirkung auf Entscheidungsprozesse und Gesundheit in Organisationen. Rep Psychol 4/1989: 9-21

Craig JL (1986 a) Management with feeling. Menninger Persp 17/3: 9-13

Craig JL (1986 b) Serving the business world. Menninger Persp 17/3: 17-20

De Board R (1983) Counselling people at work. An introduction for managers. Gower, Aldershot

De Board R (1985) The psychoanalysis in groups and organizations. A psychoanalytic approach to behaviour in groups and organizations, 3. Aufl. Tavistock, London

Deutsch H (1942) Some forms of emotional disturbance and their relationship to schizophrenia. Psychoanal Q 11: 301-321

Diamond MA (1984) Bureaucracy as externalized self-system: A view form the psychological interior. Admin Soc 16/2: 195-214

Diamond MA (1985) The social character of bureaucracy: Anxiety and ritualistic defense. Polit Psychol 6/4: 663-679

Diamond MA (1988) Organizational identity. A psyochoanalytic exploration of organizational meaning. Admin Soc 20/2: 166-190

Diamond MA (1990) Psychoanalytic bases of organizational conflict. (Vortrag am 25.05.1990 beim Symposium der ISPSO zum Thema: Clinical approaches to the study of managerial and organizational dynamics. Ecole des HEC, Montreal)

Diamond MA, Allcorn S (1987) The psychodynamics of regression in work groups. Hum Rel 40/8: 525-543

Enriquez E (1990) Request, transference and counter-transference: An intervention at a shelter for women in difficulty. (Vortrag am 24.05.1990 beim Symposium der ISPSO zum Thema: Clinical approaches to the study of managerial and organizational dynamics. Ecole des HEC, Montreal)

Erikson EH (1969) Gandhis Wahrheit: über die Ursprünge der militanten Gewaltlosigkeit. Insel, Frankfurt a. M. (engl: 1969 Gandhi's truth: On the origins of militant non-violence. Norton, New York)

Erikson EH (1975) Der junge Martin Luther. Suhrkamp, Frankfurt a. M. (engl: 1958 Young man Luther: A study in psychoanalysis and history. Norton, New York)

Erikson EH (1982) Kindheit und Gesellschaft, 8. Aufl. Klett, Stuttgart (engl: 1950 Childhood and society. Norton, New York)

Ferenczi S (1909) Introjektion und Übertragung. In: Ders (1970) Schriften zur Psychoanalyse, Bd I. Fischer, Frankfurt a. M., S 12-47

Ferenczi S (1919) Sonntagsneurosen. In: Ders (1970) Schriften zur Psychoanalyse, Bd I. Fischer, Frankfurt a. M., S 260-264

French JRP, Raven BH (1959) The basis of social power. In: Cartwright D (ed) Studies in social power. University of Michigan, Institute of Social Research, Ann Arbor, Mich

Frese M (1979) Vorwort. In: Seligman MEP Erlernte Hilflosigkeit. Urban & Schwarzenberg, S. IX-XV

Freud S (1894) Die Abwehr - Neuropsychosen. In: G W I , Fischer (1966, 4. Aufl), Frankfurt a. M., S 59-74

Freud S (1905) Bruchstück einer Hysterie-Analyse. In: G W V , Fischer (1968, 4. Aufl), Frankfurt a. M., S 163-286

Freud S (1910) Die zukünftigen Chancen der psychoanalytischen Therapie. In: G W VIII, Fischer (1969, 5. Aufl), Frankfurt a.M., S 104-115

Freud S (1912 a) Ratschläge für den Arzt bei der psychoanalytischen Behandlung. In: G W VIII, Fischer (1969, 5. Aufl), Frankfurt a. M., S 376-387

Freud S (1912 b) Zur Dynamik der Übertragung. In: G W VIII, Fischer (1969, 5. Aufl), Frankfurt a. M., S. 364-374

Freud S (1921) Massenpsychologie und Ich-Analyse. In: G W XIII, Fischer (1967, 5. Aufl), Frankfurt a. M., S 73-161

Freud S (1927) Die Zukunft einer Illusion. In: G W XIV, Fischer (1968, 4. Aufl), Frankfurt a. M., S 323-380

Friedman M. Rosenman RH (1977) The key cause-type A behavior pattern. In: Monat A, Lazarus RS (eds) Stress anc coping: An anthology. Columbia University Press, New York

Fromm E (1960) Der moderne Mensch und seine Zukunft. Eine sozialpsychologische Untersuchung. Europäische Verlags-Anstalt, Frankfurt a. M. (engl: 1956 The sane society. Routledge & Kegan Paul, London)

Fromm E (1968) Das Menschliche in uns. Diana, Konstanz (engl: 1964 The heart of man. New York)

Fromm E (1976) Haben oder Sein. Die seelischen Grundlagen einer neuen Gesellschaft. Deutsche Verlags-Anstalt, Stuttgart (engl: 1976 To have or to be? Harper & Row, New York Hagerstown San Francisco London)

Fromm E, Maccoby M (1970) Social character in a mexican village. Prentice-Hall, Englewood Cliffs, New Jersey

Fürstenau P (1989) Methodik der psychoanalytisch-systemischen Institutsberatung und Teamsupervision 1. (Seminar)

Gold B (1990) Frauen und Führung: Die Last der Tradition. Psychol Heute 17/7: 53-59

Gottschall D (1988) Freud bei der Arbeit. Manager Magazin 18/7: 140-145

Greenson RR (1973) Technik und Praxis der Psychoanalyse. Klett, Stuttgart

Heigl-Evers A, Heigl F (1972) Die psychosoziale Kompromißbildung als Umschaltstelle innerseelischer und zwischenmenschlicher Beziehungen. Gruppenpsychother Gruppendyn 14: 310-325

Hemphill JK (1950) Relations between the group and the behavior of "superior" leaders. J Soc Psychol 32: 11-22

Hemphill JK, Coons AE (1957) Development of the leader behavior description questionnaire. In: Stogdill RM, Coons AE (eds) Leader behavior: Its description and measurement. Ohio State University, Bureau of Business Research, Res Monogr 88: 6-38

Henry WE (1984) The business executive: The psychodynamics of a social role. In: Kets de Vries MFR (ed) The irrational executive. Psychoanalytic explorations in management. International Universities Press, New York, p 85-95

Hesse J, Schrader HC (1989) "Wo liegen die Kurilen?" Psychol Heute 16/3: 48-54

Hirschhorn L (1988) The workplace within. Psychodynamics of organizational life. MIT Press, Cambridge, Mass London

Hirschhorn L (1990) The psychodynamics of safety: A case study of an oil refinery. (Vortrag am 25.05.1990 beim Symposium der ISPSO zum Thema: Clinical approaches to the study of managerial and organizational dynamics. Ecole des HEC, Montreal)

Hirschowitz RG (1973) Crisis theory: A formulation. Psychiatr Ann 3/12: 33-49

Hobbes T (1979) Leviathan. Hrsg.Diesselhorst M. Reclam (Erstveröffentlichung 1651), Stuttgart

Horney K (1950) Neuroris and human growth. Norton, New York

Jaques E (1951) The changing culture of a factory. Tavistock, London

Jaques E (1955) Social systems as a defence against persecutory and depressive anxiety. In: Klein M, Heimann P, Money-Kyrle R (eds) New directions in psychoanalysis. Tavistock, London

Jaques E (1984 a) Death and the mid-life crisis. In: Kets de Vries MFR (ed) The irrational executive. Psychoanalytic explorations in management. International Universities Press, New York, p 195-223

Jaques E (1984 b) The Glacier project. In: Kets de Vries MFR (ed) The irrational executive. Psychoanalytic explorations in management. International Universities Press, New York, p 466-480

Jones P, Riach P (1986) Einige Gedanken über die Auswirkungen von traumatischen Erlebnissen auf Individuen, Gruppen und Organisationen. Organisationsentw 5/1: 1-11

Kernberg O (1978) Borderline-Störungen und pathologischer Narzißmus. Suhrkamp, Frankfurt a. M. (engl: 1975 Borderline conditions and pathological narcissism. Aronson, New York)

Kernberg O (1984) Regression in organizational leadership. In: Kets De Vrioes MFR (ed) The irrational executive. Psychoanalytic explorations in management. International Universities Press, New York, p 38-66

Kernberg O (1988 a) Regression in Gruppen. In: Ders Innere Welt und äußere Realität. Anwendungen der Objektbeziehungstheorie. Verlag Internationale Psychoanalyse, München Wien, S 239-267

Kernberg O (1988 b) Regression in der Organisation. In: Ders Innere und äußere Realität. Anwendungen der Objektbeziehungstheorie. Verlag Internationale Psychoanalyse, München Wien, S. 268-288

Kernberg O (1988 c) Regression bei Führungspersönlichkeiten. In: Ders Innere Welt und äußere Realität. Anwendungen der Objektbeziehungstheorie. Verlag Internationale Psychoanalyse, München Wien, S. 289-313

Kets de Vries MFR (1977) The entrepreneurial personality: A person at the crossroads. J Management Studies 14/2: 34-57

Kets de Vries MFR (1978) Folie à deux: Acting out your superior's fantasies. In: Hum Rel 31: 905-924

Kets de Vries MFR (1980) Organizational paradoxes. Clinical approaches to management. Tavistock, London New York

Kets de Vries MFR (1984 a) Defective adaptation to work: An approach to conceptualization. In: Ders (ed) The irrational executive. Psychoanalytic explorations in management. International Universities Press, New York, p 67-84

Kets de Vries MFR (1984 b) Managers can drive their subordinates mad. In: Ders (ed) The irrational executive. Psychoanalytic explorations in management. International Universities Press, New York, p 152-170

Kets de Vries MFR (1986) Die Schattenseiten des Entrepreneurs. HARVARDmanager 2/1986: 7-10 (engl: 1985 The dark side of entrepreneurship. Harvard Business Rev, November-December: 160-167)

Kets de Vries MFR (1987 a) Prisoners of leadership. INSEAD Working Papers 36

Kets de Vries MFR (1987 b) The dark side of CEO succession. INSEAD Working Papers 39

Kets de Vries MFR (1990 a) Chef-Typen: zwischen Charisma und Chaos, Erfolg und Versagen. Gabler, Wiesbaden (engl: 1989 Prisoners of leadership. Wiley, New York Chichester Brisbane Toronto Singapore)

Kets de Vries (MFR (1990 b) Ernest Saunders: The Guinness affair. (Vortrag am 24.05.1990 beim Symposium der ISPSO zum Thema: Clinical approaches to the study of managerial and organizational dynamics. Ecole des HEC, Montreal)

Kets de Vries MFR, Miller D (1984) Group fantasies and organizational functioning. Hum Rel 37: 111-134

Kets de Vries MFR, Miller D (1985 a) The neurotic organization. Diagnosing and changing counterproductive styles of management. Jossey-Bass (first edition, second printing), San Francisco Washington London

Kets de Vries MFR, Miller D (1985 b) Narcissism and leadership: An object relations perspective. Hum Rel 38: 583-601

Kets de Vries MFR, Miller D (1986) Persönlichkeit, Kultur und Organisation. Organisationsentw 5/1: 13-36 (engl: 1986 Personality, culture and organization. Acad Management Rev 11/2: 266-279)

Kets de Vries MFR, Miller D (1987) Interpreting organizational texts. J Management Studies 24/5: 233-247

Kets de Vries MFR, Miller D (1989) Unstable at the top. Inside the troubled organization, Neuausg. Mentor-New American Library, New York Scarborough, Ontario

Klein M (1946) Notes on some schizoid mechanisms. Int J Psychoanal 27: 99-110

Klein M (1948) A contribution to the psychogenesis of manic-depressive states. In: Dies (ed) Contributions to psychoanalysis, 1921-1945. Hogarth, London

Klein M (1962) Das Seelenleben des Kleinkindes und andere Beiträge zur Psychoanalyse. Klett, Stuttgart

Kohli M (1978) Erwartungen an eine Soziologie des Lebenslaufs. In: Ders (Hrsg) Soziologie des Lebenslaufs. Luchterhand, Darmstadt Neuwied, S 9-31

Kohut H (1973) Narzißmus. Eine Theorie der Behandlung narzißtischer Persönlichkeitsstörungen. Suhrkamp, Frankfurt a. M. (engl: 1971 The analysis of the self. A systematic approach to the psychoanalytic treatment of narcissistic personality disorders. International Universities Press, New York)

Kohut H (1979) Die Heilung des Selbst. Suhrkamp, Frankfurt a. M. (engl: 1977 The restoration of the self. International Universities Press, New York)

Kubie LS (1984) Some unresolved problems of the scientific career. In: Kets de Vries MFR (ed) The irrational executive. Psychoanalytic explorations in management. International Universities Press, New York, p 171-194

Kutter P (1989) Moderne Psychoanalyse. Eine Einführung in die Psychologie unbewußter Prozesse. Verlag Internationale Psychoanalyse, München Wien

LaBier D (1984) Irrational behavior in bureaucracy. In: Kets de Vries MFR (ed) The irrational executive. Psychoanalytic explorations in management. International Universities Press, New York, p 3-37

LaBier D (1986) Modern madness. The emotional fallout of success. Addison-Wesley, Reading, Massachusetts Menlo Park, California Don Mills, Ontario u. a.

Lang HJ (1988) Die ersten Lebensjahre. Psychoanalytische Entwicklungspsychologie und empirische Forschungsergebnisse. Profil, München

Larcon JP, Reitter R (1984) Corporate imagery and corporate identity. In: Kets de Vries MFR (ed) The irrational executive. Psychoanalytic explorations in management. International Universities Press, New York, p 344-355

Leichner R (1979) Psychologische Diagnostik: Grundlagen, Kontroversen, Praxisprobleme. Beltz, Weinheim Basel

Lenz G (1990) Das AGORA-Konzept: die umfassende Anwendung psychoanalytischer Erkenntnisse im Unternehmensbereich. (Vortrag am 10.04.1990 beim Arbeitstreffen der Lenz-Management-Services AG in München)

Levinson H (1972) Organizational diagnosis. Harvard University Press, Cambridge, Mass

258

Levinson H (1976) Psychological man. The Levinson Institute, Cambridge, Mass

Levinson H (1981) Executive, erw Neuausg. Harvard University Press, Cambridge, Mass London

Levinson H (1984 a) Management by guilt. In: Kets de Vries MFR (ed) The irrational executive. Psychoanalytic explorations in management. International Universities Press, New York, p 132-151

Levinson H (1984 b) Reciprocation: The relationship between man and organization. In: Kets de Vries MFR (ed) The irrational executive. Psychoanalytic explorations in management. International Universities Press, New York, p 264-285

Levinson H (1984 c) Organizational development versus organizational diagnosis. In: Kets de Vries MFR (ed) The irrational executive. Psychoanalytic explorations in management. International Universities Press, New York, p 359-372

Levinson H (1986) Ready, fire, aim. Avoiding management by impulse. The Levinson Institute, Cambridge, Mass

Levinson H (1990) Freud as an entrepreneur: Implications for contemporary psychoanalytic institutes. (Vortrag am 24.05.1990 beim Symposium der ISPSO zum Thema: Clinical approaches to the study of managerial and organizational dynamics. Ecole des HEC, Montreal)

Levinson H, Rosenthal S (1984) CEO. Corporate leadership in action. Basic Books, New York

Levinson H, Weinbaum L (1984) The impact of organization on mental health leadership. In: Kets de Vries MFR (ed) The irrational executive. Psychoanalytic explorations in management. International Universities Press, New York, p 249-263

Lewin K, Lippitt R, White RK (1939) Patterns of aggressive behavior in experimentally created social climates. J Soc Psychol 10: 271-299

Loo ELHM van de (1990) Intuition, countertransference and wild analysis in the clinical interview. (Vortrag am 26.05.1990 beim Symposium der ISPSO zum Thema: Clinical approaches to the study of managerial and organizational dynamics. Ecole des HEC, Montreal)

Maccoby M (1977) Gewinner um jeden Preis. Rowohlt, Reinbek bei Hamburg (engl: 1976 The gamesman: The new corporate leaders. Simon and Schuster, New York London u. a.)

Maccoby M (1978) Arbeit und menschliche Entwicklung. In: Frese M, Greif S, Semmer N (Hrsg): Industrielle Psychopathologie. Huber, Bern Stuttgart Wien, S 112-122

Maccoby M (1981) The leader. A new face for american management. Simon and Schuster, New York London u. a.

Maccoby M (1984 a) The corporate climber has to find his heart. In: Kets de Vries MFR (ed) The irrational executive. Psychoanalytic explorations in management. International Universities Press, New York, p 96-111

Maccoby M (1984 b) Participant study at work. In: Kets de Vries MFR (ed) The irrational executive. Psychoanalytic explorations in management. International Universities Press, New York, p 436-442

Maccoby M (1984 c) Changing work: The Bolivar project. In: Kets de Vries MFR (ed) The irrational executive. Psychoanalytic explorations in management. International Universities Press, New York, p 443-465

Maccoby M (1989) Warum wir arbeiten: Motivation als Führungsaufgabe. Campus, Frankfurt a. M. (engl: 1988 Why work. Leading the new generation. Simon and Schuster, New York London u. a.)

Maccoby M, Duckles MM, Duckles R (1980) Bringing out the best: Final report of the project to improve work and management in the Department of Commerce, 1977-1979. The project on technology, work and character, Harvard University. Kennedy School of Government, discussion paper No 91 D, June

Mahler MS, Pine F, Bergman A (1978) Die psychische Geburt des Menschen - Symbiose und

Individuation. Fischer, Frankfurt a. M. (engl: 1975 The psychological birth of the human infant. Basic Books, New York)

Mentzos S (1988) Interpersonale und institutionalisierte Abwehr, erw Neuausg. Suhrkamp, Frankfurt a. M.

Menzies IEP (1984) A case-study in the functioning of social systems as a defense against anxiety: A report on a study of the nursing service of a general hospital. In: Kets de Vries MFR (ed) The irrational executive. Psychoanalytic explorations in management. International Universities Press, New York, p 392-435

Menzies Lyth IEP (1990) Institutional consultancy as a method of bringing about change in individuals. (Vortrag am 26.05.1990 beim Symposium der ISPSO zum Thema: Clinical approaches to the study of managerial an organizational dynamics. Ecole des HEC, Montreal)

Mertens W (1990 a) Psychoanalyse.,3. Aufl. Kohlhammer, Stuttgart Berlin Köln

Mertens W (1990 b) Einführung in die psychoanalytische Therapie, Bd 1-3. Kohlhammer, Stuttgart Berlin Köln

Miller A (1979) Das Drama des begabten Kindes und die Suche nach dem wahren Selbst. Suhrkamp, Frankfurt a. M.

Neubauer PB (1985) Preoedipal objects and object primacy. Psychoanal Study Child 40: 163-182

Neuberger O (1988 a) Psychodynamische Aspekte der Zusammenarbeit zwischen Gleichrangigen. Augsburger Beitr Organisationspsychol Personalw 3

Neuberger O (1988 b) Was ist denn da so komisch? Der Witz in der Firma. Beltz, Weinheim Basel

Neuberger O, Kompa A (1986 a) Das Gesicht der Firma. Psychol Heute 13/6: 61-68

Neuberger O, Kompa A (1986 b) Mit Zauberformeln die Leistung steigern. Psychol Heute 13/7: 58-65

Neuberger O, Kompa A (1986 c) Die Neurosen des Chefs. Psychol Heute 13/8: 62-68

Neuberger O, Kompa A (1986 d) Macher, Gärtner, Krisenmanager. Psychol Heute 13/9: 64-71

Neuberger O, Kompa A (1987) Wir, die Firma. Der Kult um die Unternehmenskultur. Beltz, Weinheim Basel

North EE (1986) The psychiatrist in the executive suite. Menninger Persp 17/3: 5-7

Ohlmeier D (1989) Das "Es" im Unternehmen. Gabler's Magazin 2/1989: 29-34

Parin P (1978) Der Widerspruch im Subjekt. Ethnopsychoanal. Studien. Syndikat, Frankfurt a. M.

Poppe P (1989) Jedem Manager sein Trainer? Psychol Heute 16/7: 15-17

Rice AK (1965) Learning for leadership. Tavistock, London

Richter HE (1984) Eltern, Kind und Neurose. Die Rolle des Kindes in der Familie. Rowohlt (ungekürzte Lizenzausg nach der 2. Aufl 1967), Reinbek bei Hamburg

Riemann F (1988) Grundformen der Angst: eine tiefenpsychologische Studie, 18. Aufl. Reinhardt, München Basel

Riesman D et al (1950) The lonely crowd: A study of the changing american character. Yale University Press, New Haven

Rosenstiel L von, Molt W, Rüttinger B (1986) Organisationspsychologie, 6., völlig neu bearb Aufl. Kohlhammer: Stuttgart Berlin Köln Mainz

Rosenstiel L von, Stengel M (1987) Manager von morgen: alternativ und grün? Psychol Heute 14/11: 50-55

Schiffer I (1973) Charisma. The Free Press, New York

Schmidbauer W (1980) Alles oder nichts. Über die Destruktivität von Idealen. Rowohlt, Reinbek bei Hamburg

Schwab G (1975) Sagen des klassischen Altertums. Insel (Erstveröffentlichung 1932), Frankfurt a. M.

Seligman MEP (1979) Erlernte Hilflosigkeit. Urban & Schwarzenberg, München Wien Baltimore (engl: 1975 Helplessness. On depression, development and death. Freeman, San Francisco)

Selvini Palazzoli M, Anolli L, Di Blasio P, Giossi L, Pisano J, Ricci C, Sacchi M, Ugazio V (1988) Hinter den Kulissen der Organisation. Klett, Stuttgart (ital: Sul fronte dell' organizzazione. Feltrinelli, Mailand)

Sichrovsky P (1988) Seelentraining. Wie man in sechs Tagen sein Gesicht verliert. Eine Aufdeckung. Rowohlt-Wunderlich, Reinbek bei Hamburg

Smith PB (1969) Improving skills in working with people: The T-group. HMSO, London

Speller JL (1990) Race, transference, countertransference and organizational dynamics. (Vortrag am 25.05.1990 beim Symposium der ISPSO zum Thema: Clinical approaches to the study of managerial and organizational dynamics. Ecole des HEC, Montreal)

Spranger E (1924) Lebensformen, Kap. 5 Verlag von Max Niemeyer, Halle

Stechler G (1985) The study of infants engenders systemic thinking. Psychoanal Inqu 5: 531-541

Stierlien H (1975) Von der Psychoanalyse zur Familientherapie. Klett, Stuttgart

Stierlien H (1978) Delegation und Familie. Beiträge zum Heidelberger familiendynamischen Konzept. Suhrkamp, Frankfurt a. M.

Stierlien H (1980) Eltern und Kinder. Das Drama von Trennung und Versöhnung im Jugendalter, erw Neuausg. Suhrkamp, Frankfurt a. M.

Stork J (Hrsg) (1986) Das Vaterbild in Kontinuität und Wandlung. Frommann-Holzboog, Stuttgart-Bad Cannstatt

Swogger G (1983) Stress and your work. Res Management 26/4: 12-15

Swogger G (1985) The type A personality, overwork and career burnout. (Unveröffentlichtes Manuskript) Tartakoff HH (1966) The normal personality in our culture and the Nobel Prize Complex. In: Loewenstein RM, Newman LM, Schur M, Solnit AJ (eds) Psychoanalysis - a general psychology: Essays in honor of Heinz Hartmann. International Universities Press, New York, p 222-252

Tolpin M (1978) Self-objects and oedipal objects. A crucial development distinction. Psychoanal Study Child 33: 167-184

Tyhurst JS (1957) The role of transition states. In: Symposium on preventutive and social psychiatry. Government Printing Office, Washington

Wagner B (1989) Das Unbewußte und Irrationale im Unternehmen: Pläne reichen nicht mehr aus. Gabler's Magazin 2/1989: 12-15

Weber D (1989) Die Suche nach neuen Chefs. Management Wissen 3/1989: 22-38

Weber M (1964) Wirtschaft und Gesellschaft. Grundriß der verstehenden Soziologie. Studienausgabe, Hrsg Winckelmann J. Kiepenheuer & Witsch (Erstveröffentlichung 1921), Köln Berlin

Weinert AB (1987) Lehrbuch der Organisationspsychologie, 2., erw Aufl. Psychologie Verlags Union, München Weinheim

Willi J (1975) Die Zweierbeziehung. Rowohlt, Reinbek bei Hamburg

Winnicott DW (1965) Ego distortion in terms of true and false self. In: Ders The maturational processes and the facilitating environment. International Universities Press, New York, p 140-152

Wolfe T (1988) Fegefeuer der Eitelkeiten. Kindler, München (engl: 1987 The bonfire of the vanities. New York)

Zaleznik A (1975) Das menschliche Dilemma der Führung. Gabler, Wiesbaden (engl: 1966 Human dilemmas of leadership. Harper & Row, New York Hagerstown San Francisco London

Zaleznik A (1977) Managers and leaders: Are they different? Harvard Business Rev, May-June: 67-7

Zaleznik A (1984 a) Charismatic and consensus leaders: A psychological comparison. In: Kets de Vries MFR (ed) The irrational executive. Psychoanalytic explorations in management. International Universities Press, New York, p 112-131

Zaleznik A (1984 b) Management of disappointment. In: Kets de Vries MFR (ed) The irrational executive. Psychoanalytic explorations in management. International Universities Press, New York, p 224-246

Zaleznik A (1984 c) Power and politics in organizational life. In: Kets de Vries MFR (ed) The irrational executive. Psychoanalytic explorations in management. International Universities Press, New York, p 315-343

Zaleznik A (1990) Führen ist besser als managen. Haute, Freiburg i.Br. (engl: 1990 The managerial mystique: Restoring leadership in business, Neuausg. Perennial Library-Harper & Row, New York Grand Rapids Philadelphia u. a.)

Zaleznik A, Kets de Vries MFR (1984) Leadership and executive action. In: Kets de Vries MFR (ed) The irrational executive. Psychoanalytic explorations in management. International Universities Press, New York, p 286-314

Zaleznik A, Kets de Vries MFR (1985) Power and the corporate mind, 2. Aufl. Bonus Books, Chicago

Sachverzeichnis